教育部高职高专公共事业类专业教学指导委员会推荐教材

公共管理学

Science of Public Administration

主　编　庞绍堂　严新明

天津大学出版社
TIANJIN UNIVERSITY PRESS

内 容 简 介

本书共分11章，主要内容包括公共管理学的形成、特点等，公共管理主体，公共管理的市场、政府及社会运行，公共部门战略管理及国家战略，公共管理政策的性质及过程，公共经济管理，公共部门人力资源管理实践及发展趋势，其他公共事务，公共管理伦理与责任及其控制机制，公共管理手段创新，公共管理发展一般趋势。

本书可作为高职高专院校公共管理专业学生的教材和教学参考书，也可供对公共管理学感兴趣的人员和从事公共管理工作的相关人员参考。

图书在版编目(CIP)数据

公共管理学/庞绍堂，严新明主编. —天津：天津大学出版社，2010.3
教育部高职高专公共事业类专业教学指导委员会推荐教材
ISBN 978-7-5618-3383-4

Ⅰ.①公… Ⅱ.①庞…②严… Ⅲ.①公共管理 Ⅳ.①D035

中国版本图书馆CIP数据核字(2010)第044704号

出版发行 天津大学出版社
出 版 人 杨欢
地　　址 天津市卫津路92号天津大学内(邮编:300072)
电　　话 发行部:022-27403647　邮购部:022-27402742
网　　址 www.tjup.com
印　　刷 天津泰宇印务有限公司
经　　销 全国各地新华书店
开　　本 169mm×239mm
印　　张 18.25
字　　数 376千
版　　次 2010年3月第1版
印　　次 2010年3月第1次
印　　数 1-3 000
定　　价 35.00元

教育部高职高专公共事业类专业教学指导委员会推荐教材

编审委员会

总序

高等职业教育是我国高等教育体系的重要组成部分，也是职业教育体系的重要组成部分。近几年，高等职业教育呈现出前所未有的发展势头，高等职业院校数量、在校生和毕业生人数持续增长。1996 年，我国高等教育的毛入学率仅为 6%，2002 年达到高等教育大众化阶段的 15%，到 2007 年上升至 22%。这其中，高职高专教育的快速发展起到了不可或缺的作用。

20 世纪 80 年代以来，世界许多国家和地区都把职业教育确立为教育发展战略重点。伴随着经济一体化的发展，把发展职业教育作为提高国家竞争力的战略措施，成为世界各国教育政策调整的普遍做法。

从 20 世纪 80 年代初期我国建立职业大学至今，高职教育走过 20 多年的发展历程。随着我国社会经济体制的转型以及高等教育大众化的发展，高等职业教育得到快速发展，其中一个重要原因是国家政策的促进。1996 年，全国人大通过并颁布了《中华人民共和国职业教育法》，从法律上确定了高职教育在我国教育体系中的地位，由此我国的高职教育发展驶入了快车道。1999 年全国教育工作会议召开，中央提出“大力发展高等职业教育”的工作要求，我国高职教育进入了蓬勃发展的历史新阶段。2005 年，国务院印发《关于大力发展职业教育的决定》，召开全国职业教育工作会议，明确提出，推进我国走新型工业化道路，解决“三农”问题，促进就业与再就业，必须大力发展职业教育。2005 年成为我国职业教育史上具有里程碑意义的一年。与此同时，各地纷纷出台新举措，加强对职业教育的统筹领导，加大财政投入，鼓励和支持民间资本举办职业教育，完善职业教育的管理体制和保障机制。

从目前我国高等教育发展的总体情况看，存在着由于各层次高等教育不协调所造成的人才类型结构失衡现象。面对这一问题，中国人民大学校长纪宝成曾在 2005 年高等教育国际论坛上呼吁：“（高等教育）结构调整的关键是发展高等职业技术教育。”[①]当前存在的社会需求与学校教育的供求矛盾，对高职高专院校而言无疑是一次发展的机遇。

截至2005年底，高职高专教育取得了规模性增长，基本形成了每个市（地）至少设置一所高职高专院校的格局。全国共设有高职高专院校1 091所，占普通高等学校总数的60.9%。从招生情况看，2005年全国高职高专招生人数达到268.1万人，占全国本专科招生总数的53.1%。从在校生规模看，2005年全国高职高专在校生人数为713万，占本专科在校生总数的45.7%。根据国家对职业教育发展的规划，到2010年，高职高专招生规模将占高等教育招生规模的一半以上[②]。高职高专已经占据了高等教育的半壁江山。

2004年10月26日，教育部首次颁发了《普通高等学校高职高专教育指导性专业目录（试行）》（教高[2004]3号）（简称《目录》）、《普通高等学校高职高专教育专业设置管理办法（试行）》（教高[2004]4号），并印发《普通高等学校高职高专教育专业简介》，从2005年开始实施。这是我国第一次在专科层次颁布全面系统的专业目录，填补了我国缺少高职高专教育专业目录的空白。《目录》按职业门类分设包括公共事业大类在内的19大类，下设二级子类77个，专业556个。公共事业大类下设公共事业类、公共管理类、公共服务类3个二级子类，共设有24个专业。2005年12月，教育部发布《教育部关于成立2006—2010年教育部高等学校有关科类教学指导委员会的通知》（教高函[2005]25号）。2006年，全国高职高专各专业类教学指导委员会相继成立。教育部高职高专公共事业类专业教学指导委员会于2006年6月在南开大学召开成立大会暨第一次工作会议，会议讨论并通过了《教育部高职高专公共事业类专业教学指导委员会工作章程》《教育部高职高专公共事业类专业教学指导委员会2006—2010年工作规划》以及2006年的工作计划，明确了该教学指导委员会2006年及其后四年的总体工作目标与任务。

教材建设是专业建设的重要组成部分。高职高专公共事业类专业教学指导委员会成立以来，就把教材建设作为一项重要的工程来抓。为此，我们制定了针对高职高专公共事业类专业特点的人才培养目标，按教育部确定的必修课和专业课课程设置，动员和组织全国相关院校的专业教

---

① 沈祖芸，计琳：《一个统率高教发展的重要命题》，载《中国教育报》，2005－11－25(5)。

② 教育部发展规划司：《2005年教育事业统计主要结果及分析》，载《教育统计报告》，2006(1)，1页。

师和研究人员,编写一套高水平的教材的计划。

我们组织编写这套教材的总体构想是:严格按照教育部高职高专公共事业类专业建设的基本要求,根据专业教学内容、教学发展要求、人才培养方案以及学生的基本素质情况,以职业岗位核心技能培养为目标,紧密结合学生未来工作实际,充分体现职业岗位核心技能要求和工学结合特点。同时,积极探索“专业标准”建设,并尝试建设“标准化”教材,力争对全国高职高专院校公共事业类专业的教材建设起到示范、引领和辐射的作用,鼓励高职高专双师型专业教师参与编写并积极推广使用,从而提高公共事业类专业的教学质量,面向行业,培养出更多高质量的应用型高级专业人才,为我国的社会主义建设服务。

我们期望这套教材具有以下特点。

1. 教材以职业岗位核心能力需求为主线,按照职业岗位核心技能的要求制定教材编写大纲,设计教材体例和内容。教材中的知识点与职业岗位核心技能紧密对应,使理论知识学习、实践能力培养和可持续能力发展紧密结合起来,形成教材内容的三位一体,强化教材体系的职业性。

2. 教材内容突出对学生职业岗位能力的培养,把专业和职业结合起来,使核心技能的培养贯穿教材全部内容。

3. 教材内容体现“基础理论适度、突出应用重点、强化实训内容、形式立体多元”的思想原则,教材内容设计以岗位技能需求为导向,以素质教育、创新教育为基础,以学生能力培养、技能训练为本位,使其真正成为为高职高专学生“量身定做”的教材。

4. 教材融入职业资格标准,体现职业素质培养。将双证书教育融入教材内容,使职业资格认证内容和教材教学内容有机衔接起来,让学生学习相关课程教材后可直接参加职业资格证书考试。

5. 将行业或国家的技术标准融入教材内容中,让学生在校期间接受“标准”教育,增强“标准”意识。

6. 将人才培养方案、专业标准、实训条件等放入教材内容中,在强化教材职业针对性的同时,体现教材实用性、创新性和前瞻性的特点。

7. 扩大教材的使用范围,使教材的功能多元化。本套教材既可以作为高职高专院校学生的教材,也可以作为一般本科院校相关专业的教学参考用书及行业的培训参考读物,还可以作为相关人员普及和提高相关知识的应用性图书。

8. 教材的形式力争立体化,除纸质的主教材外,另辅以电子教案、教学计划、CAI 课件、IP 课件（流媒体课件）、电子习题库、电子试卷库、影音资料等辅助教学资源，最终为学校专业建设、教师教学备课、学生自主学习提供完整的教学解决方案，最大限度地作好全方位的资源供给服务，从而提高教材选用的竞争力。

在确定教材编写目标和要求的基础上，我们教学指导委员会与天津大学出版社合作，按教育部规定的高职高专公共事业类专业的课程目标，选定一批主干课及专业必修课程，采取在全国范围内公开招标的方式，在编著者自愿申报的前提下，由本教学指导委员会成员组成的教材编审委员会从中遴选最优秀的教师担任既定教材的主编，并鼓励高职高专公共事业类专业有经验的一线教师与研究型大学的相关教师合作，由我们牵线搭桥，优化组合成一部教材的编写团队，共同完成一部教材的编写工作，以求达到理论与教学实践的有机结合。

然而，编写高水平的专业教材谈何容易。虽然参与编写这套课程教材的都是既有丰富教学经验，又有较高研究水平的教育工作者，但毕竟我国公共事业类专业开办的时间尚短，所以，这套教材肯定会有一些不尽如人意之处，敬请大家提出批评、改进的建议，使这套教材臻于完善，为我国公共事业类专业的发展作出应有的贡献。

教育部高等教育司高职高专处、教育部高职高专教学指导委员会协联办、天津大学出版社对出版这套教材给予了大力支持。在研讨设计和组织审定这套教材的过程中，天津大学出版社给予了部分经费支持，并对这套教材的编写方针提出了参考意见，为本教材的出版做了大量推动和建设性工作。在此表示衷心的感谢。

教育部高职高专公共事业类
专业教学指导委员会主任　王处辉
2008 年 6 月于南开大学

目　　录

1　绪论 …… (1)
1.1　公共管理学的形成与发展 …… (1)
1.2　公共管理学的研究对象、内容与方法 …… (12)
1.3　公共管理的职能与特点 …… (20)
2　公共管理主体 …… (27)
2.1　政府组织 …… (27)
2.2　公共企业 …… (34)
2.3　第三部门 …… (44)
3　公共管理运行 …… (54)
3.1　公共管理的市场运行机制 …… (54)
3.2　公共管理的政府运行机制 …… (60)
3.3　公共管理的社会运行机制 …… (67)
4　公共部门战略管理 …… (80)
4.1　公共部门战略管理的内涵 …… (80)
4.2　公共部门战略管理的导入 …… (85)
4.3　公共部门战略管理过程 …… (93)
4.4　国家战略 …… (98)
5　公共管理政策 …… (107)
5.1　公共政策的性质 …… (107)
5.2　公共政策系统 …… (114)
5.3　公共政策过程 …… (119)
6　公共经济管理 …… (129)
6.1　市场效率与市场失灵 …… (129)
6.2　公共管理的经济职能及履行经济职能的基本方法 …… (137)
6.3　公共财政 …… (145)
7　公共部门人力资源管理 …… (152)
7.1　公共部门人力资源概述 …… (152)
7.2　公共部门人力资源管理实践 …… (157)
7.3　公共部门人力资源管理的发展趋势 …… (171)
8　其他公共事务 …… (177)
8.1　国家事务 …… (177)
8.2　社会事务 …… (182)

9 公共管理伦理与责任 …… (202)
9.1 公共管理伦理 …… (202)
9.2 公共管理责任 …… (212)
9.3 公共管理伦理与责任的控制机制 …… (216)
10 公共管理手段创新 …… (228)
10.1 政府绩效管理 …… (228)
10.2 公共部门的目标与标杆管理 …… (235)
10.3 政府部门的全面质量管理 …… (240)
10.4 电子政务 …… (245)
11 公共管理发展一般趋势 …… (253)
11.1 公共管理创新 …… (253)
11.2 服务型政府 …… (260)
11.3 网络治理模式 …… (266)
后 记 …… (275)
参考文献 …… (276)

1 绪　　论

本章首先简要介绍了公共管理学的学科历史，然后界定了其研究内容，给出了其研究方法。在上述基础上，最后对公共管理的职能与特点作了较详尽的分析。

1.1　公共管理学的形成与发展

1.1.1　行政（管理）学的形成

行政又称行政管理，是国家政府机关依据国家法律，运用国家权力，对国家、社会事务进行的管理活动。据政治学定义，政府就其体系及内容，有两种含义：一指构成国家权力体系的全部组织与机构，包括立法系统、行政系统、司法系统等；一指国家权力体系中的行政系统，即对国家、社会日常事务进行管理的机构——组织体系。前者又称大政府，后者则称小政府。行政管理的主体——国家政府机关，一般指小政府。可见，行政管理活动伴随着国家的诞生而形成。就其本质而言，乃依据公共权力对社会公共事务进行管理。但长期以来没有研究这一活动的专门学科。这一状况，直至19世纪末才告结束。

1887年，美国学者伍德罗·威尔逊（担任过普林斯顿大学校长、新泽西州州长，第一次世界大战期间及战后任美国总统）在哥伦比亚大学的《政治学季刊》上发表了题为《行政之研究》的著名文章，力主建立“行政学”学科，将行政学从政治学中分离出来。他认为，政治与行政泾渭分明，行政更多反映的是技术、方法、手段、效率等。不同的政府，其政治原则各异，但其行政原则是非常相似乃至相同的。他提出：“行政管理是政府工作中极为显著的一部分，它就是行动中的政府。它是政府的执行、政府的操作,是政府工作中最显眼的部分,并且具有与政府本身同样悠久的历史。"①威尔逊此处提及的"政府",显然是大政府概念。但他肯定行政管理活动是国家(体系)最日常、最多、最重要的活动,它与立法、司法活动显然不同。他提出:"行政学的目的就在于把行政方法从经验性实践的混乱和浪费中拯救出来,并使它们深深根植于稳定的原理之上"以形成"行政管理比较高深的理论。"这一理论也不能限于纯粹技术细节内容的单调的理解②。概括威尔逊的思想,其要点有三:①行政管理是国家机器从事的最普遍、最经常因而是最重要的活动,它主要由国家行政管理机构承担;②必须在总结、归纳行政管理的一般规律的基础上,建立独立于政治学的行政学;③行政管理的技术性虽较强,但行政学理论体系不能囿于此。

1900年,美国学者F.J.古德诺出版《政治与行政》一书,明确提出政治行政二分法。行政不同于政治,它是一种专业的行为,应对之作专门研究,这是威尔逊的基本思想,其中已内含了政治行政二分法的见解。古德诺在《政治与行政》的第一章"国家的主要功能"中即强调:在所有(各国的)政府(大政府,即国家)体制中,均存在两种基本的功能——国家意志的表达和国家意志的执行。他将前一种功能称为"政治",后一种功能称为"行政"。迄今,古德诺的这一表述被广泛认为是贴切和凝练的。同时,古德诺强调,政治与行政的区分是相对的,并非绝对的。因为以执行国家意志为主要功能的政府机关,通常又被赋予表达国家意志的具体细节的职责,尽管这些国家意志的具体细节在表达时,必须合乎由主要职责在于表达国家意志的机构所制定的一般原则。这就是说,一方面,被称为执行机构的政府机关,几乎在任何情况下都拥有大量的制定法令权或立法权;另一方面,以表达国家意志为主要职责的机关即立法机关,通常又有权用某种方式控制以执行国家意志为主要职责的机关对国家意志的执行。也就是说,尽管人们能够区分开政府(大政府,即国家)的两种主要功能,但都无法严格地规定这些功能委托给哪些政府机关去行使③。古德诺的意思是:政治与行政在理论上是可以明确区分的,但在实践中,它们又是相互渗透、相互影响的。因此,既要强调两者在理论上的区分,又要注重两者在实践中的协调。"实际政治的需要却要求国家意志的表达与执行之间协调一致"④。古德诺提出:政治对行政的适度控制是实现两者协调的基础,这种控制是通过法定制度实现的。同时,行政的适度集权化(即独立化)是实现两者协调的途径,这种集权也是通过法定制度实现的。"一方面,为了保证国家意志的执行,政治必须对行政进行控制;另一方面,为了保证国家的民治性和行政的高效率,又不能允许这种控制超出其所要实现的合理目的"⑤。古德诺的贡献亦可概括为三个方面:①明确并定义了政治与行政的区别;

① 威尔逊:《行政学研究》,载《国外政治学》,1987(6)。
② 威尔逊:《行政学研究》,载《国外政治学》,1987(6)。
③ 古德诺:《政治与行政》,9页,北京,华夏出版社,1987。
④ 古德诺:《政治与行政》,14页,北京,华夏出版社,1987。
⑤ 古德诺:《政治与行政》,22页,北京,华夏出版社,1987。

②强调政治与行政在国家管理实践中是交叉渗透的,因此需注重两者的协调一致;③给出了政治与行政协调一致的基本原则——政治(立法)的最终控制(决定)权和行政的相对独立性。这些理论贡献,迄今仍是行政学的主要原理和原则。

威尔逊与古德诺并未完成行政学的构建。尽管他们开辟了一个全新的研究领域,奠基了一门崭新的学科,并给出了行政学的最基本范畴和若干原理、原则,但他们的著述,尚不足以构建独立、系统、完整的学科体系。在威尔逊和古德诺的时代,政治学往往与法学混为一体,行政的独立性和独特性被完全遮蔽。他们最重要的贡献是通过将行政与政治分开,自然地将其与法学分开了。据人类的社会实践,他们的著述证明了:立法与司法活动,只是人类社会政治活动的一部分,行政管理亦然。这样,就结束了将三者混为一体、"由宪法开始又以宪法结束"的认识格局。由此,两位学者的学术贡献不仅仅囿于行政学,他们对政治学、法学也有卓越贡献。

行政管理学形成独立完整的学科体系,始于 20 世纪 20 年代。1926 年,曾长期担任美国芝加哥大学教授和美国文官委员会主席的 L. D. 怀特,出版了美国第一本亦是全球第一本大学行政学教科书——《行政学导论》。该书循威尔逊、古德诺的政治行政二分法,凭借扎实的理论功底,运用透彻的理论分析方法,对行政活动的基本原理,行政之渊源、性质及一般规律,行政活动普遍的指导性法则等,作了深入、系统的分析,形成了行政学的逻辑体系,并构建了行政学的公理性基础。他认为国家行政管理的目的可概括为五个方面:①达成国家行政人员运用有关物力建设国家的目的;②使行政人员在权限范围内有效地利用国家的财力;③行政是政务的执行,应以最快捷、最经济、最圆满的方式完成国家政务计划;④通过行政法及行政法规保障人权;⑤在扩大行政权的同时监控行政权(通过体制的设计与完善),防范行政权的滥用。怀特将行政要素划分为四大部分——行政组织及其体制、人事行政、财务行政、行政法规,分别对其作了深入考察与研究,并对四部分的整合作了综合分析与探讨。他对行政组织理论和人事行政理论的研究尤为翔实、精辟,影响至今。怀特《行政学导论》的出版,标志着行政学作为一门学科已经诞生,行政学学科体系初步形成。

1927,美国政治学家、行政学家 W. F. 威劳毕(又译做威罗比)出版了美国第二本行政学教科书——《行政学原理》。威劳毕于此书中强调了政府机构及其在管理活动中的基本原则,包括行政体系体制以及行政(管理)权的统一、完整、相对独立等;着重论述了行政管理中的财务、预算及物资管理问题;提高行政管理效率并降低行政管理成本是其关注的中心。

1930 年,长期任教于南加州大学的美国行政学家 J. M. 费富纳出版《行政学》一书,他受源自泰勒的科学管理思想的影响,从科学管理的角度探讨行政管理,认为行政就是运用各种方法,协调诸多机构,达成政府既定目标的活动和程序。费富纳还力图从纷繁复杂的行政现象中寻找行政深层次的原理、法则和定律,即把握行政深层次的共性规律。

怀特、威劳毕、费富纳著作的出版,标志着行政学学科理论体系的正式形成。

1.1.2 行政管理学的发展

行政学学科一经诞生,就从20世纪迅猛发展的(经济)管理学理论体系中吸纳养分,博采众长,发展自身,并从反思已构建的理论体系之不足入手,推动已有理论体系的变革与完善。

20世纪管理科学的发展经历了三个时期,即泰勒开创的科学管理时代、霍桑实验开创的行为科学时代和以采用各种科学技术为标志的现代化管理时代。当前,管理科学界在争论:管理科学是否又进入了一个新的发展时期——文化管理时代,包括文化管理理论、学习型组织理论、全球化跨文化管理理论等。赞同者认为这一时代已经到来,管理科学的文化内容及特质日益凸显。不赞同者认为目前阶段仍属于现代化管理时代,因为这一时代的特点就是理论创新众多,使管理科学日益趋于多元化发展,因此美国管理学家雷恩称之为"丛林时代"。文化管理理论仅是在丛林中又增添了若干树木而已。

高度概括现当代管理科学的基本思想,可归纳为以下主要原则和假设。

(1)规范化原则。管理就是要使对象及其行为规范化。规范化须根据一定标准,因此规范化就是标准化。

(2)效率化原则。规范化、标准化的目的是提高效率,提高效率也只有通过规范化、标准化的途径。

(3)程序化原则。程序是管理的深层次结构与规律,任何成功的管理均是程序化的。管理的普适性程序是计划(目标)、组织、指挥、协调、控制。

(4)要素化原则。管理需相应资源、要素,管理对象构成要素。管理就是及时得当地配置要素。

(5)目标可行原则。目标可行与否,是管理成败的前提。

(6)决策科学原则。管理的本质就是决策。不仅在整体上,而且在每个环节上,决策科学与否,直接决定了管理的成败。

(7)协调原则。管理的诸多要素、层次、环节、方面,必须协调一致,指向目标。

(8)系统原则。必须把握管理的全局,以及目标与环境的关系,并从全局高度透视管理的每一局部、环节,才能有序高效地实现目标。为此,不仅要求动态的科学协调,还必然要求(相对)静态的健全体制。

(9)理性经济人假设。这一假设对人普遍成立。虽然人有更高级、更复杂的行为动因,但经济利益驱动依然是其行为的基本动力。因此可用经济利益诱导管理对象的行为以符合管理目标的约束。

(10)社会人假设。人的行为不囿于经济利益动因,还有复杂的情感、意志、人生及社会价值动因等。可用这些动因诱导管理对象的行为。

(11)激励原则。激励永远是调动人的积极性的第一手段。人具备充分、高度的积极性非常利于目标的实现。

(12)人性化原则。在不同的时空条件下,针对不同的对象及其不同的需求,应实施不同的激励。

(13)经济原则。应力争用最少的投入实现最多的产出(完满达成目标)。由此,实现目标的方案的设计、选择与优化是极其重要的、必需的。

(14)(自然)科学化原则。一切可资利用的现当代科学技术(手段),如计算机及其网络等,均应运用于管理。这将有助于上述诸多管理原则的实现。

(15)权变原则。管理学理论不可能穷尽管理原理、原则及管理现象,因此临机处置、随遇而变永远是管理不可或缺的指导思想。由此,派生了个案原则即实证原则——具体问题具体分析、具体处理。

(16)文化原则。管理应注重提高对象的文化内涵。文化也是资本,是能带来价值的。

行政管理学充分借鉴、运用了管理科学的诸多思想与原则,促进了自身的快速成长。行政学以与管理学大繁荣相呼应的学者辈出、学派众多展现了自身的快速成长。古利克的一体化行政管理学说、厄威克的系统化行政管理思想、福莱特的动态行政管理理论、林德布洛姆的渐进决策理论、维尔达夫斯基的公共预算理论、沃尔多的综合折中行政学说、里格斯的行政生态学说、墨迪的比较行政学理论、德罗尔的政策科学理论、奎德的政策分析理论、库珀的行政伦理理论、霍哲的绩效管理理论,等等,不胜枚举,均不同程度地受启发于并吸纳了管理科学的成果,推进并创新了行政管理学。

传统行政学理论的标志性成果之一是1937年出版的、由美国学者古利克和英国学者厄威克共同编撰的《行政科学论文集》。古利克长期任职于美国政府,并主持美国政府事务研究所工作近40年(1923—1961年)。在书中,他将行政管理的基本职能概括为计划、组织、人事、指挥、协调、报告和预算等七项,并详细分析了其逻辑与实践的关联性,论述了其一体化的实现机制等。古利克的研究,长期被视为行政学的理论基石之一。其理论受科学管理思想影响明显。厄威克的思想则受行为科学影响甚巨。他认为,行政管理应以发挥人的创造性为主旨,因而任何行政组织都要允许形成一定的“交流幅度”,使个人能在心智和身体上得到愉悦,从而最大限度地发挥创造性的团队作用。他还原创性地提出了适用于一切组织的八项原则:目标原则、相符原则、职责原则、组织层级原则、控制幅度原则、专业化原则、协调原则和明确性原则。行政组织更应如此。他们前后的众多学者发展的诸多理论,使传统行政学理论于20世纪40—50年代已然完成。

欧文·E.休斯对传统行政学给出的行政模式作了如下概括。①官僚制。行政管理之主体为政府,应当根据等级制原则也就是权力级别原则进行组织。②程序化。最好的工作方式都在手册中详尽全面地加以规定,以供行政人员遵守。严格按手册规定执行,是行政组织运行最好的方式。③官僚(体制)服务。政府通过官僚体制提供公共产品,包括物质形态的和非物质形态的(公共服务性公共产品)。④公共利益被假定为官僚(公务员)个人的唯一动机,因而为公众服务是无私的付出。⑤官僚制的职业化。行政活动被看做是一种特殊的专业活动。政府成员(官僚)必须保持中立、默默无闻、终身雇佣于以及平等服务于任何一位政治领导人。⑥在政治、行政两者的关系中,行政管理者一般均认为政治与行政事务是可以分开的,行政就是贯彻、执行指令。而任何事关政策或战略事务的决定都应当由政治领导者作出,这可以确保民主责任制的实现。⑦行政任务因执行指令(政令)而不由此承担个人责任①。休斯的概括虽有失偏颇,但抓住了传统行政学及其所给出的行政模式的核心——政府(小政府)是行政管理的一元化主体。主体的一元化和高度集中,既是行政效率的基础,又是其诸多弊端的根源。对传统行政管理学的批评,自20世纪40年代末期始,集中指向于此。

罗伯特·达尔首先提出疑问:传统行政学及其行政模式能否协调于标准价值观念?能否协调于人类行为规律?能否协调于社会环境?达尔谓之"公共行政学的三个问题"。这三个问题的本质内涵是:传统行政学及其模式因"公共性"严重短缺,而与民主价值观念、民主社会环境以及人类行为规律(行为科学揭示了人的行为除了经济利益动机外,还有很多基于情感、荣誉、意志的高级复杂动机。人是社会人、复杂人,并非单纯的经济利益动物。因此,行政管理以经济利益驱动人们贯彻执行命令显然低估了人类)有诸多相违。而针对(社会)公共事务实施的行政管理,其本质恰恰就在于公共性。可见,强调并提升行政的公共性是行政学及现存行政模式的当务之急。达尔针对行政主体高度一元化的理论与现实而提出的问题,开创了行政学发展的新阶段——公共行政学的阶段。

西蒙则在两个方面对传统行政学提出了诘难。①传统行政学所提出的每一条行政原则都可以找到与之相反的另一条看来同样合理的原则(二律背反)。因此在理论上无法指出哪一条原则是正确的。如此,原则实际上成了"谚语"。②政治与行政不可能截然分开。将政治看做决策、行政看做执行只是相对的。实际上,行政中也含有大量的决策。政治与行政中,都含有价值与事实两种因素。但在政治中,价值因素占主导地位,成为判断政治正确与否的基本标准。而在行政中,事实因素占主导地位,行政(即管理)是否切合事实(即实际),构成行政正确与否的标准。而两者均需决策。西蒙从比较技术化的角度指出了传统行政学及其实践模式的问题,意在建立一种以决策正确为核心的行政学—管理学理论。

此后,对传统行政学的批评和改进意见及建议纷至沓来。美国学者沃尔多的公共行政学说较有代表性。他认为政府与行政密切联系,因而行政与官僚(体)制就密不可分。由此,构成了官僚制与民主之间的现实与潜在的冲突。官僚制意味着大规模的、正式的、复杂的、任务专门化的以及目标取向的(忽略价值取向的)组织。民主则是一种"为了平等和自由的奋斗",民主是一种价值观、道德观而不是程序上的装饰品。官僚制与民主并非完全不相容,官僚制组织可以为民主提供重要的支持,如建立在能力和专长之上的普遍性标准和机会等,还可以为民主(制)的运行提供效率

① 欧文·E.休斯:《新公共管理的现状》,载《中国人民大学学报》,2002(6)。

（支持）。因此，必须在民主与官僚制之间寻求一种融合。沃尔多的思想并不否定传统行政学及其支持的行政模式之基础，只是提出应当使之民主化，以便与民主政治体制相协调并良性互动。一言以蔽之，应增强并突出行政学及国家行政体制的公共性，以回归行政管理的本义、真谛。

沃尔多长期任教于美国锡拉丘兹大学，他的影响逐渐使锡拉丘兹大学成为公共行政学—公共管理学的重镇。1968 年 9 月 3—7 日，由任《公共行政学评论》主编的沃尔多发起，一群青年行政学者在锡拉丘兹大学的明诺布鲁克会议中心举行了公共行政学研讨会，就公共行政学的相关问题取得共识。1971 年，这次会议的论文及部分与会者后来撰写的论文，以《走向新公共行政学：明诺布鲁克观点》之名结集出版。该书强调，公共行政的最重要价值观包括社会公平、代表性、（社会）响应、（社会）参与和社会责任感。一句话：重视公共性，扩张（伸张）公共性。

1988 年 9 月，时隔 20 年，举行了第二次明鲁布诺克会议。这次会议的主题多达 11 个，但可归结为两大部分。第一部分的 5 个主题总结了第一次明鲁布诺克会议以来行政学及行政的公共性之进展。第二部分的 6 个主题则集中于对未来公共行政学及公共行政的见解。①行政的社会公平自 1968 年以来有了很大进展。②民主价值观已渐居公共行政的核心地位。③关于价值观与行为模式的争论仍在持续。④社会的多元化并体现于就业（政府官员）的构成已成为社会基本价值取向。⑤（政府官员）性别多元化趋向也已清晰呈现。有鉴于以上四点，本次会议比 20 年前乐观，并对未来至少抱“有限的希望”。⑥近期的现实与革新的预期相符。⑦私有化（民有化、民营化）观点及实践正确，会持续发展。但资本主义（个人所有权化与唯利是图）将被藐视。⑧对公共人事系统限制的不耐烦情绪会明显发展。⑨社会（人们）不太乐意在公共行政中涉及技术进步，认为技术进步不是改善公共服务的工具，而是一种误导。⑩社会（人们）不愿深入探讨政府在政治（决策）中的作用，政治行政二分法仍有市场。⑪公共行政学在处理（整合）其多学科基础的问题上将遇到障碍。会议还讨论了公共行政职业中民族中立的问题。此次会议呼吁公民参与社区活动，参与公共行政；强调个人价值而不是个人所得；再次认同官员（公务员）是解决社会（公共）问题的重要纽带（力量）。

作为公共行政学的代表性人物，弗里德里克森对公共行政学的内涵异于传统行政学之处，作了概括与阐述。他认为，①传统行政学以强调效率为实行行政主体高度一元化即官僚体制垄断化的理论基石之一。实际上，其在意的仅为机械效率，即可以单纯用数字表达的效率，而更重要的效率是社会效率。它是以社会价值观为目标、为规范并予以衡量（计算）的效率，即效率必须与公共利益、个人价值（的实现）、平等自由等社会价值观相结合、相容并表达这些价值观。若效率排斥乃至无视这些，则为社会无效率。公共行政强调社会效率，以此兼顾、内含机械效率。②传统行政学注重行政的经济性即低成本性，为此不惜牺牲社会公平。如此，与其说它顾及了一般普遍利益，不如说它只照顾了特殊利益。因为社会公平的牺牲哪怕是局部牺牲，都意味着社会不平等的加剧或至少是在某一(些)方面的凸显,这违背了行政的公共性本质。公共行政学强调公共行政的核心价值在于社会公平,在于促进社会公平,以此实现行政的公共性并增进公民社会(整体)的利益。③行政组织即政府是实施行政管理、提供各种公共服务的具体承担者,其结构与功能状况直接决定了管理水平和服务质量。传统行政学组织理论强调官僚层级体制与制度规范在行政中的基础性作用,导致行政组织结构趋于刚性、僵化,面对社会的发展,无法迅速、有效地应对。此外,现行行政组织将自身权力及利益的扩张有意无意地当做组织的正当、合法目标,实际上多为政府自利性倾向的诉求与表达。这种政府自利性倾向是体制使然,它使政府忽视乃至无视其服务对象——公众的需要与诉求。尤以忽视缺乏政治参与(权力)、经济社会资源支持最少者的权利为甚。这使行政组织及其行政行为违背了民主政治的基本准则。因此,行政组织理论必须发展,行政组织必须改革。公共行政学倡导行政组织的开放性:以公众需要为导向的组织形态,如同企业以顾客需求为导向。政府组织应以公众需求作为自身存在与发展的依据。行政组织还应具有应变灵活的组织形态,即增强组织结构的弹性,使其能对外界变化、刺激作出迅速反应。M.韦伯认为官僚层级(体)制是开放性的。表现为其内部各层级之间、其与外界社会之间,不断进行着人员、信息等的交换、输入和输出。用今天的话讲,就是干部能上能下,能进能出。政府必须听取并采纳公众的意见与建议。公共行政学将此思想推向了深入与具体。④政治行政两分法作为一种研究、认识方法有可取之处。但若认为其在实践中依然可行,则是将理论的虚构幻化为实践的具体。在现实的政治与行政的运行中,行政独立、游离于政治(决策)之外的状况根本不存在。政治固然指挥、规约着行政,但行政也承载、担当、推行、实现着政治。对于民主政治,更是如此。若将行政与民主政治分开,认为民主政治已于体制、决策中确立,行政尽可依托于官僚(体)制而游离、独立,则架空了民主政治,使之无法贯彻、实现。公共行政学注重政治与行政的结合,关注行政中的政治。区分只是相对的,结合才是实际的。⑤针对政治与行政实践中的不可分离,公共行政学提出创新行政学的研究方法。倡导开放性研究,即将行政与社会、社会环境等问题联系起来考察,将行政置于社会中探析。将行政与政治结合,尤其要研究政治价值观、政治原则、政治体制(度)在行政中的作用、实现及其实现保障机制。倡导实证性研究,即具体问题具体分析,根据现实状况及资料(数据)分析,作个案研究,然后再由具体推至一般与普遍,构建实在的,与实际吻合的,能应用于实际、有利于实际的行政学。行政学必须尽量摒弃理论与虚构以及从理论到理论的研究。倡导放弃研究行政管理的价值中立立场,因为行政管理及其实施者本身并非价值中立的。恰恰相反,行政管理具有显著的价值倾向。因此,对其作价值判断并给出符合社会需求的正确标准及实现、达成路径,是行政学的责任和价值所在①。

公共行政学对传统行政学的发展可归结为以下三方面。①注重行政的公共性。

① 丁煌:《西方行政学理论概要》,255~265页,北京,中国人民大学出版社,2005。

公共性在相当程度上即民主性。行政学必须凸显民主性,并致力于实现民主性——给出实现的体制、方法及机制等。②政治行政二分法可作为一种方法,但其在实践中是相对的,绝非绝对的,行政中亦有大量(政治性)决策,行政学必须注重两者的联系、结合,相互作用、影响以及互动。③改进、改造行政学的研究方法,如放弃价值中立立场等,并吸纳现代科学技术方法用于行政学之研究及行政实践——如西蒙提出的管理学理论。

1.1.3 公共管理学的形成及其趋势

20 世纪 70 年代中后期的世界经济危机充分显示了各国政府的通病:权力扩张、机构臃肿、人浮于事、效率低下、缺乏监督、行为失当、疲于奔命、捉襟见肘,乃至于政策无效、政府失灵。同时,当代社会科学的融合、整合以及跨学科交叉综合研究已渐成趋势与潮流,这不仅表征了当代社会科学的发展,而且赋予其深入解决实际问题的强大能力。实践的需要和理论的进展,推动公共行政学发展到了公共管理学的新阶段。

1991 年 9 月 20 日至 21 日,全美第一届“国家公共管理学术研讨会”在锡拉丘兹大学召开。在此会召开前,已有多本今天享誉世界的公共管理学著述出版:佩里与克雷默合著的《公共管理:公共的和私人的观点》(1983 年);波齐曼的《公共管理战略》(1990 年);雷尼的《理解和管理公共组织》(1991 年);登哈特的《新公共服务》(1990 年);波利特的《管理主义与公共服务》(1990 年)等。正是这些表达了公共行政学新发展的著述及众多的论文,使这次会议的召开成为必要,并奠定了这次会议的学科基础。此次会议召开的初始动机,就是把不同理论与不同方法派系的公共管理研究者聚集起来,共同探讨公共管理的内容、内涵及其前景等。共有 73 位来自不同领域的学者和专家(包括管理学家、政治学家、行政学者、经济学家、心理学家、哲学家等)参加了此次会议,与会者对上述问题进行了真诚而富有成效的讨论。

大会的具体目标包括四项:①评价公共管理学作为一门学科的现状;②交流并出版最新和最好的公共管理研究成果;③通过总结明晰公共管理学与公共行政学在理论、方法论和研究上的差异,推动公共管理研究的发展;④促进公共管理学者之间的联系和相互交流。大会比较全面地达成了这四项目标,并决定于 1993 年在威斯康星大学麦迪逊学院(分校)举行第二届“国家公共管理学术研讨会”。

会后,锡拉丘兹大学公共事务与公共管理学院的巴里·波齐曼教授将会议中部分具有代表性且表现了公共管理研究最新进展的论文汇编成《公共管理:学科现状》出版。波齐曼强调,该论文集只能视为会议的部分成果而远非全部。“公共管理研究与理论的现状在锡拉丘兹会议上得到了很好的反思,此次会议的影响远远超过了本论文集所体现的内容”。该论文集共分为七大部分。第一部分集中讨论了公共管理的特质,提出了诸如“公共管理是什么”、“会是什么”以及“应当是什么”等问题。与会者对上述问题各持己见。也有学者认为,现在主要问题是看行动(实践),找出(与行政的)差异,而还不是沉思理论作总结的时候。第二部分介绍、讨论了当时对公共管理理论的若干质疑与批评性意见，波齐曼对此作了总结。鉴于质疑与批评意见完全依据实践状态提出，即以“实然”反对“应然”，波齐曼对公共管理学者与实践者之间的过度联系提出了怀疑：理论与实践的结合虽然会带来诸多好处，但也会产生严重问题。如研究者未能按自己的研究进程进行研究，未能履行自己的学术职责。更为糟糕的是，他们被狭隘的实践所左右，以至于以一种狭隘的、非普适性的、不恰当的标准来衡量自己的理论研究。理论研究应当发现实践的问题，提出解决问题的方案，将“应然”方案再付诸实践（检验）。若认为实践中的均是正确的，实践是什么就是什么，则理论研究乃至许多学科都不必要了。第三部分提出了公共管理的若干理论建构，从不同角度（学科）探讨了当时研究公共管理的各学派及其理论之间的关联性、共同性。有学者主张在个案叙事特别是美国公共管理实践的个案叙事基础上，进一步构建理论，即从具体到普遍、一般地构建理论，不要从理论到理论。第四部分探讨了公共管理的战略倾向。波齐曼总结道，公共管理包含战略，是与会人员达成的为数不多的共识之一。“那些寻求公共行政与公共管理之间差别的学者，普遍指出公共行政只关心策略与内部运作，因此需要有一个新的领域对战略问题加以强调”。其实公共行政也涉及战略问题，但其研究旨趣只是在公共管理中才被大大提升。第五部分的主题是公共管理与政治的交叉影响、相互渗透研究。波齐曼认为，政治行政二分法在公共管理研究中已渐渐失去吸引力，成为陈旧且被淘汰的范式。政治渗透于公共管理的各个方面，影响无处不在。公共管理的政治价值、政治功能也是显而易见的。对两者关系有进一步深入探讨之必要。第六部分的两篇论文探讨了技术进步在公共管理信息体系中的重要作用。第七部分讨论了公共管理学发展的障碍与困境，其中研究了公共管理学与政策制定的关系，并对其发展作了展望①。

作为锡拉丘兹会议的成果，此书既是对公共管理学多年发展的一个回顾，也是对其未来发展的一种探测与规划。两年后的威斯康星会议论文汇编成《公共管理：学科现状Ⅱ》出版，基本延续了锡拉丘兹会议论文集的主题与内容，但内涵更趋复杂、丰富，表现了公共管理学的拓展。

公共行政学发展至公共管理学，有两个起源或称两条路径。波齐曼在锡拉丘兹会议论文集的导言中，分析了这两个起源的概念，即“P 途径”与“B 途径”。所谓“P 途径”，即产生于公共政策研究的公共管理学的形成途径。20 世纪 70、80 年代，公共政策学者们日益感到需要一种与公共行政一脉相承却又与之清晰区分的新范式（范型）。这一需要一方面源自增强公共行政学的可行性、实践性的学术期望，以改变其从理论到理论的抽象性以及空泛性。另一方面来自为公共政策研究及其实施寻找载体与主体的现实诉求。改变公共政策研究仅为单纯意见或建议，而缺少有能力、有权力发起、倡导及实践的人的状态。概言之，必须增强公共行政学的可行性、实践性，因

① Barry Bozeman. Public Management: The State of the Art. San Francisco: Jossey-Bass Publishers, 1993:7, 14,135.

此其体系不能尽是原理、原则、价值(观)及种种理论构想与设计,公共行政学必须通过公共政策研究的途径付诸应用与实践。如此,公共政策学方可摆脱单纯研究的状态,与可实践主体结合起来,因为公共行政学指称的行政主体依然是政府。两者的结合使公共管理范式诞生。波齐曼认为,P 途径仅是以管理强化(实践化、可行化)了政策分析,或者说以政策分析补充了管理。它为面对诸多问题的公共行政学的发展,提供了一种思想资源、一条思路或一个机会,但其概念依然是模糊的。P 途径的贡献在于四点:①强调公共管理中政策分析的重要性;②注重基于公共管理实践经验的学习与探索;③注重实证性研究和更清晰的理解与表达;④促进高层管理者、政策执行者与公共管理学者之间的交流①。

"B 途径"的形成归功于商学院的学者们。他们认为工商管理学的诸多概念、理论与方法,完全可以相容于、融合于公共行政学,以发展公共行政学。如公共组织与私人组织的相似性、一般性分析;组织设计、人事(人力资源)管理、财政(财务)预算的方法与程序;个案分析基础上的理论建构;种种量化的分析及研究方法等。他们认为,工商管理学与公共行政学的结合能大大提高公共行政模式的专业化程度及效率。

P 途径与 B 途径的结合,共同改造了公共行政学,使其不仅注重(行政)组织内部的管理,而且关注组织外部的管理(即协调组织与社会的关系);强调政治对管理的影响以及管理对政治价值观、制度的体现;注重管理的效率并以科学方法提高它;紧密联系实践,倡导经验学习②。如此,公共行政学取得进一步的发展。

但 P、B 途径均未能使公共行政学发生质变,一如公共行政学使传统行政学发生了质变那样,虽然其已采用公共管理学的称谓。所谓质变,就是异于前者的改变、变革(化),是后者对前者的区别性的凸显。据此,P、B 途径与公共行政学是相容的、兼容的,公共行政学完全可以借鉴 P、B 途径而扩展自身,其新理论体系完全可以包容 P、B 途径,仅是公共行政学的新方式方法而已。之所以说公共行政学是传统行政学的质变,是因为它否定了传统行政学产生、奠定、构建、发展的理论基础——政治行政二分法。它强调行政也是决策,也是政治;是政治的运行、实现,关系到政治价值观及制度的保障。因此,行政必须民主化,体现、贯彻民主价值观及民主制度;必须民众化、人民化,破除单纯的官僚(制)化。民主社会决不允许在民主制的框架内,保存一个封闭的官僚行政体制,任其独断专行。如此,则架空了民主,甚至颠覆了民主。正是这一革命性思想,更新了传统行政学,使之发生质变,达到了公共行政学的新阶段。

公共行政学的上述革命性思想可称"D 途径",即民主化途径。但公共行政学只是强调民主问题,注重民主在政治和行政中的存在及其作用,指出行政亦是政治,不能排斥民主。但未能提出及指向体制革新、创新。公共行政学只是在秉持传统体制的基础上,努力协调其与民主的关系,关键是民主要体现、贯彻于行政体制及其运行

---

① Barry Bozeman. Public Management:The State of the Art. San Francisco: Jossey-Bass Publishers, 1993:3.

② Barry Bozeman. Public Management:The State of the Art. San Francisco: Jossey-Bass Publishers, 1993:5.

之中。公共行政学依然承认官僚制是唯一的行政主体,只是不仅应服从于民主政体,而且应在运行中贯彻民主。所以公共行政学并未从体制上根本解决民主价值观及民主原则的实现问题。

P、B 途径推进了公共行政学的进一步发展,使公共行政学更加富有弹性与张力,不仅供给了发展的思想资源,而且创造了发展的机会。其与 D 途径的结合,创新了公共行政学,创生了公共管理学。

公共管理学异于公共行政学之处是:秉持公共管理是由多元公共管理主体构成的社会管理体系的基本理念;认为多元化的公共管理主体之间存在着权力依赖和互动的伙伴关系;强调公共管理体制是基于多元管理主体的伙伴关系形成的社会自治网络;强调政府在社会公共网络管理中的基础性与协调性作用,政府担当着基础性和协调性的角色。这才是本质意义上的公共管理,也与"公共管理"这一语词相符,可称之为治理。治理之本质是社会管理的民主化——不仅是理念的,而且是有实际体制保障的。公共管理学语境下的治理,表征的不仅是公共管理学的创生,而且是人类社会管理在更高文明层次上对原始民主制的复归。列宁关于社会主义行政是议行合一的思想,已包括了行政管理主体多元化的发端——虽然尚未民众化,但至少整个大政府体系均为主体。治理走向了民众共治、自治,是公共管理的实现。

1.2 公共管理学的研究对象、内容与方法

1.2.1 公共管理学的研究对象

公共管理学的研究对象是公共管理活动及其规律。公共管理活动是公共组织或公共部门对公共事务的管理活动。公共事务是相对于个人、私人、家庭、家族事务而言的所有涉及民众的、有关国家的、关于社会的诸多事务的统称。它包括经济的、政治的、文化的、军事的、外交的、社会的,等等。例如,个人决定购买何种消费品,这是单纯的个人经济事项。但此种消费品是供不应求还是供过于求,从而造成市场的匮乏或过剩,造成人民群众生活所需的短缺或社会资源的配置不当而浪费,就是社会经济事务即公共事务之一了。再如,家庭事项及问题仅限于家庭内,并不形成社会示范作用或普适性效应,是单纯的私人事务。如消费品的选择、休闲娱乐方式(活动)的选择及其引发的家庭矛盾等均属此类。但若发生家庭成员伤害事件,不论何种原因,社会必须介入、过问即实施管理直至绳之以法。否则,必间接鼓励此类伤害事件频频发生,起极坏的示范作用并发挥负面普适效应,致使社会道德水准低下、人际关系恶化、家庭动荡解体、社会矛盾剧增。因此属于社会公共事务之范畴。西方学者一般认为公共事务是生产和供给公共产品或与之相关的事务,中国学者普遍亦采纳此观点。这涉及对公共产品的认识。若将公共产品限定为物质形态产品,上述对公共事务的理解则是片面、狭隘、非科学的。若将公共产品定义为包括物质形态产品和非物质形态产品(即公共服务型产品),则是全面、科学、可行的。因此,公共管理学对于公共

产品的认识必须超越单纯经济学的定义,其经典定义来自美国经济学家萨缪尔森①。公共产品(服务)是满足公众需要的物品(服务)。公共需要虽可表现为个人需要,但它基本不可划归或分解为个人需要,它是个人的共同性——绝大多数情况下是同时空性的需要,而不是单纯个人需要的简单相加与集合。公共需要也有极少数是可以划归为纯粹个人需要的,如参观文物、逛公园、听音乐会、看文艺表演等。但社会绝无足够的资源单纯为个人提供,而个人若想得到这种社会提供的公共产品需支付的边际成本远远大于他支付所获得的边际收益,如个人为自己建一座大剧院等。因而从社会与个人角度考虑,均不可行,必须由公共产品予以满足。

公共管理是由公共组织实施、进行的。公共组织是相对于私人组织而言的。据经济学、政治学定义,除家庭、企业为私人(私有)组织外,其余皆为公共组织。公共管理的主体是公共组织,又称为公共部门,或公共权力机构,即承载并履行公共权力的大政府体系。此外,还包括所有非政府性的公共组织(NGO),如第三部门、社会非营利性机构(组织)、各种社会公益性组织、提供非纯粹公共产品即混合型公共产品②的部门,如医院、学校等。对于私营部门与公共部门的划分,最初是基于所有制的不同,即私营部门是私人所有的,公共部门则是公众、国家所有的。但随着发达国家所有制结构的变革,股份制化的民有、众有形式已成为社会主导的所有制形式,这就是所谓的资本人民化。由此,私有制、公有制的界限正在模糊、淡化乃至消失。走向公有制是人类社会发展的趋势,发达国家的现当代历史确证了历史唯物主义的预言,虽然它们普遍不采用社会革命的形式。相反,国有制倒未必是公有制的最好形式。因为不仅产权主体虚置和产权界限模糊导致效率效益低下,成为国家沉重的财政负担,而且国有制极易蜕变为官吏官僚所有制,成为新型的真正的私有制。因此,股份制化的民有民营成为公有制的崭新形式,成为公有制的潮流。世界500强企业,绝大部分如此。如比尔·盖茨仅拥有微软股份的近20%,微软股份的80%归微软员工和股东所有。显然,不能认为拥有20%就等于100%,产权的界定是清晰的。发达国家的所谓私立院校、私立医院等,都是股份制化的、由董事会领导的民有民营组织。所谓私立,乃民众(民间)出资、民众所有,相对于政府出资政府所有而言。显然,其已非私有制,起码属集体所有制性质的公有制。在所有制革命的背景下,私有私营企业转化为民有民营企业,也有相当多的国有国营企业如此转化,其与未转化的国有国营部门的公有制性质相同,因此从所有制角度区分私营部门与公共组织既不可能,也无必要。

不论在何种所有制背景下,家庭均为私人(个人)组织,所以公共事务就是相对于个人、家庭而言的社会事务。但即使在所有制革命的背景下,企业仍属于私营部门。这是基于利益指向性的划分。不论其所有制性质如何,企业的利益指向首先是

① 庞绍堂:《公共产品论》,载《公共管理高层论坛:第5辑》,南京,南京大学出版社,2007。
② 混合型公共产品兼有公共产品与私人物品性质的物品,是公共产品与私人物品的联系、结合。

自利的。企业的自利性也是正当的,它必须通过谋利才能生存、发展,最终造福于社会。否则单靠简单再生产企业也不可能维持。因此,发展与扩大再生产才是企业的宗旨,为此,企业必须谋利,无可非议。可非议者,仅在于其谋利手段正当与否。政府作为公共组织的代表,其利益指向显然是非自利的,而是公利的。若政府亦首先是自利的,其存在论与目的论基础将不复存在。因为社会公众不可能构建、承认这样一种组织——通过管理社会事务、民众事务为自己谋利,而且这一管理的公共权力还是社会公众赋予的。这是一个悖论:民众支持于己不利的组织,该组织的目的就是与民众争利而自利。现当代文明国家,政府均是委托—代理(结构)的,即人民委托,政府代理(人民的意愿)。这一结构规约了政府不能以自利为目的。学校、医院的利益指向亦首先是公利的。否则,就变成了企业而颠覆了其自身的基本性质,其存在论与目的论基础亦均不复存在。缺钱,就别上学、别看病,这是文明社会的行为准则与制度逻辑吗?当然,为保障其基本性质(公利性质)的实现,政府的财政支持是必需的。可见,公共组织的利益指向是公利的,或首先是公利的。利益的指向性是在产权革命的背景下区分私营部门(组织)与公共部门(组织)的基本标准。据此,由政府投资兴办并由政府财政支持的企业,当属公共组织。

任何标准都是相对的,上述利益性标准亦然。自利的企业亦造福于社会,亚当·斯密就看到了这一点。公利的政府及其他公共组织亦可能自利,这是社会应警觉、防范和杜绝的。这也是构成公共管理的内容之一——公共权力(组织)的运行监督。当代企业的公利性也在成长,使两类组织的利益分野日趋模糊、淡化。诸多发达国家的公共管理规划,已将企业纳入管理主体的范畴而加以培育、导引,使其参与。

公共管理,古已有之。原始社会就有公共事务,就有公共组织,遂有公共管理,其本质是民主管理。随着阶级、国家的产生,公共管理被行政管理取代。随着人类社会的进步,行政的公共性凸显,行政向公共管理的回归渐成人类社会发展的趋势,尽管仍障碍重重。各种公共组织、多元化主体对于社会公共事务的共同治理,是公共管理的本质。对此及其运行、发展规律进行研究,是公共管理学的要旨大义。

1.2.2 公共管理学的基本内容

公共管理的内容决定了公共管理学的内容,公共管理学是对公共管理的实证性、理论性进行的分析与研究。对其可作静态即要素及结构的考察以及动态即运行与过程的探讨。

从要素与结构角度而言,公共管理的内容包括:公共事务的呈现与发现,通常通过公共问题的形式;公共组织的构建、持续(性存在)与应变;针对公共事务处理即公共问题解决的目标设计;指向目标的公共政策的制定;服从于公共政策的公共资源的配置(人力、物力、财力,在市场经济体制下,三者基本可统一于财力);以公共服务为宗旨的多元化主体治理网络及其行动体系。这些要素形成了公共管理的结构,且宏观(全国的、全社会的)、微观(局部的、具体事件的)同构。该结构运行展开,达成公共管理(之目标)。因此,公共管理学研究这些要素及其结构,以求证要素的完全性

(必要且无遗漏的)、优化和结构的适应性、实用性、可调整性(即应变性)及优化。如针对生态环境保护这一公共事务,必须有相应的公共组织体系应对。这一公共组织体系当然是多维度的多元主体。不仅拥有公权力,而且享有公信力、号召力、说服力等。这一组织体系与民众结合,形成社会化治理网络,提出目标、制定政策、配置资源、指向目标、实现目标。每一要素及整体结构的优化要求自然内含其中,如目标的有效性、政策的可行性等。结构虽是静态的,但必须具有张力,使之足以应对公共事务以及同一公共问题的变异。

从运行与过程角度而言,公共管理的内容包括:公共事务或公共问题的动态性存在及进行性变异(此点有两层含义:公共事务始终是存在的、流变的,这一问题解决了,另一问题接踵而至,甚至诸多事务诸多问题共生并发;任一公共事务亦是不断变化的,必须以变应变,甚至上溯源头,才能找到妥善处理的举措);公共组织的不断形塑、优化、展开、再重塑、再优化、再展开,良性循环建构;公共组织之间以政府组织为基础的协调、整合以及多元化主体治理网络的构建与展开;公共组织与治理网络、社会民众及私人组织(可称之为社会环境)之间的关系,包括适应性与协调性、动员度、整合度;公共治理网络与社会环境互动下的治理目标的确定,任何可行的管理目标均是协商的结论,具有可协商性;指向目标的政策或政策群必具动态可调整性,以政策贯彻的结果决定政策的持续或调整(即反馈,反馈是指向目标的控制的实现机制);进行性的资源优化配置;通过对政策与资源在治理网络中的扩张与运行的追踪观察,及时纠偏,指向并实现目标。这一动态过程必然是公共管理学的研究内容,以求证运行逻辑的明晰、科学和运行程序的优化。

综合以上,公共管理学的内容可简要概括为以下十个方面。

(1)公共管理学的形成与发展,公共管理学的研究对象(含公共管理的两大初始范畴:公共事务与公共组织),公共管理学的基础理论与方法,公共管理的职能、功用与特点。

(2)公共管理主体,即公共管理组织体系及其构建的治理网络。包括公共权力体系(大政府)、社会公共组织,其各自的结构、功能与作用,其在治理网络中各自的地位、分工与协调、整合。治理网络(体制)的创新与变革。为适应现代社会的变迁,还应探讨私人组织的公共管理作用。公共管理终将走向历史的否定之否定,走向全社会所有主体的共治即自治。

(3)公共管理体制的展开即运行,其与社会的关系,与社会的互动,体制的调整、演进。公共管理的方法包括经济方法(通过市场的)、行政方法(由行政管理机构实施的)、文化方法(通过影响人的思想情感的)、法律方法(必要的强制)、社会化方法(综合性多元化主体治理)以及各种技术性方法。还应探析各种新型的政府工具或治理工具。

(4)公共管理战略即公共管理的总体(宏观)目标与具体(微观)目标(群)。包括目标的设计及其可行性分析,目标的内涵、功用(与公共事务科学处理的吻合度)、集成度、可分解度。

(5)公共政策(群)。该公共政策群包括:公共政策的内涵(基于目标、指向目标的系列性措施、手段);公共政策的基本功能;公共政策体系;公共政策的制定(过程)与贯彻(过程);公共管理信息系统,涵盖公共问题的发现,对其信息的采集与处理、贮存,根据信息的目标选择,根据目标的决策,决策的贯彻、反馈与调整,所有环节的多元化主体的介入与协调,以计算机数据库(中心)以及终端为基础(平台),对这些环节的构建、整合与运行;公共政策的终结或持续。

(6)公共经济管理即公共管理的物质基础。包括市场体制下政府的作用分析、自由主义与干预主义之争、公共财政管理与实施。

(7)人力资源管理。一切公共组织皆由人构成,将人力资源转化为人力资本是公共组织有效乃至高效运作的基础,也是形塑治理网络的前提。

(8)其他公共事务的管理。包括文化的、社会的、政治的公共事务。

(9)公共管理绩效的测量与评估以及改进。

(10)公共管理伦理。公共管理增进社会利益,本身是伦理性的(活动),也必须伦理化。为实现伦理化,它不仅要体现在管理者的行为伦理中,更重要的是要贯穿于制度中,成为制度伦理,通过制度安排(包括政策设计的倾向性),保障公共管理的伦理性及其实现。探讨人类社会公共管理的一般趋势,包括分析构建多元化主体治理网络以及实行治理的困难与障碍,探析克服这些困难与障碍的社会条件、社会资源、社会动力和途径与方法以及人类社会走向共治即自治的必然性。

1.2.3 公共管理学的理论基础和研究方法

公共管理学是在传统行政学和公共行政学基础上,由多学科渗透交叉而形成的一门新型学科。多学科的综合作用及影响,重构了公共管理学的理论基础。澳大利亚学者欧文·E.休斯认为,公共管理学的新型理论基础主要在两个方面:经济学理论和工商管理理论。

经济学理论主要包括新制度经济学理论和公共经济学理论。新制度经济学理论并非一种统一的、单纯的经济学理论,它是对众多以研究制度(主要是经济制度)为主题的经济学思想、理论、流派的统称,主要包括交易成本学说、制度成本学说、产权理论、委托—代理理论、公共选择理论等。它们从不同角度贡献于公共管理学,开启了公共管理的新思维。

(1)产权理论。就字面理解,产权就是资产所有权。产权的归属(所有权)决定了所有者的管理权、使用权、处置权等。产权的法制化确立,能够规范人们的交易行为,稳定人们的交易预期,界定谋利的行为边界。因此,产权的法制化清晰,既是一种激励机制,也是一种约束机制,还是一种规范交往机制。所以,“产权不仅是指人与物之间的关系,而且还是指由于物的存在及其使用(归属)而引起的人们之间相互认可的行为关系”①。科斯认为，只要产权已明确界定并受到法律的有效保护，产权拥有者都能主动地实现(其)资源的最优配置。而在国有产权、政府所有权下，资产的管理、使用等权力由国家所选择的代理人来行使，因其不是所有者，他对资源的处置及收益分配不具有充分的权能，使其对经济绩效的关注降低，对所属成员的监督与激励也降低。而国家对其掌控资源以追求政治利益的考虑往往超出对经济利益的考虑，这种考虑还常常成为选择代理人的标准。这一切使国有资产偏离利润最大化的目标，资源的最优化配置也因此丧失。产权理论部分解释了政府低效率高成本的原因，也指出了其改进之道——明晰产权。

(2)交易成本学说。顾名思义，交易成本指交易过程中产生的成本。它最先由美国经济学家科斯提出，一般指企业在经营过程中除直接生产成本以外的所有其他费用，或者说是在市场交易中企业必须面对的成本。后来众多学者将其扩展到交易前后，指与交易有关的一切费用，所以不少学者改称之为交易费用。如此，交易费用涵盖了几乎一切成本，其中包括生产成本，因成本与利润负相关，企业经营以降低成本为目的，政府应亦然。决定(交易)成本的高低有四个因素：科技发展水平、专业化分工程度及管理水平、产权的明晰程度、制度的科学化程度。这四个因素均与成本高低负相关。前三个因素均取决于第四个因素，因此有学者将交易费用归入制度成本。该学说给出了判断政府作为效率的科学标准(是否利于交易成本的降低)以及实现高效廉价政府的路径之一。

(3)制度成本学说。该思想主要由美国经济学家诺思、福格尔等提出。制度安排得当与否，会产生经济、社会发展的不同成本及不同收益。通过对经济结构变迁的考察，均可发现制度改进的作用。如使美国经济迅猛发展并在短时间内跃居全球第一的首要因素，是南北战争对奴隶制的废除，并非铁路的广泛修建。前者决定了后者，而不是相反。因此，对制度安排不能抽象地略过，应注意其对成本与收益的决定性作用。好的制度能产生激励效用、创新效用等正面功能。坏的制度则相反。哈耶克认为，制度能规约人的行为(的好坏)。好制度不怕坏人，坏制度对好人亦无用。因此，决定经济和社会发展快慢优劣的，归根结底是制度，其与制度成本负相关。这一学说对政府管理改进的促进作用是明显的。

(4)委托—代理学说。委托—代理理论即关于所有(权)者委托(授权)，经营管理者被授权、被委托代行经营管理权及其结构、功能与规律的学说。它源于发达国家企业经营管理中两权(所有权与经营管理权)分离的实践。对此实践，经济学家们有如下思考：如何保障所有权？怎样正确选择代理人？如何激励代理人？两权分离下的两权互动结合关系如何？由此得出了诸多思考性结论。人们很快发现，这种委托—代理关系实际上广泛存在于社会政治领域和社会管理领域。如选民与政治家的关系，群众与领袖的关系，人民与政府的关系，当事人与律师的关系，民众与司法(官

---

① R.科斯，A.阿尔钦，D.C.诺斯：《财产权力与制度变迁》，204页，上海，上海三联书店，1991。

员）的关系，等等。因此，经济学思考的结论就有了普适性，且应进一步扩展：如何保障人民主权（公共权力所有者）？如何规约代理人行为？所有权的最终决定与管理权的独立行使如何最佳结合？……这一分析框架在公共管理学中的运用，实际上成了社会契约学说的当代延展。

（5）公共选择理论。公共选择就是选民（民众）的选择，在绝大多数情况下，是选民选择的代理人（政府官员）的选择。这是政治过程和政治行为，有必要对其作经济（学）分析。政府以及一切政治组织均不是抽象的，它们是由具体的人构成的。人，除极少数例外者，均服从理性经济人假设，政府官员在制度权力导致的可能利益驱动下，尤其如此。因此，假以公共选择之名的，很可能是一种与制度协调的、以制度包装的个人利益选择。甚至导致专门设计、安排能掩护谋取个人利益行为的制度。从而诱发权力寻租，导致严重腐败，甚至政府失灵。为应对此类事件，必须强力约束、严厉监督政府官员拥有的公共权力的行使；必须提高制度刚性，使其无空可钻；能由市场选择的，无须所谓"公共选择"，将公共选择限定在必需范围。公共选择学说直接指向多元化主体共治的公共管理体制。

公共经济学对于公共管理学的理论构建的影响，将在第6章中详细论述。

工商管理理论对于公共管理学的影响即B途径的影响，集中表现在六个方面：①以企业组织的效率架构，促进了公共组织的认识及结构的改进；②以人力资源管理的理念及体制更新了行政的人事管理；③以充分的信息作为决策的前提以提高决策的可行性、科学性，不断优化决策的方法与技术，并改进了公共决策的体制、程序与方式；④以量化方法与技术提高了公共管理的效率与精准程度；⑤以绩效测量与评估方法构建了公共管理的新型压力、激励与动力机制；⑥以（企业）战略管理拓展了公共管理的视野，提升了公共管理的前瞻性。

政治学与行政学理论依然构成公共管理学的重要理论基础。政治的本质就是分配价值（广义的、社会的），协调利益。孙中山先生言：政就是众人之事，治就是管理，管理众人之事就是政治。这与公共管理的本质不谋而合。因此，公共管理活动实乃政治活动之一种。对其研究离不开政治学对政治现象及政治活动研究的奠基。公共管理（学）的价值判断，均以政治学的研究为依据。政治学研究的目标——以权威力量与手段协调社会利益，维系社会发展，亦与公共管理学研究的目标一致。政治学研究所追求的终极价值——走向民主自治的国家与社会，也蕴涵了公共管理学的终极价值。可见，政治学供给了公共管理学重要的价值观念和理论基础。政治学的诸多政治范畴均与公共管理学直接或间接相关，政治学对其进行的探析研究，亦有助于公共管理学的发展。当然，公共管理学的进展也有助于政治学的创新，两者密切相关，良性互动。

行政学本来就是公共管理学的母体。公共管理学是对行政学的更新而不是摒弃。鉴于政府亦是公共管理多元化主体中之一元，且是起基础性作用并扮演多元主体协调性角色的一元，行政学对政府管理的动态、静态研究以及对其规律的揭示，构成公共管理学的理论基石之一。公共行政学的重塑政府理论甚至成为公共管理学的核心内容之一。重塑政府理论是发达国家在行政改革中逐步形成的理论，始于20世纪60、70年代发达国家的行政改革运动，与公共行政学的发展基本同步。公共行政学的创生促成了这场运动，这场运动又为公共行政学理论体系的构建提供了实践模本及范式。重塑政府理论揭示了官僚制的缺陷；提出了新型企业化政府的模式，即讲求效率、降低成本、服务于市场与社会；呼吁扩大社区自治权力，扩大社会自主权力；揭示行政权力体制及管理模式由金字塔形向平行结构即网状形发展是客观规律；等等。可见，这些均已成为公共管理学的理论要素。

在综合了多学科理论与方法的基础上，公共管理学构建了全新的理论体系，并形成了自身系列研究方法。

（1）系统分析法。该方法据客观事物本身所具有的系统性，从事物整体出发，分析整体与部分、整体与层次、整体结构、结构与功能、整体与环境的关系与互动，以求得整体结构的优化与功能的优化，并协调整体与环境的关系，达成整体的优化运行与目标实现。公共管理学中的系统分析方法，就是将公共管理作为一个系统（体系）加以把握，探析其内部部分、层次、结构、功能及其相互关系、相互影响，以求得公共管理系统优化，并科学把握其与外部（社会）环境的关系，以求得公共管理系统与之协调。在系统优化和环境协调的基础上，高效实现管理目标。

（2）比较分析法。该法通过对不同事物或同一事物在不同阶段的状态、情况等进行共时态和历时态的全面比较，找出其差异、差异形成原因，或共同点、本质与规律，以利于事物的改进。有比较才有鉴别，遂有动力、有发展。公共管理学中的比较分析旨在通过对不同国家或地区、对同一国家或地区的不同时期的公共管理体系及过程的比较，对公共管理成效的比较，对其他学科的借鉴与比较，探寻公共管理的普遍规律与一般理论及普适性方法。同时注重不同国家与地区的特色，吸纳其长处。

（3）实证分析法。包括个案分析方法与实地调研方法。个案分析方法是通过公正客观的描述分析已经发生的公共管理案例，寻找其内在结构的相互作用和因果联系以及其与外部环境的具体关系，总结这一事件成败得失的原因，以把握此类事件规律。通过对各类事件的个案分析，找到各类事件的各自规律和它们的共同规律，以优化处理应对的方案与行动。个案分析法是工商管理学研究的基本方法之一。实地调研方法，就是深入实际，掌握情况，由表及里，由此及彼，弄清事实，摸索规律。它是社会科学的所有学科都采用的研究方法之一。公共管理学应用此法，就是要深入公共管理的对象、事件，调查每一个局部，弄清每一个环节，在掌握事实材料的基础上，把握整体，得出结论，总结规律。实证分析方法，从认识逻辑角度而言，属由具体到一般的归纳认识方法。

（4）理论（抽象）分析法。与实证分析方法相反，理论（抽象）分析法是由一般到具体的演绎认识方法。之所以能从一般到具体，是因为一般源自对具体的抽象，它包含了众多的具体，把握了众多具体的本质及规律。公共管理学的诸多范畴、范式（范型)、理论,正是这样的抽象,因此可运用其分析具体的事件、事实、个案、全局、体系,这正是理论的意义及功用所在。理论越是具有彻底性,其分析力越强,科学性越高,洞察力越强。运用公共管理学的已有理论,并在实践、实证中不断发展,使其走向彻底性,正是公共管理的基本追求。

(5)实验分析法。或称模拟、情境分析法,即通过设计、安排,将已发生的事件、个案再现,寻求其真相及原因,探讨其改进方法。或将计划目标、预期事实呈现,把握其要件(关键变量),明了其规律,以高效达成目标。必须指出,社会科学的实验(分析)对象是人及其行为,没有高精度的可重复性,因此所得出的结论(规律)基本为统计规律,具有模态(即使用摹状词的判断的)性质。

不论何种研究方法,认识方法论的最高原则仍然是理论联系实际。

1.3 公共管理的职能与特点

1.3.1 公共管理的职能

公共管理的职能即公共管理的功能、作用。理解、弄清这一问题,首先必须理解、弄清人类社会为什么需要公共管理。前已述及,公共管理是对公共事务的管理,对公共问题的解决。如果人类社会可以避免公共事务(公共问题),当然无须公共管理。但既然存在人类社会(人是最社会化的动物,他们是必然构成社会的。中国古代思想家荀子即言:人能群。即人类会自我组织起来。人类社会的起源,不是公共管理学探讨的对象,但人类社会的存在,却是公共管理学面对的对象),公共事务(公共问题)的产生就是必然的。这些事务、问题虽常常由个人、局部引发、发端,但其作用及影响绝不局限于个人或局部领域,是社会性的。而且,这些事务及问题也是个人(局部)无法亦无力解决的,只能也必须由社会公共组织(以政府为基础)予以处理、解决。因此公共管理必要也必然。人类文明迈入国家门槛后,公共管理采取了行政管理的形式。随着人类社会物质文明、精神文明、政治文明的发展,行政管理经过公共行政向公共管理回归。对公共事务(公共问题)的处理、解决,是其基本职能。该总体性职能可分解如下。

1.3.1.1 政治职能

政治职能包括对内维护国家政治稳定和社会秩序,对外行使和维护国家主权。具体包括以下四个方面。

(1)安排并维护国家的政治、法律制度与秩序。国家的政治基础、政治立场、政治价值观、政治倾向是国家之所以存在、之所以为国家的前提,这一前提要通过国家宪法——法律制度体系确立、彰显,并通过司法制度体系维系。国家政治与法律制度,两者是内容与形式的关系。

(2)构建并维护各级公共管理机构及公共组织,并通过公共财政,供给和保障资源(人力、物力——包括自然资源),维系其正常运行,良性循环。

(3)确立战略性和策略性目标,并通过制定和贯彻公共政策,以实现国家的政治性质——促进、增长和维护人民利益。绝无抽象的独立的国家利益,国家利益统一于人民利益,而不是相反。

(4)协调公共组织的职能、运行,在分工基础上合作,形成指向目标的整体性公共管理。协调社会各集团、各阶层、各阶级、各局部之间的利益,增强国家、社会的政治凝聚力。

1.3.1.2 经济职能

在第6章中,将对公共管理的经济职能作详尽阐述。

1.3.1.3 文化职能

文化职能可分为两大部分,一是利用一切宣传、媒体手段及工具,宣传、贯彻意识形态,以强化国家意识形态对整个文化的统御作用;二是通过制度安排和资源配置的支持,保护和促进社会文化事业的发展与进步。社会文化事业包括科学技术、文化教育、文学艺术、体育卫生,等等。社会文化事业乃精神文明,但其促进着物质文明(科学技术是第一生产力),发展着政治文明,所以它是社会发展中不可或缺的方面。在行政管理中,文化职能的第一部分凸显并强化,目的是维护并伸张作为唯一管理主体的政府(权力)的合法性。随着人类社会走向多元化主体共治的公共管理,此部分职能逐渐弱化、淡化(淡出),或融合于第二部分职能之中,通过第二部分职能的彰显及其实践成就自然地张扬社会意识形态,获取公共权力的合法性。意识形态具有阶级或集团属性,当代人类社会尤其是社会主义社会的阶级性淡化,公共性凸显,国家再也不是少部分人的暴力工具。社会利益、公众利益就是国家利益,社会文化、公众思想就是国家意识,意识形态融于社会文化、公众思想是自然的。文化职能的意识形态职能,实际上属政治职能。列宁早就预见到,社会主义国家公共性(人民性)日益取代阶级性。无产阶级并无特殊阶级利益,无产阶级的利益就是人民大众的利益,社会主义就是消灭阶级。从此意义而言,社会主义国家是“非政治性”国家,可见其文化的意识形态功能的前提已渐渐消失。所以列宁提出的社会主义国家文化发展的战略方针学习(包括学习资本主义的一切先进的东西)、继承(掌握人类的一切文明成果)、发展,并无什么意识形态的内涵与色彩。现代化社会发展理论及社会实践已经证明:政治与文化的高度一体化,恰恰会扼杀文化的活力,阻碍社会的进步。

1.3.1.4 社会职能

随着人类社会的进步,公共管理的社会职能日益突出。一因国家越来越社会化、人民化而不是阶级化、集团化。国家融于社会,行政管理的诸多政治职能转化为公共管理的社会职能。二因社会发展日趋丰富、复杂。三因人与自然的关系亦日益复杂甚至产生尖锐矛盾。所有这一切,均使公共管理的社会职能剧增。具体包括:维护社会治安、社会秩序;供给良好、稳定的社会环境;发展社会福利事业,提供社会保障;推进社会公用事业;协调人际关系(包括各阶层、集团之间的关系),解决社会矛盾;科学利用自然资源,保护生态环境;为实现这些社会职能提供相应制度体系支持,强化相关制度建设等。一言以蔽之,构建和谐社会,保障社会可持续(良性)发展。

必须强调,公共管理诸多职能的践履,均须通过相关制度安排和政策设计。因此,维系这些制度与政策也就成了公共管理职能的一部分,甚至是前提。但这种维系绝非僵化的固守。随着实践的深化、社会的进步、人类认知能力和认识水平的提高,任何制度和政策均须改进和调整。因此,据实践需要,据增进社会利益、人民利益需要进行改革和制度创新,成为公共管理的一项基本职能。

公共管理职能的实现,遵从管理的一般程序:计划(目标)、组织、指挥、协调、控制。

1.3.2 公共管理的特点

公共管理的内容和职能,决定了公共管理的特点如下。

1.3.2.1 公共性

公共性的本质含义就是民众性、社会性、民主性、公开性。从哲学角度而言,就是主体间性,也就是承认外在、他在、彼在的主体性。众多主体相互尊重、平等相待。与之相对立的,是垄断性、专制性、唯一主体性(唯我独尊性)。可见,这些对立物(面)均是人类社会文明进程所摒弃的、淘汰的,甚至是自然界所摒弃淘汰的。它们是阻碍进步与发展甚至破坏正常状态的负面因素、负面功能。公共性是公共管理的首要特点和最基本特性,否则即无公共管理。公共性表现、实现于公共管理,首先是管理主体的多元性。公共管理由多元化管理主体共同实施,坚决破除政府对公共管理的垄断性。其次是由多元化主体构建的管理体制与结构的网络(网状)性。公共管理体制呈现多元化管理主体共治的网络结构,表达了社会(对内部公共事务的)自治性。第三,民意表达渠道的多元化与畅通。此点在以现代(电子)技术支持的信息化时代尤为突出。技术进步也是催生公共管理时代的重要因素之一。第四,由主体多元化、网状治理体制和民意的顺畅表达,决定了对公共事务的处置、管理,以人民的意愿为基础,以人民的利益为转移,以人民的需求为原则,以人民的权力为依据。这是基于民意的管理,是为了人民的管理,是以人民为主体的管理,是公共权力的行使与真正实现。第五,其管理对象必是公共事务(问题),它尊重个人隐私,不涉及私人事务,不侵入私人空间,与行政管理有诸多不同,不是行政性社会(行政权力无处不在,行政权力无事不管)的延续与再造。

1.3.2.2 协调性

此特点由多元化主体共治——社会自治所派生。其含义有二。首先是政府在多元化主体中的基础性、协调性地位。政府是国家的代表,是社会最集中、最强大的有组织力量,享有宪法和法律所赋予的一系列管理权力,行政管理仍然是公共管理的内容之一、手段之一。所以,唯有政府能对多元化主体进行协调,使之形成指向预期目标的公共管理整体力量。否则,各主体各行其是,目标涣散(多元),行为矛盾,实际上是解构了公共管理。由此,政府在公共管理中的基础性地位确凿不移,必须得到明确、强化。其次是必须保持多元化主体的协调性,包括目标的一致性、决策的相容性、行为的配合性,等等。相互尊重、平等相待固然重要,但若因此各行其是,分散混乱,则无管理可言。多元化的目的是制约、均衡,而不是离散和解构。

1.3.2.3 法制性

法制性包括主体的法制性与行为的法制性。所谓主体的法制性即公共管理各主体均依法创设,依法建立,绝非任一自发性群体均可自命为公共管理主体。所谓行为的法制性包括各主体均享有宪法与法律的相应授权,均须依法进行管理。如此,公共管理才具有公共权威性,才享有社会权威性,管理刚性由此产生。否则管理失却刚性,而纯粹的弹性也就取消了管理。法制性内含了依法的严格性和执法的公正性,管理的权威性和刚性由此产生。

1.3.2.4 整体性

公共管理系统是一个整体;其每个环节、每一局部作为一个小系统又是一个整体;每个环节与局部均处于整体中,与整体有多方面、多因素的联系与关系;其所处理的问题往往由众多因素导致,与公共管理体系存在多方面关系;公共管理不可避免地与社会环境存在相互影响、相互作用。由此,公共管理必须尽可能统筹兼顾,周到协调,不能顾此失彼,以致前功尽弃,如民谚所言"按下葫芦浮起瓢"。但也不能因此追求四平八稳,乃至无所作为。把握全面周到和有所作为的度,是由此特点而产生的公共管理原则之一。

1.3.2.5 服务性

公共管理的根本目的是最优化处理公共事务,稳妥解决公共问题,以造福于社会,增进人民福利。因此,公共管理根本上具有为社会、为公众的服务性。管理就是服务,这一宗旨、理念根植于公共管理。公共管理的服务性必须体现公共组织的公利性、管理目标的公利性、公共政策的公利性和管理行为的公利性。管理不是抽象的,是由具体的人去从事、进行的,因此,服务性还必须体现在管理者的态度上。以人为本的原则及态度体现了服务性。相反,官僚主义作风,漠视民众疾苦,则背弃了服务性这一公共管理要义。

1.3.2.6 动态性

社会不断发展变化,公共事务层出不穷,同一公共事务也会不断演变,在不同时空条件下呈现不同特点。公共问题亦然。因此,公共管理必须具有动态性即因变性,包括管理行为不断改进、公共政策因变调整、管理体制相应改革。以变应变,达到公共管理的优化,高效实现管理目标。

本章小结

行政又称行政管理,是国家政府机关依据国家法律,运用国家权力,对国家、社会事务进行的管理活动。

20 世纪管理科学的发展经历了以下几个时期:科学管理时代、行为科学时代、现代化管理时代、文化管理时代。

公共行政学对传统行政学的发展可归结为三个方面:①注重行政的公共性;②政治行政二分法可作为一种方法;③改进、改造行政学的研究方法,如放弃价值中立立场等。

公共行政学发展至公共管理学,有三个起源或称三条路径,即"P 途径"、"B 途径"以及"D 途径"。

公共管理学的研究对象是公共管理活动及其规律。公共管理的内容决定了公共管理学的内容,公共管理学是对公共管理的实证性、理论性进行的分析与研究。对其可作静态即要素及结构的考察以及动态即运行与过程的探讨。

公共管理学是在传统行政学和公共行政学基础上建立的新型理论。其基础主要在两个方面:经济学理论和工商管理理论。

公共管理学构建了全新的理论体系,并形成了自身系列研究方法:①系统分析法;②比较分析法;③实证分析法;④理论(抽象)分析法;⑤实验分析法,或称模拟、情境分析法。

公共管理的职能:①政治职能;②经济职能;③文化职能;④社会职能。

公共管理的特点:①公共性;②协调性;③法制性;④整体性;⑤服务性;⑥动态性。

关键术语

行政(管理)学　公共管理学　公共管理活动规律、职能、特点

复习思考题

1. 何谓行政管理?
2. 何谓公共行政?
3. 何谓公共管理?试比较行政管理、公共行政和公共管理三者的异同。
4. 如何理解公共事务?公共事务就是公共问题吗?
5. 何谓公共组织?它的划分标准是怎样变化的?
6. 公共管理学的研究方法有哪些?
7. 公共管理有哪些职能?
8. 如何理解公共管理的文化职能?
9. 公共管理有哪些特点?

案例(一)

市场经济亟待“升级”,商会升级空间很大

2005 年,在无锡举行的“改善民间商会治理及法律环境暨无锡商会成立一百周年研讨会”上,著名经济学家、国务院发展研究中心研究员吴敬琏大声疾呼:我国市场经济亟待“升级”,商会升级空间很大。

吴敬琏说,中国的市场经济正面临从工业化早期经济增长模式向现代经济增长模式转变的“升级爬坡”新阶段。工业化早期经济增长模式的最大特征是依靠资本和资源的不断投入来拉动经济增长;这种粗放型经济发展模式进入瓶颈阶段后,会带来资源短缺、能源制约、环境恶化和社会矛盾加剧。而现代经济增长模式则主要靠技术进步和效率提高来实现,可持续性极强。我国政府高层早就发现工业化早期经济增长模式的局限性,从 1996 年就提出转变经济增长模式,但现在看来这方面的任务至今还很重。

吴敬琏认为,我国的市场经济制度至今还保留着浓重的早期市场经济制度的痕迹。这体现在法律不健全上,更体现在政府在资源配置中侵犯市场权利上。政府权力过大,导致市场不能发挥配置资源的基础性作用。要打破经济过热—政府调控—增速放缓—刺激经济—经济回升—经济过热的怪圈,我国的市场经济制度必须从早期市场经济制度向现代市场经济制度转型,而制度的转型首先需要政府的转型。

吴敬琏强调,市场经济社会的一大特点是利益多元化,政府平衡多元化利益要求的最佳办法是让各种社群公开表达利益诉求,这就需要发展各种代表不同社群的第三方机构,它们会对我国市场经济“升级”起到加速作用。商会作为代表工商界利益的第三方机构,其建设要在明确、良好的法律框架基础上进行,以防商会被个别大企业把持,从第三方公权蜕变为个别企业的私权。

(选自吴敬链:《市场经济亟待升级 商会升级空间大》,http://www.gzass.gd.cn/contents/18/4348.html)

案例思考题

1. 当前政府在对社会经济实施管理时主要运用什么手段?
2. 请从治理的视角谈谈商会的作用。
3. 如何促进“第三方机构”良性发展?

案例(二)

通过健全社会保障来扩大内需

为什么实现我国经济由外需拉动向内需拉动的转型,即由出口主导型向消费主导型的转型必须健全社会保障制度?

2007 年夏天爆发的美国次贷危机引发了 2008 夏天开始的全球金融危机、经济(实体性)危机。其影响不可避免地波及我国。

多年来,我国 GDP 的 60% ~65% 靠进出口实现,只有 40% 左右靠国内消费实现。全球经济危机,国际市场需求萎缩,严重影响了我国产品的出口,从而影响我国的 GDP 总量和增量,影响我国的就业。

我国对外贸易依存度达 60%。对外依存度是各国广泛采用的一个衡量一国经济对国外依赖程度的指标,是用一国进出口总额除以该国的 GDP。

面对此境,大家的共识是将危机转变为机会,实现我国经济发展内需的提高——消费转型。逐步将经济发展的控制权持于我手而不受控于人,同时实现经济发展直接造福于民众的目的。

如何实现这一转型?有学者包括诺贝尔经济学奖获得者蒙代尔建议,政府给民众直接发钱,鼓励、刺激消费。但发的钱能保证投入消费吗?中国民众的高储蓄率直接质疑这一点。很可能,所发之钱仍然转化为储蓄。

储蓄负相关于消费,它表现的是一种担忧预期。人的刚性需求若不能保障,担忧预期则强,储蓄率就高,消费率就低。发达国家的高消费率依托的是比较健全的社会保障体制解除了民众的后顾之忧。我国的低消费率在相当程度上反映的是社会保障制度的不健全和缺失。相对于占人口绝大多数的农民来说,更是如此。

因此,不少学者建议,从建立、健全我国的社会保障体制入手,实现我国经济发展(动力)的转型。社会保障需求本身是一种强劲的消费需求。社会保障(制度)健全能够解除人们消费的后顾之忧,从而降低储蓄率,提高消费率。据测算,这一体制的健全,将使我国 GDP 的国际国内市场实现率倒转。我国目前正在开始实施这一经济发展转型战略。

(本文为作者综合相关报刊资料而编写的一个案例)

案例思考题

这一个案,表现了公共管理的哪些理论与方法?表现了公共管理的哪些职能与特点?

2

公共管理主体

公共管理是以政府为主的公共组织对社会公共事务进行的管理活动。理解公共管理，首先必须对公共管理的主体进行分析。

随着时代的变迁，公共管理发展的一个主要特征就是管理主体及其构成的变化：一方面，作为公共管理主体最主要组成部分的政府，其管理职能和管理方式不断发展与转变；另一方面，越来越多的社会组织参与到公共管理的过程中来，公共管理的主体除了包括最为主要的政府，还包括公共企业、第三部门或非营利组织等公共组织。此外，公共管理的多元化主体之间也在不断构建与形成新的互动关系。

本章对各种公共管理主体进行阐述，重点描述公共组织的结构、功能与特征，剖析公共组织的困境，探索公共组织变革的方向与途径。

2.1 政府组织

组织是人类社会最为普遍的现象。它是人们在一定的社会环境中，为了某些具体的目标而有意识地建立起来的群体，是人类活动协调、合作的形式。在现代社会生活中，组织是社会存在的基本形式，人们总是加入到一定的组织之中，从而联结成特定的社会整体。

公共组织是组织的一种，是以实现公共利益为目的，运用公共权力服务于社会，以增进公共利益为出发点和宗旨的组织。公共组织是公共管理的主体，其中政府是典型的公共组织，非营利性的公共组织是公共组织的重要组成部分。公共组织是社会管理的领导者和组织者，是公共管理的载体。

2.1.1 政府组织的定义

政府组织指行使国家赋予的职权、执行国家意志、代表国家处理政务的机关。政府历来就有广义和狭义之分。广义的政府等同于国家,是与社会相对立的概念,是指在某一特定政治体系内实施一切公共权力的机构,包括一国的立法、司法、行政等所有承担社会公共权力的组织与机构。狭义政府是指某一特定政治体系内,专门承担行政管理职能的机构,即专指行政机关而言,执行是其本质属性,具有权力集中、行动灵活的特点。狭义的政府机构有三层含义。①政府组织是国家机构的重要组成部分。国家机构由国家权力机关(全国和地方各级人民代表大会及其常务委员会)、国家行政机关(中央和地方各级人民政府)、国家审判机关(各级人民法院)、国家检察机关(各级人民检察院)、国家军事机关等组成。②政府组织依法享有行政权力并管理国家行政事务。国家行政机关是国家权力机关的执行机关,依法享有国家行政权力,管理国家行政事务;国家权力机关享有国家立法权力;国家审判机关和国家检察机关享有国家司法权力。各个国家机构分工不同,相互合作,共同构成国家权力系统。③各级政府组织是整个国家行政机关系统的组成部分。在我国,地方各级人民政府除对本级国家权力机关负责并向其报告工作外,还要对上一级国家行政机关负责并向其报告工作;全国和地方各级人民政府都是国务院统一领导下的国家行政机关,都服从国务院。因此,任何政府机构都是国家行政机关系统的组成部分。

2.1.2 我国政府组织的结构[①]

2.1.2.1 纵向结构

纵向结构也称为层次结构,它反映行政组织内若干层次,特别是上下层次之间的领导与服从关系。纵向结构有宏观与微观之分。宏观上的纵向结构是指各级行政组织间的层级关系,我国的行政组织可分为中央行政组织和地方行政组织两大层次。中央层次是指中央人民政府一级,地方行政组织的层次划分有三种类型。

(1)两级制。只有一种情况,即直辖市—区。

(2)三级制。包括四种情况:直辖市—区—乡、镇;直辖市—县—乡、镇;省、自治区—地级市—区;省、自治区—县、县级市—乡、镇。

(3)四级制。包括四种情况:省、自治区—地级市—县—乡、镇;省、自治区—地级市—区—乡、镇;省、自治区—自治州—县级市—区;省、自治区—自治州—县、县级市—乡、镇。

在地方行政组织中,我国设有特别行政区一级,包括香港和澳门。特别行政区政府不同于一般地方政府,它享有更高、更多的自治权,例如,根据中英《联合声明》和《中华人民共和国香港特别行政区基本法》的有关规定,除外交和国防事务统一由中央人民政府负责管理外,香港特别行政区享有行政管理权、立法权、独立的司法权和终审权,可以用“中国香港”的名义进行国际经济文化交流等活动。

微观上的纵向结构是指行政组织内部的工作层次关系,如国务院各部委下设的

---

① 陈振明:《公共管理学:一种不同于传统行政学的研究途径》,53~55页,北京,中国人民大学出版社,2003。

司局级、处级和科级等层次，省（自治区、直辖市）人民政府的厅局下设处级、科级等层次。

纵向结构根据行政管理的权限和特点，还可相对分为高、中、低和初级四个层次，体现在职位上，可分为高级职位、中级职位、低级职位和初级职位。层次越高，责任和权力越大，工作的方式也相应不同。

2.1.2.2 横向结构

横向结构又称分部结构，它反映的是同级行政组织之间和各行政组织构成部门之间分工协作的来往关系。横向结构中的各部门都有明确的工作范围和相应的权责划分，各部门之间是一种平行关系。

行政管理活动需要通过行政组织内履行不同职能的部门按一定的工作程序、原则相互协作而实现，这些部门一般可分为决策部门、执行部门、反馈部门、监督部门等。按照职能来划分部门是最普遍的分部方式，政府机关成立时大都采用这种方式。

我国的行政管理部门按职能大体可分为业务部门和辅助部门。业务部门如国家发展和改革委员会内设的产业发展司、投资司、国外资金利用司、地区经济发展司、基础产业发展司、价格司等机构；辅助部门如各级政府内设的负责日常事务保障的机关事务管理局等机构。

但是，行政组织活动的复杂性决定了仅仅按职能方式划分和设置部门是不够的，还应结合其他方式来进行划分，主要有按地区划分、按服务对象划分、按行业与产品类型划分。

（1）按地区划分。对于行政组织活动分散在一个广阔的区域，中央中枢机关不易统一指挥的行政组织，这种划分较为有效。

（2）按服务对象划分。如国家外国专家局、老干部局、军队转业干部安置办公室、知识分子工作处等。

（3）按行业和产品类型划分。如国家部委管理的国家轻工业局、国家煤炭工业局、国家冶金工业局、国家机械工业局、国家纺织工业局、国家建筑材料工业局、国家有色金属工业局、国家石油和化学工业局等。

行政组织的纵向结构与横向结构并不是相互脱离的，两者相互交织形成了行政组织的结构网。在我国，行政组织中的横向结构服从于纵向结构。

2.1.3 政府组织设置的原则

2.1.3.1 职能优先原则

政府机构的设置或改革必须适应政府机构职能的需要，根据政府职能的需要和任务的变化，建立和调整政府机构，以职能为依据设置和改革政府机构。它有四层含义。①职能是机构存在的前提。机构应否设立、设立的规模如何，必须以任务的需要作为衡量的标准。②科学地界定政府总体职能。政府在社会组织系统中处于很高的法律地位，但政府不能包揽一切社会事务，其主要职责是管理国家和社会公共事务。因此，要明确区分政府与其他社会组织的不同，科学地界定政府总体职能。③科学配置和划分公共管理职能。政府总体职能确定后,还要进行合理配置和划分,才能最终完成机构设置。对职能纵向分解,由中央政府与地方各级政府分别来承担;对职能横向分解,由一级政府不同的工作机构来承担。这样就构成政府机构之间纵横交错的职能网络。④以公共管理职能是否顺利实现来检验政府机构设置的合理性。判断政府机构设置得是否合理,关键要看其职能能否得到有效发挥。

2.1.3.2 完整统一原则

完整统一原则是指一定行政区域内的政府各个机构要形成一个上下贯通、左右协调、完整统一的整体。它包含三层含义。①公共管理职能是完整统一的。公共管理职能通过合理分解,由下级政府和本级政府各个工作机构分别承担。这些职能要遵循“局部服从全局,个别服从整体”的原则,以保证公共管理职能的完整统一。②行政权力是完整统一的。政府机构之间要本着分工与合作原则,明确各自职权,维护行政权力的完整统一。要明确隶属关系、平行关系以及制约关系,做到下级服从上级,地方服从中央,部门服从政府,从而形成完整统一的行政权力体系。③政府机构设置是完整统一的。每个政府部门都是国家行政机关系统不可分割的组成部分,政府机构设置要纳入政府机构编制管理范围,机构级别、名称要规范统一。要防止出现机构任意膨胀、随意升格等现象。

2.1.3.3 职、权、责一致原则

职、权、责一致原则是指在政府机构设置中,要使机构的职权与职责相称、平衡。它有三层含义。①设计全部的职位体系。要按职位体系严格分工,使机构内的每个职位都有专人。②权责相称的机制。明确部门的职责权限,做到拥有什么样的权力就要相应承担什么样的责任。一般来讲,上级应当对下级授权,但要保留对下级的监督权,对下级的权力要负连带责任,不能以授权为借口,向下推卸责任。③奖惩分明的激励机制。既要建立有功必奖、业绩分明的奖励制度,又要建立有过必究、惩罚适度的责任追究制度。要做到赏罚分明、就事论事,激励机构及其工作人员有序、有效地行使职权、履行职责,保证权责一致原则的有效实施。

2.1.3.4 精简与效能原则

机构庞大、层次繁多,必然导致运转不灵、办事拖拉、效率低下,并且容易使行政工作人员不负责任,滋长官僚主义作风。精简与效能的关系是相互统一的,政府机构只有精简,才能实现高效、廉洁的目标。因此,政府机构的设置必须贯彻精简与效能原则,做到机构设置精简、人员编制精干、办事程序简化,采取有效措施对行政经费进行控制,从而提高政府机构的工作效率。

2.1.3.5 依法设置原则

为确保行政管理的权威性、统一性和规范性,防止行政机构和行政人员的随意增长或任意膨胀,政府机构设置必须依法进行。依法设置政府机构要求:政府机构的设置程序,包括机构设立、合并或撤销,都要严格依照有关的法律、法规来进行。另外,有关政府机构的各项规范要由法律、法规来确定。如机构的性质、名称、职责、级别、

编制等都要依照法定程序来进行。

2.1.4 领导理论

在任何一个组织中,领导者都处于特殊的地位,对整个组织的成败起着至关重要的作用。在社会生活及民主政治中,公共部门的领导者扮演着特殊的重要角色。他们接受国家和公民的委托,承担公共责任,行使公共权力,履行政府的各项职责。

所谓领导就是带领、引导的意思,是领导者通过一定的方式,指挥或带领、引导或鼓励被领导者为实现某一既定目标而努力的过程。为了解决有效领导的问题,许多管理学家进行了长期的调查和实验,他们从不同的角度去探讨哪些方面能造就一个有效的领导者以及如何有效地提高领导者的领导效能与组织绩效,提出了诸多理论。

2.1.4.1 特质理论

该理论着重研究领导的人格特质,以便发现、培养和使用合格的领导者。19 世纪末 20 世纪初,随着管理学和心理学等学科的产生和发展,对领导特质进行了比较系统、科学的探讨,陆续出现了各种各样的领导特质理论。领导特质理论侧重于比较领导者与被领导者、高层领导者与基层领导者、成功的领导者与不成功的领导者具有什么样的人格特质,也就是确定具有什么样特质的人适合做领导者,进而在此基础上确定进行什么样的训练能够培养出胜任领导工作的人,以期预测选择具备什么素质的人做领导最合适。这种理论重点研究作为一个有效的领导者应具备的素质。根据研究者对领导特性的来源所作的不同解释,特质理论可以分为传统特质理论和现代特质理论。传统特质理论认为领导者的特性是天赋的,生而不具有领导特性的人就不能当领导,但是经过几十年的研究和实践,许多学者都对传统特质理论提出了异议,究其原因,一是它忽视了下级的需要;二是它没有指明各种特质之间的相对重要性;三是它没有对因与果进行区分;四是它忽视了情境因素。这些方面的缺乏使研究者的注意力转向其他方面。

2.1.4.2 行为理论

行为理论主要研究领导者在领导过程中所采取的领导行为、领导作风以及不同的领导行为对群体绩效所产生的影响,以期寻找最佳领导方式。这种理论与特质理论有着本质的区别:特质理论认为领导从根本上说是天生造就的;行为理论则认为可以培养领导,即通过设计一些培训项目把有效的领导所具备的行为模式植入个体身上。其中较有代表性的领导行为理论有如下三种。

(1)四分图理论。1945 年,美国俄亥俄州立大学教授斯多基尔、沙特尔在调查研究基础上,把领导行为归纳为“抓组织”和“关心人”两大类。

(2)领导方格图理论。在四分图理论的基础上,布莱克和莫顿于 1964 年提出了领导方格图理论。横坐标表示领导者对工作的关心程度,纵坐标表示领导者对人的关心程度。在坐标图上由 1 到 9 划分为九个格,作为标尺。整个方格共有 81 个小方格。每个小方格表示“关心工作”和“关心人”这两个基本因素相结合的一种领导类型,并分别在图的四角和正中确定五种典型类型。

(3)领导系统模式。美国密执安大学教授利克特经长期研究,于1961年提出领导系统模式。

2.1.4.3 领导作风理论

勒温提出的领导作风理论研究领导者工作作风类型以及工作作风对员工的影响,以期寻求最佳的领导作风。该理论以权力定位为基本变量,把领导者在领导过程中表现出来的极端行为分为三种类型。第一种类型称为专制式的领导作风,权力定位于领导者个人手中,领导者只从工作和技术方面来考虑管理,认为权力来自他们所处的位置,认为人类的本性是天生懒惰、不可信赖的,必须加以鞭策。第二种类型称为民主式的领导作风,权力定位于群体,领导者从人际关系方面考虑管理,认为领导者的权力是由他领导的群体赋予的,被领导者受到激励后会自我领导,并富有创造力。第三种类型称为放任自流的领导作风,权力定位于员工手中,领导者只是从福利方面考虑管理,认为权力来自被领导者的信赖。在实际工作中,这三种极端的领导作风并不常见。勒温认为,大多数的领导者所采纳的作风往往是处于两种极端类型之间的混合型。

2.1.4.4 权变理论

权变理论也称为情境理论。该理论认为领导是一个动态过程,有效的领导行为并非是固定不变的,要找到一个万能的适合任何组织的领导风格类型或领导行为方式都是不现实的。领导的效率如何,既不完全取决于领导者的个人特征,也不完全取决于某种固定的领导行为,而是取决于领导者所处的环境。在权变理论的发展过程中,主要研究成果有费德勒模型、赫塞和布兰查德的情境理论、领导者—成员交换理论、路径—目标理论和领导者—参与者模型等。

"权变"一词有"随具体情境而变"或"依具体情况而定"的意思。领导权变理论主要研究与领导行为有关的情境因素对领导效力的潜在影响。该理论认为,在不同的情境中,不同的领导行为有不同的效果,所以又被称为领导情境理论。

2.1.5 公共管理者

公共管理者是指在公共管理部门从事决策和执行的政府公务员以及其他非政府公共机构的管理人员。公共管理者作为公共管理主体的重要组成部分,在公共管理中发挥着重要的作用。国家公务员作为公共人力资源的重要组成部分,担负着履行公共权力、对公共事务实施管理的职责。开发和管理好公务员队伍是公共人力资源管理的重要任务之一。

2.1.5.1 西方国家公务员制度的特点

在西方,国家公务员一般是指那些通过公开竞争考试,被政府择优录用,长期任职而不与内阁共进退的文职人员,故又称为"文官"。西方国家公务员制度亦称为文官制度,是西方各国为文官的分类、考试、录用、考核、奖惩、待遇、培训、晋升、调动、解职、退休、保障等作出系统规定的规章制度和体制。其目的在于选贤任能,提高行政效率及维持政府行政行为的连续性。西方公务员制度是资本主义制度的产物。自

1870年英国正式确立公务员制度以来，已有百余年历史。虽然西方国家的历史传统不同，政体也有差别，其公务员制度各有特色，但国体的相同，使西方国家公务员制度有许多相同之处。

(1)职务常任。职务常任是西方国家公务员制度的一个重要特征。职务常任是指西方国家文官即业务类公务员不与政党共进退，在法律的保障下，遵循“无过失不受免职处分”原则，成为政府的“终生官员”或“永久性雇员”。职务常任可以在一定程度上克服多党制带来的党派纠纷的弊端，有利于保持政府工作的连续性和稳定性，有利于提高政府工作效率。但职务常任也有一定的缺陷，极易造成办事拖拉、不思进取等官僚主义作风。为此，近年来，西方国家也进行了人事制度改革，通过建立合同制和独立核算中心，破除终身制的弊端。

(2)政治中立。政治中立是指西方国家文官即业务类公务员根据法律规定，不得有党派偏见以致影响决策等。政治中立是西方国家多党制的产物。坚持政治中立有利于公务员以公正的态度处理行政事务和保证政府工作的稳定性，避免多党轮流“坐庄”带来的政局不稳定和政策动荡，维护资本主义的统治。

2.1.5.2 我国国家公务员制度的特点

对我国的国家公务员制度可以作纵向历史比较和横向的中外比较。与我国传统人事制度相比较，国家公务员制度有以下特点。

(1)具有竞争激励机制。把市场经济的竞争法则引入公务员管理的全过程，做到了竞争上岗，功绩晋升，庸者淘汰，基本解决了传统人事制度下的“能上不能下、能进不能出、干好干坏一个样”的问题。保证了公务员队伍的素质，提高了行政效率。

(2)具有新陈代谢机制。建立、健全了公务员淘汰机制，对不称职的公务员可直接辞退，对不愿意干的公务员可劝其辞职。打破了人事管理中领导职务实际存在的终身制，消除了优秀人才难以脱颖而出等弊端，增强了国家行政机关的生机和活力。

(3)具有廉政保障机制。廉政勤政作为对国家公务员的一项基本要求，贯穿于公务员各项制度和管理的环节中，从制度上增强了国家公务员拒腐防变的能力，促进其廉洁、高效、忠于职守。

(4)具有科学化和法制化的人事管理制度。建立公务员制度可以改变过去人事管理法律、法规不健全的状况。公务员制度除了《国家公务员暂行条例》这部总法规外，还有《公务员法》，使公务员管理有法可依，依法办事，并通过监督做到违法必究，这样就有效地提高了公务员管理的法制化、科学化水平，使我国的人事管理制度走上了科学化和法制化的轨道。

2.1.5.3 与西方文官制度相比较的特色

(1)坚持党的基本路线，国家公务员不搞“政治中立”。西方国家实行三权分立和两党或者多党轮流执政，强调行政与政治分离、公务员严守“政治中立”，不得参与政治活动。我国则强调国家公务员必须坚持党的基本路线，在政治上与党中央保持一致，在执行公务中要保持坚定的政治方向，并具有政治敏锐性和辨别力。

(2)坚持为人民服务的宗旨,国家公务员不是独立的利益集团。西方国家强调利益分割、公务员是独立的利益集团,可组织工会为自身利益包括工资等问题与政府谈判;我国则强调国家公务员没有自己的特殊利益,公务员的利益与政府的利益、国家利益和人民利益一致,目标相同,坚持为人民服务,当人民公仆。

(3)坚持党管干部的原则,国家公务员不搞"两官分途"。西方国家把公务员分成政务官和事务官两种,各自形成封闭的独立集团,升迁途径不同,不能交流,即为"两官分途"。两官不能相互转任,待遇也不相同。我国的公务员制度是党的干部制度的一个组成部分,各项具体管理制度是按照党的干部路线、方针、政策来制定的。各级政府组成人员中的重要干部由各级党委管理,他们的任免由党委组织部门考察,党委讨论决定,依法由各级人大选举产生或由政府任命。我国国家公务员法律地位平等,从办事员到各级人民政府组成人员,都是国家公务员,政治待遇平等,升迁途径一致,可以相互转任。

(4)坚持德才兼备的用人标准。西方国家强调对公务员的任用、晋升和培训,比较侧重于才能和技能。我国对公务员的录用和晋升强调德才兼备和干部的"四化"标准,即革命化、年轻化、知识化和专业化,既不重德轻才,也不重才轻德,做到德才兼备,官德高尚,才干出众。

2.2 公共企业

2.2.1 公共产品和公共企业

2.2.1.1 公共产品

讨论公共企业,必须明确一个重要概念——公共产品(Public Goods)。什么是公共产品?著名经济学家斯蒂格利茨认为:"公共产品是这样一种物品,在增加一个人对它分享时,并不导致成本的增加(它们的消费是非竞争性的),而排除任何个人对它的分享都要花费巨大成本(它们是非排他性的)。"①世界银行《1997年世界发展报告:变革世界中的政府》指出:"公共产品是指非竞争性的和非排他性的货物。非竞争性是指一个使用者对该物品的消费并不减少它对其他使用者的供应,非排他性是指使用者不能被排除在对该物品的消费之外。"②公共产品有各种不同类型,完全符合上述定义的公共产品是纯公共产品;而完全由市场来决定的产品是纯私人产品。在现实的经济社会生活中,很多是介于纯公共产品与纯私人产品之间的那些产品,即所谓准公共产品(Quasi-public Goods)或混合产品(Mixed Goods)。而准产品又可分为排他性和非排他性但竞争性使用的公共产品。

关于公共产品(严格地说主要是指准公共产品)的供给方式问题,以萨缪尔森为

---

① [美]斯蒂格利茨:《经济学》,147页,北京,中国人民大学出版社,1997。

② 世界银行:《1997年世界发展报告:变革世界中的政府》,26页,北京,中国财政经济出版社,1997。

代表的经济学家们认为，由于公共产品具有非竞争性与非排他性，因此通过市场方式提供公共产品，实现排他性是不可能的，或者成本是高昂的，并且在规模经济上缺乏效率。因此，福利经济学家们认为，政府提供公共产品比以市场方式提供具有更高的效率。例如，灯塔就是经济学家探讨公共产品理论时最喜欢用的一个例子。从穆勒到萨缪尔森都认为灯塔收费困难而只能由政府提供。但是，从20世纪60年代以来，随着福利国家危机的出现，很多经济学家开始怀疑政府作为公共产品唯一供给者的合理性，有些学者或从理论上或从经验方面论证了公共产品私人供给的可能性。例如，科斯的论文就提出了公共产品是否非由政府提供的命题。

2.2.1.2 公共企业的定义

公共企业（Public Enterprise 或 Public Corporation）是一个边界确定尚不十分清楚的概念。在日本，强调以企业与国家之间的资本联系来确定公共企业的范畴，并强调公共企业是实现政府管制的一种重要方式，通常把中央和地方直接经营或控制的国有企业、地方公营企业或依《特别法》（不是《民商法》）成立的企事业法人，称为公共企业；政府与民间依《民商法》设立的公司以及政府特许经营的民营公益性企业，则不属于公共企业的范畴。在美国，《韦氏英语词典》将“Public Corporation”简单地解释为“为管理特定的公共项目而建立的政府所有和经营的企业”①。在英国，《牛津法律指南》将“Public Corporation”解释为“根据英国成文法设立的占有、管理和经营具有公益性设施和资产的法人公司，它不以营利为目的，资本不划分为股份，也没有股东决举机构”②。

德国的界定倒是突破了从产权角度理解公共企业的传统理念，对公共企业的一般理解是，除了指由联邦和地方政府以及国有企业拥有或参股的企业外，还包括直接承担政策和法律规定的义务，具有一定垄断性的或非竞争性的为私人所有或控股的企业③。

这里我们更倾向于罗辉先生的观点④：只有从企业产品的特色出发来定义公共企业，才能抓住公共企业的本质。也就是说，公共企业就是生产经营准公共产品、具有企业法人地位的经济实体。在现实的经济社会中，可能在公共企业领域，国有或公有产权所占的比重会高于生产经营私人产品的一般企业。但是，某个企业法人的产权结构是否为国有独资、国有控股或国有参股，不应成为判断公共企业的充分必要条件。从产权的角度来理解企业，只能说明企业的不同所有制形式，而不应该成为判断公共企业的依据。将公共企业等同于公有制企业或国有企业，无论是从理论上还是从实践上，都不利于改善公共产品的供给，不利于提高资源配置效率，也不符合当代

---

① Webster's Encyclopedia Unabridged Dictionary of the English Language. New York: Gramercy Books, 1994: 1162.

② David M. Wlker. The Oxford Companion to Law. Oxford: Oxford University Press, 1980:1013.

③ 史际春：《国有企业法论》，15页，北京，中国法制出版社，1997。

④ 罗辉：《试论公共企业的性质》，载《经济研究参考》，2006(48)。

公共产品的供给理论与实践。国内外学者关于公共产品供给理论与实践的研究表明,一方面,随着经济社会的不断发展,社会对公共产品的急剧增长与政府公共产品供给能力增长缓慢的矛盾,必然导致公共产品领域出现“拥挤”现象。如果只由公有制企业一种经济组织形式来生产经营准公共产品,就会造成投资渠道单一、建设资金不足以及资源配置效率低下等严重问题。另一方面,公共选择理论、新公共管理理论、公共产品理论的应用以及国内外不少公共产品经营管理实践都为公共产品的多元供给提供了理论支持。此外,转变政府职能、降低行政成本、提高公共部门效率、改善公共服务质量等方面的要求,也呼唤着公共产品供给方式的改革。因此,判断公共企业与非公共企业的主要依据,不应是产权,而应是产品。除那些纯公共产品只能由政府直接提供外,相当一部分准公共产品完全可以由企业生产经营,甚至是有些排他成本较高的公共产品,尽管不向消费者直接收费,也可以通过市场运作的方式,由企业生产经营。

从理论与实践的结合上看,将公共企业理解为生产经营准公共产品的企业,有利于进一步深化公共产品领域国有企业或事业单位的改革,提高资源配置效率,拓宽公共产品的供给渠道,缓解公共产品的供需矛盾。从产权的角度讲,这些企业可以是政府独资,也可以是“公私”合资,即公共部门与私营部门参股(“公私”任何一方均可以是绝对控股、相对控股或只参股不控股),还可以是私营部门独资。但是,不管是什么样的产权形式,公共企业价值均表现为内部评价与社会评价两个方面,前者用经济效益来衡量,后者用社会效益来衡量。经济效益表现为企业为股东创造价值的能力,社会效益表现为广大消费者的满意程度。依法协调与保障公共产品消费者与生产者的正当权益,是政府部门的特别使命。

2.2.1.3 公共企业的分类

在市场经济条件下,为了满足人们对纯私人产品、纯公共产品以及准公共产品的需要,产品提供的方式也有三种:一是市场,即通过市场机制来提供纯私人产品;二是政府,即政府部门通过财政预算来提供纯公共产品;三是通过市场与政府相结合的方式来提供准公共产品。在现实的经济社会生活中,有相当一部分准公共产品,既要求消费者付费,有时还需要政府给予必要的补贴。所以,就某些准公共产品来说,由于它们的使用环境不同,单纯由公共部门或由私营部门供给不一定就是最理想的方式。因为在特定环境下,有些准公共产品若完全通过预算拨款由政府部门提供,很可能导致准公共产品的过度使用,甚至产生“拥挤”现象;而完全通过市场机制由私营部门提供,则很可能出现收费项目过多、收费标准过高等问题。可供选择的理想方式是由公共部门与私营部门合作提供。

根据是否与政府部门之间建立资本联系,可以将公共企业分为三类。一是物质资本全部为政府出资的公共企业。在这种情况下,就公共企业的物质资本产权而言,就成为公有制企业。二是物质资本部分为政府出资(可能绝对控股或相对控股,也可能只参股不控股),部分为私人出资(可能绝对控股或相对控股,也可能只参股不控股)的公共企业。在这种情况下,从公共企业的物质资本而言,其出资人就多元化了。三是全部资本由私人投资者所拥有的公共企业,其所有制当然就是民有企业。

根据公共企业的经营方式,又可以分为以下几种形式。一是公有公营(或国有国营)。也就是政府对那些国有产权性质的公共企业,像管理公共部门那样进行管理。二是授权经营。对于具有规模经济效益的自然垄断行业(如供水、供气、供电等),政府部门可通过公开招标的方式选择民营企业,通过签订合同的方式将企业资产委托给中标的民营企业去经营,这就是经常所说的"国有民营"。政府对这一领域实行管制,一方面禁止其他企业自由进入,另一方面又禁止中标企业制定垄断价格,此外还要监督中标企业的产品与服务质量。三是混有民营。对于那些初始投资较大的基础设施项目,如道路、桥梁、高速公路、港口、机场等,由政府通过控股或参股方式,引导社会资本进入,成立混合所有制企业。而企业经营者的选择及其经营决策,完全按现代企业制度实施,实行民营机制。同时,如有可能,政府投资可在适当的时候,以适当的方式退出。四是民办公助。对于那些从事高新技术开发,或提供职业教育服务、卫生服务等具有积极外部效应的民有企业,政府可通过减免税费、"以奖代补"、贷款贴息等适当方式给予一定数量的补助。

2.2.2 公共企业的主要特征

根据上述对公共企业的相关分析,公共企业的主要特征表现为产品的公共性与行业的垄断性、法人的企业性与经营的营利性、政府的管制性与公众的参与性。

2.2.2.1 产品的公共性与行业的垄断性

公共企业的公共性,首先表现为产品的公共性。这就是说公共企业的主要业务是生产经营准公共产品,而不是私人产品。这些产品既可能是由消费者直接付费的准公共产品,也可能是不需要消费者直接付费,而由公共部门集中付费的公共产品。公共企业产品的公共性,与企业的产权结构是否有公有股份没有必然联系。

从经济学的角度看,市场不是万能的,有些不具有竞争性和排他性的产品,是私营部门不愿承办或无力承办的。但是,若公共产品全部都由政府部门直接承担,甚至亲自经营,就会严重影响资源配置效率与生产经营效率。一方面,政府部门是一种政治机构,完全依靠财政拨款来维持其正常运转,这一性质的规定使它只能向社会公众免费提供公共服务,而不能像企业那样通过市场直接从事商品和劳务的生产经营。通俗地说,就是要政企分开,从政者不能经商。设立公共企业之后,就可能以经济实体这样一种组织形式从事生产经营活动,即以厂商的身份与社会公众发生关系,从而消除政企不分的诸多弊端。另一方面,由于公共企业生产经营准公共产品,其价格的高低必然受到市场机制的影响,并在原料采购、财产处置、人事配备等方面拥有一定的自主权。因此,相对于政府部门而言,以公共企业的形式从事经济活动更有利于提高资源配置效率。此外,在公共产品的生产经营中,必然存在着行业垄断性问题。相当一部分准公共产品的生产经营,之所以难以实现市场竞争性,其共同理由就是存在规模报酬递增规律。在这种情况下,实现经济效益要求企业的数量不能太多,以至于在一定范围内只有一家企业在运营。这样的行业就是自然垄断(Natural Monopoly)行业。显然,不少公共企业所在的行业,就是具有自然垄断性的行业。供水、供电、有线电视和天然气就是众所周知的例子。在这些企业的成本结构中,管道或线路网络成本是产品供给的主要成本。一旦管道或线路安装好了,向一个使用者供给产品所增加的额外成本相对来说无足轻重。显然,用两个或多个管道或线路网络向用户供给产品,是很不经济的。

当然,不能把所有以弥补市场缺陷为目的的经济活动都交给公共企业去承办,政府部门依然要承担很多任务。一种经济活动适合由政府部门承办还是适合由公共企业承办,界定的标准是在从事公共产品的生产经营活动中所获得的收益是否能量化。若收益能量化,表明这种经济活动有可能适合由公共企业经营。在提供公共产品的实际工作中,可以从不同阶段的具体情况出发统筹确定。一般来说,通过公共企业生产经营准公共产品,有利于提高资源配置效率和生产经营效率,在现实的经济生活中,应创造条件实现一部分乃至大部分准公共产品供给的企业化运营。

2.2.2.2 法人的企业性与经营的营利性

在公共企业的定义中,强调公共企业是生产经营准公共产品、具有企业法人地位的经济组织,其要义之一,就是说生产经营准公共产品的法人是企业,而不是事业单位,也不是政府部门。从经济法的角度看,法人是指具有民事权利能力和民事行为能力,依法独立享有民事权利和承担民事义务的组织。一个组织要成为法人,必须经过一定的法律程序,要有独立的财产或经费,要有自己的名称、场所、组织机构,还要有独立承担民事责任的能力。法人有企业法人和事业法人之分。作为企业法人,必须以营利为目的,从事商品或劳务的生产经营活动。这就是说,在公共产品的供给领域,公共企业与政府或其他组织不同,前者的经营活动具有营利性,而后者则没有营利性。这种营利性主要体现在公共企业与其他企业一样,既是具有企业法人地位的经济组织,又是追求一定赢利目标的经济组织。正因为如此,公共企业从设立到运营必须遵循《企业法》与《公司法》,并依法纳税缴费。

生产经营准公共产品的公共企业与生产私人产品的一般企业之间既有相同之处,也有不同之处。相同之处是,它们都具有企业法人的地位,都有追求利润的经营目标。不同之处是,生产私人产品的一般企业的产品定价机制是市场而不是企业,其经济效益的目标是在市场机制的基础上追求长期利润的最大化。而公共企业所生产经营的准公共产品的定价机制则不同,需要在公共企业契约“三者”(国家、企业和工人)之间共同协商的基础上,最终由有关政府部门来决定。作为“受托人”,政府部门对公共企业经营决策的监管不同于对一般企业的干预。除必须遵循政府部门对经济活动间接管理的相关政策法规外,公共企业还必须接受政府部门的生产许可和产品定价等特殊管理。因此,公共企业对利润的追求,不是在市场机制基础上的长期利润最大化,而是在政府定价基础上的长期利润最大化。需要说明的是,除了公共企业,政府部门、事业单位或由政府出资的非法人经济组织也可能提供一些准公共产品,但它们不具备企业性质，所以也就不是公共企业。然而，准公共产品的供给是由企业实现还是由政府或其他类型的组织实现不是一成不变的。就我国而言，传统的事业单位，其职能大多是提供公共产品或准公共产品。随着事业单位管理体制改革的不断深入，为了不断提高公共产品的供给效率，相当比例的事业单位需要改制成企业，其中一部分就是公共企业。

2.2.2.3 政府的管制性与公众的参与性

现代政府观告诉我们，政府的主要职责就是提供公共产品。但这并不意味着所有的公共产品都由政府独家供给，否则，就会造成投资渠道单一、建设资金不足甚至资源配置效率低下等问题。为了解决这一矛盾，通常可以采取政府负责、社会与企业提供，或政府与企业合作提供等多种方式。但是，上述三种提供公共产品的方式，政府对每种方式的公共产品供给都负有相应的管制责任，称为政府管制（Government Regulation）。所谓政府管制，是指公共部门依据有关法律、法规，通过许可、定价等手段，对企业的生产经营活动施加直接影响的行为。政府管制的手段包括保护权益、颁布禁令、颁发许可证、制定价格、限制数量、颁布标准、发放补贴、提供信息，等等。显然，政府部门这种管制性的干预与一般意义上政府对宏观经济的调控不同。后者更多运用的是法律、政策等间接调控手段，而较少运用行政这个直接调控手段。政府部门对公共企业的生产许可与价格听证，可以说较多地体现为直接的行政干预。究其原因，是因为公共产品的广大消费者同时又是公共权力的“委托人”。公共权力“委托人”的“消费资本”权益，是通过“受托人”来履行的。政府部门作为“信托机构”理应体现“委托人”意志，尽“受托人”职责，为“委托人”服务，公开、公平、公正地保障公共企业契约各方的正当权益。

在自然垄断的情况下，垄断者凭借自身的垄断优势，常常使产品的价格和产出水平偏离社会资源最优配置的要求，从而影响市场机制自发调节经济的作用，降低了资源的配置效率。事实上，相当一部分公共企业所在的行业都具有自然垄断性。因此，为提高社会资源的配置效率和公共产品的供给效率，维护消费资本的正当权益，具有“信托责任”的政府部门，必须履行“受托人”职责，代表广大的消费群体，对这些行业的生产经营活动实行强有力的管制。需要指出的是，在我国现实的经济生活中，有关政府部门所履行的信托责任离广大消费者的期望尚有一定差距。究其原因，恐怕简单地从政治上谈“宗旨观念”还不够，必须从经济上明确政府部门对公共企业实施必要管制的权力是政府经济职能的组成部分；此外，这一权力还来源于消费者的“股东权益”。作为公共企业契约当事方之一的“消费资本”与企业物质资本和人力资本一同参与企业的相关经营管理活动，是理所当然的事情。

美国学者丹尼尔·F. 史普博将政府管制视为一种“管制机构、消费者、企业之间直接或间接的互动关系。直接的互动关系是指通过听证会和规则制定过程，在消费者和企业之间发生；间接互动关系则是指消费者和企业利益集团企图通过立法、行政、司法等渠道影响管制决策的活动”①。在政府实施规制的过程中,信息的充分性与透明度对管制机构、消费者与企业之间维护各自的权益非常重要。因此,政府部门履行“信托责任”,还必须注意运用契约机制,促进公共产品供给过程的信息公开,实现公共企业契约“三者”之间的信息共享,让广大消费者掌握必要的信息,并参与公共企业必要的经营管理活动。

就准公共产品的供求关系而言,广大的消费群体就是社会公众。从宏观上讲,公共企业生产经营准公共产品的效率和质量,在某种程度上也代表着整个国民经济的效率和竞争力,因此,强调公众对公共企业的生产经营和政府管制过程的必要参与,不仅有助于保证公共企业的效率与公共产品的公平,也有助于形成对公共企业和政府部门的激励与约束。从微观上讲,消费者向公共企业投资了“消费资本”,与企业的物质资本和人力资本一样,拥有维护自身权益的权利。当然,尽管消费行为体现为“消费者主权”,但不是简单的生产者服从,不能与“生产者主权”对立起来,更重要的是体现为消费者与生产者之间的有机联系与和谐合作。在一定的范围内,社会公众基本上都是公共产品的消费者,所以公共企业有履行社会责任的义务。社会公众有权利参与公共企业契约相关规则的制定,可以直接或间接通过“用手表决”的方式表达自己的消费意愿。在投资者、劳动者、消费者之间的公共企业契约中,社会公众的参与性有利于通过政府管制,促进公共企业在公共产品的供给过程中实现生产合法、质量合格、价格合理与服务合情的社会价值目标。

2.2.3 公共企业的功能和作用

2.2.3.1 公共企业的功能

1.提供公共产品和公共服务

公共企业在公共产品和公共服务领域直接扮演投资主体,提供私人企业不愿供给或供给不足的那部分公共产品和公共服务。

公共企业提供的公共产品和公共服务主要有以下三类。①基础产业和公共基础设施。包括铁路、公路和城市公共交通系统,邮电通信系统,宇航事业,国家重点开发的钢铁、煤炭、石油能源基地,农牧渔业基地等。②国家重大科学技术的理论研究和应用,基础教育和社会教育设施,高等教育、专业教育和继续教育。基础理论的研究,投资大,直接收益小,一般都由国家经营。高等教育和专业教育,国家可以将其作为准公共产品来经营,但不排斥私人投资和经营。总体上国家把继续教育纳入准公共产品经营管理范围更好,但国家可以提倡企业和私人办学。③社会保障体系,包括退休、工伤、生育、医疗卫生、国民卫生保健及保险服务。④公共资源和公共环境的保护和治理以及提供。

---

① [美]丹尼尔·F.史普博:《管制与市场》,85页,余晖等译,上海,上海三联书店、上海人民出版社,1999。

2. 实施宏观调控

市场经济运作制度中技术与制度创新不断,产品生命周期演变以及广泛信用关系使经济呈现出繁荣、膨胀和萧条、紧缩的商业周期现象,经济在波动中前进。因此政府必须引导公共企业在总需求与总供给方面发挥宏观调控功能,在税收、投资政策和货币信贷供给政策方面发挥调节作用。在产业政策中体现促进产业部门平衡和地区发展平衡的倾向。对公共企业的政策服务和直接的投资安排,应有利于协调复杂多变的宏观利益关系和宏观经济走向,为各微观市场主体提供一个良好的宏观经济环境。

公共企业还将按政府要求对一部分有宏观意义的微观主体利益提供制度安排和协调服务。例如社会福利、社会救济服务等,是一个健康运转的社会不可缺少的公共服务,公共企业有义务、有责任为社会提供这些公共服务。

2.2.3.2 公共企业的作用

1. 组织与实现公共产品的供给,纠正政府失灵

政府在直接提供公共产品过程中的低效率引起了人们对政府失灵的思考。首先,与市场机制不同,政府干预具有不以直接营利为目的的公共性。政府为弥补市场失灵而直接干预的领域往往是那些投资大、收益慢且少的公共产品,其供给一般是以非价格为特征的,即政府不能通过明确的价格交换从供给对象那里直接收取费用,而主要依靠财政支出维持其生产和经营,很难计算成本,因此缺乏降低成本、提高效益的动力。其次,政府干预还具有垄断性。政府对某些迫切需要的公共产品(例如国防、警察、消防、公路)的垄断供给地位决定了只有政府才拥有从外部对市场的整体运行进行干预或调控的职能和权力。这种没有竞争的垄断极易使政府丧失对效率、效益追求的内部动力和外部压力。

公共企业作为接受政府规范的特殊企业形式向公众提供公共产品和公共服务,一方面弥补了完全通过市场配置资源带来的市场缺陷,保证公共产品和公共服务的充分供给;另一方面,解决了效率低下或政府不能有效提供公共产品和公共服务的困难。

2. 推动工业化和信息化建设,发展民族经济

公共企业提供了交通运输、通信、动力等基础设施,增强了原材料等基础工业,填补了国内一些关键性经济部门,特别是建立了许多耗资大、资金回报周期短但是其他部门发展不可缺少的工程项目,从而大大改善了整个国家的供给结构和供给能力,排除了其他经济成分在工业化过程中所遇到的“瓶颈”问题,改善了整个国家的投资环境和条件,为私人企业的发展提供了可靠保障和有力支持;另一方面,公共企业投资也创造了大量的社会需求,扩大了国内市场,刺激了私人资本的扩大再生产,推动了国民经济的发展。

3. 弥补私营企业缺陷,维护国家经济主权

交通运输、电力、电信、公用事业等基础设施及关键性经济部门,耗资大,建设周

期长，资金回收慢，力量单薄的私人资本无力也无兴趣问津，而这些部门对拉动经济增长、维护经济主权是必要的。所以，无论是在发展中国家，还是在西欧；战后，特别是第二次世界大战后，各国公共企业特别是国有公共企业迅猛发展，弥补了本国私人企业竞争实力的不足，维护了国家经济主权。

2.2.4 公共企业民营化

传统的公共企业雇用大批人员，以规模投资为基础运行。它们大多有以下的特征：不以创造利润为目的，采用低价格策略；用政府补贴或年度预算拨款来弥补亏损；缺乏衡量资产或经营活动的利润率指标；管理者只有有限自由裁量，重大决策由政府决定。由于传统的公共企业处在政府的严厉监控之下，缺乏市场有效竞争机制，所以常常表现为无效率而年年亏损。公共企业的无效率主要表现为：人浮于事，生产率低下，产品和服务质量低劣；持续亏损和债务增加；缺乏管理技能或足够的管理权限；设备维护质量低下；资本投入不足；过度的垂直一体化；管理方法或产品过时，缺乏营销能力；目标多样化且相互矛盾；机构使命缺乏相关性甚至有误导性；存在盗窃和腐败现象。当然，这些现象在民营部门里也同样存在，但民营部门经营不善要么被兼并，要么破产，而公共企业却不会被兼并，反而可以从政府获得更多的预算补偿来借此获取自身的利益。

传统公共企业的弊端不但引起了公众的不满而且增加了政府的财政负担。如何使企业既能提供高质量的公共服务水平又能减轻政府的压力，民营化便成为迫切的需求。

2.2.4.1 公共企业民营化的含义

公共企业民营化是指由市场或民间部门参与公共企业的生产及输送的过程。政府部门通过契约外包、业务分担、共同生产或解除管制等方式，将公共企业部分职能转由民间部门经营，政府承担财政筹措、业务监督以及绩效成败的责任。这意味着政府取消对无端耗费国家资源的不良国企的支持，从国企撤资，放松规制以鼓励民营企业家提供产品和服务，通过合同承包、特许经营、凭单等形式把责任委托给在竞争市场中运营的私营公司和个人。民营化提高了政府的管理绩效，打破了不必要的政府垄断，比如在自来水供应、街道清扫、垃圾收集处理、公园和树木维护等公共服务供给中引进竞争机制。

很多支持民营化的学者以公共选择理论为依据，认为政府组织及公营事业因其垄断地位而缺乏生产竞争的压力，造成了政府效率的低下。而民营化意味着某种程度的“再市场化”。他们认为通过民营化方式，可以减少官僚体系的繁文缛节、政府的过度膨胀，从而提高政府公共服务的品质与效能①。

其实公共服务民营化的主要目的在于两个方面：一是利用市场经济的经济原则

① 张成富，党秀云：《公共管理学》，298 页，北京，人民大学出版社，2001。

与效率原则,改善并提高政府公共服务的水平和质量;二是针对某些政府职能和政府业务,予以删减或终止,以缩小政府和政府职能的范围。公共服务民营化不会造成政府角色的消失,也不是政府责任的丧失和转移,而是减少了政府活动的范围,政府仍要承担相关的责任。因此,民营化的成功建立在一个健全的政府功能的基础上。

2.2.4.2 民营化的类型

1. 委托

政府把实际生产活动委托给民营部门,但自身仍然承担监督的责任。它要求政府的持续、积极的介入。政府委托外包的形式有以下五种。

(1)契约外包。政府与民营部门签约,将部分物品或服务委托民间提供或办理。

(2)特许权。特许权指由政府提供给私营部门(如水电、煤气或交通运输业者)经营权,但政府保留"价格核准权",费用由使用者承担。若申请者超过一家,可在竞标的情形下,由民众和政府共同决定经营权。

(3)补贴。政府通过免税、低息贷款、直接补助等形式,形成"诱因操作",吸引民营部门参与公共服务,并使公民支付较低的费用便可获得该部门的服务。

(4)抵用券。由政府核发给有资格使用的民众,指定消费某类物品(如食物、房租)。通常社会福利救济就是通过此种方式实施。

(5)强制。强制指由政府以命令的方式要求私营部门承担法定的义务,如缴纳失业保险金,即由私营部门分担若干社会安全责任。

2. 撤资

撤资是指政府放弃某一企业、某一职能或某一资产,将公营事业或资产转移至民间,亦可称做"移转型民营化"。撤资需要政府采取直接的、明确的行动。与委托授权不同的是,撤资总体上说是一次性工作。撤资通过出售、无偿移转和清理结算这三种方式进行。出售是把企业作为一个可继续经营的实体加以出卖,无偿移转即赠与。出售和无偿移转的对象可以是事业机构现有的员工、产品的使用者或服务对象、社会大众以及市场上现有的其他私人企业,或事业机构原有之所有人。而对于经营绩效不佳的公营事业,可通过削减预算、关闭工厂以及出售资产等方式使之退出市场。

3. 替代

替代也可称做"政府淡出"。当大众认为政府所提供的生产或服务不能满足社会的需求,而民间私营部门意识到此种需求时,私营部门就可替代政府提供某种生产或服务,以满足社会大众的需求。与要求政府积极行动的委托授权和撤资不同,淡出是一个消极和间接的过程,即政府以消损的形式逐渐被民营部门取代。替代的形式有以下三种。

(1)功能不足之替代。政府不能满足社会需要时,由民间加以补充。又称"民间补缺"。比如,当社会治安日趋恶化,而警力又明显不足时,可由民间保安公司替代。

(2)撤退之替代。由于私人企业规模及市场占有的逐渐扩张,公共部门缩减规模及资源的投入,以利于私人企业的发展。

(3)放松管制之替代。即通过法令的修订,允许私人企业向原本由公有独占的市场发起竞争和挑战。

我国各级政府应当善于学习,善于创新,针对具体实际,灵活运用多种技术方法,推动民营化的进程。

2.3 第三部门

公共部门是处理社会的各种公共事务、提供各种公共产品的部门。传统的公共部门主要指政府,政府被认为是公共产品的唯一提供者。其实政府从来没有也不可能提供全部的公共产品,除政府之外,还必须有许多第三部门①参与其中。

2.3.1 第三部门的内涵

2.3.1.1 何为"第三部门"

"第三部门"这个概念是由美国学者莱维特最先使用的。以前人们往往把社会组织一分为二,非公即私。莱维特认为这种划分太粗陋,忽略了一大批处于政府与私营企业之间的社会组织。它们从事的是政府和私营企业"不愿做、做不好或不常做"的事。总体来看,第三部门是各类以服务公众为宗旨,不以营利为目的,介于政府行政组织和市场组织之外的非政府、非营利性的带有志愿性的独立社会组织的总称。

比较而言,"第三部门"一词较为中性,可避免望文生义而产生的误解。但其缺点是很难从字面上了解其含义。

2.3.1.2 第三部门的主要特征

美国霍普金斯大学非营利组织比较研究中心从组织的基本结构和运作方式着手,认为凡具有以下五个特征的组织可被视为第三部门的一部分。

一是民间性。民间性意味着其在体制上独立于政府,既不是政府的一部分,又不受制于政府。当然这并不意味着完全不需政府的资助,或完全没有政府官员参加其活动。最主要的在于它在基本结构上是民间组织,不能为政府所控制。

二是非营利性。非营利性意味着组织的利润不能分配给所有者和管理者。第三部门组织有可能赚取一定的利润,但利润必须服务于组织的基本使命,而不能放到所有者和管理者的腰包里。不以营利为目的是第三部门组织与其他私营组织的最大差别所在。

三是组织性。组织性意味着有某种程度的制度化。在市场与政府之间还有很多临时性、非正式的群体,它们不能算做第三部门的一部分。只有获得国家法律的合法承认,才能以法人身份主张权利、承担责任。

---

① 国际上有关第三部门的定义主要围绕三个方面的内容:一是给出法律的定义;二是依据组织的资金来源定义;三是组织的特征,即强调组织的目的和功能来定义;四是"结构—运作"定义。参见王绍光:《多元与统一:第三部门国际比较研究》,杭州,浙江人民出版社,1999。

四是自治性。自治性意味着各个组织自己管理自己,既不受制于政府,也不受制于私营企业,还不受制于其他第三部门组织。

五是志愿性。志愿性意味着参与这些组织的活动是以志愿为基础的,而不是强制性的。这并不等于说,组织收入的全部或大部分来自志愿捐款,也不等于说工作人员的全部或大部分是志愿者。只要参与者是志愿的就算满足这个条件了。

据此,第三部门不妨界定为:各类以服务公众为宗旨,不以营利为目的,介于政府行政组织和市场组织之外的非政府、非营利性的带有志愿性的独立社会组织的总称。

2.3.1.3 第三部门的分类

第三部门内的组织基于各自的使命、资金来源、服务对象等不同而表现出巨大的差异性。总的说来,第三部门内部的差别要比政府和私营经济内部的差别大得多,因此,对其所作的分类是复杂的,当然也不是唯一的。

1. 联合国国际标准产业分类体系(ISIC)

该体系的分类基准是各种组织的"主要经济活动",目前在世界上已被广泛使用。作为 ISIC 体系中的一个大类,非营利组织被划分为 3 小类 15 分项:

(1)教育,包括小学教育、中学教育、大学教育、成人教育及其他;

(2)医疗和社会工作,包括医疗保健、兽医、社会工作;

(3)其他社区社会和个人服务,包括环境卫生、商会与专业组织、工会、其他会员组织(包括宗教和政治组织)、娱乐机构、新闻机构、图书馆、博物馆及文化机构、运动与休闲。

ISIC 体系的问题是涵盖面太窄。因为依据该体系的分类基准,只要组织收入的一半以上来自收费或政府补贴,便被排斥在非营利组织之外。

2. 欧共体经济活动产业分类体系(NACE)

NACE 体系是由欧洲统计办公室设计的,在该体系里,非营利组织被划分为以下 5 类:

(1)教育,包括高等教育、中小学教育、职业教育、护理教育;

(2)研究与开发;

(3)医疗卫生,包括医院、诊所、医疗机构、牙医、兽医;

(4)其他公众服务,包括社会工作、慈善机构、专业组织、雇主协会、工会、宗教组织和学会、旅行社;

(5)休闲与文化,包括娱乐机构、图书馆、博物馆、档案馆、动物园、体育组织。

尽管 NACE 体系所涵盖的面要比 ISIC 体系有所扩大,但由于该体系坚持只有那些靠捐款运作的组织才能称做非营利组织,因此从总体上来说,NACE 体系仍然不能涵盖相当多的非营利组织。

3. 由美国慈善统计中心设计的免税团体分类体系(NTEE)

NTEE 体系的涵盖面很宽,包括 25 大类非营利组织,即教育、保健、精神保健、特殊病症保健、医学研究、犯罪与法律、就业、食品与营养、住房与收容、公共安全与灾难防御、休闲与运动、青少年辅导、社会服务、文化艺术、环境保护、与动物有关的组织、国际问题、民权与推促、社区改造、慈善事业、科学研究、社会科学研究、其他公益活动、宗教相关活动、互惠组织。

该体系是按照美国第三部门的现状而作的分类，在25个大类中还包含了若干的小项，与前两种体系相比它涵盖面较广。但其缺陷在于分类太细，过于烦琐，甚至许多小项是为某特定组织而设，很难适合美国以外的国家。

4. 由一批学者设计的非营利组织国际分类体系(ICNOP)

该体系将非营利组织分为12大类：

(1)文化娱乐，包括文化艺术、休闲娱乐、服务性俱乐部；

(2)教育研究，包括中小学教育、高等教育、其他教育、研究；

(3)健康，包括医院康复、医疗机构、心理健康与咨询、其他健康服务；

(4)社会服务，包括社会服务、紧急情况求助、社会救济；

(5)环境，包括环境保护、动物保护；

(6)发展与住宅，包括经济、社会、社区发展，住宅，就业与职业培训；

(7)法律宣传与政治，包括公民与宣传组织、治安与法律服务、政治组织；

(8)慈善中介与志愿性服务，包括募款服务、支援服务组织；

(9)国际性活动，包括国际救护组织、人权组织；

(10)宗教活动与组织；

(11)商业与专业协会，包括商业协会、劳工联盟、专业组织；

(12)其他。

由于该体系在分类上与各国非营利组织的实际情况较符合，因此成为一个受人们重视的分类标准。

我国目前尚无非营利组织的分类，1994年颁布的中华人民共和国《国民经济行业分类和代码》中没有将非营利组织设为一个类别，相关组织被散落分布在社会服务业，卫生体育和社会服务业，教育、文化艺术及广播电影电视业，科学研究和综合技术服务业，国家机关、政党机关和社会团体，其他行业等产业大类中。

目前，我国的非营利组织主要包括社会团体和民办非企业单位两种形式。社会团体是由我国公民自愿组成，为实现会员的共同意愿，按照其章程开展活动的非营利性民间组织，主要包括协会、学会、联合会、研究会、基金会、联谊会、促进会、商会等社会组织。民办非企业单位是由企事业单位、社会团体和其他社会力量以及公民个人利用非国有资产举办的、从事公益性社会服务活动的非营利民间组织，主要包括各种民办的学校、医院、福利院(敬老院、老年公寓等)、社区服务中心(站)、职业培训(介绍)中心、研究所(院)、文化馆(所)、体育馆等。据民政部统计，2001年我国已登记注册的县以上社会团体达12.9万家，民办非企业单位达8.2万家。

2.3.1.4 第三部门与政府组织的关系

第三部门与政府部门的关系十分密切，两者之间不但是互补关系，同时又是非零和关系。互补关系是指非营利组织往往可以填补政府与民众之间的差距,进而促使政府以更有效率、更民主的精神来发展行政。非零和关系是指非营利组织与政府部门之间并非有我无你或有你无我,因为两者并不能完全取代对方,各有其不能被对方取代的独特功能。

通常,政府与非营利组织的联系具体体现在以下三个方面。

(1)政府从非营利组织获得信息,即通过接触、商洽、接待、座谈、询问、调查、谈判等方式了解非营利组织的要求和愿望,然后经过政府内部转换,变为规章、条例、意见、规划、计划等输出给社会,并以此获得非营利组织的理解和支持。

(2)非营利组织从政府获得信息,了解和把握政府的方针、政策和各项规定,经过非营利组织内部转换,以需求、意见等方式求得政府的理解、协助和支持。由于政府组织掌握、行使政府公共管理权,所以,非营利组织的许多意图和利益常常只有得到政府的认同才能实现。通常,非营利组织把与政府保持某种友好关系或一定接触渠道作为追求自身既得利益的目标,在必要时,也可能采取一定的方式对政府施加压力,比如游行、示威等。非营利组织间的利益矛盾和冲突,使政府经常处于错综复杂的非营利组织影响和压力之下,这就要求政府从"利益整合"的原则出发,统筹兼顾各方面的意见和利益。

(3)政府以公平仲裁者的立场、态度和方法化解、处理非营利组织之间的矛盾,以维护社会的安定和基本的社会秩序,并以此实现各社会团体的有益互动①。

政府与非营利组织的关系既有密切联系的一面,也有彼此存在矛盾的时候:政府管理过强、力度过大,对非营利组织结社自由的权利是一种限制;而放任不管,管理过轻,则容易造成非营利组织对政府、社会公共安全和公共利益的消极侵害。

2.3.2 第三部门的功能与局限

在现代社会,由于人类面临众多难以避免并且越来越尖锐的社会问题,人们逐步认识到,市场机制与政府机制的作用也是有限的,第三部门成为当今世界范围内发展最快的一个领域,它不仅可有效补充市场机制和政府机制的内在缺陷,具有许多独特的社会作用与政治作用,而且在我国社会转型时期担负着一些特殊的职能,当然,第三部门在其发展过程中也存在着许多局限性。

有人把国外非营利组织的作用概括为聚、立、推三个方面②。

聚,是指非营利组织不仅能集聚一批热心公益的志愿人员,而且它还能发挥利益聚合的政治功能,把人民大众尤其是弱势群体的多元利益表达出来,同时通过有效的社会动员积聚影响政府的力量。欧美国家的很多非营利组织,如美国的全国有色人种促进会等,就一直作为利益集团在进行活动。

立,是指非营利组织通过自身的行动支持社会的多元格局,维护人们的多元利

---

① 张国庆:《行政管理学概论》,184~185页,北京,北京大学出版社,2000。

② 林震:《非营利组织的发展与我国的对策》,载《行政学院学报》,2002(1)。

益，培养民众的民主作风，养成民主生活的习惯，同时树立良好的社会公益道德，弘扬以人为本的社会正义，保障普通百姓的基本人权。

推，是指非营利组织能够推动政府和国际组织关注那些因政府失灵和市场失灵而遗留的社会和环境问题，促使它们调整议程和改变优先次序，从而使问题得到及时有效的解决，比如活跃在世界各国的数以万计的环保组织。

根据黎民先生的总结，第三部门，或曰非营利部门具有如下功能①。

2.3.2.1 社会功能

非营利组织的社会作用是指它的社会服务、社会沟通、社会评价、社会裁断、社会调节、社会协调代理和倡导社会文明功能。

1. 社会服务功能

非营利组织的基本功能就是为社会服务，它主要为社会成员提供两种服务，即中介服务和直接服务。中介服务是将需要者和提供帮助者联结起来，如各级工会组织提供的就业咨询及指导服务，将希望就业者与用人单位联结起来。直接服务就是为有服务需求的人士提供直接的服务，包括为老年人、残疾人、少年儿童及普通居民提供的各项服务。

2. 社会沟通功能

非营利组织通过沟通政府与企业、政府与社会、政府与市场，使社会在市场机制的作用下形成新的整合，从而发挥其桥梁和纽带作用。它一方面向政府反映企业、社会的意见、建议，供政府制定政策、法律时参考；另一方面可以协助政府做好宣传、指导、监督工作，使其更好地实施法律、法规和政策。

3. 社会评价功能

在市场经济中，需要具有专业知识、专门设施的机构对生产作出客观、公正的评价，非营利组织能承担这种评价的职能。

4. 社会裁断功能

社会需要没有行政级别、不受地域限制、当事人可以自由选择的公平独立裁断的组织，非营利组织能承担起这种裁断职能。

5. 社会调节功能

在市场经济体制下，市场在资源配置中起主导作用。但市场不是抽象的，它必须有物化的场所，又必须有作为支持市场体系的组织机构起具体的调节作用。目前有许多非营利组织按市场规则在资源配置中起着重要的作用。

6. 社会协调代理功能

在市场经济条件下，多元的利益格局需要专门的机构来协调纷繁的经济、社会事务，有时靠政府自身的力量难以完成，行业协会、同业公会、商会等非营利组织就承担起社会协调代理功能。

---

① 黎民：《公共管理学》，245页，北京，高等教育出版社，2003。

7. 倡导社会文明功能

面对市场原则带来的“金钱至上”风气，面对政府科层体制造成的人际关系疏远，非营利组织所倡导的关心人类、坚守人道主义精神及它所推崇的“我为人人，人人为我”的社会价值观，具有提高公民素质、倡导社会文明的积极作用。

非营利组织发挥社会作用的主要途径有两类，即传统途径和现代途径。传统途径是指非营利组织以宗教名义、以地方具有名望的组织的名义，或直接布施或为乡里造桥修路，这种途径的种类与作用相当有限；现代途径是指非营利组织以契约外包、特许权、辅助制、购买券、志愿服务、自助服务等形式提供各种服务，这种途径的作用更广泛，影响更深入。

2.3.2.2 政治功能

非营利组织不仅在经济活动和社会生活中能够承担部分政府职能，而且在保障公民权利方面可以发挥积极的作用，它具有以下基本政治功能。

1. 政府合法性的资源供给者

在前资本主义社会，政府的合法性主要来源于传统和个人魅力。在现代社会里，由于宗教世俗化的普及、统治者个人魅力的非继承性，政府的合法性基础发生了变化，传统和个人魅力的合法性资源让位于法理型统治。法理型统治的合法性资源是由一系列法律制度构成的，而法律制度之所以能成为政府合法性的基础，其根本的原因就是因为民众对规范自己的制度的认同。所以，现代政府的合法性资源既不是靠传统也不是靠个人魅力提供，更不是靠政府自己提供，而是来自广大民众的共同支持。政府的合法性不能由政府单方面宣布，而只能由市民社会（公共领域）赋予。“政府合法性”作为一种公共产品只能由包括非营利组织在内的社会提供，“非营利组织”是政府合法性的资源供给者之一。

2. 政府权力的监督者

现代政府统治的基础是人民的同意，政府的权力是由人民授予的，人民就有责任监督政府权力的行使。在民主政府中，除了需要政府体制内的权力制衡机制外，还需要体制外的强大权力制约，这种体制外的力量就授权给人民。然而个人是没有力量与政府抗衡的，个人只有结成有机的整体即社会，才有可能抵制来自政府的强权，才能实现制约政府的目的。非营利组织为人们的自由结社提供了自我组织的空间，这些组织以公共利益为目标，以保护人类整体利益为宗旨，通过有组织的活动引起民众的公共意识，影响政府的公共决策，使民众免遭少数统治者的控制而实现为大多数人服务的宗旨，非营利组织是制约政府权力的重要社会力量。

3. 民主价值观的培育者

在现代社会里，人们的民主价值观很大程度上不是靠政府和市场培育，而是在非营利组织的自由结社、自我管理的社会生活中逐步养成的。由于非营利组织的民主性、自治性等特点，民主已融入非营利组织成员的日常生活中。正如一些学者所言，美国的民主得益于“新英格兰的乡镇精神”，这种精神体现的是一种自觉的自治原则。

4. 公民参政素质的促进者

在大量的非营利组织的民主参政实践中提倡公民参政素质，是被实践证明了的行之有效的办法。首先，非营利组织活动有利于培养公民正确的参政观念。公民参政必须拥有正确的参政观念，他必须懂得主动参政是他自己的事情，并自觉参与到民主建设中去，否则，即使民主制度再完美，也不过是一件美丽但不能御寒的外衣。非营利组织的活动能培养公民正确的参政观念，能改变公民参政的冷漠态度，培养积极热情的参政态度。其次，非营利组织活动有利于提高公民参政的技能，引导公民理智地进行参政实践。在非营利组织活动中，公民对涉及自己切身利益的经济、政治、社会生活问题拥有自主权，公民将行使公民权与维护自己利益联系起来，而有利益支撑的参政行为，是能够长久、稳定、持续、有节制的，相反，则极易走向两个极端，即要么冷漠，要么狂热，这两者都不利于提高公民的参政素质。

2.3.2.3 第三部门发展的局限性

目前，非营利组织在世界各国的发展可谓方兴未艾，但它的深入发展也有其局限性，主要表现如下。

1. 志愿组织的非志愿性

这主要表现在非营利活动所需的开支与非营利组织能募集到的资源之间存在着一个巨大的缺口。人们通常以为非营利组织的活动经费主要来源于民间捐助，但是，事实并非如此。在美国，私人志愿捐款只占经费总量的不到1/5；在瑞典，非营利组织近2/3的经费来自政府；而荷兰则高达90%。以美国为例，美国在1963—1993年这30年间，私人捐款呈逐年递减的趋势：1963年私人捐款占非营利组织开支的53.5%，1974年占34.7%，1984年占30.6%，而到了1993年已经下降到不足24%①。可见，仅靠这些私人捐款是根本无法支撑非营利组织的活动开销的，那么，这些非营利组织的庞大经费开支来源于何处呢？在很多国家，政府是这些组织的最大经费供给者。1980年，美国联邦政府对非营利组织的直接资助高达410亿美元，相当于非营利组织总收入的35%。此外，州及州以下政府还资助了80亿~100亿美元。同时，随着非营利组织变得越来越专业化，许多工作人员不再是志愿者而是职业受薪者，他们惰性很强，发展成为类似政府的官僚人员。另外，志愿失灵还表现在其他三个方面：慈善活动的狭隘性，即人们志愿活动的对象往往是特定的社会群体，组织的能力也有强有弱，难以达到较高程度的平等；慈善组织的家长作风，掌握组织经济命脉的人有很大的发言权，富人偏好的服务往往得到优先考虑；慈善组织的业余性，志愿人员往往缺乏专业知识和必要的培训，从而影响了其活动的效率②。

---

① 谢岳：《后现代国家"非营利组织"运动评析》，载《复旦大学学报：社科版》，2000(4)。

② 林震：《非营利组织的发展与我国的对策》，载《行政学院学报》，2002(1)。

2. 独立组织的非独立性

非营利组织理论上应该是独立于企业和政府之外的,但在现实的发展中,三者之间的界限十分模糊,一部分非营利组织与企业的活动没有什么区别。在美国,非营利医院纷纷兴办面向社会的健康俱乐部,用最新式的健身器材或建造如奥林匹克赛场大小的游泳池来吸引会员。例如,威斯康星州一家非营利医院建造的俱乐部有 7 万多平方英尺(1 平方英尺≈0.093 平方米)大,耗资 1 000 万美元,这给俱乐部带来了巨大的利润。政府与非营利组织的界限也很模糊,在许多国家,非营利组织没有政府财政上的支持就无法生存。一些非营利组织受资助者的影响,被资金这只看得见的手拉着去开展体现资助者价值观的活动,明显失去了非营利组织本身的独立性。如世界银行和国际货币基金组织。当它们发现在二战结束后国家公共部门的援助很少产生积极的效果时,它们开始把钱投向民间组织,以期实现它们的政治目的。

3. 政府职能的虚假转移

非营利组织的兴起,表面上看是政府职能转移的过程,因为这些组织在某些领域履行着政府的职能,但是应当看到,这一现象并不能说明政府职能转移的真实性。一方面,政府职能的转移有着复杂的背景,它在某一特定时期也许因政府过度干预社会带来社会效率的低下而缩小政府的干预范围,也许为竞选的政治需要而许诺下放部分政府职能,这种政府职能的转移存在着不确定性。另一方面,非营利组织在财政上对政府的依附性,使这些组织丧失了独立性,发展成为准政府组织,因此非营利组织所谓监督政府权力的职能也就大打折扣。

4. 受到责任和腐败问题的困扰

非营利组织成立的初衷是为了公益事业,然而随着组织的发展,其结构和人员往往朝官僚化方向发展,最终导致组织的公益目标被置换成争取资金、为了组织自身的利益。非营利组织应该承担哪些责任?对谁负责?如何负责?这一点目前还没有一个定论,但人们已经注意到,一些非营利组织,特别是那些规模很大、存在时间较长、资金较多的组织,存在公共责任缺乏的问题,这些非营利组织的决策过程不民主、公开性不够,为组织的经营管理人员的渎职腐败创造了条件,部分组织负责人奢侈消费、中饱私囊。比如,美国的一些全国性的慈善机构在募捐和管理上花费太多,而只将收入中不足 50% 的部分用于为公众服务。

本章小结

政府组织指行使国家赋予的职权,执行国家意志,代表国家处理政务的机关。政府历来就有广义和狭义之分。

我国政府组织的结构,包括纵向结构和横向结构。

政府组织设置的原则:①职能优先原则;②完整统一原则;③职、权、责一致原则;④精简与效能的原则;⑤依法设置原则。

领导理论:①特质理论;②行为理论;③领导作风理论;④权变理论。

我国国家公务员制度的特点:①具有竞争激励机制;②具有新陈代谢机制;③具有廉政保障机制;④具有科学化和法制化的人事管理制度。

公共企业就是生产经营准公共产品、具有企业法人地位的经济实体。在现实的经济社会生活中,可能在公共企业领域,国有或公有产权所占的比重会高于生产经营私人产品的一般企业。

公共企业的功能:①提供公共产品和公共服务;②实施宏观调控。

公共企业的作用:①组织与实现公共产品的供给,纠正政府失灵;②推动工业化和信息化建设,发展民族经济;③弥补私营企业缺陷,维护国家经济主权。

公共企业民营化是指由市场或民间部门参与公共企业的生产及输送的过程。

第三部门是各类以服务公众为宗旨,不以营利为目的,介于政府行政组织和市场组织之外的非政府、非营利性的带有志愿性的独立社会组织的总称。

第三部门的功能:①社会功能;②政治功能。

第三部门发展的局限性:①志愿组织的非志愿性;②独立组织的非独立性;③政府职能的虚假转移;④受到责任和腐败问题的困扰。

关键术语

政府组织　政府失灵　公共企业　公共企业民营化　第三部门

复习思考题

1. 简述我国政府的纵向结构。
2. 政府组织设置的原则有哪些?
3. 论述领导特质理论。
4. 论述权变理论。
5. 简述公共企业民营化的方式。
6. 论述第三部门的功能。
7. 简述第三部门的局限性。

案例

南京——走近服务型政府

2003年2月14日,南京市政府颁布《南京市政府关于推进服务型政府建设的实施意见》,提出了“一年构建框架,三年初步完成,五年形成规范”的行政管理体制改革总体安排。2002年以来,南京市政府推行政务公开、从严治政、依法行政、简政放权、向服务要效率、靠服务优化发展软环境的政务改革,取得了明显成效。

应市长罗志军的要求,南京市政府网站开通了"市长信箱",使市民天天都能与市长论道。市长信箱里的E-mail与日俱增,据统计,仅2002年1月到10月中旬,就收到群众来信7 976件,其中发给罗志军市长的就有4 972件,办结率超过80%。在"市长信箱"的带动下,南京市已有30多个政府组成部门开设了"局长信箱"。

"群众来访接待日"制度,是联系群众、接近群众、改进政风的措施之一。南京市规定,市领导每月一次,区县领导及政府部门领导每周三窗口值班或定期接待群众来访。为保证工作,所有接待日的接待地点、时间和联系电话均向社会公布,并建立了领导批示件办理和督办制度。2002年1月至8月,群众向市委、市政府主要领导反映问题1 078件,绝大部分都明确了办理单位,特别是外商投诉件,基本做到件件都有较好的处理结果。2002年,人民群众对机关作风的满意率和基本满意率达到98%以上,比上年提高10个百分点。

2003年9月,为规范本市国家行政机关及其公务员的公共服务行为,切实改进工作作风,加快服务型政府建设,南京市政府颁布实施《南京市国家行政机关及其公务员公共服务行为规范试行规定》,规定了各级国家行政机关及其公务员在公共服务中应鼓励的行为、应履行的行为和不得作为的行为以及违反规定应受到的内部处理和责任追究。

(资料来源:http://edu.qq.com/a/20061023/000217_1.htm)

案例思考题

1. 政府组织的主要职能有哪些?
2. 从本案例南京市政府的"服务型政府建设"的举措中可以得到哪些启示?

3 公共管理运行

当今的新公共管理学正是西方的公共行政管理从规制主义向市场主义的再次回归,它主张摒弃公共服务供给中传统的官僚制独占模式,引入各种市场机制和私营部门的管理技术和激励手段,在公共产品和服务的提供上采用市场的方法或准市场的办法,强调公共服务中的民营化和顾客导向,以较少的成本实现一个高效的回应性的政府。

在市场经济发展的过程中,政府在市场运行中总是扮演着重要的角色。市场缺陷及市场失灵是政府干预的基本理由。政府可以做一些市场做不到或做不好的事情,它的干预可以弥补市场的不足,并在某种程度上克服市场失灵。但是,政府也不是万能的,政府有自身的缺陷,也会失败,而且政府失灵所造成的灾难更大。在许多情况下,市场失灵恰恰是政府干预造成的。

由于市场失灵和政府失灵,人类社会的治理在政府与市场之外还应寻求和重视第三种力量——公民社会的力量。

3.1 公共管理的市场运行机制

3.1.1 西方市场理论

从18世纪70年代到现在,西方市场理论相继出现了完全竞争市场理论、垄断竞争市场理论、有效市场理论和市场失灵理论。这四大市场理论反映了西方经济学界在经济发展的历史过程中探索市场与资源配置问题不同阶段上的认识。

3.1.1.1 完全竞争市场理论

从亚当·斯密到马歇尔,形成了完全竞争市场理论。完全市场竞争理论假定市场是完全竞争的,不存在任何形式的垄断,通过市场机制的调节完全可以达到资源的最优配置,政府的基本职能只是充当“守夜人”。

1. 亚当·斯密的“看不见的手”

完全市场竞争理论起源于亚当·斯密的“看不见的手”的思想。在1776年问世的《国民财富的性质及其来源》一书中,亚当·斯密提出了“看不见的手”,构成了西方市场理论的基调。他认为,市场(即市场机制)就像一只“看不见的手”,能自发地调节经济运行,使各种经济因素达到平衡状态。因而,政府不要对市场进行强制性干预,应由市场自发地配置社会资源,自动地协调经济运行。亚当·斯密的这一主张出自他的关于人都有“利己心”的经济人假设。他认为,人在经济活动中是经济人,人的一切目的都是为自己打算,“把资本用来支持产业的人”都“以牟取利润为唯一目的”①。人人都想利己,而没有想到利他,谁都想追求个人利益,而没有追求社会利益。但在一只“看不见的手”的作用下,利己最终成为完全不是出于本意的利他,追求个人利益却达到了更大的社会利益。

亚当·斯密指出,国民财富增长过程中的竞争,要通过市场(即“看不见的手”)和价格的作用调节生产要素投入者的实际收入和社会资源在国民经济各部门之间的分配。市场竞争在经济运行中对各种经济活动所起的作用,实际上就是市场机制所发挥的作用。因此,自由竞争和市场机制的作用紧密相连,对劳动要素、资本要素等社会资源进行合理配置,使各种经济因素达到持续平衡状态。他明确主张一切听其自然,取消国家对经济的干预,允许资本家自由地进行经济活动:自由经营、自由贸易、完全竞争。只有经济自由、充分竞争,才能促使产品价值增值,加速社会发展。

2. 马歇尔的“均衡价格理论”

马歇尔在《经济学原理》一书中,通过对均衡价格理论的分析,从微观角度论证了完全市场竞争理论。马歇尔认为,通过市场机制的调节作用和自由竞争的力量,可以实现资源合理与充分的利用。均衡价格的内容主要包括价格形成、价格调节两个方面。“均衡价格”是指一种商品的需求价格和供给价格相一致时的价格,也就是一种商品的需求量和供给量相等时的价格。马歇尔指出,“均衡价格”是市场的“正常价格”,如果在市场上价格背离了均衡价格,那么价格机制就会通过供求的调节,使价格自动回复到均衡点并继续保持均衡状态,犹如钟摆沿着它的最低点来回摆动一样。

马歇尔的均衡价格理论的前提是“完全市场竞争”,垄断对价格的形成以及对价格调节作用的影响在马歇尔的理论体系中是无法考察的。

完全竞争是这样一种状况:第一,在完全竞争条件下,厂商是以最低成本进行生产的,这表明资源得到了最充分的利用;第二,所花费的成本最低,并且平均成本和价格相等,表明产品价格降到了最低水平,消费者按照最低价格购买商品,意味着消费者利用有限收入取得了可能取得的最大满足;第三,在完全竞争的市场均衡中,厂商

① [英]亚当·斯密:《国民财富的性质及其来源》,下卷,27页,郭大力等译,北京,商务印书馆,1983。

的边际收益等于边际成本，这时，每个厂商都取得正常利润，既无厂商进入，也无厂商退出，资源流动达到均衡状态，表明资源得到了最合理的配置；第四，在完全竞争条件下，由于每个厂商都能按照既定的价格销售所生产的全部产品，因此可以节省广告开支，节约资源。马歇尔认为，完全竞争的市场机制不仅对商品市场有调节作用，而且它也适用于各种生产要素市场，适用于劳动的雇佣和资本的借贷。因此，马歇尔的理论可称为完全竞争条件下的市场理论。

此后，希克斯的"序数效用论"和蛛网理论等对马歇尔的均衡市场理论进行了进一步的修正和完善，这里不作进一步说明了。

3.1.1.2 垄断竞争市场理论

1933 年美国经济学家张伯伦、英国经济学家罗宾斯提出了"垄断竞争理论"或"不完全竞争理论"。这一理论的出现在西方经济学界被称为"张伯伦、罗宾斯革命"。张伯伦、罗宾斯的市场理论对马歇尔的完全竞争理论作出了重大补充。从理论前提来看，他们把完全竞争市场只作为一种理论上的极端或抽象意义上的市场来看待，而把垄断因素纳入了市场理论的考察视野，使理论上的市场模型更接近现实市场状况。

张伯伦认为，垄断产生的原因主要在于产品差异。罗宾斯则将垄断产生的原因归于市场不完整即市场分割。他们用成本—边际收益分析方法来分析单个厂商的行为，这正是完全竞争市场理论所缺乏的。他们又进一步分析垄断竞争条件下厂商的短期与长期均衡，并提出从长期看，垄断竞争市场中，仍以竞争为主，垄断竞争厂商的均衡点与完全竞争厂商的长期均衡点很接近。由此可见，张伯伦、罗宾斯的市场理论并没有离开马歇尔的均衡理论，只是强调了垄断的存在，使市场理论向现实市场趋近。所以，垄断竞争市场理论是从均衡市场理论到非均衡市场理论的过渡。

3.1.1.3 有效市场理论

有效市场理论的核心是价格和信息之间的关系，如果价格能够快速、充分地反映信息，那么市场效率就高，反之，市场效率就低。当然这里的信息必须是真实的。

1929—1933 年大危机以后，以哈耶克为代表的新奥地利学派对市场的运行过程进行了分析和研究。由于他们采用了行为分析的方法，而且与马歇尔等人的传统理论有着明显的差别，所以在西方市场理论中显得很独特。这一理论的主要内容有以下三个方面。

1. 市场过程理论

新奥地利学派市场理论对完全竞争市场中的信息完全性提出了质疑，认为在现实的市场中，信息是不完全的，总存在着被"十足忽略"了的信息，所以市场过程并不总是处于均衡状态。这种"十足忽略"了的信息，是刺激市场参与者去挖掘获利机会的契机，一旦有人发现了这个机会，就会率先弥补被"十足忽略"了的信息，便获得了"纯利润"。新奥地利学派认为，市场中的竞争就是企业家竞相寻求未被发现的获利机会的过程。市场的有效性就在于能使企业在各行业中自由地进出，并能够自由地寻求获利机会。这说明,他们仍然提倡自由竞争,反对政府干预,并认为竞争是市场从非均衡趋向均衡的有效机制。

2. 市场过程的评估标准

传统的市场理论认为,市场的有效性在于资源配置的有效性,当市场达到均衡状态时,资源得到最佳配置。而新奥地利学派则认为,资源配置问题并不是评价市场有效性的直接标准。根据哈耶克的观点,市场经济要解决的首要问题是“决策所需的分散信息要在市场参与者之间进行传递”①。评价市场是否有效的标准,是考察市场体制能够促进信息流动的程度,而市场参与者之间的“决策合作”是弥补信息“十足忽略”的有效方法。市场机制正是通过约束和控制市场中信息“十足忽略”的程度,从而促进一种无意识地发现获利机会的行为。

3. 政府干预对市场运行的危害

新奥地利学派主张自由竞争,认为政府的干预对市场管理的过程是有害的,在这一点上与马歇尔的理论是共通的。新奥地利学派把市场作用的过程看成是市场竞争者发现获利机会的过程,而政府的干预恰恰阻碍了这一发现过程。他们批判了政府的价格干预和反托拉斯法,认为人为地制定价格和限制企业兼并干扰了市场机制的运行,不利于市场趋向均衡。

3.1.1.4 市场失灵理论

20 世纪 30 年代的大危机,打破了市场万能论的神话。随着从自由竞争资本主义向垄断资本主义的过渡,市场不断暴露出自身的缺陷和不足。在这种背景下,以凯恩斯为代表的宏观调控主义应运而生。他们认为市场不能解决自身的问题,市场过程不完善造成市场失灵,容易造成有效需求的不足、生产过剩和非自愿性失业等,需要国家的干预。

之后,越来越多的经济学家开始关注对市场失灵的研究。20 世纪 90 年代,美国经济学家 K. E. 凯斯和 R. C. 费尔出版的《经济学原理》就是这一趋势的集中反映,所以将这一理论概括为“市场失灵理论”。

3.1.2 市场失灵及矫正

在前面介绍的西方市场理论中已经谈到过市场失灵理论,各类企业包括公共企业的民营化都存在市场失灵问题。经济学理论认为,在完全竞争市场条件下的一般均衡,能够实现社会福利的最优化。然而,在现实经济生活中,由于不能满足完全竞争市场发挥作用的种种严格假设的条件,市场失灵就成为一种客观存在。正确认识市场的失灵,有助于在充分发挥市场职能作用的同时,正确把握政府调节的范围和力度,合理有效地发挥政府作用,有针对性地矫正、完善、弥补市场的不足与缺陷,构建市场机制与政府机制互补的“二元调节机制”②。

---

① [奥]F. A. 哈耶克:《个人主义与经济秩序》,81 页,贾湛、文跃然等译,北京,北京经济学院出版社,1989。

② 卢洪友:《政府职能与财政体制研究》,23 页,北京,中国财政经济出版社,1999。

3.1.2.1 市场失灵

市场失灵，简单来讲，便是因市场缺陷而引起的资源配置的无效率。市场失灵包括两种情况：一是市场机制无法将社会资源予以有效配置；二是市场经济无法实现效率以外的非经济目标。这在很多情况下被看成是政府干预和市场矫正的正当理由。概括起来，传统上人们认为的市场失灵主要包括以下几个方面。

1. 市场经济中存在垄断

市场机制的有效作用是以充分竞争为前提的，但是在现实经济中，自由竞争的结果往往会导致自然垄断的产生。由于生产的边际成本决定市场价格，生产成本的水平使市场主体在市场的竞争中处于不同地位，进而导致某些处于有利形势的企业逐渐占据垄断地位。同时，为了获得规模经济效益，一些市场主体往往通过联合、合并、兼并的手段，形成对市场的垄断，从而导致对市场竞争机制的扭曲，使行业垄断在市场中无法避免。像煤气、电力、电话和邮政事业也许都可以作为这类自然垄断的普通例子。既然市场成为垄断市场，市场机制也就很难发挥调节作用。垄断企业利用其垄断地位操纵市场和价格，增加垄断利润。对于生产、销售和价格形成的垄断，限制了竞争的充分展开，不利于发挥市场机制的正常作用，影响了市场调节的效果，无法使资源达到合理配置。

在这种情况下，就需要政府充当公益人，对市场主体的竞争予以适当的引导、限制，控制垄断程度，维持有效竞争。

2. 市场不完全和信息的不对称导致效率损失

市场经济需要完备的信息以指导交易者参与市场交易，以此实现市场机制的作用。但由于市场的不完全导致的信息占有量不对称和随着经济发展信息成本的不断增加，交易者往往在占有信息不完备的情况下进行交易，带来行为的盲目性，如此交易行为增多又会增加全社会经济活动的不确定性，带来经济运行的不稳定性，降低了市场配置的效率。因此，政府在此方面也要进行指导，通过信息的加工、整理、发布，改变信息占有的不对称和成本昂贵问题，矫正交易者行为。

3. 不能有效提供公共产品和服务

公共产品是指那些在消费中不具有排他性特征的商品，它能够同时供许多人共享，并且供给它的成本与享用它的效果，并不随使用它的人数规模的变化而变化，如公共设施、环境保护、文化科学教育、医药、卫生、外交、国防等。西方学者普遍认为，市场机制对公共产品的生产是不适用的，它不可能使公共产品的生产达到社会的最佳水平。正是因为公共产品具有消费的非排他性和非对抗性特征，一个人对公共产品的消费不会导致别人对该产品的消费的减少，于是只要有公共产品存在，大家都可以消费。在这种情况下，没有一个人会支付费用，因为他不付钱也能继续消费公共产品。所以，市场也就自然失灵了。

在市场经济中，企业经营者为了获得利润最大化，会根据消费者私人的偏好生产商品和提供服务。生产者主动地将资源分配于消费者较偏好的生产和服务，以期有利可图，而对于一些投资大、周期长、见效慢的公共产品却投入很少或不愿投入。但是,在生产社会化和经济商品化高度发展的条件下,这些公共产品生产部门又是社会经济发展和市场有效运行不可缺少的组成部分,缺乏必要的公共产品,就会大大降低社会资源配置的效率。如果人人都希望别人提供公共产品,而自己坐享其成,其结果便很可能是大家都不提供公共产品。而这就需要政府以社会管理者的身份组织和实现公共产品的供给,并对其使用进行监管。

4. 市场对于外部性问题无能为力

所谓外部性(也称外部效应),是指单个经济主体的活动所产生的影响不表现在它自身的成本或收益上,却会给其他经济主体带来好处或坏处。即一个企业的生产活动对其他企业生产产生了正的或负的效益,而没被计入有关产品的价格和成本。例如,养蜂人的到来增加了果园的产量,反过来果园的扩大又会增加养蜂人的收益,这就是生产的正外部效应;一个工厂污染了水源,对下游的居民和河中的鱼类造成了损害,这则是生产的负外部效应。

实践证明,外在性问题不可能用价格表现,因而也无法依靠市场机制予以解决。也就是说,外在效应是独立于市场机制之外的客观存在,它不能通过市场机制自动削弱或消除,往往需要借助市场机制之外的力量予以矫正和弥补。显然,经济外部效应意味着有些市场主体可以无偿地取得外部经济性,而有些当事人蒙受外部不经济性造成的损失却得不到补偿。这就需要政府出面通过行政强制或经济奖惩的办法,给生产者以与外部经济不相当的负担,将其费用转入内部成本或销售收入,只有这样才能弥补市场的缺陷。

5. 市场调节不能解决宏观经济的平衡问题

市场调节实现的经济均衡是一种事后调节,通过分散决策而完成,它往往具有相当程度的自发性和盲目性,由此产生周期性的经济波动和经济总量的失衡。特别是在市场不完善的情况下,价格对于供求的调节,从不平衡到平衡往往需要一个较长的过程,这期间会产生严重的生产过剩和通货膨胀问题,造成生产浪费,影响资源的有效配置①。

在现实的市场中,物价以不确定的上涨率和下跌率此起彼伏,使价格机制很难作出公平和有效的决策。由社会总供求失衡引起的经济衰退、失业和通货膨胀等宏观经济问题,单纯依靠市场机制是难以解决的。对于这些宏观经济问题,必须由政府从经济运行的全局出发,通过财政、货币、收入政策等宏观调控手段加以解决。

6. 市场分配机制会造成收入分配不公

从理论上讲,在市场经济中各种生产要素按其提供的经济效益获得相应的报酬,公平和效率似乎是统一的。但是由于市场的有效运作是以竞争为前提的,而竞争又是由经济利益驱动的,所以为取得效率往往要牺牲收入分配上的公平。优胜劣汰、适者生存的竞争原则必然导致收入分配中的严重不均和两极分化现象。

---

① 陈振明:《公共管理学:转轨时期我国政府管理的理论与实践》,248 页,北京,中国人民大学出版社,1999。

市场的分配制度是按照投入生产要素的贡献来分配的。因此,在市场经济中由于消费者拥有要素的数量和质量不同,他们的竞争机会也就不均等,从而他们的收入也就不平等。比如从财产差别来看,个人的家庭地位就是一个重要因素。每个人的社会地位与经济地位不同,所能继承的财产也就不同,这就使他们的竞争并不公平。此外,市场垄断也会加剧社会的不平等。市场垄断企业会利用其在市场上的垄断地位操纵市场和价格,从而获取垄断利润。因此,市场机制便产生了各种不平等,使富人越来越富,穷人越来越穷。

7. 市场不能自发界定市场主体的产权边界和利益分界,实现经济秩序

在市场经济活动中,单个企业等市场主体的各种经济行为的方式及其目的的实现固然受到市场各种变量(原材料成本、价格、可用的劳动力、供求状况等)的支配,并且这些变量以其特有的规律(即由市场经济发展的内在要求而自发形成的市场运行规律,亦即亚当·斯密所说的"看不见的手",它通过主体的独立意志、自由选择、平等互利等一系列市场原则表现出来)调整着它们的行为,自发地实现着某种程度的经济秩序;但是作为经济人,以谋求自我利益最大化为目标的市场主体又总是在密切、广泛、复杂、细致的经济联系中进行竞争,产生利益矛盾和冲突是不可避免的,而当事人自己以及市场本身并不具备划分市场主体产权边界和利益界限的机制,更不具备化解冲突的能力。这就需要以社会公共权力为后盾的政府充当仲裁人,设定体现和保障市场原则的"游戏规则",即以政策或法律的形式明晰界定和保护产权关系的不同利益主体的权利,保证市场交易的效率和公正性。

3.2 公共管理的政府运行机制

各国市场经济发展的历史以及经济学的研究成果表明,没有单纯的市场经济,只有市场调节与政府调控相结合的混合经济。因此,在当代越来越多的市场经济国家认识到必须给政府的角色予以正确的定位,对政府的干预行为进行更多的自我约束;在处理政府与市场的关系时,采取市场的战略,政府的补救作用是帮助市场发挥作用,而不是取代市场。

我国市场经济的发展具有后发优势,可以借鉴西方发达国家和新兴工业化国家或地区的市场经济发展的经验教训,尤其是如何处理好政府与市场、政府与企业以及政府调控与市场调节之间关系的经验教训。

3.2.1 现代市场经济中政府的角色

3.2.1.1 西方学者的争论①

西方市场经济已有几百年的历史,在关于政府和市场作用及其相互关系的认识上一直存在争论。

---

① 陈振明:《公共管理学:一种不同于传统行政学的研究途径》,185~187页,北京,中国人民大学出版社,2003。

在市场经济发展初期,为摆脱教会、地主、城镇行会对经济活动的控制,确立新型的市场秩序,打破地方封锁,扩大国内市场,对外扩张,促进外贸,人们一般强调国家的干预作用,这在重商主义经济理论及其政策主张中得到了充分的体现。市场经济体制及秩序在西方各国确立之后,人们对国家作用的认识及所采取的政策发生了变化,自由放任、限制国家干预的观点取代了古典的国家干预论,这集中反映在以魁奈为代表的重农主义学派,以亚当·斯密、李嘉图和密尔为代表的古典学派和以马歇尔为代表的新古典学派的经济理论及政策主张中。亚当·斯密等人主张由市场机制这只"看不见的手"引导经济活动,政府要尽量少干预,只起"守夜人"作用。政府的作用仅限于保护社会免受外敌侵犯;保护每一个社会成员免受其他成员的强制,实现社会公正;建设和保护公共设施。这种观点实际上成了当时西方各主要国家的基本政策主张。

随着自由资本主义向垄断资本主义的过渡,资本主义市场经济所固有的一系列弊端,如失业、贫富分化、周期性经济危机,更加严重,特别是1929—1933年的大经济危机,使人们清楚地认识到市场机制本身的局限性,这在客观上促使凯恩斯主义的兴起。凯恩斯主张放弃自由的放任主义,实行政府对经济生活的全面干预,特别是通过财政和货币政策来调控市场经济的运行。在他看来,政府不仅要履行传统的职能,而且要对充分就业、物价稳定、经济增长、国家收支平衡、收入均等化等负责。第二次世界大战后,凯恩斯主义成为西方经济学的主导学派,各主要西方国家曾普遍采取了干预主义政策。这些干预政策对战后资本主义经济的发展起到一定作用,保证了战后近30年资本主义经济的持续繁荣。然而,人们逐渐发现,如同市场有缺陷、市场会失灵一样,政府的干预也是有缺陷的,而且政府干预失败的代价更高、更可怕。特别是20世纪70年代以后出现的以低经济增长、通货膨胀、财政赤字、高失业率为特征的"滞涨"现象使人们更清楚地认识到这一点。西方新自由主义或新保守主义思潮正是在这一背景中形成和发展起来的。以现代货币主义学派、公共选择学派、新制度学派、合理预期学派等为代表的新自由主义反对凯恩斯主义的全面干预论,分析政府干预行为的局限性及政府失灵的成因及表现,主张限制或取消政府干预,充分发挥市场机制的作用。新自由主义成了当代西方经济学的主流,并对西方市场经济国家的政策产生越来越重要的影响。但是,不管怎样,迄今为止,西方发达国家实行的市场经济并未完全排除政府干预。在宏观调控方面,各国所实施的政府干预只是干预程度、干预内容和干预方式不同而已。

3.2.1.2 现代市场经济中的政府行为模式

1. 宏观经济的调控者

由于市场存在缺陷,政府必须对市场经济的运行过程进行必要的干预,对经济生活加以宏观调控。首先,市场机制不能解决总供给与总需求之间的平衡问题,市场机制也不能有效控制经济的周期波动和通货膨胀,因而必须依靠政府的财政政策和货币政策等来缓解经济周期波动,抑制通货膨胀。其次,市场经济机制不能发挥能动性来预测未来的经济变化，是一种实实在在的“即时经济”，无法掌握复杂的需求结构，而且它的调节只是短期行为。因此，必须通过政府的指导性经济计划解决经济的长期发展问题。再次，市场经济做不到调整和优化产业结构。因为在现代市场经济下，市场垄断对市场机制造成破坏，资本和劳动的流动不像过去那么自由。现代国家的政府必须通过财政政策、货币政策、产业政策和经济计划手段，对经济生活加以宏观调控。

2. 收入及财产的再分配者

市场经济在解决社会稳定、协调发展方面有明显的局限性，它能较好地解决效率问题，却不能处理好公平问题。一方面，市场经济不可能自动达到社会收入分配方面的公平和合理，商品交换最多只能实现既定分配格局之下的帕累托最优，而不能改变现有的收入格局；市场经济条件下的信息不完全可能带来收入分配不公现象；即使市场作用发挥较好的地方，分配的结果也可能不是按照社会设想的标准去实现的。因此，现代市场经济国家的政府都力图通过再分配政策及社会保障制度调节收入及财产的再分配，解决公平以及社会经济战略发展问题。另一方面，市场经济也难以解决全社会范围的失业、养老、工伤事故、医疗保健及扶贫助弱等方面的社会问题，而这些问题又是市场经济中不能忽视的因素。收入分配不公、失业以及养老、医疗卫生等方面的社会问题，会影响社会协调发展以及劳动者的积极性，使经济效益无法提高。因此，要求政府从全社会的整体利益出发，对各阶层的收入和财产进行再分配，建立和健全社会保障体系，以保证社会稳定协调发展。

3. 公共产品的提供者

由于公共产品消费的非排他性，以价格机制为核心的市场不能使公共产品的生产和供给达到最优，也不可能靠个体之间的直接交易解决公共产品的供给问题。私营经济部门由于投入多、没有对等的利润而不愿提供或无力生产公共产品，或者容易造成垄断，导致成本上升，效率下降，损害消费者利益。因此，政府必须通过国家预算开支，担负起公共产品的生产和供给的主要责任。现代市场经济国家政府对运输、邮电通信、供水、供电、环境保护、基础研究和公共教育等公共设施和公共服务进行大量直接投资，在基础设施和公共服务中担当起了提供者角色。

4. 市场秩序的维护者

市场机制的无序性会引发市场行为的无政府主义，放任自由的市场竞争将导致垄断。市场机制的正常运行以一定的规则和契约关系作为前提，一旦这些规则及关系遭到破坏，那么市场机制就会失效。因此，市场经济条件下政府的一个基本职能是维护市场秩序，通过立法保证市场运转，为市场创造公平竞争和维护必要制度的环境。首先，市场机制要发挥作用，需要一整套被广泛认可的并能够得以有效实施的市场行为规则，以明确产权，规范市场主体的行为，确保市场交易和市场竞争的公平和效率。这需要政府来建立、健全市场运行所需要的各种法规和制度，并监管其实施。其次，无节制的自由竞争会导致垄断，而垄断将破坏公平竞争的环境，阻碍价格机制在资源配置中的基础性作用。针对这一现象,需要政府制定和实施各种反垄断法和反不正当竞争法,并设立相应的机构,创造和维护竞争的市场结构。再次,市场机制的运行以完善的统一市场体系为背景,对于向市场经济体制过渡的国家来说,就必须承担起培育和完善市场体系、加速市场体系发育的职能。

5. 外在效应的消除者

外在效应又称外部性或外部经济。按照西方经济学家的说法,外部性是指个人的效应函数或企业的成本函数不仅依存于其自身所能控制的变量,而且依赖于其他人所能控制的变量,这种依存关系可以不受市场交易的影响。外部性有积极的和消极的两种(前者如基础研究和教育,后者如环境污染)。外部性的存在无法通过市场机制加以解决,因而必须依靠政府。在现代市场经济国家中,政府通过补贴或直接的公共部门的生产推进积极外部性生产;通过直接的管制限制消极外部性的出现,如政府通过行政命令的方式硬性规定污染排放量,企业或个人必须将污染量控制在这一法定水平之下。

3.2.2 政府失灵及矫正

"政府失灵",又称"政府失效",一般是指用政府活动的最终结果判断的政府活动过程的低效性和活动结果的非理想性,是政府干预经济的局限、缺陷、失误等可能带来的代价过大的问题。换句话说,它是指政府干预达不到弥补"市场失灵"的预期目标,或是虽然达到了目标,但其代价超过"市场失灵"所造成的缺陷。

公共选择理论等新自由主义经济学家把"经济人"的假定引入对政治市场的研究后发现,类似于经济市场有生产者和消费者一样,政府和选民就是政治市场上的"生产者"和"消费者"。选民在投票选举行为中为了实现其利益最大化,总要进行"成本—收益"分析;同样,公务员也丝毫没有改变其经济人的本性,在公共活动中也要考虑个人的得失,即进行"成本—收益"比较。在政治市场上,公务员是"政治企业家",他们向"消费者"(即选民)出售的是公共产品及由公共产品形成的公共利益。公共利益的分配决策虽然是由公共部门"集体"作出的,但是,公务员对个人利益的追求可能会损害公共利益。这是因为,虽然公务员是经选举产生的,但并非必然代表全社会的利益要求,在许多公共决策中,公务员出于经济人的本性,很可能在公共利益与公共资源的分配过程中,与各种利益集团或其他公务员进行交易,以实现其个人利益的最大化,甚至不惜牺牲选民的利益。所以,在政治市场上,任何政治决定都是一种经济行为,他们的交易行为也受到某些契约关系的制约。

3.2.2.1 政府失灵的表现

既然公务员是经济人,也具有任何人所具有的一切缺点,而政府又是由这些普通的、有缺点的人组成的,因此,政府也就必然带有人类本性所不能克服的一切缺点。从这个角度说,政府本身并不比任何其他机构更有效、更正确,或者说,政府也存在失灵问题。一般地说,政府失灵表现为以下几个方面。

1. 滥用权力的倾向

在政治市场上,公务员追求权力的努力远比建立相互交换关系的努力更为有利可图。虽然法律上对政府行为规定了一定的约束条件,但是,公务员所表现出来的对权力运用的偏好和冲动丝毫没有被削弱,追求公共资源的局部目标和扩大权力运用的倾向同时在不断强化。

2. 严重的官僚主义

政府的调节是一种"事前"的调节,带有很大的预测性和计划性,而政府的调节决策又是"集体"决策的结果,因此,在失误面前往往首先寻找种种主观和客观理由开脱政府及公务员的责任,避开政治市场的惩罚。由于对决策后果无须承担相应的责任,低效、随意等官僚主义的表现就不可避免。

3. 较大的盲目性

政府全面而科学地决策的前提是信息的完备性和准确性,但是,从经济上讲获取信息需要付出一定的代价,从技术上讲信息是在无数分散的个体行为者之间发生和传递的,因此,对所有信息全部占有和准确处理是不可能的。这样,政府决策的盲目性就必然会出现。

4. 政府部门扩张的内在动机

组成政府的政治个体的自利特性,决定了政府部门有一种内在的超编和超支的扩大倾向。政府部门千方百计地通过各种关系试图增加本部门的财政预算,并且很不负责任地将预算花掉,造成公共资源浪费。

3.2.2.2 政府失灵的成因

政府失灵有诸多成因,主要包括以下几种。

1. 政府公共决策的失误

政府对经济生活干预的基本手段是制定和实施公共政策,以政策、法规及行政手段弥补市场的缺陷,纠正市场的失灵。公共决策则是国家或政府部门为公共产品的生产与供应,为干预社会经济的运行而作出的决策。公共决策失误的主要原因来自于公共过程本身的复杂性和困难以及现有公共决策体制和方式的缺陷。

(1)现有各种公共决策体制及方式(投票规则)的缺陷。以多数原则为基础的民主制是现代国家所采用的一种通用决策体制,它较之于独裁制度或专制体制,是一种巨大的进步和更合理的决策体制。但是,无论是直接民主制还是间接民主制,都有其内在的缺陷。直接民主制中存在的问题有循环投票或投票悖论和偏好显示是否真实等问题;间接民主制中固有的问题主要是被选出的代表由于其"经济人"特性而往往追求自身利益的最大化,而不是选民或公共利益的最大化,选民却难以对其实施有效的监督。现有的投票规则或表决方式主要有一致通过和过半数通过等,然而一致同意原则的决策成本太高,且容易贻误决策时机;多数原则不可能是完全民主的,它将出现多数人对少数人的强制。由于公共决策的投票规则本身存在缺陷,据此作出的决策很难反映大多数人的偏好,必然会导致政府失灵。

(2)信息的不完全性会导致政策的失效。就信息而言,正像政府干预主义者的代表斯蒂格利茨所说的,不完全信息和不完全市场作为市场失灵的一个来源在公共部门里是普遍存在的。在他看来,不完全信息和不完全市场造成政府活动的诸多缺陷和无效行为。公民和政府官员所拥有的信息都是有限的,并且决策信息的获得总是困难、需要成本的,因而许多公共决策实际是在信息不完全的情形下作出的,这就很容易导致决策失误。

2. 政府机构运行的低效率

由于政府是一个非市场机构,其活动属于非市场活动,因此非市场化的政府机构运行与企业经营相比,缺乏产权和利润最大化的约束。因为维持政府活动的收入具有非价格来源,非市场化的产出往往难以从经济上度量,使政府机构运行缺乏一种明确的投入—产出标准。这是与市场产品完全不相同的特性,正是这一特性导致了资源配置的失误和低效,且这种失误和低效是从政府机构本身的性质和活动方式中产生的。

(1)政府公共产品的供给缺乏竞争活力。国家属于自然垄断范畴,这就决定了政府机构的排他性,使政府成为各种公共产品的垄断供给者,导致公共产品的供给缺乏竞争活力。

(2)政府缺乏追求公共利润的动机。由于政府机构和官员与公共利润缺乏直接联系,加之公共产品和服务的成本与收益难以计量,所以与企业经营者追求利润最大化不同,政府机构和官员通常追求公共政策目标的实现,对许多活动大都不会刻意去降低成本,甚至出现为达目标而不计成本的情况。

(3)政府机构的内在扩张性。著名的帕金森定律揭示,政府官员的名誉、地位、权力和酬金通常与其所在政府机构的规模成正比。政府官员为了提高其知名度、社会地位及获取更大的权力和更多的酬金,往往希望不断地扩大政府机构规模。

(4)对政府官员监督的低效。由于政府是一个政权组织,因而市场中存在的各种经济约束对政府往往无效。为了监督政府有效地履行其职能,国家在政权设置中设计了各种监督机制,但由于政府所提供的公共服务及物品有着自然垄断性,因而可利用自身所处的垄断地位来封锁一部分公共服务及物品所涉及的有关资源及信息,监督者仅凭被监督者提供的信息去实现监督,很可能被被监督者所蒙蔽和操纵。

3. 政府机构及其官员的寻租与腐败

寻租现象历史悠久,涉及面广。塔洛克在1967年发表的《寻租社会的政治经济学》一文首次关注并分析了这一现象。克鲁格在20世纪70年代创立寻租理论。所谓寻租是指由于政府的无意创租、被动创租和主动创租可使经济活动产生巨额租金,经济人通过各种政治的、经济的、合法的、非法的手段从政府官员处获得某种垄断特权,或者政府机构及官员直接凭借其垄断特权而取得租金的活动。在现代寻租理论中,一切利用行政权力谋取经济利益的活动都可称为寻租活动。寻租活动的最大特点是利用合法或非法手段来取得占有租金的特权。政府干预和行政管制(如许可证发放、物价管制、进口配额等)均可能产生超额收入而出现寻租活动。现代公共选择理论从理性经济人的基本假设出发,揭示政府部门和官员在进行决策时也会从事政治创租和抽租活动,利用现行体制上的缺陷去追求局部和个人利益最大化。在发展中国家和处于体制转型期的国家中,寻租则主要表现为非法的行贿、受贿、索贿等腐败现象,以取得政府无意创租和主动创租所形成的租金。寻租活动破坏了公平、公正的竞争原则,阻碍社会资源的合理配置,降低行政的原则性和效率,严重损害政府形象,甚至危及政权的稳定和导致政府失灵的后果。

3.2.2.3 政府失灵的矫正

既然市场经济不能缺少政府的干预调节,而这种干预调节行为又存在种种缺陷(即政府失灵),因而必须采取一系列积极有效的对策和措施来防范政府失灵现象。

1. 引入市场竞争机制,提高政府机构效率

提高政府机构效率的关键,是在各级政府机构内部建立竞争机制,把市场竞争原则引入非市场组织的政府机构内,真正实现"择优上岗",并在一定程度上把决策者的决策权限与个人对决策后果承担的政治、经济责任联系起来。通过引入竞争机制,打破公共部门或服务的低效率垄断。将竞争机制引入政府所管理的公共部门,推广政府采购制度,通过公开、公平、公正的招投标竞争提高公共产品的功能价格比,并防止寻租;将某些公共产品的生产或某些公共部门提供的服务承包给私营企业去生产经营,以便更多地依靠市场机制生产经营社会所需要的公共产品。另外,应强化各地方政府之间的竞争。尽管各级政府机构及其成员都有局部利益和个人私利,但是,只要在政府机构内部建立一套有效的激励机制,防止和纠正其内部成员和不同组织之间的不合理行为,协调他们的利益关系,就可以使政府机构组织及其成员的目标符合或接近社会公共利益目标。

2. 转变公共管理职能,明确政府职责

公共管理职能转变的实质是公共管理职能的更新问题,主要是政府经济管理职能转变,由强制性行政干预转向服务监控,解决职能上的错位、越位问题。服务行政的公众取向是政府的发展方向,衡量政府成效的标志是公共利益在多大程度上得到了保护和增进。在经济管理上,要通过有效的手段进行宏观调节,动员社会的力量推动经济发展、转变公共管理职能,归结起来,主要是政府要改变对经济的监管框架,退出微观经济领域,集中加强与改善宏观经济调控和创造良好的市场环境,建立和完善公平竞争、规范有序的市场体系,打破行业垄断和地区封锁,发挥市场在资源配置和结构调整中的基础作用,提高公共服务水平。

3. 加快政务信息化建设,提高政府管理能力

信息化是当今世界经济和社会发展的趋势,加快政务信息化建设,既能提高政府决策的有效性,降低行政工作的时空成本,又能提高政府决策和信息的透明度,有利于社会公众对政府行为的广泛监督和约束。为此,首先要建立多层次的经济管理决策系统和经济社会发展监测预警系统,促进各级政府对信息资源的开发利用和共享,

保证政府决策必要、准确、及时的信息供给。其次，建立政府信息发布系统，形成规范的信息渠道。公开制度，及时发布各种政策、政务、统计、财经、商业等可靠有用的信息，既引导各微观经济主体抓住机遇，实现发展，又接受社会公众的广泛监督。再次，建立一网式政府办公系统，打破政府部门管理在时空上的分割，使不同政府部门协同工作，实现内外网工作流程整合，提高政府办公信息化、一体化水平，使政府政务处理更集约、快捷。

显然，分析和探讨政府失灵问题，并不是要否定政府在市场经济中的作用，而是要指出政府行为本身也存在局限性。选择和确定政府干预行为的范围、内容、方式以及力度，避免干预不当或过度干预所产生的政府失灵现象，使政府更好地履行其社会经济职能是极其重要且必要的。

3.3 公共管理的社会运行机制

亚当・斯密、大卫・李嘉图等古典经济学家认为，市场是一部运作精巧、成本低廉、效益最佳的机器，有效地调节着经济运行和各个经济主体的活动。但市场经济的运行表明，市场并不能自动达到帕累托最优状态，在公共产品提供、限制垄断、经济外部性、社会分配、保持经济均衡发展和防止经济波动等方面也会失灵。于是就不得不借助政府力量予以矫正和弥补，市场失灵为政府公共管理的介入提供了合理性依据。然而，市场失灵并不是政府干预的充分条件，市场机制解决不了的问题，政府也不一定能解决，“企求一个合适的非市场机制去避免非市场缺陷并不比创造一个完整的、合适的市场以克服市场缺陷的前景好多少。换句话说，在市场这只‘看不见的手’无法使私人的不良行为变为符合公共利益行为的地方，可能也很难构造‘看得见的手’（政府）去实现这一任务”①。因此，市场失灵之外同样存在着极为严重的政府失灵，主要表现在政府机构谋求内部私利而非公共利益的“内在效应”的存在、信息不充分和政府能力有限导致的决策失误、政府干预市场的成本扩张及低效率、政府机构及其官员的寻租与腐败等。所以，沃尔夫说“市场与政府间的选择是复杂的，而且，通常并不仅仅是这两个方面，因为这不是纯粹在市场与政府间的选择，而经常是在这两者的不同组合间的选择以及资源配置的各种方式的不同程度上的选择”②。这表明，人类社会的治理在政府和市场之外还应寻求和重视第三种力量——社会的力量。

3.3.1 公民社会概念的内涵及其理论的历史演进

3.3.1.1 公民社会概念

“Civil Society”一词在国内有三种译法，即“公民社会”、“市民社会”和“民间社会”。这三种译名之间有一些微妙的差别。其中，“市民社会”是源于马克思主义经

① 查尔斯・沃尔夫：《市场与政府：权衡两种不完善的选择》，34页，北京，中国发展出版社，1994。
② 查尔斯・沃尔夫：《市场与政府：权衡两种不完善的选择》，113页，北京，中国发展出版社，1994。

典著作“Civil Society”的中文译名，由于马克思在其著作中将“Civil Society”（中文译为市民社会）界定为资产阶级社会，因此“市民社会”的概念无论是从其内涵还是外延上都不足以成为当代公民社会理论研究的基本范畴。“民间社会”是中国台湾学者的译法，符合中国的传统文化，但中国传统意义上的民间社会与现代意义上的公民社会在含义上并不完全一致，且此概念容易使人们联想到“官民对抗”，因而，这一译名作为学术语言日益边缘化。“公民社会”是当今比较流行的一种译法，相比“市民”而言，由于“公民”强调了行为主体的权利、义务和责任，“公民社会”强调了公民对社会政治生活的参与和对国家权力的监督与制约，因而越来越成为“Civil Society”的主流译法。

3.3.1.2 公民社会与政治国家

公民社会与政治国家的关系是公民社会理论研究的核心。“国家与社会”的二元分析框架来源于西方政治学理论。在这个框架中，与国家权力相对应的是“公民社会”。国家是指以强制性为基础的公共权力的活动空间，而社会则被看做是一个独立于公共权力的私人活动领域。这种分析框架强调的是对应于国家权力的私人活动空间之存在，强调公民社会最重要的特征是它相对于国家的独立性和自主权，反对国家对公民社会的压制和干预，反对国家职能的过分扩张。与此同时，一部分理论家则认为，国家并不总是对公民社会的生存和发展构成威胁，相反，国家的保护和管理对于公民社会的健康发展必不可少。

按照上述观念，公民社会与国家的关系大致有三种模式。

一是公民社会制衡国家模式。自由主义视国家为“必要的恶”，国家之所以必要是因为公民社会需要国家保护其安全，完成其不能承担的公益事业，调停其内部的利益冲突。但由于国家本质的邪恶性，若听任国家权力的无限制扩张，个人的自由和权利必将受到威胁和侵害。公民社会制衡国家模式主张以国家不侵犯个人的自由和权利为限划定两者活动的界限，以公民社会制衡国家。19 世纪法国思想家托克维尔认为，在民主国家中存在着多数专制的危险，因此一个活跃的、强有力的公民社会对于遏制多数专制是必不可少的。

二是公民社会对抗国家模式。该理论为公民社会反抗专制主义和干预主义的统治权提供合法性辩护，认为反抗那些随意剥夺公民的自由和权利的非宪政国家是正当的、合法的行为，反对国家对公民社会的压制。

三是公民社会与国家共生共强、合作互补模式。该理论认为国家与公民社会之间并非一定是此消彼长的对立关系，而有可能是一种共生共强、良性互动的关系，从而形成强国家、强社会的态势。在这种实力格局下，一方面国家能有效地工作，另一方面公民社会也有足够的力量确保政府对其要求作出回应。只有双方的自主性得到充分保证并处于势均力敌的状态，才能使各自的功能得到最好的发挥。该理论基于“市场失灵”、“政府失灵”和“第三部门失灵”的状况，认为政府、市场和社会皆不能独自有效地解决社会问题，在社会治理问题上，公民社会和国家不仅可以而且有必要进行合作。

公民社会和国家关系的这三种模式之间并非彼此排斥的关系，而是各自在某些方面包含着真理。“这些模式远未穷尽公民社会和国家的关系的全部内容，它们只是对复杂的现实的一种高度抽象的理论概括”①。在实践中，对于不同国家而言，公民社会与国家之间的对立、制衡和合作的关系是具体而复杂的，这与各国的政治形态、市场发育程度和文化传统密切相关。

3.3.1.3 公民社会发展对公共管理的意义

传统上的公共行政与公共管理，一直未能打破“政府管制”与“市场机制”这两种相互对立的思维定式，一直忽视公民参与的重要性。20世纪70年代，随着公共管理过程中“政府失灵”和“市场失灵”问题的凸显，西方国家开始了以新公共管理为主要内容的治道变革。奥斯特罗姆认为，这场从西方发达国家开始的治道变革，其内容从大的方面来说，包括政府职能的市场化、政府行为的法治化、政府决策的民主化、政府权力的多中心化。20世纪90年代在新公共管理运动中成长起来的治理理论则为走出政府失灵与市场失灵的困境提供了更为有益的方向选择。治理理论认为，当代政府面临的是一个复杂的、动态的和多元的环境，这使政府的不可治理性增大。事实上政府部门已经无法成为唯一的治理者，它必须与民众、企业、非营利部门共同治理。相对于“统治”，“治理”在权威的行使主体和性质、管理过程中权力运行的向度以及管理范围等方面都有所不同。治理的本质就在于它是政府与公民对公共生活的合作管理，是国家的权力向社会回归，通过治理使公共利益达到最大化的“善治”状态。因此，善治的过程实质上就是一个还政于民的过程。善治表示国家与社会或者说政府与公民之间的良好合作，这种合作出于公民的自愿和对权威的认同。所以，善治的基础与其说是在政府或国家，还不如说是在公民或民间社会。从这个意义上说，公民社会是善治的现实基础，没有一个健全发达的公民社会，就不可能有真正的善治。因此新公共管理在治理结构上强调民主、法治、责任和回应，而公民社会的发展无疑有力地推动着政府从传统管理方式向善治的转变。具体说来，公民社会的发展对现代公共管理的实践意义体现在以下几个方面。

1. 公民社会的发展为公民政治参与和政府民主化改革提供了强大的动力

公民社会发展本身就是一个民主化不断扩大的过程，民主发展与公民社会的发展是一种正相关的关系。公民社会的一大特点是它的自主性，这意味着公民社会中各种组织和个体的选择是在合法的前提下基于自己的愿望而作出的，它拒斥强迫和压制。这就极大地促进了包括行政人员在内的全体公民的民主法制意识，而善治最为根本的就在于政府在公共行政中体现出民主法治精神，践行民主和法治的行政原则，而要实现民主和法治原则就要依赖民主观念的广泛传播。英国社会主义者、政治学家柯尔在基尔特社会主义理论中提出，民主是人民参与的政治制度，而实现这种参

---

① 何增科:《公民社会与第三部门》,2页,北京,社会科学文献出版社,2000。

与的社会政治形式则是以社团为基础的自治。因此，善治的实现程度在很大程度上取决于公民参与公共事务处理的广度和深度，公民社会的发展则通过促进民主法治观念的普遍化和深入化而推动政府善治的实现。20 世纪 80 年代以来中国村民自治的发展有力地说明了这点。村民自治以村民民主选举、民主管理、民主决策、民主监督为内容，充分体现了民主在中国社会的现实进程以及政府公共行政模式的转变。

2. 公民社会的发展催生了服务型政府的理念

公民社会通过组建各种组织，提出各自的要求和价值标准，为实现自身利益提供一个良好的平台和渠道。换句话说，公民社会的发展要求社会上的各类组织（包括政府组织和非政府组织）要以能实现公民的利益为第一要义。善治是政府的一种行政范式，它的合法性在很大程度上取决于政府回应力的高低。回应力意味着政府能否反映公民的需要并满足公民的合法期待。公民社会的发展本身意味着公民对政府提出了越来越多的要求，政府对公民要求与愿望的不同回应会在公众中产生强烈的参照效应，从而使对社会要求与愿望反应迟钝的政府面临着前所未有的最为严重的合法性危机、权威危机和信任危机。因此，公民社会的发展使得服务的理念成为政府行政中的基本和核心的理念，服务型政府也正因此应运而生。

3. 公民社会的发展弥补了“市场失灵”和“政府失灵”的缺陷，提高了公共管理的绩效

当今经济改革和政治改革导致政府职能发生了重大转变，在经济领域和社会领域留下了广阔的管理和服务真空，这种真空对公民社会产生了强烈的需求。公民社会由于其非官方性、独立性和自愿性的特点，在社会管理工作中以其独特的优势发挥着重要的作用，特别是在完成微利或无利可图的任务，需要有同情心和对个人关心尊重的任务以及牵涉到贯彻道德准则和个人行为职责的任务方面更胜一筹。最重要的是，公民社会推动社会资本积累的良性循环。由此形成的稠密的信任网络为稳定和成功的经济增长提供了一个平台。另外，公民社会还能有效地同企业相结合以推行社会计划。由此，公民社会一方面维护了竞争性的市场经济体制，在一定程度上克服了盲目性和无效竞争，并在一定程度上抑制了市场的外部负效应；另一方面又补充了政府的不足，满足了某些社会需求，从而在一定程度上避免了政府为满足这些需求可能产生的供给失效。发展公民社会是弥补市场缺陷和政府缺陷的重要途径。于是，愈来愈多的人热衷于以治理机制对付市场或国家协调的失败。

因此，虽然政府依然充当着非常重要的角色，但它不再是实施社会管理功能的唯一权力中心。政府应把职能定位于“掌舵而非划桨”，其控制的权力将从集中走向分散，把不该管而应由社会管的事还给社会，从而更好地管好自己分内该管的事；同时，又要极力培育和扩大社会权力，调动各种社会力量的积极性，参与公共事务的管理；另外，政府也要依法进行适当的监督管理，因势利导，善加利用，发展两者的良好合作关系。

4. 公民社会的发展强化了行政监督

行政权力从根本上说来源于人民,但行政权力一旦形成则往往脱离社会而凌驾于社会之上。在没有强有力的监督力量的控制下,公共行政权力极易造成权力的非公共运行,腐败便无法避免。极端的权力导致极端的腐化。孟德斯鸠说:"一切有权力的人都容易滥用权力,这是万古不易的一条经验……要防止滥用权力,就必须以权力约束权力。"公民社会的发展促进了民主行政,而民主行政就是公民通过各种合法和合理途径参与行政的过程,这一过程理所当然包括行政监督在内。从逻辑上讲,民间组织的发展壮大并由此而形成的对公共权力强有力的监督力量是从权力的本源上对公共权力进行监督。因此,这种监督比起公共部门自身的监督来说显得更为重要和有效。另一方面,公民社会的发展促进了公共管理主体的多元化,这种多元化能够使得对公共权力的监督更为频繁、公开和明朗化。

总而言之,公民社会行政的监督能从根本上促使行政权力服务于民,遏制行政权力的异化。因此政府善治要做到充分利用民间组织的监督资源,使公民的监督对官员的腐败行为起到特殊的震慑力。

当然,公民社会能否起到应有的作用还要看一国之内的第三部门和社区的发展及其运行情况。

3.3.2 第三部门

现代社会科学领域把社会组织分为政府组织、企业组织和介于上述两类组织之间的社会中介组织(第三部门)三大类。第三部门作为政府实现公共管理职能的重要力量,已为越来越多的国家和地区所重视。特别是在市场经济体制下,第三部门在协助政府实现社会管理、社会服务和社会公平方面有着不可或缺的作用。

3.3.2.1 第三部门的含义

这类组织还有许多不同的称谓,如"非营利组织"(Nonprofit Sector)、"独立部门"(Independent Sector)、"慈善组织"(Charitable Sector)、"志愿组织"(Voluntary Sector)、"免税组织"(Tax-exempt Sector)、"非政府组织"(Nongovernmental Organization),等等。莱维特将这类组织统称为"第三部门"(The Third Sector)。

这些概念涵盖的都是处于政府与私营企业之间的制度空间,但它们都各自强调不同的侧面,同时也容易使人望文生义而产生误解。如:

"非营利组织"强调这些组织的目的不是为了营利。但组织的使命不是营利并不等于说不能赢利,事实上,大多数非营利组织是赢利的。

"独立部门"强调这些组织相对于政府和企业的独立性。但事实是,由于此类组织在资金上存在着对政府和企业的依赖,因此其独立性是有限的。

"慈善组织"强调这些组织的资金来源于私人的慈善捐款。但私人捐款并不是这些组织的唯一甚至主要资金来源。

"志愿组织"强调这些组织的运行主要靠志愿者捐助和服务。但随着这些组织活动的日益专业化,其成员大多是拿薪水的雇员而不是志愿者。

"非政府组织"的提法很容易使人产生误解。从字面上看,这一概念的外延要大于"第三部门",因为所有非政府的私营机构包括私营企业都属于非政府组织,但很显然"非政府组织"并不包括私营企业;在实际使用上,这一概念的外延又小于"第三部门",因为"非政府组织"通常是指发展中国家以促进经济、社会发展为己任的组织,只是"第三部门"的一部分。

3.3.2.2 第三部门在我国的发展情况及存在的问题

自1978年以来,中国相继进行的经济体制改革、政治体制改革为中国第三部门的产生和发展提供了必要的条件。但综合而言,中国政治体制改革和政府职能的转变是中国第三部门发展的根本原因。在传统的行政管理体制下,政府长期扮演着"全能政府"的角色,突出表现为政府对整个社会的大包大揽:在经济领域,国家实行高度集中的计划经济,承担着配置社会资源的职责;在政治上实行以党的一元化领导为核心内容的高度中央集权体制,抑制公民社会组织的发育成长。以转变政府职能为重点的行政体制改革如同经济体制改革一样,再次调整了政府与市场、政府与社会的关系,从而为中国第三部门的发展提供了更为广阔的空间。20世纪80年代后,中国的公民社会组织开始快速增长,到1997年,全国县级以上的社团组织达到18万多个,其中省级社团组织21 404个,全国性社团达到1 848个①。截至2008年底,登记注册的社会组织总量接近40万个,其中社会团体22万个,比上年同期增长6.3%,民办非企业单位17.8万个,比上年同期增长3.5%,基金会1 390个,比上年同期增加21个②。从总体上看,我国第三部门主要呈现出以下特点。

1. 独立性差

我国绝大多数重要的非营利组织由政府创建,并受到政府的主导,政府对第三部门的主导主要通过以下途径实现。

(1)业务主管。根据我国社团登记管理条例和民办非企业单位登记管理暂行条例,一个机构要想在民政部门登记注册为社会团体或民办非企业单位,首先必须找到一个业务主管单位。政府对非营利组织采取双重管理体制,即由注册登记机关(民政部门)和业务主管部门对非营利组织的成立、变更和注销登记以及日常性业务活动进行双重管理。

(2)领导委任。我国有近2/3的第三部门的主要管理干部直接来源于业务主管部门的派遣和任命,或者由组织负责人提名并得到业务主管部门的审核和批准。因此,我国大部分第三部门没有独立的人事任免权,其负责人缺乏足够的管理控制权。这必然造成我国第三部门积极性、主动性、创造性的缺乏以及效率的低下。

(3)资金支持。我国第三部门最主要的收入来源是政府拨款和补贴,居第二位的收入来源是会费收入。调查显示,仅政府提供的财政拨款、补贴和会费收入就占了

---

① 民政部:《中国民政工作年鉴·1999》,北京,中国社会出版社,2000。

② http://cws.mca.gov.cn/article/tjkb/200902/20090200026297.shtml.

70%以上;而营业性收入仅占总收入的6%左右。这表明我国第三部门对政府的依赖性很强,缺乏竞争的动力和机制。营业性收入如此之少也从一个侧面反映出我国第三部门服务的数量不多,服务质量偏低。

2. 成熟度低

由于文化传统、市场程度和政治制度的差别,与西方发达国家相比,我国第三部门的发育还不成熟,其应有的民间性、志愿性和非营利性特征还不十分明显。尤其是我国绝大多数非营利组织都是在20世纪80年代中期以后成长起来的,只有近20年的历史,它们本身还处在变化发展之中,无论是结构还是功能都还没有定型。

3. 规范性弱

虽然1998年民政部修订颁布了试图规范组织的新的管理条例,但从规范本身以及规范实施后的效果来看,我国第三部门的规范化还任重道远。如,一方面存在社团行政化倾向,有些社团与行政机关几乎没有区别,如工会、共青团、妇联、文联、作协、科协、工商联等。它们不受社团登记管理条例的约束,直接接受各级党政机关的领导,享有一定的行政级别。另一方面存在社团企业化倾向,打着"非营利"的旗帜,但还是把追求经济效益放在第一位,使非营利性的社团组织变为营利性的企业。

以上问题的直接后果是,一方面,中国经济体制、政治体制改革需要第三部门来承担以往由政府包揽的提供公共产品和社会福利的某些职能,满足社会的需求,而中国的第三部门还非常弱小,能力极为不足,还难以承接政府转移的职能,从而影响到改革开放的顺利进行;另一方面,尽管政府提出了培育和发展民间组织的战略方针,然而又迟迟不敢放松对第三部门的管制,多次对第三部门进行清理整顿,从而导致一管就死、一放就乱的恶性循环。当前,我国现实而理性的选择是培育第三部门,促使其发展壮大,从而为建设服务型政府创造良好的社会条件。

3.3.2.3 第三部门对我国经济与社会发展的作用

第三部门的活动既不是基于一种强制性的规范,也不是以交换服务或商品获取利润,它的最显著特征是非营利性、志愿性。第三部门之所以在社会中具有相当的影响和积极的作用,在于它是对政府和纯营利性组织社会功能的补充。因此,第三部门对正处于转轨期的我国经济和社会发展具有深远的理论意义与实践价值。

1. 第三部门在一定程度上克服了政府失灵和市场失灵

我国在从计划经济体制向市场经济体制转化的过程中不可避免地出现了政府失灵现象和市场失灵现象,即政府无法有效实现对公共事务的管理,市场失去对资源进行合理配置的作用。第三部门以其公益性、非营利性的活动弥补了市场不能有效提供社会公共产品以及社会公平缺失的缺陷;同时,第三部门以其志愿性、服务性弥补政府官僚主义、行政低效率和寻租的缺陷。

2. 第三部门有利于我国社会保障体系的建立和完善

第三部门具有很强的社会服务功能。由于第三部门是以理想、价值的实现为目的,而不是以营利为目的,比起政府行政和市场化的商业经营,其社会性福利服务在管理上也更具人性化,同时对受助者的需要反应更为积极。因此这种组织形式及其活动能有效增进一个地区的公共利益,推动该地区社会保障体系的建立和发展。

3. 第三部门加速了政府职能转变和社会转型

第三部门活动范围涉及教育、扶贫、社会福利、环境保护等诸多方面,形成了巨大的社会资源网络,整合了分散于民间的社会资源,提供了大量价格低廉的服务给低收入阶层,减轻了政府负担,促使政府职能渐趋专一化。同时,第三部门还提供了大量就业机会,增加社会资源运用的透明度与合理性,援助社会弱势群体,推动欠发达地区与弱势产业的发展,扩大社会公平,缩小贫富悬殊,促进社会改革进程等。这些都为政府职能的转变和社会转型提供了有力的支撑。

4. 第三部门在一定程度上促进和加强了政府和社会的整合

在改革开放之前,公民与政府、企业等组织机构的整合,主要是通过单位制完成的,尤其是城市就业居民全面依附于其所在的单位。进入转型期后,单位制解体,公民与社会组织的关系需要由一种新的整合方式维系,第三部门的兴起犹如在政府与公民之间搭建了一座桥梁,它一方面传导政府政策,另一方面又反映民众诉求,使政府以一种新的社会整合方式实现了对社会的控制。

5. 第三部门倡导了社会文明

面对市场原则带来的“金钱至上”之风和科层体制造成的人际疏离,第三部门所倡导的关心人类发展、互助互爱的旨趣及其坚守的人道主义精神如同扑面春风,给社会带来了一股清新空气。一些第三部门中的志愿组织,通过各种非营利的、公益性的活动,帮助人们学习和实践公共道德,学习文明的生活规则和与人相处之道,关心共同利益,积极参与社会生活,倡导社会成员间团结互助的人际关系和无私奉献的道德风尚,这一切具有提高公民素质、倡导社会文明的积极作用。

此外,第三部门在人权、环保、国民素质能力培养以及转型期社会的成员权益维护方面做了很多工作。这些工作可以在一定程度上缓解市场化或全球化进程中的弊病。第三部门中还有一部分团体是由海外组织发起创办的,它们成为全球第三部门网络中的一部分,扩展了我国对外交流与合作,有利于我国经济和社会的开放与发展。

3.3.3 社区

3.3.3.1 社区的含义和要素

社区(Community)的含义是:一定区域内有特定生活方式并且具有成员归属感的人群所组成的相对独立的社会共同体。它一般为地域性的、规模较小的基层社区。我国目前所称的社区在城市一般指街道、居民委员会,在农村则指乡、镇或自然村。社区主要由以下几方面的要素构成。

1. 地域要素

社区是地域性的社会,必须占有一定地域,它是人们从事社会活动的区域。比如目前的城市社区——街道,就是以马路、河道等交通干线规划的行政区域。没有地域要素,社区就不可能存在,这一点是不言而喻的。

2. 人口要素

从社区的定义中可以很清楚地看到,社区是由特定人群、特定人群文化和特定人群活动构成的社会共同体。只有地域范围而没有人群则仅仅是区域的概念而非社区概念。人口要素中反映的是社区人口的数量、构成和分布。

3. 区位要素

特定的人群及其特定的活动在地域分布上往往具有一定的规律,这些规律构成社区的区位要素,如商业区、商务中心区、教育文化区、工业区、物流中心区等。由于传统、地理、交通原因,相应形成不同区域的产业分工,形成社区间的结构差异。需要指出的是,处于不同区位的社区对公共产品和公共服务的要求存在着差异性。

4. 结构要素

社区的结构是指社区内的各种社会群体和组织相互之间的关系。社区是地域性的社会,在社区的地域范围内,存在着诸多社会群体和组织,包括党政机关、服务机构、生产单位、学校、医院、政府职能部门的派出机构、居民委员会、业主委员会、家庭、邻里以及社区居民自发组织的各种群众团体。随着社区承担的职能不断增加(如社会保障、帮困扶贫、社会治安、社区服务、社区活动、社区环境、离退休人员和下岗待业人员的管理,等等),社区的结构要素愈加复杂。

5. 社会心理要素

社会心理要素一方面是指受文化传统、区位要素和结构要素影响,社区成员所形成的特定的价值观念和思维方式,该价值观念和思维方式直接决定着人们的生活习惯和行为方式;另一方面是指社区成员对社区的归属感即社区成员参与各种社区活动并享受社区所提供的各种服务,通过这些社会活动,满足社区成员生活、情感和自我发展的需要。由于长期的生活相处,社区成员必然会对所在的社区产生一种特殊的感情,他们为自己社区所取得的成就而自豪,为自己社区的落后而感到耻辱。

6. 约束要素

由于社区结构要素的复杂性,社区成员在组织使命以及个人年龄、受教育程度、工作性质、宗教信仰、兴趣爱好、物质条件等方面存在着巨大的差异,这必然导致社区成员对社区中存在的问题有不同的认识角度、理解程度、响应程度和参与意识,很难达成一致。为了协调这些问题,就必须要有一套规章制度、行为准则等约束要素。与国家法律、法规具有强制性不同的是,社区的约束要素主要依靠公民意识的教育、公序良俗的推促以及社区公约的制定。

7. 物质要素

社区进行各种活动,必须要有各种物质要素的支持,如社区组织的办公场所和办公设施,社区教育、文化娱乐、大众健身、社会治安方面的场所和设施,公共交通和公共绿地等资源。

3.3.3.2 建立完善的社区治理结构——以城市社区为例

自20世纪90年代以来,我国政府一直把社区建设作为一项重要工作来对待,并将社区建设的基本目标定位于社区自治。那么,社区自治是否意味着政府不能介入社区的公共事务,而由"全能社区"包揽除政府行政事务以外的所有公共事务呢?这个疑问实质上反映了长期以来人们脑海中将政府管理与社区自治对立起来的传统观点,它忽视了两者之间的合作与协调。社区建设正确的思路应该是在解决社区公共问题的时候,政府组织与社区组织之间良好合作,发挥各自的功能,加强两者之间的沟通与协调,形成完善的社区治理结构。

在计划经济体制下,国家对城市社会的管理主要通过单位制度和街道居委会制度这两种方式完成。国家成为社会管理的唯一主体,并通过行政体系对经济社会生活实行全权化管理,各类全能性的"单位"组织则是实施管理的基点。单位制度以部门和行业为主线,将城市居民组织到各个单位之中。单位中的个人依赖所在的单位获得住房、医疗、教育等各种生存的资源,实际上形成了"国家—单位—个人"的依附链条,国家正是依靠这种依附链条,把城市中的居民整合到不同的部门和行业之中。街道—居委会制度主要是管理单位制度以外的居民,而在计划经济条件下,单位制度以外的居民数量较少,所以,街居制度在城市社会中并不占主导地位,只是起到"拾遗补缺"的作用。

随着经济体制和政治体制改革的深入,原有的城市社会管理体制遇到了严峻的挑战,主要表现在:①城乡人口流动加剧,大量农村人口涌入城市,给传统的以户籍为基础、城乡分治的城市人口管理提出了新课题;②随着国有企业的改革和政府机构改革、职能转变,我国的政府机构和企事业组织进入了"后单位时代",原来由单位提供的社会公共服务需要有新的主体以新形式来提供;③随着住房、医疗、养老、就业等制度的改革,城市居民与所在社区的关系愈来愈密切,他们对社区服务、居住环境、文化娱乐、医疗卫生等方面提出多层次、多样化的要求;④随着各项任务向社区集中,相关的制度配置又没有到位,导致社区内部的矛盾和问题不断增加,单一的行政手段已经很难有效地解决这些问题。现有情况表明,与计划经济体制相适应的以单位制度为主的社会管理体制已经失灵,迫切需要找到一种新的管理体制以有效地解决改革过程中出现的各种问题。在原有的单位体制无法使用的情况下,街道—居委会制度就成为现有条件下国家可以直接利用的组织资源和制度资源。但由于历史原因,原有的街道和居委会并没有能力承担这一使命。因此,重建城市社区组织,明确政府与社区的各自定位,建立良性互动的治理结构成为社区建设的合理选择。

1. 促进社区治理主体的多元化

治理意味着政府并不是唯一的权力中心,各种公共的和私营机构只要行使的权力得到公众的认可,就都可能成为在各个不同层面上的权力中心。当前,在我国社区建设中应充分发挥政府、社区组织、第三部门和私营企业的积极作用,加强政府与社区组织、社区成员的合作。当前主要是取消政府对第三部门进入社区设置的障碍,政府应支持非营利组织在社区内获得开展活动的持续资源。非营利组织在加强自身能力的同时,不断与政府沟通,督促政府在社区政策方面进行有利于自身的改革。

2. 建立多元互动的合作网络权威

治理是一个上下互动的管理过程,应改革政府传统自上而下的权力运作方式,建立政府、社区组织、第三部门、社区成员之间的多元互动的网络型运作模式,使社区治理组织体系由垂直科层结构转变为横向网络结构,建立以社区共识和认同为基础的,充分发挥社区能动性和自主性的治理机制,为社区居民提供多元化、专业化、高效率的社会公共服务,满足居民物质和精神需求。

3. 增强社区成员的参与意识和民主意识

社区治理的模式是"共居、共管、共建、共享"。美国学者埃莉诺·奥斯特罗姆认为:"社区治理通过借助既不同于国家也不同于市场的制度安排,可以对某些公共资源系统成功地实现适度的开发与调适。"①通过健全社区组织体制与管理制度,为社区居民参与社区治理提供制度途径。通过培育居民自发性的小社团、构建社区参与网络,能提高居民参与的积极性,增强社区信任和合作,增加居民对社区发自内心的认同与共识,扩大社区治理的合法性基础,促进社区治理工作的顺利进行。

4. 促进制度创新,保持社区持续稳定的发展

我国城市社区治理制度建设是政府主导下的强制性制度变迁。政府始终是制度创新的主导力量和制度供给主体。它的新制度供给能力和意愿决定着制度变迁的方向、形式、深度与广度。如果单一由政府进行制度供给,可能会出现制度供给不足或供给短缺问题,因此应保持社区治理参与者之间的适度分权,授予社区治理者与其角色相对应的社区决策权、管理权、执行权和监督权。当政府因进一步下放权力而显得创新动力不足时,社区组织和居民却因权力或利益的增加而激发了社区改革的主动性和积极性。这样体制创新将由单纯的政府推动转变为由政府和社区组织、社区成员等多元主体推动的制度变迁或制度博弈。这种通过竞合关系形成社区治理制度的机制将有力地促进社区乃至整个社会的持续稳定与发展。

本章小结

完全市场竞争理论假定市场是完全竞争的,不存在任何形式的垄断,通过市场机制的调节完全可以达到资源的最优配置,政府的基本职能只是充当"守夜人"。

有效市场理论的核心是价格和信息之间的关系,如果价格能够快速、充分地反映信息,那么市场效率就高,反之,市场效率就低。

市场失灵,简单来讲,便是因市场缺陷而引起的资源配置的无效率。

现代市场经济中的政府行为模式:①宏观经济的调控者;②收入及财产的再分配

---

① 埃莉诺·奥斯特罗姆:《公共事务的治理之道》,上海,上海三联书店,2000。

者;③公共产品的提供者;④市场秩序的维护者;⑤外在效应的消除者。

“政府失灵”,又称“政府失效”,一般是指用政府活动的最终结果判断的政府活动过程的低效性和活动结果的非理想性,是政府干预经济的局限、缺陷、失误等可能带来的代价过大的问题。

“公民社会”强调了公民对社会政治生活的参与和对国家权力的监督与制约。

公民社会与国家的关系大致有三种模式:一是公民社会制衡国家模式;二是公民社会对抗国家模式;三是公民社会与国家共生共强、合作互补模式。

我国第三部门主要呈现出以下特点:①独立性差;②成熟度低;③规范性弱。

社区(Community)的含义是指:一定区域内有特定生活方式并且具有成员归属感的人群所组成的相对独立的社会共同体。

关键术语

市场失灵　政府失灵　公民社会　第三部门　社区

复习思考题

1. 简述完全市场竞争理论。
2. 论述市场失灵的原因。
3. 论述政府失灵的矫正方法。
4. 简述公民社会与国家的关系模式。
5. 论述我国第三部门的特点。
6. 简述社区的要素。

案例

浙江商会和行业协会开始承担重要的管理职责

温州商会通过建立规章制度有效地抑制了企业主的机会主义行为。在20世纪80年代温州是中国经济最活跃的区域之一,但也是最无序的地区之一,假冒伪劣产品充斥市场。为了维护市场秩序,自发性的温州市制革、服装、烟具等行业协会相继成立。经过10多年的发展,温州民间商会发挥协调和管理功能,承接了一些政府做不到、做不好或不便去做的事。最为典型的例子就是被国家专利局领导誉为“对专利法的有益补充”的新产品维权工作。温州的小商品在发展之初曾经一度陷入“一品走俏、仿效蜂起、伪劣辈出、倾轧杀价”的混乱局面。市场参与者具有自我理性,而不具有集体理性,从个体理性出发而结果是不利于集体理性,进而也是不利于个体理性的,达到的是非理性的均衡状态。实际上,除非一个集团中人数很少,或者除非存在强制或其他某些特殊手段以使个人按照他们的共同利益行事,有理性的、寻求自我利益的个人不会采取行动，以实现他们共同的或集团的利益。对于那些技术工艺简单、产品设计更新很快的小商品，通过专利来保护其知识产权显然是不现实的。温州民间商会在政府的授权下，创造性地开展了新产品维权工作，填补了这样一个“制度真空”，实现了商会的整合功能。需要维权的产品由会员企业向商会提出申请，经过审核后予以登报确认，发给维权证书。在维权有效期内，如发现侵权行为，经商会查实，将就地销毁侵权产品的模具，没收其专用零配件，情节严重者，商会还将提请工商部门吊销其营业执照，维权工作得到了广大会员的拥护。从交易成本的角度来看，政府通过把一部分职能下放给商会，可以达到节约成本的目的，包括政府的管理成本、企业的维权成本。

在行业协会还没起实质性作用的时候，单个企业在利益不确定时不愿为自己顺便也为同行业的利益付出努力，这种得到物品的收益但避开为此支付的“理性的无知者”和“搭便车者”在企业界是大量存在的。温州打火机第一次在海外遭到较大的阻击和封杀是在 1994 年。美国通过了保护儿童的 CR 法案，对打火机的质量提出了强制性要求，当时温州企业却没有一家应诉，从而错失良机。该法案使众多浙江打火机厂商退出美国市场，转而进军欧盟市场。

近几年，中国的行业协会开始起到应有的作用了。2001 年 9 月欧盟又向中国打火机举起了 CR 大棒。当温州烟具协会在获得欧盟将通过 CR 法规的确切消息后，马上组织生产打火机的核心企业，筹集资金并搜集相关资料，聘请有经验的涉外律师就此事进行咨询和交涉，结果原定于 2004 年 6 月 19 日正式实施的 CR 法案，由于中方的努力协调，最终获得延迟。2005 年 5 月 27 日，欧盟突然向欧洲打火机厂商提出协议草案，要求启动 CR 法案，决定在 7 月召开欧盟成员国专题会议，对是否启动修改后的 CR 法案投票表决，并将提交 9 月召开的欧盟委员会部长理事会审议。由于理事会一般不会驳回专题会议作出的决定，所以此次表决结果尤为重要。7 月 6 日，刚刚成立的宁波市打火机协会奋起应对。7 月 15 日，在中国打火机赴欧盟交涉 CR 标准代表团的努力下，欧盟再次推迟了对实施 CR 法案的投票表决。

（选自苏群：《“温州模式”演示民间商会新轨迹》，http://yp. knet. cn/news/0d/69/0d69c28026d759709e3de09ce511fc47. shtml）

案例思考题

请从公共管理的视角分析浙江商会和行业协会工作中的管理机制。

4

公共部门战略管理

对任何组织而言,没有战略就等于没有方向。进入21世纪,全球经济一体化和知识经济的发展成为两股不可抵挡的潮流,公共部门所面临的环境越来越复杂、动荡和多元化,公共部门与外界环境的互动关系越来越深入和广泛。在这一动荡发展的时代,战略管理作为公共部门的领导所承担的一项主要职能,越来越显示出其重要性,正所谓"不谋全局者,不足谋一域;不谋万世者,不足谋一时"。将战略管理应用于公共部门,对提高管理的有效性具有重要意义,是未来公共管理发展的重要手段。由于战略管理在公共部门与私营部门发展的非均衡性,本章主要介绍公共部门战略管理的内涵、导入、过程以及公共部门战略管理的最高层次——国家战略。

4.1 公共部门战略管理的内涵

4.1.1 战略与战略管理

4.1.1.1 战略管理的发展及概念

战略(Strategy)一词源于孙子、拿破仑和其他军事领导的军事著作。《辞海》中对战略的定义是"军事名词。对战争全局的筹划和指挥"。在英文中,"Strategy"一词源于希腊文"Strategoes",也是一个与军事有关的词,意思是"在战争中实行的一套克敌制胜的策略",与此相对应的是"战术"。后来马基雅维里用这个词指有计划地运用权力和影响贯彻国家目标的活动。二战后,由于战略管理思想有助于企业在市场环境变化高度不确定的条件下,保持长期策略的稳定性,同时增强短期的适应能力,工商业界也利用这一军事概念发展出了自己的战略观。人们将军事上的巩固和稳定地盘与工商业中的市场份额联系起来,用"战略"这个词描述企业为达到目标而实施的各种策略。申克尔与霍佛在书中提出战略管理理论的概念基础和范式,标志着战略管理的诞生。战略观念以连贯的形式广泛应用于工商管理领域,它的发展可以分为长期计划、战略规划和战略管理三个阶段。长期计划在20世纪50年代初至60年代初盛行,进入60年代后,政府的管制使企业失去了对环境的控制,并且外部环境的复杂性和交互作用使企业难以预测环境变化。因此,战略规划取代了长期计划,并兴盛了近20年的时间。到20世纪80年代,战略规划逐渐没落,取而代之的是战略管理。战略管理旨在将战略观念贯穿于组织的所有部门。"战略规划关注的是制定恰当的决策,而战略管理侧重的则是战略结果的产生:市场、新产品、新技术"。所以,战略管理更加综合、完备,它不是仅仅制订计划,而是意在使计划与组织的所有部门结合起来。

战略管理理论发展至今,可谓学派林立,却没有一个一致公认的定义。下面列举了一些有代表性的战略及战略管理的定义,它们各有侧重,强调了战略管理的不同侧面,可以帮助我们勾画出战略和战略管理的完整影像。

战略:"影响和决定企业的基本长期目标与目的,选择企业达到既定目标所遵循的路线途径,并就实现这些目标和途径对企业已有资源进行优化配置"(Chandler,1962)。

战略:"组织基本使命、目标的形成,实现使命、目标的政策和程序以及保证战略实施以达到组织目标的方法"(Steiner and Miner,1977)。

战略:"将企业的主要目标、政策和行动顺序综合成为一个紧密结合的整体模式和计划。一项制定得好的战略能有助于调度和分配企业的资源,使企业能根据其内部的相对能力、预期的环境变化以及竞争对手的行动,采取一个独特而可行的姿态"(Quinn,1980)。

战略:" 一系列行动或决策的模式"(Mintzberg and Mchugh,1985)。

战略管理:"选定目标,决定并维系企业与环境之间的联系,通过能保证企业及其所属单位高效和有效行动的资源分配力图达到理想状态的过程"(Schendel and Hatten,1972)。

战略管理:" 考察目前与将来的环境,形成组织目标,并且制定、执行和控制在目前和将来环境下实现这些目标的决策的过程"(Smith,Arnold and Bizzell,1988)。

基于以上分析,我们为战略管理下的定义是:"战略管理是一个过程,在这个过程中,高层管理者确定组织的长期方向,设定特别绩效目标,根据与组织相关的内外环境,制定出能达成这些目标的战略,并且卓有成效地实施这些被选定的决策方案"(Thompson,1995)。

4.1.1.2 与战略管理相关的几个概念

为了进一步理解战略管理,还有必要通过以下三组概念的比较,而从另一个角度确认某一种活动是否为战略管理。

(1)战略管理与非战略管理。战略关注总体目标的制定与实施,战略管理就是集中组织所有资源来达成组织战略目标的决策与执行活动。而非战略管理更多的是一种日常管理，只涉及总体目标中的部分目标的实现。由于今天绝大部分的组织中或多或少都受到了战略管理的影响，因此纯粹的非战略管理亦难找到例证，但冠以战略管理之名并不等同于行战略管理之实。

(2)战略管理与战略规划。从战略管理的发展历程中可知，战略规划既是战略管理兴起的一个阶段，又构成了战略管理的首要环节。战略规划首先对组织的内外部环境进行分析，寻找出发展的趋势，发现对组织发展构成的威胁和新的发展机会。战略规划的目的是寻求外部环境和组织的最佳组合，它的侧重点是制定组织的战略规划或规划组织的行动方案。两者最重要的区别是战略规划关注的是制定恰当的决策，而战略管理侧重的是战略结果的产生，除了战略规划之外，战略管理同样重视战略规划的执行实施以及评估。甚至可以说通过组织在实际的战略管理运作中对这三个环节不同程度的重视与方法技术的发展，就可以推测此组织战略管理发展的水平。有许多的战略规划“完美”而战略管理“失败”的案例。

(3)战略管理与功能管理。战略管理重视组织与外部环境之间的关系，关注长期性整体目标和远景规划的制定与实施；功能管理则注重内部管理，偏重于整合系统内各部门的功能组合，强调职能内容和部门分权。对战略管理意义的强调，并非对功能管理的否认，因为在某种意义功能管理是实现战略管理的传统路径。

4.1.1.3 战略管理的基本特征

尽管战略学者和管理人员对战略管理的内涵各有不同的认识，但对于战略管理的基本特征，人们的认识却没有大的分歧。战略管理主要有如下特征。

(1)战略管理是前瞻性思考和由内而外的管理哲学。前瞻性思考表现为：向前看，寻找问题和机会；寻找重构问题的新方式，以便将反面的东西转为潜在的正面性东西，开启新的发展途径；把握形成和发展机会，使其能够实现。由内而外的管理哲学，即脱离自我中心，从他人或外在环境的观点来看组织问题，而非从自己组织内部去注释外在问题。这一管理哲学最重要的作用在于帮助组织采用更系统的逻辑选择战略①。

(2)战略管理是着重长远与全局性的谋略。它以组织的全局为对象，根据组织发展的需要而制定，管理的是组织的全局活动，追求的是组织的总体效果。战略管理不是强调组织某一事业或某一职能部门的重要性，而是通过制定组织的使命、目标和战略来协调各部门的活动。在评价和控制过程中，战略管理重视的不是各个事业或职能部门自身的表现，而是它们对实现组织使命、目标、战略的贡献大小。战略管理中的战略决策是对组织未来较长的时期(5 年以上)内，就组织如何生存和发展等问题进行统筹规划。虽然这种决策受制于组织外部环境和内部条件，并对当前的组织活动有指导、限制作用，但是这一切是为了更加长远的发展。因此，战略管理也是面向未来的管理，需要对未来的变化采取预应性的态势，作出长期性的战略计划。

---

① 张成福，党秀云：《公共管理学》，77 页，北京，中国人民大学出版社，2001。

(3)战略是一个持续与循环的动态过程。战略管理的过程模型不是固定不变的,在组织进行战略管理时要求组织持续不断地关注内部与外部事态及发展趋势,使组织有适应变化的能力。

(4)战略管理需要考虑组织内外部环境中的诸多因素。现在的组织都是存在于一个开放的系统中,它们影响着这些因素,但同时也受到这些环境因素的影响。因此在未来变化莫测的环境中,组织要使自己的战略目标得以实现,就必须考虑与其相关的因素。

(5)战略管理的最终努力都是为了满足关键的组织支持者,即利益相关者。现在的组织都是存在于一定的利益链中,组织必须对其利益提供者、利益享受者以及相关公众负责,这就是上述的与其相关的内外利益相关者。

4.1.2 公共部门战略管理的发展及含义

公共部门战略管理的兴起是全球化、信息化、知识经济时代发展以及当代政府改革的产物,它构成了新公共管理运动的一个重要部分。公共部门战略管理是作为新公共管理运动和新公共管理范式的一个重要组成部分而出现的,它受到了企业战略管理的深刻影响,以至在研究和叙述时总离不开企业战略管理。早在20世纪80年代,美国学者保罗·C.纳特和罗伯特·W.巴可夫等人就开始对公共部门战略管理进行研究。经过20几年的发展,公共部门战略管理学现已成为管理学的一个重要分支,形成了自己的学科理论和研究方法。公共管理(学)以战略管理作为核心,它与传统的公共行政学的主要区别在于是否具有战略视野。波齐曼(Barry Bozeman)和史陶斯曼(J. D. Straussman)的《公共管理战略》(*Public Management Strategies*)(1990年),是第一本为"公共管理(学)"确立学科基本框架的教科书。他们在该书中说:"本书所用的概念是'公共管理'而不是'公共行政'……这里使用'公共管理'一词有两个理由。第一,本书关心战略问题,涉及公共组织的外部环境和它们更广泛的使命和目标。'公共管理'一词似乎也正是按照这种方式进化的,这使得它所关心的东西比内部行政要多得多。……第二,公共管理不必只是在政府机构的背景上出现,而'公共行政'一词总是或最终在整体上与政府官僚机构相联系。'公共管理'这一新术语可能更具弹性。"他们又说:"当代公共管理是某种不同于传统的公共行政的东西。……我们并不简单地反对传统的公共行政。我俩都仍对公共行政感兴趣,我们教公共行政的各种课程,我们也曾经是公共行政学者。但公共管理则不同,不同的主要方面是:如果它要成功地运转的话,那么它就必须要有战略的轮子。与公共行政相比,公共管理更广泛、更综合和更少受功能专门化的限制。在很大程度上可以说,公共管理是对组织外部环境的管理,公共行政则存在于组织的脉络之中。"①

纳特(Paull C. Nutt)和巴可夫(Robert W. Backoff)在《公共和第三部门组织的

---

① Barry Bozeman, J. D. Straussman. Public Management Strategies. San Francisco: Jossey-Bass Publishers, 1990:4,214.

战略管理》一书中指出:"战略管理处理这样一个关键问题,即为面临着日益增加的不确定性未来的组织定位";"战略管理通过产生用以指导战略行动的计划、计谋、模式、立场和观点而为一个组织创造焦点、一致性和目的"。伊萨克 - 亨利(Kester Isaac-Henry)在《公共服务中的战略管理》一文中认为,虽然人们对"战略"概念的界定和解释不同,但是"战略"中的共同因素是指组织的管理者通过思考、计划而作出战略性决策的意图,所谓的战略性决策是这样一种决策:它考虑影响组织未来的内部和外部环境;考虑那些涉及整个组织并对组织产生重要影响的问题;考虑组织目标和前进方向;促进政策和战略的实施。而战略管理涉及规划、实施和监控组织战略的过程。实际战略管理的目的在于,通过使组织与环境协调、驾驭组织变化,取得更大的绩效。战略管理包含着战略分析、战略选择和战略实施三个核心领域,并围绕这三者来进行。波齐曼和史陶斯曼在《公共管理战略》一书中则认为,战略包含着处理组织的外部环境、使命和目标,战略管理途径有三个主要的特征,即界定目标和目的,提出一个能协调组织与环境的行动计划,设计有效的执行方法。

从以上对公共部门战略管理含义的讨论中可以得出它是一个更具包容性的概念。它强调组织与环境之间的相互作用,且更关注执行问题。公共部门战略管理具有四个基本特征:关注长期,将长期目标和近期目标整合成一个连贯的层级;认识到战略管理和计划并不是自行贯彻的;采取一种外部观点,强调不是去适应环境,而是期待和塑造组织的变迁(这一点是最重要的);战略管理必须充分认识到政治权威的影响①。

4.1.3 公共部门战略管理的基本要素

完整地理解公共部门战略管理还需要从静态与动态两个角度考察其构成。鉴于动态角度的战略管理过程的复杂性,本书将单独用一节来讨论。在这里仅从静态角度,用系统论的方法对公共部门战略管理的构成要素作一概括。要素是指形式上构成一个完整的公共部门战略管理的基本元素,由于战略管理本身是个动态过程,因此对公共部门战略管理要素的考察更多的是从规范的意义上展示。公共部门战略管理系统是指公共部门战略管理所包含的一整套相互联系并与环境发生相互关系的因素所构成的有机体,是由公共部门战略管理主体、客体及其与环境的相互作用所构成的统一体,是公共部门战略管理的载体,是战略管理过程展开的基础。该系统各要素是否联系得当,直接影响战略管理的运行,并决定战略管理目标能否实现。

1. 主体

公共部门战略管理主体是指直接或间接参与影响公共部门战略管理过程的个人、团体和组织。市场经济的发展程度和公共事务的层次性与复杂性,决定了公共部门战略主体的多样性。依据不同标准,可将公共部门战略管理主体划分为不同的类

---

① 陈振明:《公共部门战略管理》,67 页,北京,中国人民大学出版社 2004。

型。一般而言,可按其在战略管理过程中的参与方式以及与公共权力联系的紧密程度,将其划分为15类:政府(行政机关)、战略管理小组、战略管理者、领导者、规划者、执行者、评估者、立法机关、司法机关、政党、政治团体、利益集团、大众传媒、公民、国际组织。

2. 客体

战略管理客体即战略管理解决的问题是什么、作用对象又是谁的问题,包括战略管理所要处理的社会问题和所要作用的成员两个方面。战略性议题是公共部门战略管理最主要的议题。公共部门战略管理所要发生作用的社会成员就是战略管理目标群体。公共部门战略管理客体的识别对于公共部门而言具有不可忽视的重要意义。了解战略所发生作用的社会问题的性质和特点,了解战略所涉及的社会成员的需要、利益和心态,有助于制定适应国情、能被公众接受的战略,有助于战略的顺利执行,实现战略目标。

3. 环境

战略形成是对组织、对环境的反应过程。所谓公共部门战略管理环境,是指直接或间接影响公共部门战略产生、存在和发展的一切因素的总和。环境与公共部门战略管理是一种互为因果的关系。它的内容相当广泛,大致可分为两个方面:一是公共部门的内部环境,如人际环境、组织文化、结构、人口素质和部门之间的关系、部门与社区的关系等;二是外部环境,包括自然环境、社会政治、经济、文化及国际环境等。

4.2 公共部门战略管理的导入

作为一种新的管理途径或思维方式,战略管理日益受到公共部门管理者的重视。那么,公共部门的战略管理是否也可以像私营部门战略管理一样发现问题呢?答案是否定的。虽然在概念层面上,公私营部门的战略及战略管理有着相似性,但由于公共部门组织与私营部门组织存在着一定的区别,战略管理对于公共部门而言不仅是最重要的管理,同时,也是最困难的管理。

4.2.1 公共部门导入战略管理的必要性与可行性

4.2.1.1 公共部门导入战略管理的必要性

随着公共管理的出现,公共部门现在比以往更关注长期战略。战略致力于一种根本性的观点,即给组织以准确的定位,以面对一个日益不确定的未来①。战略管理是为了克服传统公共行政模式以内部定向,不考虑外部环境、长期目标或组织的未来等局限性而被引入公共部门的。它将关注的焦点由内部转向外部,从注重日常管理转向组织未来的发展管理;它着重考察组织的内外环境,确定组织的目标和使命。从

① Paull C. Nutt, Robert W. Backoff. Strategic Management of Public and Third Sector Organizations: A Handbook for Leaders. San Francisco:Jossey-Bass Publishers,1992:58.

实践上看,为什么公共部门需要战略管理及战略规划?战略管理途径在公共部门尤其是政府中为什么如此重要?学者们从不同角度作出论述。波齐曼和史陶斯曼在《公共管理战略》一书中认为,政府部门必须进行战略管理,才能解决公共部门中所发生的问题,提高公共部门的效率。纳特和巴可夫在《公共和第三部门组织的战略管理》一书中指出:战略通过可指导战略行为的计划、策略、模式、立场和洞察力造就公共组织的焦点、连贯性和目标。他们还列举了可能引起组织战略改革的12个契机:①新成立或成长中的组织;②稳定资助的需要;③扩张的欲望;④对组织扮演更多角色的要求;⑤监事会的教育;⑥领导的更换;⑦法令对计划的要求;⑧整合的需要;⑨协调行动;⑩打破墨守成规;⑪政治威胁;⑫远景目标。由此可见公共部门中战略改革及战略管理的普遍性和重要性①。

作为一种新的管理实践模式及思维方式,战略管理为公共部门管理者提供了一个应当如何思考和行动的框架,因而日益受到公共部门管理者的重视。公共部门战略管理途径的兴起不是偶然的,而有其实践背景。它是作为"新公共管理运动"以及新公共管理范式的一个重要组成部分而出现的,是公共与非营利组织对急剧变迁的不确定环境的能动适应。20世纪80年代以后,公共管理的实践及环境发生了新变化,信息化和经济全球化导致公共部门外部环境的不确定性加大。信息技术的迅猛发展使公共部门面临的环境变得更加动态和不确定,不可预测的突变在整个社会中随时发生,引发混乱和危机。同时,随着政府改革运动(新公共管理运动、重塑政府运动、管理主义改革等)的全面展开,公共部门尤其是政府的职能、角色、地位、组织结构及其与社会的关系都发生了深刻的变化,公共机构经常面临重组、合并和私有化的威胁,并被置于与私营部门竞争来提供公共产品及服务的境地。因此,任何公共部门都不能再像过去那样对自身的生存、发展和未来高枕无忧了。考虑组织所面临的环境(优势、劣势、机遇和威胁),考虑组织的长远发展目标和未来,增强组织灵活性、能动性和适应性,提高自身竞争力,成为公共部门管理者最基本的管理任务及内容。公共部门管理者需要战略思想,这正是公共部门战略管理途径兴起的现实原因。

在我国,随着世贸组织的加入、市场经济的发展、行政体制改革的深化以及政府职能的转变,我国的公共管理者与西方的公共管理者面临着某些类似的困境,这就需要转变政府管理方式,建构新的政府管理模式。进入21世纪,经济全球化和信息化社会加速发展,国际竞争加剧。中国于2001年12月加入世贸组织,这意味着中国公共部门将面临更复杂多变的国际环境。在国内,随着体制转轨和社会转型,社会问题复杂多变,矛盾冲突加剧,社会危机随时可能出现,这要求政府从注重日常管理、常规管理转向未来的发展管理、风险管理或危机管理(2003年SARS危机、2008年南方雪灾危机的爆发就是典型例子);随着改革开放的深入和民主政治建设的发展,公民的

---

① [美]保罗·C.纳特,罗伯特·W.巴可夫:《公共和第三部门组织的战略管理:领导手册》,8~16页,北京,中国人民大学出版社,2001。

民主意识和参与意识增强，对公共部门管理的效益、效率和公平提出了更高的要求，对公共部门回应公众服务需求的呼声高涨；随着行政体制改革的深入以及公共服务企业化、市场化和社会化改革的拓展，公共部门日益面临着重组、合并、民营化、公私竞争、公共部门之间竞争、政府干预范围的缩小等威胁；随着绩效评估在地方的实行，绩效导向的评估与预算挂起钩来，更让公共部门压力重重。所有这些变化莫测的国内外环境，就成为中国公共部门实行战略管理的直接驱动力。

4.2.1.2　公共部门导入战略管理的可能性

公共部门战略管理途径的兴起既是公共部门管理改革和环境变化的必然结果，也受到私营部门战略管理的示范性影响。按照澳大利亚学者欧文·E.休斯在《公共管理导论》一书中的说法，战略计划在公共部门的运用，始于20世纪60年代，落后于私营部门十几年；而战略管理的引入，却是在20世纪80年代后期，只比私营部门晚几年①。公共部门历来就有借鉴私营部门管理经验和技术的传统。在美国公共管理实践中，20世纪80年代初已有不少州开始使用战略规划技术。美国国会1993年通过的《政府绩效与结果法》(The Government Performance and Results Act)，要求到1997年所有联邦政府机构都必须实行战略规划。到20世纪90年代中期，美国2/5的州机关完全采用了战略规划，而且4/5的州机关部分或全部实施了战略计划。一项研究表明，在随机从104个艺术组织和38个精神护理机构中抽取的44个非营利组织中，仅8个没有实施正式的战略规划。另外一项研究也表明，在差不多200个非营利组织的抽样中，有一半以上的组织采用了许多特定的战略去对付财政紧缩和不确定的环境。迄今为止，在美国公共部门中，与战略管理相比，战略规划的应用仍更为广泛。在这方面，公共部门明显落后于私营部门的发展。现在公共部门采用战略管理，又形成了与私营部门存在几年差距的滞后现象。自1993年以来，美国联邦政府已经把建立战略计划作为对其机构的普遍要求(Joyce,2000)②。战略管理旨在将计划职能与整个管理工作整合到一起。可见，公共部门之所以仍采用战略规划技术，是与战略规划和官僚制之间的相容有关的，因为战略计划并非抛弃传统的官僚制，而是运营于其中。私营部门对战略的运用已经非常充分，它们注重长远和周边环境，而不是只顾眼前的内部问题，由此可获得巨大的利益。正常的管理程序对普通的组织运营可谓绰绰有余，但是也要根据时间进度随时对组织存在的根本原因、组织的所作所为、组织向何处发展等问题进行重新评估。公共组织存在着形式各异的计划，它们所用的方法和私营部门战略计划的阶段相当接近。预算和财务控制很早就运用于公共部门之中。这一计划阶段可被认为是传统行政模式的组织精髓，计划的主要目的不过是进行预算分配。在西方国家，战略管理过程正在被应用于无数的非营利组织和政府组织中，例如，商会、教育机构、医疗机构、公共设施、图书馆和政府机构。学者

---

① [澳]欧文·E.休斯:《公共管理导论》,158页,北京,中国人民大学出版社,2007。

② Paul Joyce. Strategy in Public Sector. Chichester: John Wiley,2000:214.

们也纷纷展开了对公共部门战略管理的研究,并对战略管理在公共部门管理中的正面效果给予了充分的肯定。

4.2.2 公共部门导入战略管理存在的问题

由于公共部门的特殊性质,在发展公共部门战略管理理论研究与实践时,还存在许多问题与不足。例如,有学者认为,战略管理是一种理性的科学方法和工具,它被用来产生和评价主要议题和选择方案时会减少政治程序;在政治领域,许多决策建立在政治谈判及各方的讨价还价上。又如,有学者批评说,政府的政策目标是一般性的和模糊的,即使制定得很明确,也与政府的真正意图不一致,它可能有一个隐秘的议程。而目标不明确,就很难实施管理。欧文·E.休斯在《公共管理导论》中,将对公共部门引入战略管理及战略计划的批评意见归纳为七个方面(前三种是奥尔森和伊迪提出的):①正式的战略计划过程被描述为比它的实际情况或所能做到的更具逻辑性和分析性,它的设计过于抽象,没有考虑社会政治环境的动态发展;②正式的战略计划过程过于呆板,因此面对要求作出快速反应的迅速变化和动荡不安的外部环境时,显得过于迟钝;③正式的过程与创造性和革新相违背;④将战略概念照搬到与私营部门差异很大的公共部门可能产生问题;⑤产生追究责任问题以及造成政治控制上的问题;⑥公共部门设定组织的目标不清,战略考虑毫无意义;⑦公共部门的时间观念过于短暂,因而任何长期观点都必定遭到失败①。

休斯对上述意见逐条进行了分析。

关于第一种批评意见,休斯认为是有些实际内容的,因为在确定公共机构做什么工作的时候的确有难度。确定目标和任务并非易事,或根本没有意义。在较长时间里,如果没有明确目标还要与其他组织去竞争资源,确实是难上加难。

关于第二种批评意见,休斯认为也有一定根据。因为在有些情况下,战略管理是按照很严格的方法强制实施的。同样,按照几年内固定不变的内容设计的计划,在周边环境发生变化时,必定会失败。但是,通过积极贯彻执行和定期调整计划,注重战略计划的连续性而非周而复始地简单重复,注重用战略思维方法思考组织的过程而非局限于计划自身,可以使这个问题得到纠正。

关于第三种批评意见,休斯指出,战略管理及战略计划过程自身是改革和创新的,但在有的情况下,战略计划过程可能会存在与创造性和改革观念相对抗的倾向。实际上,这正是战略计划与没有计划的僵化体制的区别之处。

关于第四种批评意见,休斯认为应高度重视将战略管理概念照搬到公共部门所产生的问题。由于公共部门很难给自己的行为确定清晰的目标,过分强调计划性而将其变成一种装饰和象征,对公共管理的实践没什么作用。

关于第五种批评意见,休斯指出,如果组织自己制定的战略的内容损害了政治官

---

① [澳]欧文·E.休斯:《公共管理导论》,190~192页,北京,中国人民大学出版社,2007。

员的利益,的确会造成追究责任的问题,但是,在此却不应该将责任问题与战略问题挂起钩来。实际上,过去那些特别的战略正日益被更加具有思维能力和分析能力的战略所取代。战略计划和管理并没有代替政治决策的制定,而是试图为了确保所提出的问题能够通过有利于组织和重要的利害关系人的方式得以解决,改善那种简单的政治决策制定过程。

关于第六种批评意见,休斯认为它提出了公共部门设定目标的困难,但并非不可解决。有两种解决办法。一是安索夫提出的。他认为,关于私营部门的纯粹利益动机的假设是不准确的,企业的目标应是股东的平等责任、长期生存以及企业内各参与方之间意见协商一致,而这与公共部门的目标设定不明确的程度,并没有很大差别。另一个是纳特和巴可夫提出的。他们主张用"最终目的"来取代目标,通过最终目的所提出的目标可以与具体条件连接,确定与目标类似的指标,以此来制定有确切含义的战略。

关于第七种批评意见所提出的时间概念问题,休斯认为的确是一个问题,但并不对战略计划具有决定性的意义,而是应该成为计划分析的要素。在迅速变化的领域之中,任何长期计划都需要经常保持新意。某些私营部门产业(如计算机行业)的变化非常快,可是其战略管理却依旧适用。

4.2.3 公共部门导入战略管理的对策

4.2.3.1 公共部门导入战略管理的制约因素分析

公共部门战略管理与私营部门的不一样,缘于公共部门组织与私营部门组织间的差异,西方大量学者进行了一系列研究旨在找出将公共部门和私营部门区分开来的要素,并试图确定这些因素所产生的影响。佩里(Perry)和雷尼(Rainey)的研究发现,公共组织的独特需要限制了许多为私营部门设计的方法,尤其是那些用于战略管理的方法在公共组织的适用性。这里主要从环境、组织程序以及组织内部运行方式三个方面分析了公共部门组织与私营部门组织的区别①,这也揭示了公共部门战略区别于私营部门战略管理的根源。

1. 环境因素

要了解组织必须从组织所处的环境入手,制约公共部门导入战略管理的主要因素有市场、制度及政治因素。法令、章程规定的义务以及责任等都会对公共组织构成制约,限制它们的自主性和灵活性。公共组织的活动无论是涉及经费、人员等必须在宪法或法律的规范下进行。简单地说,公共组织只能依明文规定而行动,但私人组织只要法律不禁止的皆可行动。例如,一个在家电等专业领域的企业,可以运行多角化战略,拓展到食品或房地产行业。但在公共部门这是不允许的。消防和法律执行机构不能自主决定增加或减少某一地区提供的服务,即使这种服务已没有必要或者收

---

① 陈振明:《公共部门战略管理》,51~59页,北京,中国人民大学出版社,2004。

效甚微。因为,它们必须得到法律或法定的授权才能作出调整,这与私营部门战略调整的灵活、自主形成鲜明对比。公共部门的战略管理必须充分考虑诸如政治领导的观点和利益团体等政治因素的影响,因为他们决定公共组织的预算拨款。而公共部门依赖于预算拨款,财务是公共组织最重要的一环。此外,公共组织必须应对公众舆论、其他利益相关者的干涉。组织的公共性越高,通过谈判和讨价还价对这些干涉进行回应的需要就越迫切。私营组织可以对这些干涉置之不理,或者可以通过法律和礼貌的言辞将这些干涉化解。公共部门必须定期进行战略环境评估分析,才能理解组织所处的环境对组织的要求,才能使公共组织更容易发现那些可能影响战略效果的政治因素。

2. 公共组织制定战略的程序

大多数组织都不能将自己的战略规划保密。布卢门撒尔提出的"玻璃鱼缸管理"一词生动地描述了公共组织制定战略的环境——公共部门的管理活动好似金鱼缸里的活动一样,必须是公开的、透明的。这与私营组织不同,私营组织只要不做违法的事,政府和公众一般不会过问其组织制定战略的程序问题。目前许多国家设定的"阳光政务"、领导干部的财产申报制度、政府采购制度,其目的就是为了让公共组织的行为引起公众关注和接受公众监督。公共组织的战略是在公众面前制定的,战略形成过程就是一个政治过程。公众的参与度有时比制定出一个好的战略更为重要。公共部门的战略管理必须竭力寻找可以让公众参与战略管理和监督的程序和途径。为了能与公众沟通,公共部门必须建立相应的机制,如各种代表大会、听证会、媒体征询意见、领导视察走访等,以此来认清公众的期望,确定组织将要做什么,如何才能满足公众的期望。

3. 组织内部运作方式

公共组织与企业在内部运作方式上存在许多区别,这些区别因素给公共部门导入企业成熟的战略管理理论带来影响。纳特和巴可夫将这些要素归纳为组织目标、权力限制、绩效期望和激励类型。大多数战略管理要求有明晰的目标。确定组织目标是战略管理的首要问题,而公共组织的目标却难以明晰地确定下来。日复一日的活动机械地相加并不能等同于连贯的目标。正如纳特和巴可夫所言,战略通过可指导战略行为的计划、策略、模式、立场和洞察力,造就组织的重心、连贯性和目标。公共部门对战略管理的重视,改善了传统公共行政过分关注内部问题与短期行为的状况。公共组织的目标就是公共利益,但公共利益在很多时候是抽象模糊的,它似乎只是作为行政人员提醒自己负有公共责任以及必须为大多数人服务的一种象征符号。相对而言,私营组织的重要目标是创造企业组织的利润,员工的绩效又是以其为组织所创造的利润为标准的,由于利润是用金钱来衡量的,因此员工们非常清楚自己的标准和绩效水平。然而,公共组织的服务对象不仅差异性大,而且对于行政人员的期望亦很多。正如纳特和巴可夫所言,"公共组织通常同时有很多目标,这些目标大多非常模糊且相互冲突"①。在目标模糊不清的环境中制定战略,即使不是一件不可能的事,至少是非常困难的事。公共组织战略制定的政治环境复杂多变,难以确定,而这导致了目标的模糊不清。

4.2.3.2 公共部门导入战略管理的对策

1. 加强对公共部门的战略分析和战略选择研究

一个组织要变得有效,就必须了解组织内外部环境,因此,也就必须对公共部门进行战略分析。在进行战略分析时,除了充分运用战略分析工具,包括 SWOT 分析、PEST 分析和利益相关者分析外,还应该考虑公共部门特殊的环境因素,包括公共权力的设立依据和范围、预算拨款、利益相关者的需求与影响力以及政治形势的变化等因素。在对公共部门进行战略分析之后,接下来就是战略选择阶段,即制定备选方案和评估备选方案。战略选择实质上也就是对战略分析中识别的大量压力和影响因素作出回应。在战略选择阶段,公共部门要广泛地制定备选方案,并客观、公正地评估备选方案,以有利于最终作出决策。并且,公共部门在进行战略抉择时,必须慎重考虑效率和公平。其中最为重要的一点是必须寻找确定目标的途径。纳特和巴可夫提出了用"最终目的"来取代目标。如邓小平同志的"无论白猫黑猫,抓住老鼠的就是好猫"的经济发展战略体现了这种用最终目的取代目标的战略选择。主要有三种方法来解决:①为了达成协议以使战略行动得以进行,公共部门必须改变权限范围以获取资源,并对权限和资源进行细致的分析;②评估利益相关者,以确定他们赞成或反对某项战略的动机以及他们这样做的能力;③充分利用权威网络成员的政治影响,尤其是其中的关键性人物。

2. 关注公共部门战略执行行为

战略管理是指包括战略制定、执行、监督和控制的全面、动态的管理过程。在公共部门中实施战略管理,不仅要关注战略计划的形成,更要关注战略执行行为。战略制定过程所形成的战略计划只不过是一纸文本,它不会自然地付诸实现。在战略执行过程中,公共部门战略将受到一系列因素的影响。在研究公共部门战略执行时,除了考虑影响战略执行的一般因素外,还应该考虑公共部门的特殊的影响因素,包括如何获得和分配预算资金,如何按程序规范地执行战略,如何抵制组织内部员工、政治家、政府官僚和公众舆论的干扰以及如何应付政治突变等因素。绩效是评估战略的结果显示,是战略执行中最重要的一环。正在不断发展中的公共部门(特别是政府)绩效评估体系将对公共部门导入战略管理有着重要的实践价值。建立有效的激励机制也是公共部门战略执行的重要方面。公共部门很难建立一套被广为接受且行之有效的激励机制。公共组织对激励机制的反应较为迟钝,在设计激励机制时要保有创意,要符合组织文化,其中很重要的是公共部门的工作人员参与战略变革。

---

① [美]保罗·C.纳特,罗伯特·W.巴可夫:《公共和第三部门战略管理:领导手册》,35 页,北京,中国人民大学出版社,2001。

3. 在公共部门中,培养进行战略性思维和行动的能力

哈佛大学肯尼迪政府学院的穆尔(Mark H. Moore)在《创造公共价值:政府中的战略管理》一书的第一章对这个问题作了详细的说明①。穆尔认为,美国的公共管理者都依赖于一个传统的教条,即他们必须循规蹈矩,照章办事,目的在于将公共部门的管理者置于严密的民主控制之下。这一教条在公共部门管理者头脑中形成了一个思维定式:他们往往从官僚的角度而非企业家、领导者或执行官的角度思考问题。他们思维的导向既不是向下的,也不是向上或向外的。向下的目的是为了更可靠地控制组织的运作,而向外是为了获得好的结果,向上则是为了重新商讨政治授权。事实上,从这一传统信条问世的那一刻起,有识之士就开始对它刻意在政治和行政之间画一道清晰界线的做法进行了批判,说它理论上不可行,实践上行不通。从理论上说,传统信条使官僚不敢在政府的目标这一点上发挥想象,更不敢担负确定政府目标这样的责任。从实践上说,传统信条完全不能阻止非民选公共部门管理者。足智多谋的官员通常能按自己的方式行事,通过各种隐蔽的方法影响政府对公共利益的看法。穆尔认为,对于公共部门管理者扮演的角色,有一种截然不同然而却更有用的认识,即公共部门管理者应当是一个探索者,他们与其他人一起,致力于寻求确定和创造公共价值。因此,公共部门管理者应该是战略家,而不是技工。他们不仅向下看,注意自己行动的有效性和优先顺序,同时也向外看,注意自己正在创造什么。他们不仅像工程师那样关心组织的运作,同时还考虑与组织紧密相关的政治环境,以确定什么是公共价值。在他们看来,政治斗争变幻无常,技术日新月异,组织需要经常进行变革。穆尔还指出,虽然上述公共行政的传统信条已经被打破,但是,人们并没有构造出一个公共部门管理者应如何思考和行动的框架。战略管理所要提供的正是这样一种框架。正如布莱森所指出的,战略计划本身不是目的,只是一套协助领导者制定决策和采取重要行动的观念。确实,如果任何战略计划过程能通过战略思维和战略行动方法得以采用,那么,可以被剔除的是过程,而非思维和行动。因此,在公共部门中运用战略管理时,制定书面的战略只是第一步,更重要的是培养组织领导人、组织成员进行战略性思考和行动的能力。要长期维持组织的战略管理能力,保持组织战略的灵活性、创新性和适应性,就必须变革组织文化,培养一种战略性思维的文化氛围。然而,组织文化的变革是一个长期的过程,它不可能一蹴而就。要在公共部门中培养战略性的思维方式,除了推行战略管理实践外,政府领导者还应该不断加强组织成员对战略管理的理论认识。公共部门的领导者应当学习如何成为更有效的领导者,学习在决策过程中如何理解和管理自己的情感。学者们总结了实现高绩效的成功战略领导者的几项关键特性:①有愿景、有口才、始终如一;②奉献精神;③信息灵通;④愿意

---

① Mark H. Moore. Creating Public Value: Strategic Management in Government. Cambridge: Harvard University Press, 1995:16 -21.

授权;⑤灵活运用权力;⑥情商较高①。

4. 研究战略管理与政治决策的关系

从决策角度而言,战略管理作为一种客观、逻辑的决策方法,能降低政策过程的政治性,提高政策决策的质量。然而,战略管理是政治总体的组成部分,当政治官员的利益与组织战略相冲突时,通常是组织战略服从政治官员的决定。例如,在许多政府机构中,组织迫于上级命令不得不开展战略管理,或政治官员和行政主管在不了解组织情况的条件下,带着战略计划上任。如何协调战略管理与政治决策的关系,以改善政治决策质量,就成为在公共部门推行战略管理时所需要关注的问题。例如,布莱森认为,在公共部门中,重要的决策者都是政治决策者。战略计划过程是建立在政治决策的基础上,是政治上的理性(Political Rationality)。在战略计划过程中,应该将政治决策模型与理性决策模型相结合。政治决策模型用于就解决问题的方案和政策达成一致上,而理性决策模型用于将一致同意转变成正式的目标、政策、项目和行动上。

在分析制约公共部门导入战略管理的制约因素以更有效地导入对策时,一个基本的前提是承认公共部门现有结构的合理性,但实际上如果从当代企业战略管理发展的最强大动力角度而言,增加公共部门之间的竞争无疑是战略管理发展的直接动力。因为传统的公共行政模式几乎对战略没有什么要求,审慎的、前瞻性的计划或者根本未被实施,或者以极为有限的方式被实施。公共部门在实际运用战略观念时会产生一些问题,并招致一些批评,归根结底这是传统行政模式所具有的问题②,因此对公共部门进行再造就成为公共部门导入战略管理的另一个议题。

4.3 公共部门战略管理过程

战略管理是一个过程,它可以把传统与创新结为一体,同时又考虑制定——创造新的理念以及实施——把新思维付诸实践。战略管理过程(Strategic Management Process)是关于一个组织未来的发展方向及执行达成该组织既定目标的有关决策的过程。但基于公私营部门的差异,公共部门战略管理过程有其特殊性③。战略的制定和实施是战略管理过程同时关注的两个方面。

4.3.1 不同部门的战略管理过程模式

4.3.1.1 私营部门的战略管理过程模式:哈佛模式和格莱斯特模式

战略管理过程模式主要是指在战略管理实践中形成的,影响广泛、较为成熟的进行战略管理的标准形式。模式不同,战略管理过程也往往不同。目前广泛应用于私

---

① [美]C. W. L. 希尔,G. R. 琼斯:《战略管理》,23页,北京,中国市场出版社,2007。

② [澳]欧文·E. 休斯:《公共管理导论》,58页,中国人民大学出版社,2007。

③ [英]科林·克拉克-希尔,基思·格莱斯特:《战略管理案例》,2版,3页,北京,经济管理出版社,2000。

营部门的战略管理过程模式主要有哈佛模式和格莱斯特模式。前者是战略管理的最初模式,它偏重于战略规划,在这一模式中,战略的制定取决于对环境中的机会和威胁,组织中的优劣势进行分析,找到环境中影响组织发展的关键因素以及组织所具有的特色竞争力,从而形成战略的备选方案。它是一种将思考与行动完全分开的模式,认为战略的制定是首席执行官的责任。格莱斯特模式比哈佛模式更为完整和合理,认为战略管理过程是一个系统化的过程,包括战略制定、实施和评估三个基本环节。它的核心是SWOT分析,但它也高度重视战略的实施过程与评估控制。哈佛模式为各种不同模式奠定了基础,而格莱斯特模式因其完整合理性被众多学者在不同程度上采用。如迈克尔·A.希特等认为战略管理在本质上是动态的,这一过程是一家公司要获得战略竞争力和超额利润的一整套约定、决策和行动。全球竞争的现实是战略管理过程的一个关键部分。他们将战略管理的过程分为战略输入—战略活动—战略产出①。

4.3.1.2 公共部门的战略管理过程模式:纳特-巴可夫模式

作为一个理性过程,战略管理过程不仅适用于私营部门组织,也适用于公共部门,公共部门一直广泛地应用着私营部门的战略管理过程模式。然而比较而言,当前最有影响的公共部门战略管理过程模式是巴可夫和纳特提出的六阶段模式:根据环境发展趋势、总体方向及标准概念描述组织的历史关联因素;根据现在的优势与劣势、未来的机遇与威胁分析判断目前的形势;制定出当前要解决的战略问题议程;设计出战略选择方案以解决需要优先考虑的问题;根据利害关系人和所需要的资源评价战略选择方案;通过资源配置和对人员管理贯彻需要优先考虑的战略。与前两种模式相比,纳特-巴可夫模式有如下特点。

(1)战略管理过程不是从明确的目标、任务而是从组织战略过程开始的,其核心是形成战略管理小组(SMG),然后再确定理想和方向。它满足了公共部门利益满足的复杂性、多元化、难量化特征。

(2)在形势分析与制定备选战略之间加入了第三阶段——问题议程。公共部门经常面临着大量的社会与政策问题,但只有那些具有一定的可控性且利益相关者支持度较高的问题才可能成为战略管理议题。对问题议程的关注,使公共部门在进行战略规划时更具开放性,对问题的剖析更深广。

(3)在设计备选战略时,更强调战略方案与环境类型的匹配。根据社会要求公共部门采取行动的压力和公共部门的外部回应度,把公共部门的战略分成八种类型,即支配者型战略、指导者型战略、造势者型战略、适应者型战略、流浪者型战略、官僚者型战略、妥协者型战略、共生者型战略。

(4)在可行性评估及实施阶段,强调对利益相关者和资源供给者的管理,必要时应运用政治手腕。

① [美]迈克尔·A.希特等:《战略管理:竞争与全球化》,4页,北京,机械工业出版社,2005。

4.3.2 公共部门战略管理的基本环节

对于战略管理的过程,在理论上人们有不同的划分。斯蒂芬将公共部门战略管理过程划分为战略规划、战略实施和战略评价这样三个阶段八个步骤的过程。虽然前六个步骤都是在描述计划过程,但实施和评估与计划过程同样重要。如果管理当局不能恰当地实施和评估的话,即使最佳的战略也可能失败。下面对战略管理的三个基本环节作进一步的详细考察。

4.3.2.1 战略规划

许多商业作家强调,战略是一套规范的规划过程的产物,由最高管理者在其中扮演最重要的角色。尽管这一看法在现实中有一定的基础,但这远远不是全部。有价值的战略往往来自组织深处,而不是预先规划的产物。当然,规范的、理性的规划思想对于引导我们进入战略世界是非常有帮助的①。

规划过程始于组织使命和主要目标的陈述。战略管理过程的第一个要素是组织使命陈述:它是关于为什么要运营的宣言或描述,它提供了战略制定的框架或背景。典型的使命陈述包含三个部分:组织存在的理由,通常指组织的使命或愿景;核心价值与行为标准,用来指导和塑造员工的行为;主要目标和目的。使命或愿景是正式发布的关于组织在中长期希望实现的目标的宣言,它的目的是为战略思考提供一个平台,是战略得以制定的内在依据。

公共部门战略规划还包括战略分析和战略选择等功能活动环节。战略分析的主要内容如下。

(1)分析组织的历史背景,确定组织的最终目的。在公共组织中,由方案、市场、管理行动和资源四个成分组成一个系统。方案是服务的对象及所提供的服务;市场由利益相关者及公众的期望组成;管理行动是组织实施的战略;资源是组织执行方案时所运用的人力、物力和财力。这四个成分中的任何一个发生变化,组织系统都会发生相应的变动,造成公共组织背离原初,形成趋势和方向。通过对公共组织背景的理解,创造出组织要到达的最终目的。它包括最好和最差两个方面。最好方面是组织的前进目标,最差方面是组织力图避免的最后底线。

(2)PEST 分析,即在宏观上对政治(Politics)、经济(Economy)、社会(Society)、技术(Technology)信息的收集和分析。政治分析指对国内外政治环境的分析,内容有领导人的新的指示,新政策的颁布,新法律、法规在立法部门的通过,国家间的战争、缔约,首脑的会晤等。经济分析是对国内外经济状况发展趋势的分析,包括国内经济是增长、停滞还是衰退,通货是紧缩还是膨胀,国际经济状况如何,是否存在金融风险(如亚洲金融危机)等。社会分析的内容包括国内风俗、习惯、观念、信仰的现状及转变趋势,国家间的文化交流与合作等。技术分析的内容包括国内外的科技进步、开发

---

① [美]C. W. L. 希尔,G. R. 琼斯:《战略管理》,6 页,北京,中国市场出版社,2007。

与利用以及相互交流等。这些都会对组织产生间接的影响。

(3)SWOT分析。SWOT分析法是由美国哈佛大学商学院发明的。它是一种综合考虑组织内部条件和外部环境的各种因素,进行系统分析评价,进而选择最优战略的常用方法。这里S是指组织内部的优势(Strengths),W是指组织内部的劣势(Weaknesses),O是指组织外部环境的机会(Opportunities),T是指组织外部环境的威胁(Threats)。SWOT分析的目的在于给出一个有关组织内部环境、问题的集中图画,并激励组织调动其优势,以便最大限度地利用机会,规避风险。组织的优势、劣势分析也叫做内部环境分析,进行内部环境分析的目的是为了明晰组织的核心能力。组织的机会和威胁分析也称为外部环境分析,它是分析组织外部条件及未来取向,进行外部环境分析是为了识别组织所面临的机会和威胁。

战略选择主要功能活动环节有三个。①信息输入。对收集或考虑到的宏观的政治、经济、社会和技术的信息,以及直接影响战略的组织的优势、劣势、机会和威胁的信息进行归纳、整理和分类。②匹配。这一环节依靠在输入阶段得到的信息而将外部机会和威胁与内部优势和弱点进行匹配。将外部与内部的重要因素相匹配是有效建立备选战略的关键。③决策。匹配技术确定了备选战略,而分析和直觉则为战略决策提供了基础。在这一环节,战略管理小组需要重新审视组织的最终目的,评价组织运行的情境,从而对组织的备选战略作出评估。评估包括四个方面:适用性评估、可行性评估、可接受性评估和对利益相关者的评估。

4.3.2.2 战略实施

成功的战略制定并不能保证成功的战略实施。实际做一件事情总是比决定做这件事要困难得多。由于公开性方面的限制、政治影响、权限、监察以及普遍存在的所有权,公共部门战略管理的执行则更为困难。战略实施主要是制定出具体措施来实现战略。战略实施过程包括诸多环节或功能活动,对此学者们提出了不同的看法。例如,布莱森认为战略实施过程有三个环节:①计划和方案,即制订行动计划,包括明确目标,估计预期投入,明确产出结果,识别目标顾客和确定变化的衡量标准等;②制定预算;③实施过程的指导方针,即建立实施结构系统,以便协调和管理实施活动。纳特和巴可夫指出:在战略管理过程中,精心考虑哪些因素使战略实施成为可能以及采取何种措施才能保证战略实施必需的支持,是战略实施的基本组成部分①。在战略实施中应特别关注对资源和利益相关者的管理。

一般地说,战略实施过程主要包括战略发动、制订行动计划、组织准备、资源准备、战略实验、全面实施、战略控制等环节。公共部门战略实施涉及以下三类活动。

(1)利益相关者管理。对付敌对利益相关者,巴可夫和纳特认为:找出与敌对利益相关者有紧密联系的不重要和未决的利益相关者中的中立者,从中发现潜在的联

① [美]保罗·C.纳特,罗伯特·W.巴可夫:《公共和第三部门战略管理:领导手册》,163~168页,北京,中国人民大学出版社,2001。

盟;采取措施,阻止敌对利益相关者与未决利益相关者的联盟;防止敌对利益相关者在暗中削弱拥护者;对敌对利益相关者进行突袭;预期反对性质并挑选出部分持反对意见的利益相关者,再采取措施;与挑选出的敌对利益相关者讨价还价,使其至少保持中立。除了敌对的利益相关者外,还有潜在的拥护者、未决者及不重要的利益相关者,对于他们都需要采取措施应对。

(2)组织职能结构管理。战略的变化往往要求公共组织结构随之发生相应的变化。组织结构的重新设计应能够促进最终目的的达成。组织结构的演变顺序是一个周而复始的过程:制定新战略—出现新的管理问题—组织绩效下降—建立新的组织结构—组织绩效得到提高—制定新战略。明茨伯格设定了六种基本的配置:简单结构、机械官僚化、职业官僚化、分部化、临时委员会和教会型。这虽然是针对私营组织设置的,适应私营组织所面临的各种环境,但经过修整以后也会对公共部门有所启发和借鉴。

(3)资源管理。每个公共组织至少都拥有四种可以实现预期目标的资源:人力资源、物力资源、财力资源和技术资源。资源配置是战略管理活动中的一项中心活动,在不进行战略管理的组织中,资源的配置往往取决于个人的随意性,导致资源配置失当。在实施战略管理的组织中,资源配置依赖于战略管理小组的决议,依赖于所实施的战略。如加强型战略可能就要投入较多的资源,而紧缩性战略耗费的资源就较少。如果某些资源要素匮乏,但对战略实现是关键性的,可以请求那些拥护组织战略的重要利益相关者为组织筹募资金和服务使用费,或从其他项目中再争取一部分资金,从而使组织的战略变得可行。

4.3.2.3 战略评价

战略评价可以界定为:依据一定的标准和程序,对战略实施的效益、效率、效果及价值进行判断的一种行政行为,目的在于取得有关这些方面的信息,作为决定战略变革、战略改进和制定新战略的依据。

一个完整的战略实施过程,除了科学合理地制定和有效地执行外,还需要对战略执行后的效果进行判断,以确定该项战略的价值,这种活动就是战略评价。在传统的战略管理中,公共部门及其领导者习惯于将重心放在战略方案的制订和实施上,却疏于对战略实施的效果进行科学的评价,对于战略评价的内涵和价值也较少理会。然而,一个具有明显优势的战略得以实施,并不意味着战略分析过程的结束,甚至一项战略在实施之后,疑问可能依然存在,如问题的确定是否合适,是否忽视了问题的某一个重要部分,或者如果有更好更新的资源可以利用,是否战略选择的结果会不同,这些问题要求我们对战略实施的全过程进行监督和评价。如果实施的是一项正确的战略,要确信它没有形式被改变的危险,还要确定它是否达到了预期效果,是否需要进行重新设计或修改,或者是否需要马上结束。同时,这一评价过程还应该产生可以用于今后战略分析中以设计更好选项的信息。

公共部门的战略评价是一个动态的过程,是一种有计划、按步骤进行的活动。由于评价对象的不同,在具体的操作过程中,评价活动的步骤各有侧重。但一般来说,它包括三项基本活动:考察公共部门战略的内在基础,将预期结果与实际结果进行比较,采取纠正措施以保证行动与计划的一致。其具体的评价步骤为:检查战略基础,考核组织绩效,采取纠正措施。公共部门的战略管理过程既是科学又是艺术。"借鉴于私营部门的公共部门的战略管理并非是一蹴而就的,它的运用可以使公共组织从上至下共创未来蓝图,但它并不能保证不犯错误。如果战略计划和战略管理仅仅只为公共组织提供了某些方向和目标,而这或许正是从公共行政向公共管理的转变过程中必不可少的。"①

4.4 国家战略

4.4.1 国家战略是公共部门战略管理的最高层次

4.4.1.1 国家战略的概念

国家战略(National Strategy)是公共部门管理战略体系中最高层次的战略。国家战略的使用最早出自美国。第二次世界大战中,英国的大战略概念传入美国,到战后逐渐演变成为国家战略并被正式列为军事用语。其定义是:"在平时和战时,在组织和使用一国武装力量的同时,组织使用该国政治、经济、心理上的力量,以实现国家目标的艺术和科学。"日本给国家战略下的定义是:"为了达成国家目标,特别是保证国家安全,平时和战时,综合发展并有效运用国家政治、军事、心理等方面力量的方策。"②国家战略概念来源于大战略③。20世纪80年代以后,中国学术界也开始了对国家战略的探讨,主要是从区别于大战略的意义上认识和使用国家战略概念的。虽然中国未在正式文件中使用国家战略这一概念,但它却体现在党和国家的总路线、总方针、总政策之中,指导国家各个领域的总方略。其任务是依据国际国内情况,综合运用政治、军事、经济、科技、文化等国家力量,筹划指导国家建设与发展,维护国家安全,达成国家目标。

中国学术界对国家战略尚无统一认定。有的认为国家战略是建设和运用国家各方面的实力和力量,以实现国家总目标而采用的方略,国家战略就是为实现国家的总目标而制定的。有的认为"国家战略指的是国家政权对较长一个时期内国家的生存与发展所作的总体规划与谋略,也可叫做国家发展战略"。比较有代表性的是薄贵利的定义:国家战略是在平时和战时综合发展和使用国家的各种力量以维护和增进

---

① [美]保罗·C.纳特,罗伯特·W.巴可夫:《公共和第三部门战略管理:领导手册》,166页,北京,中国人民大学出版社,2001。

② 吴春秋:《浅谈"大战略"和"国家战略"》,载《世界知识》,1984(12)。

③ 蒋精华:《论国家战略的系统结构》,载《益阳师专学报》,1995(2)。

国家利益，实现国家目标的科学和艺术[①]。这一定义强调了战略的最终目标是为了实现国家利益，战略需要科学的方法。从具体内涵上看，国家战略必须考虑两个基本问题：生存与发展。国家战略不是对某个或某些领域的谋划，是对国家全局的总体规划与谋略，带有全局性与整体性。从外延上看，国家战略初看好像只是对本国的生存与发展进行谋划，只涉及国内问题。事实上，无论是过去，还是今天的全球化时代，它所涉及的领域包括整个国际社会。

4.4.1.2 国家战略的结构及基本要素

由于对战略系统分析与理解的不同，对国家战略的结构及基本要素的认识也不尽相同。《大战略》一书的作者约翰·柯林斯认为，大战略由国家利益、国家目标、国家政策、国家应承担的义务等基本部分构成。薄贵利认为，国家战略的主要研究内容有国家战略类型、国家战略环境、国家战略结构。根据国家战略的目标、内容和实施方式，可以把国家战略划分为国家生存战略、国家发展战略、国家扩张战略三种主要类型。还要关注国家战略环境，战略环境是指对国家战略的制定和实施产生直接和间接影响的各种背景情况和条件的总和。从某种意义上可以说，国家战略是对国家战略环境的一种反映。因此，能否正确地分析和认识国家战略环境的现状、科学地预测国家战略环境的发展变化，直接关系到能否科学地制定和实施国家战略的问题。国家战略是由国家利益、国家目标、国家力量和国家政策四个要素构成的。国家利益是以国家面貌出现的统治阶级的利益与其支配的社会公共利益的有机结合。任何国家的核心利益，大体上都包括安全和发展两个基本方面。对利益的判断与国际、国内形势有直接关系。在新中国的历史上有多次因对形势判断失误而导致的国家战略的失误。国家目标则是国家战略所要实现的预期目的，是一定时期的国家利益的具体化和明晰化。国家力量是一个国家在政治、经济、军事、科技等方面拥有的实力，是实现国家战略目标的手段。国家政策是一个国家在政治、经济、军事、科技等方面拥有的实权，是实现国家战略目标的主要手段。

从国家战略的内在要素分析，国家战略系统由国家战略目标（包括国家利益）、国家战略手段、国家战略方法三大基本要素构成。国家战略目标是国家战略中的核心要素、中心内容。国家战略手段主要包括国家在制定战略时所拥有的一切物质和精神手段，也称做国家战略基础。国家战略方法是指运用现实战略手段的方式、方法以及在战略实施过程中所采取的各种措施，其最突出的特征是灵活性和动态性。从对象领域角度看，首先可以把国家战略系统划分为对内和对外战略两大部分。在对内和对外两个领域又可以进一步分为政治、经济、军事、科技文化战略等。

4.4.2 国家竞争力是国家战略的核心

对国家战略的概念、要素、结构的概述，构成了国家战略的知识基础。然而从管

---

① 薄贵利：《国家战略学研究》，载《政治学研究》，1995(2)。

理学的视角考察国家战略时,更多地发现国家竞争力在全球化时代的重要性。20世纪90年代以来,随着冷战的结束,以经济为中心内容的综合国力研究机构投巨资竞相开展国家竞争力的研究。如美国成立了国际竞争力咨询组织,专门研究和评价国际竞争力的现状和发展。自国家产生以来,国家的竞争力问题就开始存在了。关于国家竞争力的起源,可以追溯到很多年前的《孙子兵法》,乃至更早的国情国力分析活动。但从经济学角度进行研究,应该是从亚当·斯密的《国富论》一书开始的。在这本书中他提出了著名的"绝对优势"理论。后来,大卫·李嘉图的"比较优势"理论,又取代"绝对优势"理论,成为国家竞争力的指导性理论。然而,真正使"国家竞争力"成为一个正式的经济学概念,还要归功于迈克尔·波特的不朽巨著《国家竞争优势》。他在该书中提出的国家"钻石模型",首次为分析和评价国家竞争力提供了一个有效的可操作工具。此外,从20世纪90年代开始,世界经济论坛和瑞士洛桑国际管理发展学院先后开发出自己的国家竞争力评价体系,每年发布自己的研究报告——这就是著名的《全球竞争力报告》(简称GCP)和《世界竞争力年鉴》(简称WCY)。这两个报告既广受瞩目,也因其理论方法的缺陷而备受批评。

4.4.2.1 国家竞争力(Competitiveness of Nations)的含义

所谓竞争力指的是创造价值、创造财富的能力。什么是真正意义上的国家竞争力?早在1990年,美国哈佛大学教授、国家竞争战略理论奠基人波特就在其《国家竞争优势》一书中明确提出,"在国家层面,竞争力的唯一意义就是国家生产力,而国家经济的升级需要生产力的持续成长"。在结合世界技术发展潮流与产业竞争格局演化的基础上,波特教授大力批判了"比较成本优势论"、"规模经济论",并对于有竞争力的国家是否需要保持大量的贸易顺差,提出了反传统的但极具说服力的论证。宏观层面上的国家竞争力是由中观层面的城市竞争力、产业竞争力和微观层面上的企业竞争力组成的。德国的精密仪表与机械产业、意大利的皮具产业、日本的汽车产业、韩国的电子产业的强大分别是支撑上述国家的国家竞争力的基础。反过来说,对国家竞争力的考察,侧重从经济角度,实际上又是对行业竞争力、企业竞争力考察的一种延伸。一个国家的竞争力由多重因素组成,它依靠每个国民、每个企业的支撑。国家竞争力是一国的综合竞争能力,它以企业、产业竞争力为基础,同时又受该国制度、文化等相关因素的影响。我国的国家发展战略注重综合国力与发展战略目标的统一。综合国力是指一国的自然状况、生产力水平、科技教育、政治军事等诸方面的水平和能力所构成的综合系统。比较而言,综合国力是国家竞争力的基础。

4.4.2.2 国家竞争力的评价

正如竞争力与超额利润是企业战略管理的战略输出,在国家战略层面,国家利益与国家竞争力就构成了国家战略的产出。传统经济学认为,每个国家都具备土地、劳工、自然资源等生产要素。只要懂得利用这些要素,就可以在国际上取得优势。但在土地、资源、劳动力等生产要素基本可以自由流动的今天,决定国家竞争力的最重要因素是什么呢?如果说企业的竞争力体现为在市场竞争中打败对手,赢得更大的市场份额，取得更多的利润，那么国家的竞争力显然要复杂得多。针对许多人把企业竞争力与国家竞争力简单类比的倾向，一直致力于研究国家的竞争优势问题的波特(M. Porter)指出，如果试图通过这一个问题就揭示企业或者国家经济繁荣的基础，那么这只是一个“错误的问题”①。

国家竞争力评价的方法有很多，其中具有代表性的有国际贸易指数、波特的钻石模型、世界经济论坛和瑞士洛桑国际管理发展学院的评价体系。国际贸易指数的理论基础是比较优势理论。比较优势理论认为，只要不同国家的产品生产成本存在相对差异，这种差异必然会使各个国家在不同产品的生产上具有比较优势，一国可以按照自身的比较优势进行生产，并通过参与国际贸易实现其比较优势。在比较优势理论框架下，一国的国际竞争力取决于其对外贸易竞争力，即在国际贸易中是否具有优势。为考察一国的外贸竞争力进而反映其国际竞争力，人们设计了相关指数来测度具体情况，如净出口指数、贸易条件指数、生产要素密集度指数和现实性比较优势指数等。国际贸易指数能够从各个视角反映一国在国际贸易方面的竞争力，但是应当注意到，国家竞争力是竞争力在国家层面上的表现形式，涉及很多因素，其内涵比国际贸易竞争力丰富和复杂得多。国际贸易竞争力只是国家竞争力的一个方面，以国际贸易理论为基础，通过国际贸易指数考察国家竞争力只是国家竞争力比较初期的较为粗略的做法，涵盖的因素不够全面。

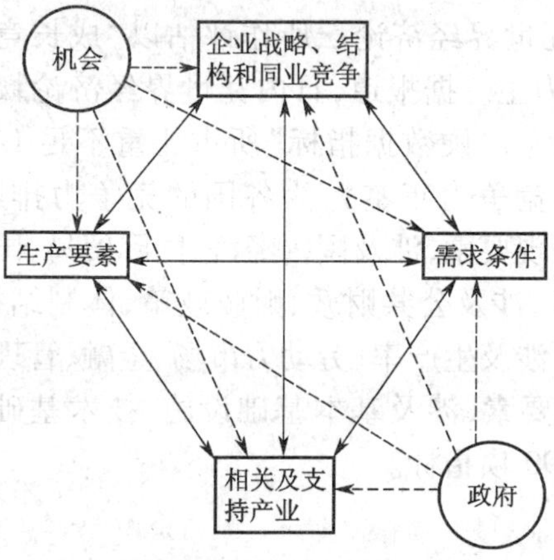

图 4.1 波特的“钻石模型”

对竞争力问题的关注始于 20 世纪 80 年代初哈佛大学教授波特出了他著名的竞争三部曲的第一部——《竞争战略》。后来，又先后出版《竞争优势》(1985)和《国家竞争优势》(1990)。不断把对竞争力的研究从微观的企业层次上升到宏观国家层次。其国际竞争力钻石模型(Diamond Model)就是分析国家和地区“竞争力”的宏观分析工具。波特在《国家竞争优势》中构建的“钻石模型”如图 4.1 所示。波特的钻石模型以国家竞争优势理论为基础，国家竞争优势是指一个国家使其企业或产业具有并能够维持竞争优势的能力。波特认为，一国的国际竞争力是其企业、产业等竞争力的综合，是一个复杂的系统，系统整体状态决定了一国竞争力的强弱。基于该思路，他建立了测度国家竞争力的钻石模型，通过生产要素、需求条件、相关及产业支持、企业战略与结构四方面因素综合反映国家竞争力，并根据产业阶段演化将一国产业参与国际竞争划分为四个阶段，即要素驱

① M. Porter . The Competitive Advantage of Nations. New York: The Free Press, 1999: 6.

动、投资驱动、创新驱动和财富驱动阶段。该模型及相关因素是波特利用4年时间对8个发达国家和2个新兴工业化国家进行考察后建立并确定的。波特的国家竞争优势理论弥补了国际贸易理论的不足，钻石模型是了解一国竞争力现状、判断其变化趋势的有效工具，其工作对国家竞争力评价理论作出了重要贡献。同时，国家竞争优势理论及钻石模型也存在一些不足之处。首先，国家竞争优势理论对经济体制、国际资本流动、社会文化状况等因素未给予充分重视，这些因素对国家竞争力也会产生重要影响。其次，钻石模型中，生产要素包括基本要素和高级要素，波特认为基本要素丰富并不能有效提高国家竞争力，应当大力开发高级要素，这使得其钻石模型反映发达国家竞争优势更加准确，对发展中国家竞争力的解释缺乏说服力。

目前对国家竞争力研究与度量影响力较大的是瑞士两家世界级经济研究机构——瑞士洛桑国际管理发展学院（IMD）和日内瓦世界经济论坛。它们根据基础设施、管理、国内经济、科技、人口、政府、国际化程度及金融地位等标准，对国家竞争力进行排行。瑞士洛桑国际管理发展学院和世界经济论坛每年都会发布各自的全球竞争力报告，但某些国家在这两份报告中的排名却有很大差异，主要原因就在于这两家机构所使用的数据类别不同，竞争力评估方法也不一样。瑞士洛桑国际管理发展学院所作评估更注重于“硬数据指标”，即评估结果的2/3以相关数据指标为依据。作为评估依据的数据对应于“经济表现”、“政府效率”、“企业效率”和“基础设施”4大类323项指标。而评估结果其余1/3的依据，则是每年对相关国家中高层经理人员进行问卷调查获得的数据。与此不同，日内瓦世界经济论坛所作评估以“成长竞争力指数”和“商业竞争力指数”两个大类数据为主。据报道，日内瓦世界经济论坛排名结果中对经理人员的问卷调查所占比重较大，“硬数据指标”所占比重不足1/3。瑞士洛桑国际管理发展学院每年发表《世界竞争力年鉴》，为各国的竞争力排序。IMD的国家竞争力排序考虑四大要素：经济表现要素，涉及国内经济、国际贸易、国际投资、就业、价格，共74项指标；政府效能要素，涉及公共财政、财政政策、体制结构、企业法规、教育，共84项指标；企业效率要素，涉及生产率、劳动力市场、金融、管理绩效、全球化影响，共66项指标；国家基础设施要素，涉及基本基础设施、技术基础设施、科学基础设施、健康与环境、价值体系，共90项指标。

4.4.3 当代中国的国家战略

从国家竞争力角度对国家战略的理解中不难看出，国家竞争力一方面构成了国家战略规划的初始条件，另一方面又是国家战略实施的产出。因此回顾和梳理中国的国家战略，培育国家竞争力，使中华民族屹立于世界强国之林，就成为研究中国国家战略的最重要目标。瑞士洛桑国际管理发展学院2009年5月20日公布的2009年《世界竞争力年度报告》显示，美国仍是世界上竞争力最强的经济体，中国香港和新加坡分列第2位和第3位，中国内地的排名为第20位，比2008年下降3位。洛桑国际管理发展学院世界竞争力研究中心副主任苏珊娜·罗斯莱特－麦考利女士表示，近年来中国经济持续高速增长，充满活力，对外贸易也不断扩大，这一切是促使中国竞争力上升的最重要因素。她说,中国经济的不断发展带动了国家各方面的发展和进步。中国是一个庞大的经济体,虽然其经济充满活力,但也面临各种各样的风险,如何保持经济发展的可持续性是今后的一个主要课题。罗斯莱特-麦考利女士预言,依照目前情况推测,中国内地竞争力的上升势头估计将会持续,但今后上升幅度会变小。罗斯莱特-麦考利说,中国内地要想进入世界竞争力排名的前10位还有一段艰难的路要走,这需要中国解决环境保护、发展不平衡和体制改革等难题①。

4.4.3.1 当代中国的发展战略

当前,中国要实现国家的安全和发展利益,就应牢牢把握正确的国家发展战略、外交战略和安全战略。国家发展战略是和平时期国家的根本战略,是国家的根本任务。从20世纪70年代末开始,中国就确立了实现现代化、把中国建设成强大的国家的奋斗目标和崇高理想。十一届三中全会以后,邓小平作出了我国正处于并将长期处于社会主义初级阶段的战略环境判断,形成了党在社会主义初级阶段的基本路线:领导和团结全国各族人民,以经济建设为中心,坚持四项基本原则,坚持改革开放,自力更生,艰苦创业,为把我国建设成为富强、民主、文明的社会主义现代化国家而奋斗。制定了切合中国实际的社会主义现代化发展战略,勾画了“三步走”的现代化发展阶段,阐述了一系列实现战略目标的战略方针和原则。以江泽民为核心的党的第三代领导集体在此基础上,提出新的“两步走”战略和全面建设小康社会的奋斗目标,新型工业化道路、科教兴国和可持续发展等战略决策,党的十六大、十七大增加了和谐社会与科学发展观的战略目标和发展原则。这些战略规划的提出与实施为我国国民经济持续、健康发展奠定了基础。国家发展战略不但要规定明确的目标,而且要规定实现目标的正确途径,建立起完整的工业体系和国民经济体系是重要的。但这本身不是现代化,当前和今后,中国还需注意软力量、软科学的建设,注重建立创造性的机制和体制,这是中国能否在信息时代实现现代化的关键因素之一②。

4.4.3.2 当代中国的对外与安全战略

随着30年的改革开放建设取得了巨大成果,我国的综合国力有了显著提高,我国的国家利益开始从陆地疆域之内逐步向外扩展。与此同时,我国的对内改革也已经进入到了至关重要的关口,能否将改革进一步深化并平稳地渡过这个时期,是我国目前的核心国策。如何才能够保障改革的实现呢?重点就在于保障我国持续稳定的经济发展。我国目前的外交政策正在逐步走向灵活、多元、全局着眼的大国外交。在不结盟、不对抗、不称霸的前提下,成功地构筑一套稳固的全球战略体系,为我国国内的经济发展和改革提供了必要的保证和坚实的基础。在经历了长久的“韬光养晦”的国家策略之后,我国的国力有了长足的进步。在国家利益开始转为向外发展的内在要求下,我国的外交战略开始由重在“冷静观察、稳住阵脚、沉着应付、韬光养晦”

---

① http://www.ce.cn/cysc/cysczh/200705/11/t20070511_11320577.shtml.

② 楚树龙:《中国的国家利益、国家力量与国家战略》,载《战略与管理》,1999(4)。

转向"韬光养晦"与"有所作为"并重,从而进入了新的外交阶段。首先,我国是一个发展中国家,因为国家实力有限,当前最重要的任务就是发展经济,进行国内改革。这一切都需要一个和平稳定的国际环境。除了和平共处五项原则以外,我国现阶段的外交还体现了国际交往的和谐原则、积极的多元外交原则和务实的外交原则。在对外战略中非常重要的一个方面就是国家安全战略。维护国家主权和领土完整及国家尊严是任何国家的基本利益。安全最终要靠发展,但发展本身并不意味着安全。历史一再表明,对帝国主义、霸权主义、强权政治不能丧失警惕,不能抱有幻想。必须采取各种必要的措施,维护国家的安全和领土完整,制止国内外分裂势力分裂祖国的阴谋。事实表明,很多国家安全问题需要而且可以通过经济和政治的途径予以解决。现代社会的任何战略主要都是围绕国家安全和经济利益这两个因素作出的。经济利益关乎国家命脉和社会稳定。可以说现代社会除了非常时期以外,任何国家所面临的经济问题就是国家安全问题。经济问题处理好了国力才能提高,社会才能稳定,才有资源和能力深化改革,才有资本扩张势力。目前,中国的国家利益主要仍是安全和发展两个基本方面。国家安全虽不是充满危机,但的确是一个永远都不会完全解决的问题。和平与发展是当今世界两大主题,在剧烈的国际形势动荡面前沉着冷静、把中国的事情办好等一系列思想是符合国内国际发展现实的,也是行之有效的。北京举办奥运会之前,西方一些国家利用"藏独分子"进行所谓的"抵制"奥运会,把奥运政治化是不得人心的。中国应当继续坚持在科学发展观的引领下,坚持以经济建设为中心,坚持改革开放,坚持反对霸权主义、维护世界和平的外交政策方针,实现成为世界强国的民族之梦。

本章小结

战略管理是一个过程。在这个过程中,高层管理者确定组织的长期方向,设定特别绩效目标,根据与组织相关的内外环境,制定出能达成这些目标的战略,并且卓有成效地实施这些被选定的决策方案。

公共部门战略管理的基本要素:①主体;②客体;③环境。

公共部门导入战略管理的必要性;公共部门导入战略管理的可能性。

公共部门导入战略管理的对策:①加强对公共部门的战略分析和战略选择研究;②关注公共部门战略执行行为;③在公共部门中,培养进行战略性思维和行动的能力;④研究战略管理与政治决策的关系。

不同部门的战略管理过程模式:①私营部门的战略管理过程模式:哈佛模式和格莱斯特模式;②公共部门的战略管理过程模式:纳特-巴可夫模式。

公共部门战略管理的基本环节:①战略规划;②战略实施。

国家战略是在平时和战时综合发展和使用国家的各种力量,以维护和增进国家利益,实现国家目标的科学和艺术。

波特的钻石模型以国家竞争优势理论为基础。国家竞争优势是指一个国家使其企业或产业具有并能够维持竞争优势的能力。

关键术语

战略管理 战略规划 国家战略 国家竞争力 钻石模型

复习思考题

1. 战略管理的特征是什么？它由哪些要素构成？
2. 公共部门导入战略管理的必要性是什么？
3. 战略分析主要有哪些方法？
4. 哪些因素制约公共部门导入战略管理？应当如何改进？
5. 纳特－巴可夫的公共部门战略管理过程模式有哪些特点？
6. 国家竞争力的含义及衡量指标是什么？

案例

江苏常州的“铁本事件”

江苏省常州市位于苏南地区，历来经济较为发达。在改革开放初期，苏南的三个城市苏州、无锡、常州，基本上处在同一发展水平，差异并不明显，无锡强一点，苏州和常州不相上下，但是，经过20年的竞争和发展，格局发生了很大变化，苏州大大超过无锡，无锡又把常州远远地抛在了后边。在这种情况下，出于政绩考虑，在现行体制下，常州政府缩小差距的最便当的办法是上大的建设项目，只要一个大项目上去了，一切就都有了。

2003年，中国钢铁业的总产出是2.2亿吨，总需求是2.57亿吨，需求旺盛使国内外的钢材价格上升了40%以上，全国各地钢铁项目大量上马，常州政府不甘落后，在其支持下，一个注册资金仅有3亿多元的民营企业，居然撬动了中行、建行、农行等六家金融机构，合计获得43.39亿元银行授信，占地6 541亩，预计总投资105.9亿元人民币，“江苏常州铁本钢铁公司”从最初规划的年产200万吨宽厚板项目，逐步扩大到设计年产840万吨钢铁的大型联合项目——开始了建中国最大民营钢铁厂的神话。据常州高新区管委会副主任戴晓文介绍，常州市进入江苏省沿江开发总体规划的区域共计1 864平方公里，高新区一期规划120平方公里，其中又划出37平方公里作为沿江开发的启动区。“铁本”项目不仅在这120平方公里内，也在这37平方公里内。“铁本”曾经列入他们的发展规划中，他们也曾有过美好的设想，比如，一个“铁本”可以把一个镇的劳动力就业全解决了，并能带动当地的三产服务业；一个“铁本”一年的产值二三百个亿，常州发展了多少年也才这么多……

但是，就在“铁本项目”建设的同时，相关部门依据已经存在的、在建的钢铁项目、厂家数量及其生产能力预测，到2006年中国的钢材生产能力约为3.2亿吨，而2006年中国对于钢材的需求是2.8亿吨。各地大量重复建设将导致明显的产能过剩；固定资产投资增长过快，建设规模过大；煤、电、油、运供求关系趋紧；货币发行量和贷款规模增长过快；通货膨胀的压力增大，特别是生产资料价格上涨较快等中国经济运行当中存在的矛盾和由此引发的经济过热问题，已经引起了中央政府的重视。中央采取控制货币及贷款，严格土地管理，整顿违法违规行为以及节约资源等措施来协调、解决。而置宏观调控于不顾，顶风上马的铁本项目，由于切实存在提供虚假财务报表骗取银行信贷、违规将项目拆分报批、违规征地拆迁、违反环保法开工等问题，于2004年4月被清理，铁本公司的有关人员被拘留，包括常州市委书记在内的8名政府要员更被严厉查处，以“严肃党纪，维护国家宏观调控的统一性、权威性、有效性”。

“铁本事件”留给当地政府的残局：中行、建行、农行等六家金融机构合计授信43.39亿元中的25亿多银行贷款已变成砖瓦高炉；被占用的耕地无法复耕，4 000多名被拆迁农民仍流离失所；参加项目建设的6 000多名工人面临失业，工资无法保障。2004年一季度沿江高新区利用外资同比增长50%，可是4月份查处“铁本”之后，形势陡然严峻起来，到同年9月份，合同利用外资同比下降了30%，实际利用外资勉强与去年同期持平。

（资料根据2007年8月《南方周末》、《人民日报》、新浪新闻等的相关报道改写）

案例思考题

1. 运用公共部门战略管理的相关理论，分析常州“铁本事件”为何徒留残局。
2. 如果你是常州市的领导，你会制定一个什么样的战略？

5

公共管理政策

现代政府对市场与社会进行公共管理的最主要的工具和手段就是公共政策。社会资源和公共产品的生产、分配与调节,归根到底都是通过公共政策的途径完成的。现代公共管理的整个过程,就是对公共政策的谋划、制定、执行、评估及调整的过程。公共管理的优劣也是由公共政策的实施是否有效反映出来的,公共政策是公共管理实践的灵魂。本章首先讨论公共政策的定义、分类和功能等一系列基础性理论问题,而后着重就公共管理的过程(制定、执行、评估和调整等)进行分析。

5.1 公共政策的性质

公共政策是第二次世界大战之后发端于主要工业发达国家的对公共事务的研究。现代社会发展过程中,出现了大量新的、复杂的社会问题,如犯罪与社会安全、公平与经济发展、种族与社会和谐、战争与外交方针、污染与环境保护,以及住房、卫生、社会保障、公共交通等一系列实际问题。人们对这类问题的关注与日俱增,因此产生了对政府制定公共政策的能力、程序、方式以及质量的关注和不满,公共政策学科由此应运而生。

作为一门学科的政策科学研究是从20世纪中期兴起的,其标志是1951年拉纳(Daniel Lerner)和拉斯维尔(Harold D. Lasswell)合著的《政策科学:范围和方法的新近发展》(*The Policy Sciences: Recent Developments in Scope and Method*)一书的出版,该书对政策科学的研究对象、内容及发展方向作了规定。拉斯维尔也因此被政策科学界誉为“现代政策科学的创立者”。到了20世纪60年代,美国联邦政府率先吸收和采用了政策科学的研究成果,将其直接应用于联邦政府所面临的若干大型、复杂公共政策问题的研究和处理,成功地大规模集中和组织了专业力量,解决了诸如国防、空间探索、高新尖端科技开发等领域的重大问题，从而引起各国政府和理论界的普遍重视。政策科学在随后的年代里被普遍接受并且得到迅速发展。

5.1.1 公共政策的概念

政策科学以社会政治生活中的政策领域，即现实的政策实践、政策系统及政策过程作为研究对象。政策科学有自己相对独立的研究领域，这是其作为一个独立学科形成和发展的基本前提。

5.1.1.1 公共政策的定义

当代对公共政策的定义可划分为三个主要类别。

一是以威尔逊、伊斯顿为代表的以管理职能为中心内容的界定。强调公共政策是政府为解决社会发展中的重大问题而实施的管理手段；公共政策是政府从自身利益和公众利益出发进行的具体管理；公共政策是以政府为主的、由各种利益个体与群体参与的管理活动。

二是以拉斯维尔、安德森为代表的以活动过程为中心内容的界定。强调公共政策是政府有明确目标的活动；公共政策是政府动用大量资源，通过相关的规定、措施实施决定的活动过程；公共政策是包括决定、实施等环节在内的具有连续性的活动过程。

三是国内多数学者赞同的以行为准则为中心内容的界定。强调公共政策是政府为实现某一目标而制定的谋略；公共政策是引导个人和团体行为的准则；公共政策是管理部门保证社会或某一区域向正确方向发展的行动计划或方案。

以下是相关中外学者给公共政策所下的定义。

W. 威尔逊：公共政策是具有立法权的政治家制定出来的由公共行政人员执行的法律和法规。（缺点：过于狭窄。公共政策不能只限于法律、法令；决定公共政策的不只是政治家，还有利益集团、阶级阶层、社会公众；执行公共政策的也不只是公共行政人员，还有政治家、利益集团和社会公众。）

H. 拉斯维尔：公共政策是具有目标、价值与策略的大型计划。（这种理解强调作为政府行为的公共政策的设计功能及其目标性，是对的。但公共政策在本质上应当是一种判断哲学或行动哲学——采取行动和解决问题，而不是科学哲学——寻求真理。公共政策当然要关注合法性、合理性、公正性等社会价值标准，但更关注如何寻求和运用一定的方法以有效地解决实际的社会公共问题。因此，该定义是不全面的。）

D. 伊斯顿和卡普兰：公共政策是对全社会的价值所作的权威性分配。（这种理解从政治学原理的角度出发，强调的是公共政策的价值分配功能。它对价值的理解是最广义的，包括了一切有用的资源。）

I. 沙坎斯基与 T. 戴伊：公共政策是涉及大量人力和资源或关系到很多人的政府决定；凡是政府决定做的或不做的事情就是公共政策。（或译做公共政策是政府选择作为或不作为的行为。这种理解突出强调了公共政策的行为特征。）

陈振明:政策是国家机关、政党及其他特定政治团体在特定时期为实现一定社会政治、经济、文化目标所采取的政治行为或规定的行为准则,它是一系列谋略、法令、措施、办法、方法、条例等的总称。

综上所述,可以将公共政策界定为:公共政策是一个国家中的社会治理策略的总称。具体讲,公共政策是国家(政府)、执政党及其他政治团体在特定时期为实现一定的社会政治、经济和文化目标所采取的政治行动或所规定的行为准则,它是一系列谋略、法令、措施、办法、方法、条例等的总称。

5.1.1.2　公共政策与公共管理的关系

在公共管理领域,公共政策受到越来越多的重视,公共政策是公共组织管理国家和社会公共事务的重要内容。可以从以下两个方面理解公共政策与公共管理的关系。

(1)公共管理贯穿于公共政策过程的始终。公共管理的过程包含了公共政策的过程,同时,公共管理又寓于公共政策的每一个环节中。公共政策的制定既是公共管理的起点,又是公共管理的阶段性结果。一个简单的公共政策过程主要包括政策制定、政策执行、政策评估、政策调整和政策终结等环节,每一个环节都包含公共管理的过程。公共政策决定了公共管理活动的方向和目标,没有公共政策的公共管理是没有灵魂的、盲目的行为,不仅会造成公共资源的浪费,而且也无法实现公共利益的目标。

(2)公共管理同时又是公共政策实施的重要手段。公共政策是对全社会的价值所作的权威性分配,如何实现公共政策的目标,即如何执行公共政策,需要有权威的手段。而以政府权威手段为主要特征的公共管理正是实施公共政策的重要手段。再好的政策,如果没有权威的公共组织、高素质的公共管理者和有效的管理手段,是无法贯彻执行并取得预期效果的。

5.1.1.3　市场决策和非市场决策(公共决策)

在市场经济条件下,存在着两种基本的决策类型:市场决策与非市场决策。市场决策是市场主体(企业和个人)根据市场供求关系决定私人物品(Private Goods)的生产和供应,即企业决定生产什么、如何生产和为谁生产;作为消费者的个人决定购买什么、消费什么产品和服务。非市场决策或公共决策,则是国家或政府部门为公共产品(Public Goods)的生产及供应、为宏观调控经济及社会的运行而作出的决策。这两种决策在决策的主体、决策的对象、决策的过程、决策的原则和决策的方式等方面都是不同的。公共政策在价值取向上更强调政策的公共性,突出了政策的公共性质和公共内容。

市场经济对政府的公共决策提出了更高的要求。在市场经济条件下,政府的公共决策范围缩小了,它不再包揽市场决策,不再直接干预或决定私人物品的生产和消费。但这并不意味着市场经济条件下政府决策的任务减轻了。

5.1.2 公共政策的本质特征和地位

公共政策的制定、执行都是为了解决一定的社会问题，调整社会利益关系。公共政策的本质特征集中表现在以下几个方面。

5.1.2.1 公共政策利益导向的公共性

公共政策由特定的主体，即由国家或政府、执政党及其他政治团体所制定及执行。公共政策承担着社会价值权威性分配的职责，是公众意志和公共利益的集中体现。在当今变革的、多元发展的社会中，社会利益和价值也是多元的，而且利益和价值之间往往是冲突的。各利益集团为了维护自身的利益，都会通过各种方式施加影响，希望制定的公共政策对本利益集团更加有利。因此政府制定公共政策就需要在多元的甚至是冲突的利益和价值之间进行平衡和作出抉择，政府的决策应考虑各种利益和价值的平衡，如效率与公平、改革与稳定、个人利益与公共利益的平衡，等等。公共政策是各种利益关系的调节器，任何统治阶级在掌握国家政权、制定政策时，首先考虑的是如何巩固自己的政治地位、维护自己的经济利益，同时又会考虑现实的阶级关系和政治力量对比，致力于维护社会各阶级、阶层和利益集团的各种合法利益。因此，公共政策是在满足具有统治地位的利益集团要求的前提下追求社会利益的最大化，其利益导向带有明显的公共性。而个人决策、企业或市场决策往往着眼于自身利益的最大化，不顾及或少顾及公共利益，其利益导向带有明显的自利性。

5.1.2.2 公共政策的权威性和强制性

任何决策都需要权威的支撑，但与个人决策、企业或市场决策不同，公共政策具有法定的权威性。公共政策是由以政府为主体的公共权威机构制定、颁布并实施的。公共权威机构是对公民个人或私营部门及其他社会组织的行为具有强制治理权和合法权的机构，以军队、法院、监狱等国家机器为支撑，是唯一可以合法行使强制权的机构。公共政策由公共权威机构制定，并授权下级公共权威机构依法执行。公共政策在本质上符合大多数人的利益，在法定的范围内对所有个人或组织有效并有约束力，但社会各利益集团的利益诉求是有差异的，这就导致了公共政策的作用对象（标的群体）在对政策的服从程度上也存在不同。为了维护公共政策的权威性，公共政策的执行机构必须通过各种手段，包括强制手段保证公共政策的贯彻实施，任何违反公共政策规定的行为都可能受到法律的追究。这就说明了公共政策在对社会生活进行干预、解决社会问题时，具有权威性和强制性。

5.1.2.3 公共政策的稳定性和时效性

公共政策的稳定性是指公共政策的基本目标是稳定的。公共政策是各种利益集团斗争和妥协的结果，它既反映了占统治地位的利益集团的价值导向，也不同程度地照顾到了其他利益集团的要求，只有保持政策的连续性和稳定性才能有效地实现政策目标。公共政策如果朝令夕改，政策目标不断变化，就会使执行者和作用对象无所适从，最终导致政策失败。中国政府反复强调在香港实行“一国两制、港人治港、高度自治”的政策“五十年不变”，就是着眼于政策的稳定性。

公共政策的稳定性并不排斥公共政策的时效性和可变性。公共政策制定的目的是为了有效地解决社会问题,权威地分配社会资源,问题解决了,政策的使命也就完成了,问题变化了,政策也应随之而调整。所以除了总揽全局的总政策和少数基本政策外,多数政策都有着强烈的时效性。中国改革开放以来,党和政府随着形势的变化不断调整农村经济政策、财政政策和分配政策等,就充分说明了好的政策不是一成不变的,而必须是与时俱进、不断变化的。

5.1.2.4 公共政策的多样性和工具性

公共问题的多样性决定了公共政策的多样性,不同的问题可以采用不同的政策来解决,同一问题在不同的条件下也可以设计不同的政策来解决,这就涉及政策工具的选择问题。张成福在《公共管理学》一书中指出:"研究政府职能问题,包括两方面:一是政府应该干什么;二是政府如何去做。后者涉及政府的治理工具(Instruments of Government)的选择问题。治理工具又称政策工具(Policy Instruments)或政府工具(Tools of Government),它是指政府将其实质目标转化为具体行动的路途和机制。"

政策工具仅仅是手段,而不是目的本身。政策工具的存在和使用是为了实现政策目标;政策工具的范围相当广泛,对其选择也有相当大的灵活性。

公共政策的本质规定揭示了公共政策与政治系统的关系,公共政策与政府的关系,公共政策与公众利益的关系。正是这三方面的关系决定了公共政策在现代国家的重要地位。

(1)公共政策是国家公共权力运行的具体体现。政治涉及的是人们的权益关系。在现实社会中,对人们的利益关系加以调整、平衡的手段,是以约束人们行为的规范和准则的形式出现的各种政策。在政治系统中,人们关心的是:哪些人的利益要求反映到了决策中,公共社会问题是如何进入政策议程的,究竟什么人在决策,他们是如何决策的,政策制定后是怎样实施的,政策执行后的影响如何……这些就是政策的运行过程。作为政治生活实际内容的政治过程,其实就是政策运行过程。

(2)公共政策是政府实施公共管理的重要途径。在市场经济条件下,政府合理发挥职能的基础是培育市场,规范市场,防止和挽救市场失败。同时,政府必须肩负起政治管理、经济管理和社会管理的职能。政府对社会实施公共管理的重要途径是为个人、群体的行为制定并实施具有约束力的规范和准则,这就是公共政策。政府机构就是制定、执行和评估公共政策的机构;政府公职人员就是公共政策的分析者、规划者、制定者、执行者和评估者。当然政府行为不当也会导致政府失灵。而政府失灵首先是公共政策的失败。2004 年 2 月温家宝总理在省部级主要领导干部《树立和落实科学发展观》专题研究班结业式上的讲话中指出:"在社会主义市场经济条件下,政府的职能主要是经济调节、市场监管、社会管理和公共服务四个方面。落实科学发展观,必须加快政府职能转变,全面、正确地履行政府职能。"这就明确了中国政府今后制定和执行公共政策主要是围绕"经济调节、市场监管、社会管理和公共服务"四个方面进行。

(3)公共政策是政府维护公众利益的主要手段。公众利益是一切公共政策的出发点和归宿,政策的核心是要解决社会利益分配的问题,所有政策最终都表现为对社会利益关系的处理与调节。政府通过公共政策的制定、实施和评估进行利益选择、利益综合、利益分配、利益落实,达到持续不断地发展公众利益的目的。“三个代表”重要思想告诉我们,中国共产党和中国政府制定公共政策,不断发展先进生产力和先进文化,归根结底都是为了人民群众的日益增长的物质文化生活需要,不断实现最广大人民群众的根本利益。

5.1.3 公共政策的功能

政策功能就是政策在实施过程中所能发挥的功效和作用,它通过政策的本质、地位、结构与作用表现出来。政策功能总是在与某种社会目标的联系中得到判定。一般说来,公共政策的功能包括以下四个方面。

5.1.3.1 制约性功能

制约性功能所要达到的目标,是制约甚至禁止政策制定者所不希望的行为发生。政策作为国家利益和公共利益的体现,在规范人们行为时,必然要规定人们在追求自身利益最大化时,什么是可作为的,什么是不可作为的。政策的制约性功能,在形式上表现为对特定对象行为的制约。环境保护作为中国的基本国策之一,就是政府采取行业管制、经济处罚等种种措施制约企业的生产行为,减少可能对环境造成的污染。

5.1.3.2 导向性功能

政策的导向性功能所要达到的目标,是引导整个社会朝着政策制定者所希望的方向发展。导向性功能是与制约性功能相对应和相统一的。制约性功能是消极性功能,导向性功能则是政策的积极性功能。政策的导向性功能的一项内容就是规定目标、确定方向;政策的导向性功能的另一项内容,就是用所确立的目标、方向来教育群众,统一人们的思想,规范人们的行为,使整个社会朝着一个共同的目标发展。邓小平同志1992年南方谈话,进一步明确了发展社会主义市场经济的目标,极大地解放了人们的思想,促进了社会经济的发展。

5.1.3.3 管理性功能

国家的社会管理活动是一个复杂的系统过程,其中有许多利益关系需要协调,以保证整个国家社会生活的和谐进行。这些关系主要包括社会政治组织(如各党派、各社会团体)之间的关系,各种政治权力之间的关系(如各国家机关之间的关系,地方政府与中央政府的关系等)、各种经济关系(如生产与消费,消费与积累,各经济法人之间及其与国家的关系)、各民族之间的关系,等等。这些性质各异、错综复杂的关系,决定了政府的管理活动是一项十分复杂的系统工程,而公共政策就是国家实现社会管理的重要手段、工具和杠杆。

5.1.3.4 象征性功能

制定政策的目的在于改变社会的状况,产生实质性的效果,这是政策的工具性的集中体现。但有一类政策仅仅在于影响公众的看法、观念,制定者没有为此提供必要的资金、资源及其他条件,它的存在仅具有符号意义,即只有象征性功能。美国1968年民权法案规定在租售房时禁止种族歧视,该规定未必实际可行,然而此规定对各种族的人是一种政策保证。我国大力推广全国通用的普通话,就是一种政策保证。

5.1.4 公共政策的类型

现代社会纷繁复杂,存在着各种各样的问题,政府要有效地进行社会治理,必须通过公共政策的工具协调处理各方面的矛盾。公共政策有以下几种分类方法。

(1)按照纵向管理层次,可以将公共政策划分为元政策、总政策、基本政策和具体政策。

(2)按照影响和重要程度,可以将公共政策划分为中央政策和地方政策,全局政策和局部政策,重点政策和一般政策。

(3)按照管理领域,可以将公共政策划分为经济政策、政治政策、文化政策、社会政策、外交政策等。

(4)按照作用特点,可以将公共政策划分为积极性政策、消极性政策、鼓励性政策、限制性政策等。

(5)按照时间特点,可以将公共政策划分为长期政策、中期政策和短期政策。

5.1.4.1 按公共政策的性质分类

1. 改造型与调整型公共政策

改造型公共政策主要是在解决公共社会问题时着眼于对整个社会公共领域的结构、公共管理的运行体制与效能进行全面的改革,这类政策带有全局性与革新性。调整型公共政策则着眼于对公共领域的结构与运行体制进行部分的协调和调节,这类政策带有局部性与调节性。

2. 创新型与重申型公共政策

创新型公共政策通常是政府针对以往从未遇到过的问题或现象所作出的行为规定,具有探索性和创造性,也有不确定性,需要反复试行和验证才能趋于完善。重申型公共政策是已经定型的并被实践证明是有效的政策。当类似的公共社会问题反复出现时,公共管理的主体就可以反复重申或强调已经执行过的政策。

3. 鼓励型与限制型公共政策

鼓励型公共政策是一种包含奖励因素和手段的公共政策,其贯彻的成效主要取决于政策所包含的奖励手段对其所要调整的对象激励程度的高低。限制型公共政策是一种压缩公众选择与活动范围,从而控制某些行为少发生或不发生的政策。这种类型的公共政策条文中,一般都要明确地包含“禁止”、“限制”、“杜绝”某类行为的内容。限制型公共政策在贯彻时会有阻力甚至遭遇冲突和对抗。

4. 原生型与派生型公共政策

原生型公共政策又称母政策，是为解决某一类原始问题而制定的，针对性、目的性很强。派生型政策有两类，一是原生政策如果是混合或复合政策，在其运行中分解出来的单项或具体政策是派生政策；二是原生政策为单项政策，为了解决某些复杂的综合性的问题而将几个原生政策结合起来，所形成的综合性或混合性政策就是派生政策。

5.1.4.2 按公共政策的层次分类

1. 元政策(Metapolicy)

元政策是规范与引导政策过程中政策制定、执行和评估行为的准则或指南。它主要研究公共政策的指导思想、价值标准、行为准则、程序步骤、模型方法等。元政策是公共政策中与政策哲学联系在一起的知识系统。

2. 总政策

一个国家的总政策(又叫总路线、基本路线、战略决策)是执政党和中央政府在一定阶段上所要努力实现的社会政治、经济、文化发展的战略任务和根本目标。如建设中国特色社会主义就是我国现代化建设的总政策。总政策具有指导性、原则性和稳定性，是其他各项政策的出发点和落脚点。

3. 基本政策

基本政策是指执政党和政府为维护和协调国家全局和整体利益，对社会某一领域、某一方面发展所规定的主要目标、任务和行动准则。基本政策通常是政府公共管理中涉及各个公共部门的政策，如政治政策、经济政策、文化政策、社会政策。基本政策是连接总政策与具体政策的中间环节。

4. 具体政策

具体政策一般是指中下层公共管理部门在特定时期、特定范围，为解决特定问题所规定的行动目标、任务和准则。它是基本政策的具体化，是将基本政策所规定的目标与任务付诸实施的工具与手段，具有更强的针对性和可操作性。

5.2 公共政策系统

公共政策是一个由政策主体、政策客体、政策环境等要素相互作用的系统。政策主体和客体分别是指决策者以及决策者所处理解决的社会问题及所涉及的人或团体，而政策环境则是指在决策过程中，影响政策过程的各种因素的总和。

5.2.1 公共政策的主体

政策活动者就是政策主体，包括直接或间接地参与政策分析、制定、执行、监督和评估等全过程的人或组织。政策主体的构成要素一般都包括：官方的政策活动者，即政治体制内的、行使公共权力的政策过程的参与者，如立法机关、行政机关、执政党、司法机关，政治家和官员；非官方的政策活动者，即政治体制外的、不直接行使公共权力的政策过程的参与者,如利益团体、思想库、大众传媒和公民(选民)等。

5.2.1.1 立法机关

立法机关的主要任务是立法,即履行制定法律和政策这一政治系统中的主要职责。在西方尤其是美国,立法机关通常能在独立决策的意义上行使立法权。关于税收、人权、福利和劳动关系等方面的政策在很大程度上是由国会制定的,但国会并不具有真正完全独立的决策功能。在我国,全国人民代表大会是最高国家权力机关,行使国家立法权。全国人大及其常务委员会有两个职能:一是把执政党对国家和社会的政治主张以国家法律的形式体现出来,使其成为国家的意志——国家权力的灵魂;二是建立政府权力体系——国家行政机关和司法机关等,并担负着审议批准政府机关所提出的重要政策方案或法案的职责,监控政府行政机关的政策执行。

5.2.1.2 行政机关

当代行政机关权力扩张,政府全面干预社会经济生活,在政策过程中的地位和作用特别突出。在美国,国会的立法将重大的决策权授予总统,特别是在决策权难以分散的国防和外交领域,行政机关不仅是政策执行的主导机构,而且还更多地参与政策制定。我国国务院享有行政立法、发布决定和命令权,对国务院机构和地方政府的行政领导权和行政管理权,国民经济和社会发展计划以及国家预算的编制和执行权,统一领导全国的内政、外交事务。国务院及各级政府不仅是政策执行的主要机构,而且有权根据总方针和总政策制定出具体的政策法规,将党和国家权力机关的政策具体化。

5.2.1.3 执政党

政党尤其是执政党是政策主体中的一个核心力量,公共政策在很大程度上可以视为执政党的政策。现代国家的政治统治大都通过政党的途径实现,在现代社会中,政党常常履行某种利益聚合的功能,政党努力将利益集团的特定要求转变为一般可供选择的政策方案。在西方的政党制度下,政党的主张转变为国家或政府的公共政策是靠选举来实现的,只有在大选中获胜,取得政权的政党才能成为直接的政策制定者,把它的纲领和主张转变为公共政策。在我国,中国共产党是政策主体的核心因素,它在政策过程中起着领导作用。中国共产党在政策过程中的主要作用是政治领导。江泽民同志在"十六大"报告中指出:"党的领导主要是政治、思想和组织领导,通过制定大政方针,提出立法建议,推荐重要干部,进行思想宣传,发挥党组织和党员的作用,坚持依法执政,实施党对国家和社会的领导。"同时,政协及各民主党派在我国的政策过程中也发挥着重要作用。

5.2.1.4 司法机关

作为国家机构组成部分的司法机关,是官方政策主体的构成因素之一,它在公共决策过程中也占有重要的一席之地。在美国,联邦司法机关即联邦法院能够通过司法审查权和法令解释权对公共政策的性质和内容产生很大的影响,通过判例对经济和社会政策产生影响。在我国,司法机关也在政策过程中起到某些类似的作用,人民法院和检察院等司法机构也是我国政策主体的一个有机组成部分。

5.2.1.5 利益团体

所谓利益团体是由具有共同价值、共同利益、共同立场的个人所组成的或者是在某种职业和行业中形成的正式与非正式团体。它的职责是履行利益聚合功能，以保障或增进其成员的利益作为最高目标。公共决策过程表现为利益或价值的分配过程。为了保证或增进自己的利益，个人往往参加利益集团，通过各种利益集团向政府提出要求和愿望，希望政府更多地考虑或照顾其利益。西方的利益团体通常不具有浓厚的政治色彩，但却是政府和公民之间联系的重要桥梁。利益集团影响公共决策的途径有游说、宣传、捐款和示威抗议等，美国国会的“院外活动”，就是代表利益集团的说客向立法者（政治家）、政府官员进行游说，希望他们支持利益集团所希望的政策。

在中国，随着市场经济的发展，必定出现利益多元化的趋势，各行各业、各个地区、各阶层的人民会形成各种各样的利益团体，这些团体通过各种途径表达其要求，希望党和政府在公共决策中考虑其利益。因此利益团体对我国的公共决策过程的影响力将日益增长，党和政府的决策在协调各方面的利益关系上也将面临更复杂的局面。中共十六届四中全会决议就提出要“发挥社团、行业组织和社会中介组织提供服务、反映诉求、规范行为的作用”。

5.2.1.6 大众传播媒介

当代信息社会，大众传媒（广播、电视、电影、报纸、杂志、书籍、电子信息网络等）对政府的决策有着重要的影响，其作用是传播信息、引导舆论、交流思想和传播知识，是政府、政党和其他利益团体的宣传工具。大众传媒对政策制定的影响与作用具体体现在：大众传媒能及时反映社会所发生的公共问题，能通过对政策信息和政策问题进行选择、整理、淘汰、处理等手段，进行层层加工和筛选。大众传媒的“焦点效应”可以形成强烈的政策舆论压力，促使决策系统接受来自公众的愿望和要求。大众传媒是连接政府与社会的桥梁和中介，可以扩大公众对政策制定的参与程度，使分散的公众公开表达自己的诉求，是实现决策科学化和民主化的重要载体。

5.2.1.7 公民或选民

公民或选民是一种最广泛的非官方政策主体。在现代民主社会中，公民通过各种政治参与途径影响或制约政府的公共政策制定与执行。政治参与途径包括五种：①公民以国家主人或主权者的身份，对某些重大政策问题直接行使主权，如领导人的选举、基本国策或重要的地方性政策的制定，采取直接投票的方式来加以决定；②公民利用间接或代议的方式，选出自己的代表去参与公共政策的制定与执行；③公民使用各种威胁性的方式（如请愿、示威游行、罢工、罢课等）反对某些政策，迫使政府修改或废止这些政策，或表达制定新政策的要求，迫使政府将问题提上议事日程；④公民通过参加利益集团，借助团体的力量去影响政策，或通过制造舆论或游说的方式去影响政府决策；⑤公民对政府通过并实施的政策采取合作或不合作的态度，以此影响政策结果等。

各种政策主体在政策过程中是如何行为的呢？西方公共选择(Public Choice)理论家力图概括出政治家、政党、行政官员、利益团体和选民在政策过程中的一般行为模式。他们用经济人假说来说明各种政策主体的行为,其动机和行为都是追求自身利益的最大化。例如,政治家或立法者在政策过程中所追求的最大化利益是赢得选举或再次当选,因此其行为是为了在选举中获得更多的选票或支持率。而为了获得选民的支持就必须许诺制定并执行某些能够给选民带来利益的政策或提供更多的公共服务。西方各政党也在选举中通过某些政策承诺获得更多选民的支持。又如政府官员,同样在公共行为的动机中包含了自利的动机。按照尼斯卡宁的说法,一个官员可能追求的主要目标有"薪金、职务津贴、公共声誉、权力、任免权、机构的产生、容易改变事物、容易管理机构",为了达到这些目标,就必须扩大自己所属的行政部门的规模,由此可以提高影响,增加晋升的机会。

5.2.2 公共政策的客体

客体从哲学上来说是指被主体所认知并改造的客观对象。公共政策客体是指公共政策发挥作用时所指向的对象。它包括公共政策所要处理的社会问题(事)和所要发生作用的社会成员(人)两个方面。这里的"事"是指公共政策所要处理的社会问题,而"人"则是指公共政策所要影响的社会成员,它往往表现为一定的目标团体。

5.2.2.1 社会问题

公共政策的客体首先是指公共政策的制定与实施所要改变的状态。这种政策客体就是作为政策问题的公共社会问题。只有那些列入政府议事日程、涉及社会上相当多人的利益的社会问题,才能成为公共政策客体。我国在改革开放的过程中,收入分配不公的问题日益突出,如何建立健全公正的社会保障体系,就成为中国政府公共政策必须面对的重大社会问题。社会问题的分类是与公共政策的分类一一对应的。有学者根据问题的性质以及解决这些问题的决策对人们的影响的性质和程度,将社会问题划分为分配性、调节性和再分配性三种,这也说明了公共政策的实质是为了调整社会各阶级、阶层和利益集团之间的利益矛盾和冲突。

5.2.2.2 目标团体

目标团体是公共政策执行中所要直接作用的对象。这种政策客体主要是处在社会不同层次、不同范围内的,政策的行为准则所规范、制约的社会成员,一般称为公共政策的标的群体或目标团体。政策有大有小,它们发生作用的范围不同,因而所要影响或调节、控制的社会成员及其行为的范围也不同。公共政策所要解决的核心问题即人们之间的利益矛盾。这种利益矛盾是由不同的利益要求导致的,可能发生在个人与个人、个人与群体、群体与群体、政府与公众之间。不同的经济利益导致了不同的社会需求,自然会形成各种需要公共政策来协调和解决的社会问题。因此公共政策就要指导人们处理好全社会成员的利益和各种利益团体的利益之间的关系,建立起一个有利于维护安定团结、促进生产力发展的利益格局,同时进行利益选择、利益综合、利益分配、利益落实，达到持续不断地发展公众利益的目的。

5.2.3 公共政策的环境

公共政策是公共决策者根据自己的意志开展的公共决策活动，但是公共决策还受到外界各种因素的影响，包括政治、文化、经济、体制、社会结构、历史条件和国际环境等，这些因素被统称为公共政策环境。安德森认为，政策行动的要求产生于政策环境，并从政策环境传到政策系统。陈振明认为，政策环境是指影响政策产生、存在和发展的一切因素的总和。凡是影响政策的存在、发展及其变化的因素都构成政策环境。一般说来，在构成政策环境的诸多因素中，以社会经济状况、体制条件、政治文化条件和国际环境等四个因素最为重要。

5.2.3.1 社会经济状况

社会经济状况或发展水平是一国或地区的公共决策的最重要的依据。政府要想制定出合理的政策方案，并使它取得预期的效果，根本地就是从本国或本地区的社会经济发展的现实出发。任何超越或落后于社会经济发展水平的政策最终是要失败的。1958 年中国大跃进就是最明显的决策失败的例子，相反我国目前正在成功实施的"西部大开发"战略则综合考虑了沿海、内地和西部地区的经济发展状况。

社会经济状况是怎样影响公共政策的呢？首先，社会经济状况是一国或地区的政府制定政策的基本出发点。其次，经济实力是政策制定和实施的基本物质条件。政策过程作为上层领域里的政治活动，不仅有其经济上的根本动因，而且这一过程本身必须在与国家或地区的经济整体发展相一致的前提下，才能获得贯彻实施所需的财力、物力等各种经济资源的充分支持。国家或地区的经济实力影响着国家或地区的基本政策倾向和政策实施效率。最后，社会物质经济利益的分配调节，是一定历史时期政策体系，特别是大量经济社会政策得以确定的主要根据。

5.2.3.2 制度或体制条件

政策总是在一定的政治、法律、经济和文化体制或制度下制定或实施的。政策的制定与实施都与一定的制度或体制息息相关。政治体制为公共决策过程提供外部政治组织环境，决定或影响着政治过程。法律体制是指以宪法为核心内容的法律体系，法律为人们的活动创造一种可预见的环境，并提供了解决各种争端的程序。经济体制是经济政策为核心内容的公共政策形成的组织环境，经济制度最重要的是对财产权利加以明确界定并给予充分保护，这是市场得以运行的前提，也是公共政策制定和运行的平台。

体制或制度条件对公共政策系统及其过程的影响主要表现在以下几方面。首先，体制在政策制定过程中起着十分重要的作用。政策的制定机关涉及各个部门、各个层次，它们各自所要解决的问题和所关心的利益不同，使政策制定过程成为一个复杂的利益、权力划分过程。要想改变政策的制定过程，就要改变政策制定系统内部的机构设置，协调各组织之间的利益，调解在政策问题上发生的冲突。其次，一项政策的决策往往是从多个方案中选出的，选择的结果与体制密切相关，体制上容纳的可能性决定了政策的选择结果。在现行体制下可行的政策往往容易被选择，与现行体制相抵触的政策往往被搁置。再次，体制的习惯势力的大小和所占优势的程度，影响着人们对各种社会利益和社会问题的认识和表达，以及这些利益和问题得到正确解决的机会。最后，体制制约着政策的执行。如果政出多门，政策上出现不一致，政策就很难得以真正贯彻。此外，旧体制还制约着新政策的执行。

5.2.3.3 政治文化

政治文化是人类政治生活中的主观意识范畴，主要包括政治意识、政治价值观和政治理想等三个层次。政治意识有两种形态：一种是内在的心理形态，包括社会情绪、社会思潮和公众的社会舆论等；另一种是外在的文化形态，包括政治理论等。现代社会政策制定十分重视社会政治心理对政治走向的影响。而政治理论则是政策制定的行动指南。政治价值观从不同的方面对政策主体提出各种标准以影响政策过程，包括影响政策目标的确定和方案的制订，影响对政策方案的评价，影响方案的选择等。政治理想则规定了政策的动机、基本目标、基本方向和指导原则。

5.2.3.4 国际环境

公共政策的国际环境指的是对一个国家或地区的生存与发展产生影响的，由国家、国际组织相互间的竞争、合作、冲突所形成的带有一定稳定性的世界政治、经济、文化运行的秩序与格局。当代公共政策的国际环境有两大趋势：一是国际环境正朝着和平与发展的方向演变；二是全球化、市场化和信息化是当代人类社会发展的三大主要浪潮。

当代国际环境对一国或地区政府公共政策的进程的影响表现在三个方面。首先，国际环境影响着公共政策的价值选择。像中国在制定对内对外政策时，既要全力以赴把经济建设搞上去，维护本国的国家利益，增强国家的综合实力，又必须坚决反对强权政治和霸权主义。其次，国际环境影响着公共政策的目标选择。在全球化条件下，既要把目标放在积极参与世界经济的一体化进程上，又要考虑维护国家安全方面的目标。最后，国际环境影响公共政策的途径选择。一方面要选择加强国际合作的政策途径，另一方面又要利用国际规则，在竞争中发展自己。

5.3 公共政策过程

公共政策的运行是一个过程，它有各个环节、阶段，有序衔接构成公共政策的运行周期。西方政策学家对政策运行阶段和环节有深入的研究。参考国外学者的看法，结合我国的政策实践，可将政策系统的运行看做是由政策制定、政策执行、政策评估、政策监控、政策终结五个功能活动环节所组成的过程，这些环节构成一个政策周期。

5.3.1 公共政策的制定

政策制定(Policy-making)是政策过程的首要阶段，是政策科学的核心主题。一般把政策制定理解为政策形成(Policy Formation)或政策规划(Policy Formulation)。政策的制定过程是一个从问题界定到方案抉择以及合法化的过程。

5.3.1.1 决策诉求

决策诉求是指政策问题的形成过程,也就是社会客观情势产生的社会问题通过各种渠道汇总反映并形成决策诉求。这一阶段一般可划分为以下几个环节。

1. 问题的浮现

政府的功能和公共政策的社会意义就在于及时和有效地解决人类面临的诸多问题,所以问题是任何公共政策的逻辑起点。随着自然环境或社会环境的变化,种种影响公众生存利益和经济利益的社会问题就会产生。这些问题有的纯粹是由客观环境变化而产生的,如洪水、沙尘暴等自然灾害;有的是在社会生活中累积产生的,如恐怖主义猖獗、毒品泛滥、青少年犯罪等;还有的则是以往的政府决策产生的副作用或不良影响,如不适当的经济政策造成的收入分配不公、经济波动等。因此要研究特定的问题是否能引起公众的关注进而引起当局的关注,并进一步合法地进入公共政策的议程,最终成为政策决定。

2. 决策诉求

当各种自然、社会问题浮现后,人们需要寻求解决问题的方案,以便趋利避害,使自己的利益得到重新体现。提出决策诉求的可能是受到问题侵害的一般公民,也可能是占统治地位的阶级、阶层。他们为了各自利益而通过种种渠道使问题凸现,并将问题汇总后向决策主体提出诉求,要求通过公共政策解决问题,对利益进行重新分配,以确保或争取自己的利益。提出利益诉求的渠道很多,正式的有向议会、人民代表大会提出议案,非正式的有通过舆论宣传、游行集会、递交请愿书等,只要是引起决策主体注意并同情的做法都有可能成为提出决策诉求的方式。

5.3.1.2 政策制定

政策制定是在公共社会问题产生且情况明确以后根据问题的性质、程度和各种其他影响决策的因素而综合制定政策的过程。这一阶段又可分为方案设计、方案抉择和政策合法化三个部分。

1. 方案设计

决策主体中的决策分析者,将问题分析汇总后,形成若干可供选择的解决方案并提交给政策决定者。问题的界定和目标明确是方案设计的前提条件,若干备选方案是方案设计阶段的成果。政策方案的设计一般可分为两个步骤:第一步是政策方案的轮廓勾画,从不同角度、不同途径提出多种多样的方案设想;第二步是政策方案的细化设计,就是政策方案具体化,确定实现政策目标的各种措施。轮廓设想需要的是创新的精神和丰富的想象;而细节设计需要的则是冷静的头脑和求实的精神,就方案的各个细节进行严格的论证、反复的计算和细致的推敲。这一阶段的工作通常由专家学者和咨询机构辅佐完成。

2. 方案抉择

在对各备选方案进行后果预测后，要对各方案进行评选，以抉择出或综合出一个最佳方案或满意方案。由于决策信息的不完备、方案的不周全以及选优标准的多样性与相对性等，要达到最优目标是困难的。因而比较适宜采用赫伯特 · A. 西蒙提出的满意标准，遵循"有限合理性"原则，选择一种在现实条件下比较可行的方案。

西蒙从行为主义出发研究行政学及组织问题，提出行政决策中的有限理性与满意行为的理论，用有限理性的"行政(管理)人"取代了完全理性的"经济人"，用满意决策代替了最优的梦想。按照古典经济学理论，人类是理性动物，人类经济行为的目的是为了追求利益最大化。西蒙说："一项决策如果真能在指定情况下使一定的价值最大化，则可以称为客观理性。"但由于知识的不完备性、预见未来的困难以及备选行为范围的有限，决定了客观理性在实际行动中是不存在的。西蒙认为人类行为所依赖的既不是以上所谓的客观理性，也不是弗洛伊德的非理性，而是介于两者之间的有限理性。行政人的基础就是有限理性。行政人是心理人和经济人两者的结合。心理人有自己个人的目的、动机、怪癖等，因而在组织的决策方面就可能有合理的结果或不合理的结果；而经济人能够为实现目标作出最佳选择。行政人是经济人的兄弟，行政人由于只具有有限理性，宁愿满意而不愿作最大限度的追求，满足于从眼前可供选择的办法中选择最佳的办法。据此西蒙提出了他关于决策行为的准则，用满意决策准则取代最优决策准则。满意决策准则就是在决策时决定一套标准，用来说明什么是令人满意的最低限度的备选方案，如果拟采用的备选方案满足或超过了所有这些标准，那么该备选方案就是令人满意的。

3. 政策合法化

在方案抉择完成以后，选定的政策方案要成为真正具有权威性和法定效力的政策，必须经过一个政策合法化的过程。政策合法化对于政策的制定和实施具有十分重要的意义。坚持所有法律、法规以及各项公共政策在执行之前都实行规范的合法化，是决策科学化和法制化的具体体现。政策合法化是由法定的决策主体依照法定的权限和程序进行决策的过程。在中国政策合法化的主体主要有两个：全国人大及其常委会行使国家立法权，法案经过审议、表决通过等程序后由国家主席公布生效；国务院和各级地方政府作为国家行政机关，其政策合法化通常要经过的程序是，重大政策方案经法制工作机构(法制办公室)审查后，由领导决策会议(领导常务会议、全体会议、行政首长办公会议)讨论决定，最后由行政首长签署发布政策。

2007 年 10 月胡锦涛同志在中共十七大报告中指出："推进决策科学化、民主化，完善决策信息和智力支持系统，增强决策透明度和公众参与度，制定与群众利益密切相关的法律、法规和公共政策原则上要公开听取意见。"增强决策透明度和公众参与度在公共政策制定的过程中具有特别重要的意义。

5.3.2 公共政策的执行

政策执行是政策过程的中介环节，是将政策目标(理想)转化为政策现实的唯一途径。政策执行的有效与否事关政策的成败。政策执行是政策执行者通过建立组织机构,运用各种政策资源,采取解释、宣传、实验、协调与监控等各种行动,将政策观念形态的内容转化为实际效果,从而实现既定政策目标的过程。政策执行在政策过程中有着重要的地位与作用,政策执行是实现政策目标的基本途径,是检验政策正确与否的唯一标准。正如美国政策学者艾利森所说:“在实现政策目标的过程中,方案确定的功能只占10%,而其余90%取决于有效的执行。”

5.3.2.1 公共政策执行的微观程序

政策执行的微观程序大体上包括以下六个主要环节,每个环节都会形成反馈流并与它之前的环节发生作用。

(1)政策宣传。这是政策执行过程的起始环节,执行者只有在对政策的意图和政策实施的具体措施有明确的认识和充分的了解,才有可能积极主动地执行政策。政策对象只有知晓并理解了政策,才能自觉地接受和服从政策。

(2)政策分解。要使政策执行顺利进行,就必须对总体目标进行分解,编制出政策执行活动的“线路图”,使执行活动有条不紊地进行。

(3)政策执行准备。政策执行准备包括物质准备和组织准备。

(4)政策执行的试验。我国改革开放的历程就是一个不断进行政策试验的历程。邓小平说:“在全国的统一方案拿出来以前,可以先从局部做起,从一个地区、一个行业做起,逐步推开。中央各部门要允许和鼓励他们进行这种试验。试验中间会出现各种矛盾,我们要及时发现和克服这些矛盾,这样我们才能进步得比较快。”

(5)政策执行的推广。政策执行的推广即政策的全面实施。这是政策实施环节中操作性、程序性最强,涉及面最具体、最广泛的一个环节。

(6)政策执行的协调与监控。协调好各方面的利益和关系,才能使执行人员及其他有关人员做到观念上的统一和行动上的一致,保证执行活动的同步与和谐。对整个实施过程加强监督和控制,才能保证政策的全面贯彻和落实。

5.3.2.2 政策执行的基本手段

政策执行手段的恰当与否直接关系到政策目标能否顺利实现。政策执行活动的复杂性,决定了政策执行手段的多样性。

(1)行政手段。行政手段是依靠行政组织的权威,采用行政命令、指示、规定及规章制度等行政方式,按照行政系统、行政层次和行政区划实施政策的方法。在政策执行中使用行政手段容易做到协调统一,令行禁止,便于解决一些特殊的、紧迫的、突发性的问题。但行政手段不可滥用,执行过程中的无偿性和下级的被动地位都不利于充分发挥下级的积极性和创造性。

(2)法律手段。法律手段是通过各种法律、法令、法规、司法、仲裁工作,特别是通过行政立法和司法方式调整政策执行活动中各种关系的方法。法律手段具有权威性、强制性、稳定性和规范性的特点。

(3)经济手段。经济手段是根据客观经济规律和物质利益原则,利用各种经济杠杆,调节政策执行过程中的各种不同经济利益之间的关系,以促进政策顺利实施的方法。经济手段运用价格、工资、利润、利息、税收、资金、罚款以及经济责任、经济合同等组织、调节和影响政策执行者和政策对象活动。

(4)思想引导手段。思想引导手段是一种以人为中心的人本主义管理方法,它通过运用非强制性手段,引导政策执行者和政策对象自觉自愿地去贯彻执行政策,而不从事与政策相违背的活动。

在社会主义市场经济条件下,政策执行更多地要采用法律手段和经济手段,辅之以行政手段和思想引导手段,才能保证各项政策的顺利执行。

5.2.2.3 公共政策执行的影响因素

现实的政策实践表明,某些政策付诸实施之后并不能取得政策效果。这是因为在执行过程中会遇到各种各样因素的干扰和影响。

一是政策本身的因素。在公共管理领域,许多政策不能达到预期效果,执行中困难重重,这在很大程度上与政策本身的缺陷有关。政策决定的合法性、合理性、可行性直接影响政策执行的效果。有些政策在利益分配上不能体现多数人的根本利益,必然会在政策执行者、政策对象的消极应付和抵制中被搁置。有些政策模棱两可、含糊不清、无法操作,自然无法执行,也容易引起政策界限不清,导致政策随意变通。

二是政策资源。公共政策在性质上是政府运用国家公共权力解决一定社会问题的公共选择行为,因此政策执行理所当然要运用国家的公共资源。同时人们也要根据公共资源的占有量与政策效果之比进行关于特定政策的成本—效益分析。所以政府在制定政策执行项目上提供的公共资源的种类和数量,或者政策执行主体实际获取和实际使用的国家公共资源的种类和数量,既构成有效执行政策的条件,又构成检验政策执行效果的价值评判标准之一。实际的公共政策执行要求具备的资源要项有执行经费的预算和提供,执行机构的设立和人员素质的保障,执行权威的获得以及执行保护的加强。

我国近年出现的暴力抗法事件,使执法人员的人身安全受到极大的威胁,需要特别强化政策执行保护。执行保护是指政策执行机构和政策执行人员在法律的范围内按照政策规定执行政策,其个人权利和工作权力依法受到保护。执行保护是一种与公平原则相关联,同时与政策执行人员的士气相关联的政策资源。与政治和行政责任相联系,执行保护至少包括人格保障权、身份保障权、职务保障权、公务使用请求权、行政裁量权、自由申辩权、确认事实权等权利。

5.3.3 公共政策的评估

政策评估是政策过程的一个重要环节,只有通过政策评估,人们才能够判断一项政策是否收到了预期效果,从而决定这项政策是应该继续、调整还是终结。政策评估就是依据一定的标准和程序,对政策的效益、效率、效果及价值进行判断的一种政治行为,目的在于取得有关信息,作为决定政策变化、政策改进和制定新政策的依据。

5.3.3.1 政策评估的标准

政策评估要依据一定的标准，标准如何选取决定着评估的结论是否正确可靠。政策评估一般围绕三个标准进行：①效益标准，指达到政策目标的程度；②效率标准，即考察政策投入与政策效果之间的比例；③效应标准，即考察政策实施后对社会发展、社会公正、社会回应影响的大小，效应标准是最高层次的评估标准。

在中国改革开放新时期，邓小平同志将政策评估标准具体化为生产力标准。邓小平 1987 年在会见外宾时说："评估一个国家的政治体制、政治结构和政策是否正确，关键看三条：第一，政局是否稳定；第二，是否能增进人民的团结，改善人民的生活；第三，生产力是否得到持续发展。"

5.3.3.2 政策评估的类型

随着政府政策活动的日益复杂化和影响的扩大，政策评估也呈现出多样化的特点。从不同的角度，依据不同的标准，可将政策评估分为不同的种类。从评估组织活动形式上看，可分为正式评估和非正式评估；从评估机构的地位看，可分为内部评估和外部评估；根据政策评估与政策执行的先后关系，政策评估又可分为事前评估、执行评估和事后评估。本书倾向于最后一种分类方法。

(1)事前评估。事前评估是在政策执行前对政策效果进行预测，同时考察政策环境对政策可行度和实施效果的影响和制约、政策实施成本与收益之间的关系。这在政策制定过程的方案设计和方案抉择时已经有论述。除了在方案确定前要对方案进行评估外，方案确定后政策实施前，还应对方案进行修正评估。

(2)执行评估。执行评估是指政策进入执行阶段后，对政策实施情况的评估。由于社会现象和政策问题的复杂性和多样性以及政策环境的变化，在政策实际操作前很难完全预料到所有情况，许多问题只有在执行中才会被发现，政策执行的结果可能与预测结果出现偏差。这些都要求在政策执行过程中适时进行评估。执行评估要记录收集有关资源投入、具体措施、实际运行、执行结果以及意外事件等的具体数据资料，分析原定政策失误所在及其原因，将政策缺陷反馈给决策者，使决策者能够及时地进行政策修正。

(3)事后评估。事后评估是指政策执行完成后，或政策实施相当长一段时期以后，对政策实施效果进行客观评价，同时对照政策目标，判定政策制定和执行结果与原定目标是否相符。事后评估实际上是整个决策过程的总结，因此对于政策效果的判断具有相当的权威性和影响力，根据效果评估往往能决定该政策是否应该继续或延续执行，或是应该予以改进或中止。

5.3.4 公共政策的监控及终结

政策监控和政策终结是政策过程中的两个密切相关的基本环节或功能活动。政策监控的结果就是对已有政策作出调整，包括政策的终结。

5.3.4.1 政策监控与政策调整

政策监控是政策监督、控制与调整的合称，为了实现政策的合法化与保证政策的贯彻实施而对政策的制定、执行、评估和终结等活动进行监督和控制,并对政策内容及其活动过程作出调整。其目的在于保证政策系统的顺利运行,提高政策制定与执行的质量,促进既定政策目标的实现,提高政策效率。政策监控是一个动态的过程,它由政策监督、政策控制、政策调整等功能活动所组成。这里着重介绍政策调整。

政策调整是在政策监督和控制所获得的有关政策系统运行(尤其是政策执行的效果)的反馈信息的基础上,对政策方案、方案与目标之间的关系等,进行不断的修正、补充和发展,以便实现预期政策效果的一种政策行为。在某种意义上说,政策调整是政策方案的重新制定和执行的过程,是政策方案的局部修正、调整和完善的过程。

为什么要不断进行政策调整?因为在政策实施或执行过程中,可能出现政策目标、政策环境、政策资源发生改变的情况;也可能暴露出政策的局限性和政策的负面作用。这就需要及时对现行政策作出调整。政策调整的内容是多方面的,有时需要对政策问题加以再认识和重新界定,有时则需要对政策目标、政策方案或政策关系进行调整。中共十六大在肯定我国现代化建设"三步走"战略的第一步、第二步目标基本实现,人民生活总体上达到小康水平的前提下,确立了全面建设小康社会的新目标,即中国特色社会主义经济、政治、文化全面发展的目标,就是对现代化的政策目标所进行的重大调整,符合我国国情和现代化建设的实际。

政策调整的形式主要有四种:一是政策的修正,对正式实施中与正在试行中的政策的具体内容、作用范围作修改或订正;二是政策的增删,对执行中政策的内容、作用范围和适用时间所作的缩减与扩充;三是政策的更新,对实施中的现行政策所作的变革;四是政策的撤换,对实施中的已经失去了合理性和科学性的政策所采取的调整形式。

5.3.4.2　政策终结

政策终结(Policy Termination)是政策过程的最后一环,也是承上启下的一环。政策周期理论把政策制定、政策执行、政策评估、政策监控和政策终结的过程视为一个政策周期(Policy Cycle)。所谓政策终结是政策决策者(制定者)通过对政策进行评估后,采取必要的措施,以终止那些过时的、多余的、不必要的或无效的政策的一种行为。政策终结既是前一个周期的结束,又是新的周期的开始。

有三种情况会导致政策终结:一是政策使命的结束;二是失误政策的废止;三是稳定的长效政策转化为法律。

据政策终结的对象不同有以下四种情况:一是政策计划终结,中止原来采用的措施、手段,使政策的具体推行和贯彻的活动中止;二是政策执行终结;三是政策组织终结,政策终止时相应的组织就必须分解、压缩、转型、撤销,人员则要重组、精简、分流;四是政策功能终结,公共部门不再提供与该政策有关的公共产品和公共服务。

从政策周期来看,政策终止并不是一种消极行为,而是积极的政策变迁。通过政策终止,政策获得了更新和发展。当前在我国推进政策终结的意义重大。我国正处于转轨时期，许多不适合新体制的旧政策应该予以终结。如行政审批制度的改革和政府“一站式”办公的推行都需要在政府部门内部对一些机构、规章制度进行必要的终结。我国加入 WTO 之后，为了与 WTO 的法律框架相适应，国务院和地方政府进行了一次大规模的清理“红头文件”的工作，废止了一大批过时的或与 WTO 规定相抵触的政策。

2004 年 9 月 19 日中共十六届四中全会通过的《中共中央关于加强党的执政能力建设的决定》特别强调要“改革和完善决策机制，推进决策的科学化、民主化”。“完善重大决策的规则和程序，通过多种渠道和形式广泛集中民智，使决策真正建立在科学、民主的基础之上。对涉及经济社会发展全局的重大事项，要广泛征询意见，充分进行协商和协调；对专业性、技术性较强的重大事项，要认真进行专家论证、技术咨询、决策评估；对同群众利益密切相关的重大事项，要实行公示、听证等制度，扩大人民群众的参与度。建立决策失误责任追究制度，健全纠错改正机制。有组织地广泛联系专家学者，建立多种形式的决策咨询机制和信息支持系统”。这一方面反映了中国党和政府在推进公共管理的进程中对科学决策、民主决策的重视，也为中国公共政策的发展指明了方向。

本章小结

公共政策是国家(政府)、执政党及其他政治团体在特定时期为实现一定的社会政治、经济和文化目标所采取的政治行动或所规定的行为准则，它是一系列谋略、法令、措施、办法、方法、条例等的总称。公共政策是公共组织管理国家和社会公共事务的重要内容，是公共管理的灵魂。

公共政策具有一些共同的基本性质：利益导向的公共性，权威性和强制性，稳定性和时效性，多样性和工具性。公共政策在国家的政治、经济和社会生活中发挥着重要作用，具有制约性功能、导向性功能、管理性功能和象征性功能。

公共政策是一个由政策主体、政策客体、政策环境等要素相互作用的系统。政策主体和客体分别是指决策者和决策者所处理解决的社会问题及所涉及的人或团体，而政策环境则是指在决策过程中影响政策过程的各种因素的总和。

公共政策的运行是一个过程，它有各个环节、阶段，其有序衔接构成公共政策的运行周期。政策系统的运行是一个由政策制定、政策执行、政策评估、政策监控、政策终结五个功能活动环节所组成的过程，这些环节构成一个政策周期。

改革和完善决策机制，推进决策的科学化、民主化，是中国共产党加强党的执政能力建设的重要举措，也为中国公共政策的发展指明了方向。

关键术语

公共政策 政策主体 政策客体 政策环境 公共政策运行

复习思考题

1. 什么是公共政策？公共政策具有哪些基本特征？
2. 公共政策有哪些功能？请结合中国的政策实践加以说明。
3. 根据我国转型时期的政策实践，论述政策工具选择的重大现实意义。
4. 公共政策制定是由哪些环节构成的？如何看待方案抉择中的“满意标准”？
5. 什么是政策执行？政策执行包含哪些基本功能活动环节？
6. 如何看待评估标准？联系实际说明邓小平“三个有利于”和江泽民“三个代表”思想在政策评估中的地位。
7. 根据案例，分析公共政策调整的依据和重要性。

案例

再调出口退税压顺差

财政部等国家五部委2007年6月18日联合发布了《关于调低部分商品出口退税率的通知》，我国出口退税政策从当年7月1日起将发生重大变革。

这次政策调整内容主要包括三个方面：一是在2006年降低和取消部分“高耗能、高污染、资源性”产品出口退税率的基础上，又进一步取消了553项同类产品的出口退税；二是降低了2 268项容易引起贸易摩擦的商品的出口退税率，主要包括服装、鞋帽等产品；三是将10项商品的出口退税改为出口免税政策。

与此前历次出口退税政策调整相比，这次出口退税政策调整的范围是空前的，被列入调整“大名单”的2 831项商品约占海关税则中全部商品总数的37%。

“这是贯彻去年中央经济工作会议确定的‘压顺差’调控目标的具体措施，其目标主要是为缓解贸易顺差过大引起的各种矛盾”，接受《瞭望》新闻周刊采访时，国务院发展研究中心外经部副部长隆国强认为，此番调整更多的是结构性调整。

在他看来，这既是科学发展观、节能减排政策在出口导向上的体现，更向国内和国际社会传递出一个清晰的信号：对内，表明了我国优化出口产品结构、促进经济结构调整的长期政策导向；对外，则再次彰显了中国作为一个负责任的大国，正在切实采取具体措施以解决自身内外失衡的问题，从而为缓解全球经贸失衡作出贡献。

出口退税政策是20世纪90年代中国中央政府为推动对外贸易的发展，增加外汇储备以抵御金融风险而采取的一项重要政策。这项政策出台以来，中国的对外贸易迅猛发展，外汇储备大幅增加，从而带动了整个国民经济的发展。但出口退税政策在实施过程中也出现了一些新的问题，如贸易顺差过大，部分“高耗能、高污染、资源性”产品大量出口，不利于国民经济可持续发展，等等。

据海关统计，2007 年 1—5 月中国进出口总额为 8 013 亿美元，同比增长 23.7%，累计顺差 857 亿美元，同比增长 83.1%。而到 2007 年 3 月末，中国的外汇储备已经飙升至 1.2 万亿美元。同时，人民币升值的压力也在持续加大，人民币升值呈加速之势。

基于上述背景，新的出口退税政策调整正是为了缓解贸易顺差过大带来的问题，促进外贸平衡，这也是此前调整汇率、出口退税、加工贸易目录、相关商品进出口关税税率等控制外贸顺差过大的一揽子政策措施的重要组成部分。

从 1994 年税制改革以来，我国的出口退税政策已经作了五次大的调整。其中，第四次调整始于 2005 年，其目的是为进一步控制“两高一资”产品出口，同时鼓励高科技产品和高附加值产品的出口。在这轮调整中，国家分期分批调低和取消了部分“两高一资”产品的出口退税率，适当降低了纺织品等容易引起贸易摩擦的产品的出口退税率，同时提高了重大技术装备、IT 产品、生物医药产品的出口退税率。

而此次正是第五次大的调整，出口退税率将随之变为 5%、9%、11%、13% 和 17% 五档。从效果上来看，它既是对第四轮调整的政策延续，又是范围最大的一次调整。而从力度上来看，财政部税政司副司长王晓华认为，根据静态算账，这次出口退税率的下调，出口退税率平均水平下调了不到 2 个百分点，小于 2004 年出口退税率的调整幅度。在他看来，如果政策调控的力度过小，将难以取得预想的效果。而且，此次调整方案，已与国家发改委、商务部、海关总署、税务总局多次沟通，力度把握上还是比较适当的。

（摘自《瞭望》新闻周刊 2007 年第 27 期）

案例思考题

我国第五次调整出口退税政策的背景是什么？政策调整的目的何在？

6

公共经济管理

经济是基础,是生产关系的物质基础,是上层建筑的物质基础,是社会的物质基础。公共管理作为一种上层建筑性质的活动,其物质基础自然是经济。公共经济管理,就是对作为公共管理的物质基础的管理,以保证社会经济的有序运行,从而支持公共管理的可持续进行。公共经济管理,由此构成公共管理的基础性内容之一。本章首先从市场经济(体制)的效率性描述入手,总结市场效率的渊源之所在。继而给出市场失灵的概念与定义,揭示出市场的非完善性。由此引申出公共经济管理之必要和必然,并概括了公共管理的经济职能。最后简要介绍了公共财政的内涵及功用。

6.1 市场效率与市场失灵

6.1.1 市场效率

当代,绝大多数国家(包括社会主义国家)的经济体制均为市场经济体制。人类之所以作出这种选择,是因为实践证明了市场经济的效率明显优于计划经济,市场经济有利于生产力的发展与进步。这既不是一个理论问题,也不是一种理性认识,而是一个实践结论。据历史唯物主义的基本原理,人类社会发展的根本动力是生产力与生产关系的基本矛盾运动。在这一矛盾中,生产力是最活跃、最革命的因素,占据矛盾的主导方面。因此,生产力是人类社会进步的根本动力、物质基础。人类社会生产关系、经济基础、上层建筑的进步,均根源于生产力的发展。所以,凡有利于、能促进并保护生产力发展的经济制度(体制),都是先进的。这就是历史唯物主义的生产力标准,也是邓小平理论的基石之一,构成我国改革开放的指导性思想之一。人类从实践成效中选择了市场经济制度,或简称市场经济。

市场经济的高效率性,首先来源于它对资源的动态配置。市场经济下,经济行为是以价格信号为转移的,而价格信号反映的是市场供求关系状况。当某种商品价格上涨时,表现了该商品的供不应求,深层次上反映的是生产该商品的资源配置不足。价格上涨导致利润上涨,会刺激企业增产该产品,即增加生产该商品的投入,增加生产该商品的资源配置。相反,当价格下降时,则表现了某种商品的供过于求,深层次上反映了该商品生产的资源配置过度。价格下降导致利润下滑,必要求企业减产该产品,即减少生产该商品的投入,减少生产该商品的资源配置。资源配置不足(供不应求)和资源配置过度(供过于求)都是资源配置的低效率甚至无效率。前者表现的是该配置的未配置,后者表现的是不该配置的却配置了,两者均是资源的浪费。设某一时空下资源总量守恒,则过度配置的资源造成了相应的资源短缺,而短缺处的资源恰恰被用于了过度配置,两者相互补充,相互抵消。所以供求涨落从长期看、从总体看,是相互抵消趋于均衡的。市场通过价格信号的不断变化指示着资源的转移和不断重新配置。在这一动态过程中,资源趋于恰当配置、准确配置,好比资源在不断寻找自己的合适位置并最终找到。如此,市场实现了资源的优化配置,能最大限度地保证资源的不浪费。价格涨落不仅影响了供给,同时影响了需求,从而为资源的转移配置即趋于优化配置赢得了时空条件,这也是实现资源优化配置的辅助性机制。

市场经济的高效率性,其次源于它的基本经济规律——价值规律。价值规律是一种强制性的利益导向。它强制性地要求所有企业的成本都必须相互看齐(相等),成本高出他人者,必被淘汰,因为市场(价格)不承认、不能实现超出别者的成本。成本的相互看齐是一个不断逼近的动态过程,其本质是技术的相互看齐,是技术水平的相互逼近、趋同。市场(经济)中,凡不想亦不愿被淘汰者,均必须如此。这就形成了由利润(利益)导向而产生的追求技术进步的外在的强制(力量)。所谓外在,指不是出于企业自身的,而是由市场施加给企业的。价值规律诱导、鼓励企业在等价交换的表象下,自发性地努力降低成本以获取更高的利润。在成本相当的条件下,由于价格的看齐效应,价格也相当,各企业单位产品的利润因此也相当。若率先降低产品成本,即成本低于他人,价格却与他人一样,以表象的等价交换掩护实际上的不等价交换而获取更多的利润。因为市场(价格)承认、能实现低于他人的成本。如此,成本低者可获取超额利润。率先降低成本的本质,是率先取得技术突破。这就形成了由利润(利益)导向而产生的追求技术进步的内在的冲动。所谓内在,指纯粹出于企业自身追求利润(利益)的意愿及指向。外在的强制,强迫企业互相比较,成本至少不能超出他人;内在的冲动,诱导企业发展、突破技术,使成本低于他人。竞争规律由此形成。不想被淘汰,想超越、战胜对手,这就是竞争。外在强制和内在冲动是竞争机制之源,两者共同构建了竞争规律。竞争本质,是对在一定时空下市场既定容量(份额)的夺占,或对主导权的分配。所有的市场进入者、构成者,都身不由己地、不由自主地参与竞争,最终的结果是科学技术的进步,社会劳动生产率的提高,社会生产力的发展,社会经济的繁荣。这就是亚当·斯密所讲的“看不见的手”及其作用。

由资源的优化配置机制、竞争性机制,共同构建了市场经济高效率性的基础之三。这一基础虽然派生于上述两大机制，但它却是市场经济高效率性的最重要基础——内源增长动力机制。市场经济下，社会经济增长、繁荣的动力机制源自市场经济自身。这一动力机制表明，市场经济下的经济发展是自发的，无须市场之外的外力推动，亦无须施加外在的、外来的压力与影响。只要是市场经济，价值规律作为其基本规律必自发作用，竞争遂有自发性，或言自发产生竞争性。竞争使劳动生产率不断提高，科技水平不断进步，供求状况不断变换，价格信号不断变动，资源不断转移配置，趋于优化配置。资源在自发寻找最佳位置，企业在自发寻找新的能力，使市场经济总是处在动态过程中，这一过程指向商品（产品）的更多、更好、更便宜，即指向优化、最优化。可见两大机制构建了市场的强大活力，遂形塑了市场的内源即自身（不断）增长的动力与机制。这一动力机制的创生解决了人类经济发展的动力即如何促进增长的问题。市场经济是自成长、自发展的，它具有内在的强大利益动力。这也是市场经济明显优于计划经济的长处：市场经济的动力结构是全方位、全时空的；计划经济的动力结构是在计划（行政权力）关注到的时空下纵向（自上而下）传递的。市场经济的动力是基于企业自我利益的追求而内源增长的；计划经济的动力则是由行政体系（系统）传递输送（传达）给经济体系的。市场经济的动力是利益性的、自发的；计划经济的动力则是行政指示（指令、命令）性驱动的。市场经济的高效率性由此蕴涵、内含于市场体系自身而不言而喻。

阿罗、德布鲁①两位经济学家用他们严格证明了的、以他们名字命名的两条定理高度概括了市场经济的高效率性。阿罗—德布鲁第一定理：竞争性经济是有效率的。阿罗—德布鲁第二定理：每一种具有帕累托效率的资源配置都是可以通过市场机制实现的②。所谓帕累托效率即 $MC = MB$，即边际成本等于边际收益。也就是每一单位的投资（增量）就会产生、获取一个相应的收益（增量）。试想，整个宏观（社会、国家）经济与微观（企业）经济若均如此，岂非效率极高！两条定理实际上可以简并为一条：市场竞争性机制可以实现每一种资源配置的帕累托效率。

市场经济是自由的、选择（性）的、开放的、竞争的、动态（配置）性的。这一切，在本质上是一个制度体系。市场经济的全部基础，是自由选择性，就是通俗所言的用脚来投（商品、企业的）票。为保障自由选择性，就必须具备并保障开放性，禁止设置任何人为的障碍，以确保购买者有选择商品及企业的自由。亦即哪个企业提供的商品（包括服务这种劳务型商品）价廉物美效用高，购买者尽可以自由选择。由此促进了竞争和资源的动态配置。可见，自由性、选择性、开放性是市场经济的基础，是市场形成并持续发展的前提。有市场才产生了竞争性、动态性。每一种基本属性均须制度

---

① 阿罗是美国经济学家和诺贝尔经济学奖得主。德布鲁原籍法国，后赴美国留学，先获数学博士学位，后又攻读经济学，获经济学博士学位，也是诺贝尔经济学奖获得者。他长期任教于美国伯克利加州大学，教授数学和经济学。

② 斯蒂格利茨：《社会主义向何处去》，30、52页，长春，吉林人民出版社，1998。

化才能充分发挥功用。所以市场经济是一个充分保障其基本属性及功用的制度化体系。如:垄断扼杀竞争,而没有了竞争也就无所谓市场了,竞争性是市场经济的基本属性,所以市场经济国家均有《反垄断法》《反不正当竞争法》等等,以保障竞争性,保障市场经济。因此,将市场经济看做是没有制约与规范,可以任意行为的无管理、无政府体系,是一种想当然的观念,完全是错误的。人类制度有两种类型:一是(自然)发生的,一是(人为)安排的。近现代以来,绝大多数制度都是发生与安排相结合的。诚然,市场经济的开端简单商品经济一开始是发生的——因为有了剩余产品,交换自然发生。随之也就形成了一些保护交换的约定俗成的制度,如自由选择、等价交换等。随着商品——市场经济的发展以及人类对其规律认识的深化,保护市场经济规律及其作用机制的安排性制度大量产生。市场经济作为制度体系,已经是生成性与安排性相结合的。当然,安排性制度是为了保护、提升、优化生成性制度,即保护市场经济的基本属性、基本规律及其作用。可见,市场经济作为高效性制度体系,其本来、其本体就是存在且离不开公共管理体系的。

市场制度体系的构成包括以下几方面。

1. 市场体系,即各类市场的总和

(1)生活消费品市场。生活消费品是最终产品,与中间产品不同,其无须进入再加工程序。但生产生活消费品需各种生产资料,因此消费品市场的发展是全部社会经济发展的基础与动力。

(2)生产资料市场。除机器设备、厂房或固定资产外,大部分为中间产品,需要进入再加工程序。生产资料是生产的基础,其市场发展程度表征了并促进着生产的持续发展。

(3)生产要素市场。生产要素市场主要包括土地、劳动力、资金市场。土地的自由流动、转移是生产资料自由转移、流动的基础,它使生产资料的转移有附着、流动有依托,从而固化。劳动力的流动、转移使物与人相结合,从而形成现实的生产力。市场经济条件下,物、人的流动均可表现为资金的流动,也依托于资金的流动,资金的充裕、短缺规约着物与人的流动,资金市场由此成为整个市场的基础与表征。资金市场的主要形式是金融市场,包括证券市场。资金市场主体是各类金融机构、金融组织,包括证券经营机构及组织等。

(4)信息—技术市场。信息、技术亦属生产要素,但在信息化时代,其地位、作用日趋突出,遂成新型独立要素,以区别于传统要素。市场规律通过信息发挥作用。信息传递得及时、全面,各种资源才能优化配置,最后趋于帕累托效率(均衡)。反之,则市场肯定是无效率或低效率的。科学技术是第一生产力,其随市场需求而创造、而发展、而转移。市场以等价交换为动力,促进了信息的获取、流动,促成了技术创造与应用。同时,信息和技术的流动,反过来促进了市场经济的发展,推动了社会经济的繁荣。

2. 市场主体

市场是产品交换的时间与空间体系。市场主体就是进行产品交换的主体。市场主体,包括一切进行市场交换的组织与个人。就组织而言,其主体是各类企业。就个人而言,消费者居于核心地位。简言之,企业和消费者是市场主体的基本构成。市场主体的市场行为,均服从市场经济的规律,由此,实现了市场的运行,产生了市场的高效。

3. 市场规则

市场规则是基于市场规律及其机制(主要有价值规律——等价交换机制,竞争规律——择优汰劣机制,供求规律——价格涨落机制,均衡利益规律——均衡价格机制以及由它们派生的投机—风险机制等),反映和表现它们的作用,并保护它们正常作用及正常作用条件的规章制度的总称。

(1)市场进出规则,即市场主体及其产品进入和退出市场的规章制度。进出规则(体系)拒绝或淘汰损害市场正常运行的组织、个人及其产品和行为,以维护市场的正常运行秩序。

(2)市场定价规则,即保障市场交易价格由价值规律及供求、竞争规律决定的规章制度。价格信号是市场经济体系最重要的信息,它的及时、准确决定了市场规律作用的充分发挥和市场经济的效率。因此,必须保障其由价值规律的作用和供求、竞争规律决定。扭曲了价格就扭曲了整个市场(运行)。另外,战略资源、生活消费品价格关系到国计民生,必要时应由政府决定,这也需要有相应的规章制度作基础。

(3)市场交易规则,即保障市场交换行为及内容的规章制度。它规范市场交易方式,如货币、票据等各种市场交易工具等;规范市场交易行为,如公开、公平、公正、公信,反对欺诈等;规范市场交易内容,即商品的正当范围和不正当指称。进出规则保障市场正常运行的前提和条件,交易规则保障市场正常运行本身。两者均保障市场运行的正常秩序。

(4)市场竞争规则,即维护市场公开、公平、公正竞争的制度体系。它禁止违背竞争规律的竞争,如垄断性竞争、倾销性竞争等;禁止非正当性竞争,如欺诈欺骗性竞争、以非市场力量(权力)介入并帮助竞争、幕后交易等;维护市场正当竞争的环境等。正当竞争才能使市场趋于帕累托效率。

市场规则体系具有刚性,它刚性地约束市场主体及其行为,使契约、协议、交易刚性化,从而保障市场运行超出约定俗成即生成性制度的范畴而(安排性)制度化。最刚性化的市场规则是法律,它是市场规则体系的核心与底线。

4. 市场管理主体

市场管理主体指依法享有维护市场制度体系及市场秩序权力的一切组织和个人。首先是各类政府组织,享有对市场的行政监管权力。这一权力并非市场管理的最高权力,但却是最经常、最平常的权力,即使正常运行的市场,也处于其日常监管之下。作为国家行政管理系统,政府组织设置的诸多经济管理机构的目的与职责就是对市场经济的运行进行日常性监管。其次是国家立法、司法系统。立法机构构建了市场制度体系的核心框架,提供了对市场进行管理的基础和依据。立法机构享有市场管理的最高权限。司法机构依据法律进行市场管理,司法机构的管理(权力)虽然不是经常性、平常性的,但其通过刚性约束维护市场秩序。第三是各类公共组织。它们享有普遍的监督市场的权利,也享有部分控制权。通过监督提供的信息,为上述主体实施控制(控制就是纠偏,亦即维护)提供了基础。第四是进入、参与市场的个人,主要指消费者。他们享有广泛的监督市场的权利,但一般不享有控制权。但他们的监督往往由自身利益约束,从而具有刚性,为有控制权的主体进行控制提供了信息和行为基础。第五是商品的生产者、供给者。他们属于市场主体,同时也是市场管理的对象。其主体地位,还通过监管管理者而凸显。如通过行政诉讼反对政府不当干预企业;运用法律手段对付恶意需求者,以维护自身的正当权益等。同时,监管者也是市场的参与者,也有自我约束、自我监管的义务,以保证行为得当,监管有效。上述诸多主体,其作用、职能纵横交错,其行为、手段交互补充,共同构建了市场经济公共管理网络,形成了与市场交换的良性互动。

6.1.2 市场失灵

市场失灵即市场失去作用,又称市场失效,即市场失去效用、作用。也有学者称之为市场失败,其解释与市场失灵、失效相同,只是在用词上强调了市场的不起作用。

市场失灵是一类客观经济现象,其共性特征是市场规律不起作用,市场调节机制不能达成预期目标,市场似乎(因外因)处于失控、失调状态,而其本质原因恰恰在市场自身。市场失灵的主要表现在以下几方面。

(1)宏观经济失衡,即宏观经济非均衡,或供大于求,或求大于供。虽然,宏观经济运行是均衡和非均衡的交织,但宏观均衡应居主导地位。德布鲁已证明,市场经济在宏观上、总体上是自发地、自然地趋向于均衡的,而且,这一均衡并不苛刻,供求均是在一定幅度(区间)内的均衡,也就是供求均衡值都是区间(值),而不是点(值)。宏观均衡失去,表明市场背离了自身。宏观经济失衡导致失业、通货膨胀等一系列经济、社会问题的产生。严重者,引发经济、社会危机。

(2)垄断(部分)取代竞争,降低市场效率。垄断分为非自然垄断和自然垄断。非自然垄断恰恰是竞争的结果之一,两者关系为:竞争导致技术特别是关键技术的突破,导致垄断的产生,抑制了竞争,导致技术进步滞缓。这一矛盾的辩证过程,经典地表现了市场失灵。自然垄断则是由资源(如土地)的有限性所致,它阻挠了资源的优化配置(给最有效率者)。自然垄断条件下的资源优化配置,必须通过相应的制度安排方能实现。两种垄断的存在还诱发了最坏的人为垄断。

(3)公共产品短缺。公共产品包括物质形态的公共产品和非物质形态的公共产品即公共劳务型—服务型产品。公共产品是社会不可或缺的,其特征是一般不直接为企业创造收益,但其社会收益极大。因无利可图(除非改变公共产品属性),私营部门一般不生产、经营公共产品。正是市场利益机制导致了公共产品的短缺。

(4)外部效应得不到有效治理。负外部效应本身是市场利益机制的产物,但其制造的外部成本企业却不承担,致使资源的扭曲配置日趋恶化——不该配置的过度配置。正外部效应则是市场规律的副产品,但其创造的社会收益企业却无回报,致使资源的扭曲配置日趋收缩——配置减少乃至不配置。

(5)区域发展不协调。任何国家,区域发展总是非均衡的,呈现梯度性。市场失灵加剧了这种非均衡,使之趋于不协调。而地区的协调发展关系国民经济的健康发展和国家现代化的顺利推进,是不容忽视的。

(6)两极分化。这恰恰是竞争机制作用的结果,分化、落差正是竞争机制的动力之源。因恐惧落入贫困而追求富裕的企图(动机),形成了竞争动力,而竞争必导致两极分化。两极分化使社会矛盾加剧,又反过来损害社会经济发展的环境。以这种损害作为分化的补偿,导致发展的悖论(自相矛盾)。

(7)偏好扭曲。所谓偏好,一般指消费者对于产品的评价。它是产品效用的函数,正相关于产品效用。价格又是偏好的函数,正相关于偏好。若产品实际(真实)效用低而偏好强、价格高,或产品实际(真实)效用高而偏好弱、价格低,就是偏好扭曲。偏好扭曲,导致需求扭曲和供给扭曲,严重影响市场经济的健康发展。

(8)国际经济交往(收支)失衡。这也许就是市场功能极限性存在的证明之一。

关于市场失灵的原因,总体上有两种解释。①市场经济体系是不完善的,有缺陷的。市场失灵源于此。②市场经济体系是完备的,但再完备,其功能也是有极限的。达此极限或超过此极限,市场就失灵了。两种解释逻辑等价:市场是不完善的,非万能的,无论在体系上还是在功能上。将其展开,市场失灵的具体原因包括以下几方面。

(1)完全竞争型市场即理想型市场在现实中不存在。完全竞争型市场仅仅是理论上的设定,以作为研究框架与分析(比较)模型。现实中,因垄断总在一定程度上存在,信息不完全,对某些低端产品而言,完全充分竞争成本过高而不必要等原因,理想型市场是不存在的。萨缪尔森言:“从来没有完全的纯粹自行调节的(市场)企业制度。”①

(2)基于上一条,德布鲁关于市场是自发地、自然地在总体上最终趋于均衡的证明在现实中一般也是被扰动的。德布鲁是对瓦尔拉斯一般均衡假设所作的证明,而瓦尔拉斯假设的对象是完全竞争型市场,即理想型市场。既然市场并非理想型,所以非均衡状态也总是存在的。由此,经济学中的自由主义与干预主义均各有所长。自由主义认为市场是均衡的(这一思想渊源于亚当·斯密,严格表述于瓦尔拉斯),因而是完善的,政府干预因此基本上是不需要的。这一立场充分描述并肯定了市场的作用,但对于现实市场的认识过于理想化了。干预主义源自凯恩斯对市场非均衡性的证明。因为市场在现实中趋于非均衡,从而导致宏观经济紊乱甚至危机,因此政府

---

① 萨缪尔森:《经济学》,27页,北京,商务印书馆,1982。

必要的干预是不可或缺的。但干预只是弥补市场之不足,之非均衡,绝非取代市场。干预正是为了实现均衡,让市场正常发挥作用。可见,绝对的干预主义和自由主义均有失偏颇。

(3)市场信息的不完全性及非完备性。未来状况的不确定性是市场信息不完全性的基本原因之一。由此,导致决策过程的不确定性,导致市场规避风险的不确定性。信息的非对称性是市场信息非完备性的又一基本原因。卖方总是倾向于封锁信息的,因利益关系阻碍其充分披露信息。如此,掌握更多信息的一方在市场上占有优势,此情形下实现的交换因非等价不可能达到帕累托最优。价格并非资源配置的唯一指示,实际中的经济行为部分地是由非价格变量决定的,而且垄断、非完全竞争等原因的存在使价格指示部分地不真实。由此,非完全性价格既是非完全性信息的表现形式之一,也是非完全性信息的又一成因。诺思认为,越不发达、越不健全的市场,信息越不充分、越不完备,信息成本也就越高①。

(4)垄断的存在。垄断阻遏竞争,也就严重损害了市场。完全的垄断就取消、消灭了市场。因此,反垄断是维系市场经济体制的必需举措。凡市场经济体制下的国家,都有系统的反垄断法案和政策。尽管如此,部分垄断依然存在。局部垄断存在的原因之一是某些企业科学技术的率先突破,绝对领先。此情形造成的垄断,社会唯有承认才利于企业的竞争与创新。如微软公司长期以来对系统软件的局部垄断,英特尔公司对电脑芯片的局部垄断等。原因之二是自然垄断的存在。自然垄断因资源有限导致,若想突破此限,所需成本必恒大于突破限制所获得的收益,因而只能维持现状。原因之三是或明或暗的人为垄断。垄断获取利润极高,所需成本较低,因此以各种方式、形式构建垄断成为市场必然行为之一,如微软公司将其浏览器与视窗系统捆绑销售等。人为垄断是所有反垄断法规的重点对象,但因自然垄断和非自然垄断的客观存在,使其仍有可作用的时空。

(5)过度投机、机会主义风行。市场规律及机制均是支持投机的,投机与风险并存,因而支付较高成本才可获取较大收益。风险与收益正相关。但市场规律及机制并不支持机会主义即过度投机。所谓市场中的机会主义,威廉姆森将之定义为狡诈的自私行为,即不付报酬而获取利益的行为,最典型的是搭便车行为。它扭曲供求、竞争关系及机制,从而扭曲利益关系。它使假象呈现而真相掩盖,导致市场失灵。如2007年夏天爆发于美国的次贷危机,就是过度投机、机会主义风行的典型恶果。

(6)市场主体说到底是人,人的心理因素的随机性、非稳定性导致交易决策的随机性、非稳定性。这又强化了信息的非完全性和非对称性。信息的非完备性又与人的心理因素交互作用,使市场失稳,预期不清,影响宏观均衡。

(7)市场规律及机制的伦理因素短缺。维克赛尔认为,市场是富于效率的,且是一般均衡的,但其并不必然地包含伦理因素。如顾及分化中的贫困一极,自然地协调

---

① 诺思:《经济史中的结构与变迁》,9页,上海,上海三联书店,1994。

私人(局部)与社会利益及目标,关注社会(大多数)需求等。恰恰相反,私人(局部)的利益追求构成市场动力与效率之源。但伦理需求是客观存在的,伦理责任是不可或缺的。

(8)行政权力的不当干预,即对市场作用机制的取代。官员们的违法乱纪行为——设租、创租、寻租等,扭曲市场机制,扭曲市场行为,这是导致市场失灵的首要外来因素。

6.2 公共管理的经济职能及履行经济职能的基本方法

6.2.1 公共管理的经济职能

经济是基础,是人类社会存在与发展的基础,是人类(自身)存在与发展的基础。历史唯物主义的这一精辟分析,与其说是一种抽象,不如说是一种描述,因为它道出了事实真相。公共管理以增进社会利益、协调社会格局、促进社会发展为根本目的。社会经济的正常运行、良性循环、不断发展乃其基础。因此,公共经济管理是公共管理的基础、重中之重。市场经济体制下,因市场的内源动力和高效运行,社会经济处于自增长、自发展状态,公共经济管理的主要职能就是纠正市场失灵。公共经济管理的根本目标,是维护市场经济的正常、高效运行,促进社会经济不断增长,为公共管理目标的实现提供强大物质基础,支持公共管理目标的达成。

公共经济管理就是公共管理经济职能的展开与实现,市场经济体制下,公共管理的经济职能主要集中于宏观经济层面,具体表现在以下几个方面。

6.2.1.1 建立、健全、完善市场经济制度体系

对于大多数市场经济国家而言,因其市场经济体制是发生加安排的,所以只需也仍须健全、完善。对于向市场经济体制转型的国家来说,首先是建立市场经济体制,然后才是健全、完善之。市场经济制度体系包含两类制度。一类是支持、保护市场经济规律及其机制作用的制度。如鼓励、支持竞争,反对垄断,明晰、保护产权以构建并强化价值规律——利益动力机制的微观主体即基础,支持真实性价格(因其真实反映了供求关系),反对欺诈等制度。它是对(自然)发生的制度的强化,以维护市场正常运行和高效。另一类则是针对并纠正市场失灵的制度,以增进社会利益,促进社会发展,这又为市场经济的更快、更好发展提供了社会(环境)支持,使市场经济与社会处于良性互动之中。如强制性披露(企业)经济信息的制度;加强金融监管、抑制过度投机的制度(市场经济条件下,一切资源和要素配置均通过货币流进行,也表现为货币流。金融体系由此成了市场经济的终端运行(作)者和表现者、反映者、监管者。若金融体系不承担监管者职责,反而鼓励并支持机会主义,此情形下,最机会主义的产品就是各种金融衍生品。没有实体性价值基础的金融衍生品(泛滥)的恶果典型,就是2007年夏美国次贷危机引发的2008年全球金融危机和经济危机);为社会经济运行及社会健康发展补充伦理因素的制度——各种诉求公平分配的制度,如累进税

收制度、社会保障制度等；还有环境保护制度，严禁破坏生态制度；保障提供公共产品——国防、基础教育、公共卫生等的制度。市场制度的最刚性形式是法律制度，其次是政府法规，再次是公共政策（含社会政策）体系，最后是靠自然信用维系的约定俗成的规则体系。原则上，凡被实践证明是必然的、必需的市场制度，均应法制化，并以法制规约，维护其他层面的制度。

6.2.1.2 实施宏观调控，维护市场经济的宏观均衡

宏观经济均衡是社会经济健康、持续、发展性（增长型）运行的最重要条件。因前述的种种原因，宏观经济在现实运行中，易受扰动，产生不均衡状态，宏观经济的现实非均衡性可以表现为局部（包括地区与部门）非均衡，如猪肉短缺、低端钢材过剩等；也可以表现为全局非均衡，即总供给与总需求的非均衡，包括总量不均衡和结构不均衡。必须指出，经济发展滞缓乃至危机，固然是宏观不均衡的集中表现，但经济发展过热也是宏观经济非均衡的突出形式。经济发展过热意味着当下资源过度配置，透支了未来的发展资源，使经济发展不可持续。经济过热不仅是眼前的非均衡，而且是长远的非均衡，且都是全局的非均衡。可见，因为宏观不均衡状态，宏观调控也就成为公共管理的经常性、日常性经济职能之一。

宏观调控就是综合性地运用多种方式和手段，主要是经济方法与手段，通过制定并实施各种公共性经济政策，维系、实现宏观经济均衡，保证市场经济的正常、健康、良性运行与发展。公共管理的宏观经济调控职能的发挥，绝非改变市场经济体制，取而代之以行政主导型经济乃至指令性计划经济体制。恰恰相反，宏观调控是为了充分发挥市场经济体制的作用。因此，把握好维护市场体制和取代市场体制的界限是异常重要的，这也是实施宏观调控的最难点。宏观调控的原则有两条。①必须调控，调控是经常的。调控就是维护市场的有序运行。这也符合“控制”的经典定义：纠正偏离目标和正常路径的行为。②必须防范通过调控将市场体制取代为行政主导型经济体制的行为，调控必须针对市场失灵。

6.2.1.3 反垄断

这是保障市场高效运行的关键，可谓重中之重。但因自然垄断与科技领先垄断的客观存在——特别是科技领先导致的垄断，不仅不引发效率的损失，反而带来社会总效用的增长。这种垄断及其产生的收益（利润），是企业不断投入科技研发，追求科技创新的动力之一。据熊彼特创新理论，它甚至是创新的动力源。而创新则是企业技术进步和社会经济增长的动力源——因此必须保护。客观存在的垄断特别是具有进步意义的垄断以及垄断收益（利润），促进了人为垄断的寻找与制造，以人为垄断混杂于、混同于自然垄断（如各种电信产品），或冒充为创新性垄断，并以自然垄断与创新性垄断为掩护推行、推广。甚至借助行政权力强行制造人为垄断，如形形色色的地方保护主义、部门（行业）保护主义等。人为垄断因扼杀竞争从而从根本上降低、损害乃至取消市场效率。人为垄断的本质是一种经济机会主义行为，即不付报酬谋求利益的非正常、不健康经济行为。综合运用法律、行政、经济、社会手段，反对、制

止垄断,是公共管理的重要经济职能之一。反垄断的基本方针有三条。①坚决反对并制止人为垄断,保障市场的自由竞争和高效运行。②科学限制自然垄断,如扩大既定资源量,努力突破资源限制;寻求可替代品,展开替代性竞争;坚决降低进入市场(的政策性)门槛,努力降低竞争成本特别是政策性成本;人为培育新竞争主体,实施强制性竞争等。③在保护创新性垄断的同时,防范其发展为人为垄断(如前述微软之例),即界定其垄断域,并鼓励、支持有实力者、新兴市场主体与之竞争。反垄断的目的是支持、保护竞争以实现帕累托效率。凡利于竞争的,均在支持、鼓励之列;凡遏止、破坏竞争的,均在反对之列。恶性竞争一说,并不成立。竞争的基本形式、主导形式是价格竞争。一切非价格竞争均可划归为价格竞争——因其有成本。价格竞争的下限(底线)是成本。低于成本的倾销,均享有非透明政府财政补贴或税收减免,这在本质上是垄断,是依靠、借助行政权力实施垄断销售。真正低于成本的销售不如不销售,因其会导致破产。

6.2.1.4 治理外部效应

随着生态环境与经济发展矛盾的凸显,公共管理的治理外部效应这一经济职能日趋突出,甚至成为其最基本职能。因为“只有一个地球”,若想发展可持续,必须维系之,保护之,使其不至于走向“寂静的春天”。负外部效应是生态环境破坏乃至恶化的直接经济动因。因为负外部效应对于制造者(企业)来说,是正外部收益,是不用支付的外部成本(环境成本),这一成本直接参与了企业利润的创造而又不用支付,等于他人(社会及环境被破坏的受害者)为其支付,所以等于其正外部效益。有此额外收益,企业行为具有不可遏制的内在冲动性,加之市场的外在竞争压力,遂使企业此行为愈烈,环境破坏愈烈。对此,唯有公共管理路径可治理之。联合国及各国政府均将保护生态环境作为公共管理的基本职责。公共管理通过法律、行政、社会诸多手段,将外部成本内部化,使企业承担其制造的外部成本,将企业的外部收益真正还原为其成本。如此,使边际成本恒大于边际收益的真相呈现,最终通过经济利益的得失比较选择,终止其损害环境的“搭便车”机会主义行为。通过公共管理的综合性手段,落实“谁污染谁治理”的原则,是将外部成本还原为内部成本的唯一有效路径。正外部效应可视为企业的外部成本。因企业未得到相应收益(回报),实质上构成企业损失,等于企业支付了额外的成本。为鼓励正外部效应的创造,公共管理亦采用综合性手段特别是经济手段予以支持,使企业的外部成本转化为其内部收益,以促成创造正外部效应的资源增加投入,实现资源的高效配置。

6.2.1.5 提供公共产品

一般认为,公共产品短缺的市场体制因素为利益动力机制短缺,因为公共产品并不提供企业近期收益(回报),甚至不提供有形(物态、货币态)回报,导致企业不愿生产、供给。这一看法,虽然准确,但不全面。绝大多数公共产品均包含社会公益、公利因素即社会伦理因素,而市场机制短缺伦理因素才是公共产品短缺的基本原因。众所周知,市场供给效率,政府供给公平。兼顾、协调效率与公平,实现两者的均衡,是公共管理的主要职能之一。履行这一职能,在相当程度上是通过提供公共产品实现的。公共产品短缺,不利于甚至严重损害社会发展,最终必定阻滞经济发展。物态公共产品的影响直观可见,如基础设施短缺导致各种现实"瓶颈"等。非物态公共产品的影响非直观、非可见,但其短缺产生的负面效应长期且沉重。市场经济是利益竞争性经济,竞争直观地表现为价格竞争(各种服务性竞争因有成本支付可划归为价格竞争),价格竞争的本质是劳动生产率竞争,劳动生产率竞争的本质是科学技术竞争,科技竞争主体是人才竞争,归结为教育竞争。教育产品的数量(覆盖面)、质量(创新性内容、人才及成果)是竞争决胜的关键。教育产品是公共产品,其正外部效应性、社会公益(收益)性远大于受教育者个人获益。基础科研亦然,公共卫生亦然,诸多公共产品皆然。可见,公共产品关系到国家的发展、社会的进步和民族的未来。充分提供公共产品是公共管理的重要经济职能,这一职能有力地纠正了市场失灵。经济学的公共选择学派甚至认为,市场失灵集中体现为公共产品短缺,甚至就是公共产品短缺,市场失灵等于公共产品短缺。由此,纠正市场失灵就要充分提供公共产品。

6.2.1.6 协调区域发展,实现区域发展的均衡化

区域发展协调与否,是生产力空间布局合理与否的表征。生产力空间布局合理,又意味着资源配置有效率甚或高效率。三者正相关。在前工业化时代,农业经济构成社会的物质基础。因传统农业包括传统畜牧业发展的因地制宜性,以及投入成本较低,致全社会的生产力空间布局呈现低端均衡性,即农耕和畜牧业经济普遍得以发展。城乡之间、地区之间虽有差异,但大多为自然条件和行政权力作用所致。这种差异,并非资源配置的低效或无效,因而并不阻碍各地区的持续发展。所以农业经济时代,凡自然条件适宜地区,人类均利用了不同的适宜性发展了各地区经济。随工业化时代来临,地区经济发展的非均衡性立即凸显,遂有了发达、欠发达、落后地区分野。究其原因,自然条件固为其一,如资源条件、区位条件等。但工业化时代,地区经济发展所需投入较大,成本较高,并以此为基础,形成发展"极",吸纳更多的投资,从而造成地区发展的严重分化则是更重要原因。区域发展不均衡,导致资源的非优化、非最佳配置,造成资源配置的效率损失。工业化的实现,体现在地区经济发展上,就是由非均衡走向非农业经济社会的高端均衡。所谓城乡一体化、全国一盘棋、地区协调发展等,就是对这种高端均衡的通俗化指称。公共管理的重要经济职能之一,就是促使各管理主体,以政府为中枢,共同努力,彻底改变生产力空间布局失衡的落后状况,实现各地区协调并进发展,促成社会经济的整体跃迁,从而推动社会经济全局性进步,为全社会的协调发展及现代化奠定物质基础。

6.2.1.7 实现社会产品公平分配,协调社会利益矛盾,化解、和缓并最终消弭社会利益冲突

分配不公平是市场经济造成的一系列不公平之源,表现为收入差距过大,贫富分化加剧,其所导致的恶果表现在三个方面。①收入悬殊抑制了广大低收入者的欲望,

造成市场有效需求不足。分配不公平还导致流动性偏好(灵活偏好)强化,加剧了有效需求不足。有效需求不足又诱发资本边际收益递减,导致投资需求不足。如此综合作用,使市场萎缩,直接损害市场经济发展。②低收入群体的经济生活安全缺乏保障,诱发其有限收入的储蓄率居高不下,进一步减少了有效需求,使市场萎缩。市场经济的发展在根本上取决于市场需求,市场需求就是市场容量,市场容量就是市场经济发展的极限(度)。③低收入群体经济生活安全保障缺失,诱发社会群体利益性矛盾。处置不当,会激化社会矛盾,甚至导致社会冲突,使社会发展失去稳定环境。认同正当的分化即效率之源、之动力,有利于经济增长;帮助弱势群体,协调社会利益(矛盾),彰显、弘扬人类伦理,有利于社会和谐稳定。统筹两者,才能造就社会的健康发展。唯以公共管理介入社会产品的初次分配和再分配,才能有效统筹两者,实现社会公平。以琼·罗宾逊夫人为代表的新剑桥学派认为,科学、公平的分配是人类经济运行的最终目的,其他如所有制、经济增长等,都是手段。科学、公平的分配,是判断社会经济体系(制度)正当性、合法性的根本标准,也是社会经济可持续发展的制度基础。公共管理介入社会产品初次分配与再分配的主要方式为:通过合理的税制调节收入差距,并积累提供公共产品的资金,如实施累进税收制等;尽可能充分提供公共产品;建立、健全社会保障制度;通过财政转移性支付,直接补助弱势群体和落后地区等。

6.2.1.8 均衡国际经济交往,平衡国际(贸易)收支

在经济全球化背景下,国际经济交往日趋频繁、复杂,国家之间的相互经济依存度在提高,其交往状态、运行态势最终体现为国际收支的平衡与否。国际经济交往均衡,客观上属宏观经济均衡的范畴及框架。前已述及,现实市场宏观均衡较难维系,更何况还涵括了国际经济交往的宏观均衡。国际经济交往均衡,内含国家、民族利益,更非由企业构成主体的市场所能自然实现。国际收支不平衡特别是巨额逆差,极大影响乃至损害国民经济发展,因为逆差就是负债,若无强大的支付能力,则意味着本国经济受制于人,甚至本国经济结构都要为应对巨额逆差而调整。当然,若本国货币是硬通货(国际贸易结算普遍采用,国际地位坚挺),即享有、拥有硬通货发行权的国家是例外。逆差还相应减少本国就业岗位,扩大弱势群体,并由此可能引发社会矛盾等。可见,对大多数国家而言,国际收支的逆差性不平衡均威胁、损害本国经济发展,因此必须使之平衡。均衡国际经济交往,平衡国际(贸易)收支已远超出市场功用的范畴,其活动、收支虽以企业为主体,但往往需要通过国家之间的对话、政府之间的谈判予以实现。可见,这属于公共管理的重要经济职能。

6.2.2 履行公共管理经济职能的基本方法

公共管理的经济职能由公共管理主体共同承担。多元化管理主体构建了实现公共管理及其功能的社会网络。其中,立法主体确立整个经济体制的基本框架,制定相应的基本制度,并监督体制和制度的运行。司法主体承载经济法律制度的监督职能和审判职能,以规约并纠正违背相关法律制度的经济行为,维护市场经济运行秩序,

保障其健康运行。行政管理主体通过制定行政法规、公共政策(含社会政策)并行使行政管理权限,监督、调控市场经济的运行,对市场经济实施广泛的日常(常规常态化)管理,维护宏观经济均衡运行,高效发展。各类公共部门公共组织主体,不仅依法监督市场经济运行,通过与上述诸主体的沟通、互动,为调控发挥信息主体和信息通道作用而且依法运用自身拥有的权限,规约各类市场主体的行为。各类主体作为市场的公共管理者,也依法具有自我约束机制,这种约束又在各类主体的依法相互刚性监督中发挥并实现。多元化管理主体及其多种管理功能,共同构建了市场经济维护之网,多层面、多维度、全方位地维护着市场经济的有序、高效运行,并协调着经济与社会的发展,增进着全社会的福利。

总而言之,各类管理主体履行其公共经济管理职能通常采用的方法包括以下几方面。

1. 法律方法

法律方法包括立法、司法,制定行政法规并实施行政执法等诸多方式。前已述及,市场经济体制的法律、法规,一源自对市场发生型制度的承认、保护和强化;二源自市场正常运行所必需的安排。两者都是对市场规律及其作用机制的总结与反映。市场经济的法律、法规体系,强制性要求市场经济中的各主体在各自的经济活动中严格遵守,其对市场经济行为的规约是刚性的。除立法外,公共管理各主体运用的法律方法一般有以下两种形式。

(1)依法监督,依法执行,依法纠正。直接援引法律、法规规约市场行为。各主体自身的严格依法是行动(行为)合法性的基础和成功性的保证。

(2)作为诉讼主体,即作为原告方将违背法律、法规者送上法庭,按法律程序行动,通过法院裁决维护社会公益,惩处、纠正违法行为。

法律方法不仅供给制度,而且维护、实现制度,是确立、维系市场体系及其秩序的基本方法和终极手段。

2. 行政方法

行政方法是指行政主体即小政府运用行政管理的一般原理、措施、手段。它是从行政的根本属性——执行国家意志的管理活动中产生的一种管理社会经济的方法。它主要依靠自上而下的各级行政组织,运用政策、行政法规、规章制度、指令、指示、计划等行政手段实施对社会经济的管理,将宏观经济约束在健康轨道上,实现其持续增长。行政方法在运用上有以下两个特点。

(1)依靠纵向组织和领导结构,自上而下传导指示等信息,并自上而下约束经济行为。即使是同一层级的企业与行政组织,因行政机构依法被授予相应社会管理权限,所以其实质上构成对企业的领导。但行政机构运用管理权时,必须依法进行。

(2)行政方法具有强制性。行政主体的管理权限根源于立法主体及法律的授权,因此具有规约性。行政方法不可多用,更不可滥用,否则就违背了依法行政的基本原则。而行政主导型经济在本质上是对指令性计划经济体制的复归,直接损害市场经济体制。

3. 社会方法

社会方法即动员并依靠社会力量管理宏观经济的方法。所谓社会力量，首先是各类社会公共组织、公共部门，其次是社会公民、广大消费者，最后是企业自身。随着社会的发展，企业作为私营部门已承担日益增多的社会职责和公共事务。在市场经济条件下，企业的依法自我约束本身就是宏观经济社会管理的一种形式。可以说，凡依法经营的企业，都乐意成为公共经济的管理主体。社会方法的功能及作用方式表现在以下五个方面。

(1)收集、处理、反馈信息，为其他主体的管理行为提供信息支持。

(2)配合、敦促其他主体实施管理行为，健全治理之网，由此所构建的外在压力可促进市场主体自我约束机制的形成。

(3)广泛监督违法违规经济行为，并可作为诉讼主体诉之于法律，形成绵密的宏观经济的监控机制，强化治理之网的刚性。市场经济，本质上是刚性契约型经济，因为其交易契约均具有法律属性和法律效力。只有通过社会监督和社会诉讼主体的构建，才能充分显现、释放、保障交易契约刚性。这是市场经济有序运行的唯一基础。

(4)不断揭示、反映市场经济运行的新现象、新情况、新形式、新规律，通过立法主体，及时推动相关立法包括制定行政法规的进程。这是社会方法的最重要作用，它清晰呈现了民主立法的委托—代理结构与本质，使社会民众成为真正的立法主体，从而使相应立法能实在地增进人民的福利。

(5)监督、约束其他主体的行为，以保障市场的相对纯粹性，尽可能杜绝市场的权力化。其他主体均拥有相应的干预市场能力。据公共选择理论，它们并非抽象的概念及抽象的存在，它们均是由人构成的。而人均为理性经济人，尤其当其面对市场利益时。所以，他们滥用权力干预市场的行为是完全可能甚至必然会发生的。如此，管理主体本身却成了市场秩序的破坏者。但其行为因违法违规而可以被制止、制裁。唯社会主体可承担此职责和功能。所以，健全市场经济的治理之网，最终取决于社会主体的动员、介入、参与及其制度化。社会方法，本质上就是民主方法。民主在本质上不是方法，而是制度。通过社会方法的广泛运用并制度化，从经济领域开始，建立、健全社会民主制度，是社会走向民主化、现代化的必然内容与内在要求之一。

4. 经济方法

经济方法是指公共管理主体主要是行政主体，运用经济手段，按照市场经济的客观规律进行宏观经济管理(调控)。经济方法有以下两个特点。

(1)通过经济手段对市场主体产生经济利益的约束与诱导，使市场主体顺应利益驱动，采取相应行动，实现管理主体运用经济手段的预期。由此，通过市场主体的自觉利益行为达到管理的目的。虽然这些行为是由行政主体的经济手段驱动的，是其预设的，但最终，它通过利益传导，使市场主体自觉行为。换言之，若市场主体无视利益约束或诱导，管理目的就无法实现。经济方法是一种间接管理方法。

(2)经济方法是运用市场规律及其作用机制的杠杆(如价格、工资、利润、利息、税收、奖金等)以及各种价值工具(如经济合同、协议、经济责任制等)来管理国民经济的。从根本上说,经济方法根据市场主体经济行为的根本目的是经济利益这一特征,运用利益约束驱动市场主体,使其行为符合宏观经济均衡运行的要求,达到管理的目的。经济方法的具体形式主要有财政政策、货币政策、税收政策、稀缺性资源的分配(配置)政策等,经济方法通过公共经济政策发挥作用。所有公共经济政策均可双向设计,发挥双向调节作用。如面对宏观经济的膨胀性不均衡,可实施紧缩财政即大幅度压缩财政开支的政策,以减少市场的货币流通量,降低有效需求,从而收缩过热的经济。而面对宏观经济的萎缩性不均衡,则应实施扩张性、宽松性财政政策,以增加市场的货币流通量,提升有效需求,从而刺激萎缩的经济。货币政策有降低或提高存贷款利率的双向设计,可放宽或紧缩信贷,即增加或减少市场上的货币流通量,达到刺激或控制宏观经济的目的。还可以增加或减少纸币印行,达到刺激或抑制宏观经济的目的,等等。税收的减免或增加,稀缺性资源的优先配置、减少配置或不配置,均是政策的双向设计,可产生对宏观经济的双向调节作用。具体的政策(双向)设计和实施,其形式又是多种多样、丰富多彩的。人类已创造了一整套有效地调控宏观经济的经济方法及手段。但无论何种具体的经济方法或手段,最终都要传导至市场主体,通过增减市场主体的利益引导其行为,达到刺激或控制经济全局的目的。

5.(尽量)充分提供公共产品

广义言之,上述诸种方法均可属公共产品的提供范畴——若将公共产品涵括各种非物质形态产品即公共服务型、公共劳务型产品的话。但物质形态公共产品(以物质形态为载体、为基础的公共产品,属物质形态公共产品,如公共卫生、公共教育等)的提供,对于公共经济管理或公共管理经济职能的实现,有突出的作用与意义。

(1)利于扩大就业,从而直接扩大有效需求,扩大市场容量,促使市场经济可持续发展。如国家基础设施建设、基本工农业工程建设、基础科研工程建设、国防工程建设、基础教育工程建设、基础公共卫生设施建设等公共产品的提供,都会产生这一积极结果。

(2)以公共产品的丰富与共享弥补个人物品分配的分化,利于实现公平分配。因以个人所得的累进税收作为提供公共产品的基础之一,直接缩小了市场导致的个人分配差距,抑制、缓解了社会两极分化,协调了社会利益矛盾,促进了社会和谐发展。公共产品的供给量负相关于标志社会贫富分化的基尼系数,即公共产品供给量越大,基尼系数则越低。如北欧国家,基尼系数全球最低,仅为0.24。基尼系数若为0.20,则意味着绝对公平的分配。日本的基尼系数也仅为0.27。基尼系数则正相关于社会冲突的频度与烈度。可见公共产品的提供对社会矛盾的化解作用。

(3)促进国家整体发展,增强国家综合实力,增进国家长远、全局利益,推动社会全面进步,如社会保障体系的建设、国防事业的建设等。一言概括之,公共产品的充裕提供,可以弥补市场伦理因素之不足,使社会能够兼顾效率与公平地健康发展。

上述公共产品功能之分析,既彰显了也蕴涵于公共产品的三个基本特征之中。①效用的不可分割性,即公共产品产生的效用是整体效用,它也必须作为整体存在才能产生效用。公共产品的整体性效用不因消费人数的增减而减增。②消费的非排他性,即每一社会成员均可消费它,均对它拥有平等的消费权利。消费公共产品时可能产生排队现象,但排队现象并不否定对它的平等消费权利,只是承认实现这一权利有时间差序。③受益的非竞争性,即不会因消费者增加而减少其他消费者的受益,即所有消费者均可均等受益。也不会因消费者增加而增加供给成本,即消费者增加的边际成本为零。当然,排队现象依然可能存在,但它并不否定消费者均可均等受益的权利。同时满足这三个基本特征的物品,为纯粹公共产品,如国防、社会治安、国家基础设施,等等。部分满足这些特征的物品,为非纯粹公共产品,亦即兼有公共产品性质和私人物品性质的混合品。

公共产品的生产问题,实质是生产公共产品的出资(投入)问题。纯粹公共产品,由国家(大政府)直接生产,即由国家完全出资(投入)。非纯粹公共产品,一般由国家间接生产,即由国家部分出资或不出资而动员社会资金生产。其具体方式有国家参股(入股、合股),国家授权(许可),国家资助,国家与生产者签订合同或协议委托生产,国家减免税收鼓励、支持生产等。

国家直接生产,即由国家无偿供给,社会公众无偿消费纯粹公共产品。事实上,纳税人交纳的税收,就是他们购买国家无偿供给的纯粹公共产品所支付的费用。因此,国家直接生产的纯粹公共产品若有偿供给,等于对公民进行二次税收,违背社会公德、国家伦理。因为国家用于直接生产纯粹公共产品的资金源于税收,国家税收的目的就是提供公共产品,国家不能经营公共产品去赢利。国家间接生产,即通过市场有偿供给,社会公众有偿消费非纯粹公共产品,因为国家动员的社会资金必须获取回报,否则国家就失去了再度动员的信用,社会资金也不会再响应动员,大量非纯粹公共产品的再生产便难以为继。公众有偿消费非纯粹公共产品有两条原则。①受益原则,即谁受益谁付费,也就是谁消费了非纯粹公共产品谁付费。不消费者当然不付费。②能力原则,即谁有能力谁付费。那么,无能力付费者有权利消费非纯粹公共产品如医疗、教育等吗?答案是肯定的,应当由国家(财政)支持其进行消费。否则,无能力付费也就不消费,非纯粹公共产品就全部转化成了私人物品而不复存在,这是人类社会的大倒退。

6.3 公共财政

6.3.1 财政及公共财政的概念

财政是国家管理活动的物质(资金)基础。它是国家权力强制性地介入社会产品的分配与再分配而形成,而构建的。所以,财政一直是与国家权力相生相伴的,它服务、服从于国家目标。在存在剥削阶级、阶级压迫的国家里,财政的公共性质是缺失的,它维护的就是剥削阶级、统治阶级的利益。随着人类社会的进步,阶级压迫性国家的淡化,财政的公共性日益具备。何谓公共财政?有一种流行观点认为,是服务于市场经济的财政。此观点不仅有失偏颇,而且大谬不然。市场失灵的存在,足证了市场的非完备性、非完善性,此种非完备性、非完善性可概括为公共性短缺。财政还须专为之服务,何公共性之有?满足公共性(需要)的财政才是公共财政。一言以蔽之,公共财政是为公共事业服务、满足公众需要、提供公共产品、增进公众利益的财政。即公共财政资金是为公共开支的,服从于社会目的。

财政必然是国家的,公共财政因此也必然采取国家财政形式。在现代文明民主国家条件下,国家财政是否必然是公共财政呢?公共选择理论揭示,国家、政府并非抽象概念,作为实体性存在,它们是由官员构成的,官员们基本服从理性经济人假设。由此,官员们会在制度框架内寻求私利与公利的结合点,合法地谋取私利,从而降低制度效率,降低资源配置效率,甚至超越制度框架,非法谋取利益。由此,财政的公共性就受到威胁。如借口民众需要,大搞树立官员形象、为自己谋取经济和政治利益的"政绩工程",就是公共财政蜕变为官员财政的典型。所以,J. 布坎南主张对公共产品切忌作抽象研究和概念式把握,而应作实证分析:民众是否需要?哪些民众需要?需要者所占比重如何?是不是没有权力压迫和诱导的真需要?实证分析后,才能判断物品的公共属性程度。绝不是具有公共产品形式的皆是公共产品。现实生活中,一条江河上的桥梁越架越多,隧道亦越修越多,道路不断开掘、填埋、拓宽,循环往复,重复性工程(项目)建设日趋严重等现象,均确证了公共选择学派的观点。可见,公共财政必然是国家财政,但国家财政并不必然是公共财政,它完全可能成为官员财政。

为保障财政的公共性,实现国家财政与公共财政的统一,必须从以下三方面入手。

(1)建立、健全民主财政体制(度),即透明、开放、接受社会监督的财政体制(度)。强化公共管理各主体对行政主体(小政府)财政资金运用(即财政开支)的监督,尤其是要强化立法主体对其的监督。不受监督的财政必然蜕变为官员财政。唯民主财政才能保障、实现公共财政。这一体制的建立,应首先从纳税人义务与权利的对等性实现制度开始,强化财政的透明度。自然人、法人均具有纳税的义务,但同时亦享有对等的权利,至少应知道自己所纳之税被用在了何处或哪一方面,是怎么用的等。纳税人只应纳税,其余的就不用问了。这样的财政(税)制度,不仅与现代文明国家无关、不相容,甚至直接就是前资本主义社会形态的体制(度)。必须立即改变,彻底变革。

(2)严格规范财政资金的使用程序。不仅整个财政计划(预算),而且每笔财政资金的支出,均应经过一个严格、规范的审核、批准程序。这一程序应由各级立法主体制定并履行。最后还应通过决算,对整个财政收支的明细账、特别是财政资金的使用结果严格审查、监督。

(3)改革官僚财政体制。除上述两项外,还应加大对财政资金使用的审计力度,独立审计财政资金使用。鉴于行政主体(小政府)是财政资金计划的主要制定者、执行者,财政资金的主要使用者,自然也应当是财政资金使用结果的主要责任者。审计机构不应当附设于其内,而应当独立出来,隶属于立法机构。发达国家审计机构隶属于立法机构的体制比比皆是,有力地监督、规约了行政主体的资金使用和管理行为。除此之外,体制变革还应包括改革中央与地方的财政资金分配、使用体制,实现财权与事权的统一。彻底改变办实事的没钱、有钱的又不办实事的状况。一般而言,地方处理的公共事务占公共事务总量的2/3以上,中央处置的公共事务占公共事务总量的1/3左右。如此,地方拥有使用的财政资金,也应占财政资金总量的2/3左右。即使考虑到其事务的重要性程度略低、资金分配比例的加权系数较小的实况,地方拥有使用的财政资金,也应占财政资金总量的60%左右。相应地,中央拥有使用的财政资金,应占总量的1/3强~40%上下。这就实现了财权与事权的统一,而且约束了资金的官员化使用——因为财权、事权对称,没有多少富余资金可供摆花架子、做官场文章。如此,还提高了资金的配置及使用效率。面对目前现实,实现财权与事权的统一,还利于扭转各地方政府的土地(房产)财政(税收)状况,保护耕地,减少失地农民数量,降低房价,造福于城镇居民等。若中央集权的财政体制一时难以改变,则必须制度化地加大财政资金的转移支付力度,降低财权与事权不统一导致的矛盾的烈度,并减少由此矛盾引发的种种社会矛盾。

公共财政是公共管理的直接物质基础,公共管理各种职能的履行、各种目标的实现,均是以公共财政资金的支付为前提、为支持的。离开公共财政的支撑,公共管理无从谈起。公共财政对于公共管理的基础性作用,概言之,有以下两个方面。

(1)支付公共管理各主体维系、运行的费用,即承担公共管理的资金成本。公共管理各主体的存在和运行,都必需相应的开支。这些开支,大部分应由公共财政供给,少部分可由公共管理主体自筹。

(2)支付公共管理各主体提供公共产品的生产、供给费用,包括有形的和无形的公共产品。政府直接生产的纯粹公共产品费用,由公共财政支付;政府间接生产的非纯粹公共产品的相当一部分费用,亦由公共财政支付。

6.3.2 公共收入与公共支出

6.3.2.1 公共收入

公共收入是公共管理各主体以行政主体为主导,为履行其职能而筹集的一切资金,构成了公共财政资金。

公共收入的内容包括七个方面。①税收。税收主要划分为四大类,即所得税、财产税、商品税(包括消费税、销售税、增值税、关税)以及各种国际税收。税收是公共收入的主体。②国家制度、政策规定的各种收费,俗称规费。小到办证收费,大到土地出让金等。③国家(政府)财产使用收费。如租用、参观鸟巢和水立方等奥运设施的收费。④国内外社会各界的捐赠。⑤行政主体发行的公债,可向国内外发行。向国外发行须获所发行国政府支持,构成外债。公债可分为短期(1年以内期限)、中期(3~5年期限)、长期(5年以上期限)。发行公债一般是为了弥补财政赤字,即收支相抵后的财政亏空。⑥社会公共组织、公共部门收入,如院校、医院的收费等。这些收费均得到了行政主体的批准,还相应减少了公共财政对其的投入,减少了公共财政支出,等于实质性地增加了公共财政收入。⑦通货膨胀收入,即行政主体授权央行扩大纸币印行。这一手段,只能在宏观经济极度危急的条件下有控制地使用,以应对、缓解危机,扩大有效需求。若滥用,必诱发恶性通胀和严重的社会矛盾。

6.3.2.2 公共支出

公共支出是公共财政运用于公共管理及提供公共产品的支出,支出的公共性是财政公共性即公共财政的实现。

1. 公共支出的内容

公共支出的内容在总体上可分为两大类:①购买性支出,又称消耗性支出,包括国防开支、社会治安开支、维护国家安全开支、行政管理经费、政治管理经费、社会管理经费、基础科研费用、基础教育费用、公共卫生开支、环境保护费用、基本建设费用等;②转移性支出,包括对农业的补贴、国债利息支付、各种财政性补贴、社会保障费用、向地方的各种转移性支付等。

2. 公共支出的原则

公共支出的原则有三个。①量入为出,收支平衡。这一原则利于财政平衡,但不利于财政对经济发展的刺激作用。②量出为入。这一原则的实行实际上就是赤字财政。赤字财政利于财政对经济发展的刺激作用,但须防范过量赤字,财政严重失衡而致无法平衡。因为赤字可用国债等手段弥补,本质上还是平衡的。若赤字过量,社会预期不良,国家信用弱化,国债因无认购者或认购者少而无法发行或发行不佳,则平衡顿失。此情形下,往往诱导大量印行纸币,则致恶性通胀,国家信用崩溃,经济、社会陷入大混乱。纷乱不已的发展中国家,大多如此。所以,赤字财政有积极作用,但须谨慎使用。③优化支出结构,提高公共支出的效率与效益。这一原则强调,要将资金用于必需之处。配置得当,效率彰显。配置效率是产出效率的基础。配置不足或过度,均是配置的低效或无效,会导致产出的低效或无效。

3. 提高公共支出效益的方法

提高公共支出效益的主要方法有五个。①成本—收益分析法。针对某公共项目,从多角度提出若干个建设、使用方案,对各方案的总成本和总收益进行比较分析,选择最佳方案。②最低费用法。针对某公共项目,制定多种实施方案,对其成本比较后,选择最低成本方案。③最高收益法。针对某公共项目,制定多种实施方案,对其收益比较后,选择最高收益方案。④公共产品有偿使用法。非纯粹公共产品若无偿使用,往往会导致搭便车行为,滥用、冒用,甚至导致道德风险行为。如完全的公费医疗制度的后果等。无偿使用导致资源巨大浪费,因此必须部分有偿使用,以提高公共支出效益及资源配置效率。⑤招标采购法。通过公开招标,就某一公共项目面向全社会甚至国内外采购，鼓励供给方竞争、降价，从而利于减少支出，提高效益。招标采购法是国际上通行的行政主体办理、兴建公共项目的方法。

6.3.3 预算和决算

6.3.3.1 预算

由行政主体（小政府）将一个财政年度的公共收支编列成计划，就是预算。预算虽主要由行政主体编制，但其承载、反映的是一个财政年度内的全部公共财政内容。所以它必须经过立法机构的严格审查、批准后方能生效、实施。立法机构对它的审查，还可诉诸公共管理各社会主体以及全社会民众的参与，这就是民主财政的基础。只有民主财政才能保障公共财政。立法主体对于预算的审查，必须是对公共收支明细账的审查，不能仅仅是对板块结构形式的粗线条审查。基于此，立法主体对预算的审查结果并非一审通过，可以而且应当进行多次审查并要求其修改后才通过。立法机构对预算的审查，不是与行政机构的谈判，而是对其的监控。明确这一性质，立法主体在民主财政体制中的中心地位才能彰显，主体作用才能发挥。财政年度可以与自然年度一致，也可以不一致，以立法机构对预算的审批生效周期为财政年度。

6.3.3.2 决算

决算是对预算执行结果的会计报告，是预算执行情况的总结，因而也是年度性的。决算的原则是合法、真实、完整、及时。所谓及时，即预算执行完成即应进行决算，否则，拖延决算有可能混淆两个财政年度的数据，甚至弄虚作假。决算报告的内容包括：最终实现的公共收支明细账；收支相抵的盈亏账；预算执行良好的经验总结；预算执行不好的教训总结；对存在问题的发掘及改进打算；预算变动内容（未经立法机构和社会公众批准的变动是严重问题）包括预算外变动；预算体制（制度）的调整等。为保证决算的真实、可靠、合法，原则上应对之进行审计。

预决算，是公共财政的实现和监控（制）环节，民主财政体制的建立、健全，主要体现为这两个环节程序的严格化、法制化和参与主体的多元化。

本章小结

市场经济体制在效率方面明显优越于计划经济体制，其对于社会生产力发展具有持续性的强大推动作用。市场经济体制的效率源于价值规律及其利益机制，竞争规律及其分化、动力机制，供求规律及其动态配置资源机制。因完全充分竞争市场在现实中不易存在等原因，市场失灵是必然的。

公共管理的经济职能是针对市场失灵展开的，其根本目的就是纠正、治理市场失灵，以维护市场经济的高效、有序运行。公共管理经济职能的履行，也就是公共经济管理。实施公共经济管理的具体方法包括法律方法、行政方法、社会方法、经济方法和提供（物态）公共产品方法等。

公共财政是实现公共管理经济职能的直接物质基础。公共财政对公共经济管理的基础性作用可概括为:维系公共管理主体的存在及运行;支付公共管理主体提供公共产品的费用(成本)。公共收入构成公共财政基础,构建了公共财政;公共支出是公共财政的实现。预算是公共收支总体计划,决算则是对预算执行情况和结果的审核。

关键术语

市场经济(体制) 市场效率 市场失灵 公共管理经济职能 公共经济 公共产品 公共财政

复习思考题

1. 市场效率的含义是什么?其产生基础是什么?
2. 简述市场失灵的表现和原因。
3. 浅析公共管理的经济职能。
4. 试析公共经济管理的社会方法的本质。
5. 为什么说公共财政是公共管理的直接物质基础?
6. 如何提高公共支出的效率与效益?

案例

武汉市依法拆除违章建筑

2002年1月25日,"外滩花园"1号楼被依法拆除起爆。为长江防洪清障,对武汉"外滩花园"1号楼实施定向爆破。据新华网报道,3 000多个炮眼已经埋好炸药,数百名武警、消防、公安人员已到达现场。随着一声闷响,整个建筑物轰然坍塌,整个过程仅持续了约3秒。武汉"长江清障炸楼之仗"自此打响。记者在爆破现场看到,距此楼仅200米左右的长江大桥未受影响。

位于武汉长江河道内的"外滩花园"曾以"我把长江送给你"的广告口号响彻武汉三镇,因其修建于长江防洪堤内,有碍长江行洪,违反了国家有关防洪法规,拆除势在必行。

建筑面积7万平方米、投资1.6亿元的武汉"外滩花园",是位于长江汉阳江滩的住宅小区,1995年经有关部门立项、审批,由武汉鸿亚投资有限公司于1996年开始逐步建设。

"外滩花园"建筑违反了国家有关防洪法规,属于违法建筑。国家防汛抗旱总指挥部于2001年12月发出通知指出,坚决拆除此项违法建筑,对长江防洪大局具有重要的意义。湖北省武汉市防汛抗旱指挥部立即抓紧实施楼群清除工作。

按照确保"外滩花园"住户经济利益不受损失的原则,武汉市汉阳区政府专门下发了拆除违法建筑、妥善安置购房户的实施意见,通过向住户提供环境和地段良好的房源,对住户实施等值易地安置,组织专业装饰人员对住房的装修费用进行评估后予以补偿。目前,1 号楼 44 户住户已于 2002 年 1 月中旬全部搬出。

"外滩花园"1 号楼系全框架结构,建筑面积 1 万余平方米。武汉市防汛抗旱指挥部组织专家反复论证,制定了科学、周密、安全的爆破方案,通过招标选定了技术条件好、实力强的武汉市爆破公司实施爆破作业。

(资料来源:《武汉爆破拆除长江河道内的违法建筑外滩花园》,http://job. zhulong. com/news. read. asp? id =19992)

案例思考题

1. "外滩花园"的产生是否是市场失灵的表现?具体由哪些原因导致?

2. 拆除"外滩花园"这一管理行为,采用了哪些方法和手段?有无公共财政资金的支持?

3. 这一案例是否揭示了私人物品与公共产品在一定范围内的矛盾性?应如何避免及解决?

7 公共部门人力资源管理

古语有云:“失贤哲者失未来;得士心者得天下。”可见人才之重要。随着知识化、信息化、全球经济一体化时代的到来,国家间、地区间、企业间的竞争日益加剧,而任何一方面的竞争,归根到底都是人力资源尤其是高质量的人力资源的竞争。加入WTO后,无论是国内还是国际形势,对我国政府能力的要求都有所提高。国家要建设政治文明、政府要进行善治,建立一支高素质的公务员队伍必不可少。因此,加强公共部门人力资源管理的研究也就有了重要的意义。

7.1 公共部门人力资源概述

7.1.1 人力资源与公共部门人力资源的含义

资源是人类赖以生存与发展的物质基础,从经济学角度看,资源是指能给人们带来新的使用价值和价值的客观存在物。人力资源这一概念曾经先后于1919年和1921年在约翰·R. 康芒斯(John R. Commons)的两本著作《产业信誉》和《产业政府》中使用过,康芒斯也被认为是第一个使用“人力资源”一词的人①。不过,我们目前所理解的人力资源概念,是由管理大师彼得·德鲁克(P. Drucker)于1954年在其名著《管理实践》中首先正式提出并加以明确界定的。

对于人力资源的含义,学者们作出了不同的解释,但大致可以归纳为两类:一类是从人的角度出发来解释,认为人力资源是指一定社会区域所有具有劳动能力的适龄劳动人口和超过劳动年龄的人口的总和②;另一类是从能力的角度来解释,认为人

① 萧鸣政:《人力资源开发学》,26页,北京,高等教育出版社,2002。
② 陆国泰:《人力资源管理》,9页,北京,高等教育出版社,2000。

力资源是指能够推动整个经济和社会发展的劳动者的能力,即处在劳动年龄的已直接投入建设和尚未投入建设的人口的能力①。本书更认同后一种解释。

界定公共部门人力资源首先要界定“公共部门”,但是关于公共部门的范畴,国内外存在争议。有的学者认为,公共部门是相对非公共部门的企业而言的,因此包括政府部门和非营利组织两大类;有的学者认为,公共部门是相对私营部门而言的,公共部门除政府部门和非营利组织外还包括事业单位和国有企业②。本书倾向于前一种观点,但需要说明三点。①事业单位是我国在特定历史背景中形成的组织,随着近年来我国事业单位体制改革的深入,有的事业单位改制成企业组织或实行企业化运作,有的事业单位将转变为非营利组织,而且我国许多学者在现有的研究中也经常把事业单位纳入非营利组织中。②我国的国有企业成分比较复杂,有些国有企业的产品并不具有“公共产品”的性质,有的公用事业企业随着民营化改革在性质上发生了很大变化,国有企业在组织结构和管理方式上逐渐向私营企业看齐。③非营利组织属于公共部门已基本不存异议,正如美国学者 Pynes 所言:“近来,公共事务和行政管理学院全国联合会重新定义了‘公共行政管理’中‘公共’一词的含义,这使得该词含义也包括了非营利性领域。”但是,由于历史原因及我国非营利组织管理体制的限制,我国非营利组织的发育总体上不太成熟,许多所谓非营利组织并不具备非营利组织应具备的特征。正因为存在如此多的问题,所以,如果从整体上来界定哪个组织属于公共部门,哪个组织不属于公共部门,都会存在一定的缺陷。尽管如此,我们还是认为,公共部门人力资源包括政府部门人力资源和非营利组织人力资源。

7.1.2 人力资源的特征及其对公共部门人力资源管理的启示

相对于自然资源或物质资源,人力资源具有以下主要特点。

7.1.2.1 能动性

在经济活动中,人力资源是居于主导地位的能动性资源。人力资源不同于其他经济资源之处在于其目的性、主观能动性和社会意识。人是一种最积极、最活跃的生产要素,人力资源的开发和利用是通过自身有目的、能动的活动完成的,同时对物力资源的开发起着重大的作用。能动性的特点要求公共部门在管理过程中打破传统官僚体制的束缚,赋予公共部门工作人员相应的职权,并做到权责一致,充分发挥公共部门人力资源的潜能。

7.1.2.2 时效性

人力资源的形成、开发和利用都会受到时间方面的限制。从个体角度看,一个人的生命周期是有限的,人的心智也要经历从幼稚到成熟的过程,人的最佳时期一般为30~50岁。如果一个人不能得到有效的使用,其拥有的人力资源会随着时间流逝而逐渐消逝。从社会角度看,人力资源的数量和质量在不同时期会发生不同变化。传

---

① 张德:《人力资源开发与管理》,3版,1页,北京,清华大学出版社,2007。

② 吴志华,刘晓苏:《公共部门人力资源管理》,9页,上海,复旦大学出版社,2007。

统公共部门职位的典型特征是稳定,用人机制比较僵化,但时效性特点要求公共部门应根据工作人员的性格、特长合理安排职位,发挥每一个员工的才能。

7.1.2.3 再生性

资源分为可再生性资源和非再生性资源两大类。后者如矿藏,每开发和使用一批,其总量就减少一批。人力资源是典型的可再生性资源,一方面,它可以通过人力总体和劳动力总体内各个个体的不断替换更新和恢复过程得以实现;另一方面,人可以通过不断学习更新自己的知识结构,使自身能力得到加强。这一特点要求公共部门合理规划、安排组织的人力资源结构层次,形成人才梯队。

7.1.2.4 高增值性

在国民经济中,人力资源收益所占的份额正在迅速超过自然资源和资本资源,而且据国外学者研究,人力资本投资收益率也远远超过了其他形态资本的投资收益率。美国经济学家舒尔茨甚至认为,这种人力资源经济价值的上升趋势,使劳动力相对于土地和资本来说,其作用日益扩大,很可能会带来制度变革,并产生一系列新的经济模式①。这一特点要求公共部门转型为学习型组织,为工作人员提供培训与学习的机会,并营造学习的氛围,使工作人员主动学习以提高自身素质。

7.1.2.5 社会性

由于受民族文化和社会环境影响的不同,每个人的价值观也不相同,在生产经营活动、人与人交往等社会性活动中,人力资源的配置和运用不是单纯的经济资源配置与运用问题,还存在大量的价值判断、社会文化问题,不妥善解决这些问题,就不可能真正实现人力资源的最优配置。这要求公共部门针对不同员工采用灵活的管理方式,使公共部门人力资源在一个和谐的环境下发挥"团队"精神与功能。

7.1.3 公共部门人力资源管理的含义与特征

人力资源管理可以分为宏观人力资源管理和微观人力资源管理。宏观人力资源管理是政府对社会人力资源的管理和开发,主要内容包括宏观的人力资源状况预测、规划,就业政策的制定与就业管理,社会人力资源投资与投资政策制定,收入政策及其调节机制的设定,劳动与社会保障,劳务输出与输入的组织和协调,人力资源管理法规的制定与实行等。微观人力资源管理是组织对内部人力资源的管理和开发,是指对组织内人力资源的取得、运用和维护等内容进行管理的过程和活动。相比而言,微观人力资源更加强调技能性。这里所讲的公共人力资源管理主要是强调公共部门作为管理主体对组织内部人力资源的管理与开发,因此属于微观层面的人力资源管理。

公共部门人力资源管理具有一般人力资源管理的特征,其职能包括职位分析、人力资源规划、人员招聘、职业生涯管理、人力资源培训与开发、绩效管理与激励、薪酬

① 于秀芝:《人力资源管理》,2页,北京,中国社会科学出版社,2006。

与福利管理等方面。但是,由于公共部门的特性,公共部门人力资源管理又存在以下特殊性。

7.1.3.1 公共性与公益性

在《汉语大辞典》中,"公共"意为"公有的,公用的,公众的,共同的"。因此,自古以来,"公共"强调的是多数人共同或公用之意。按照公共选择理论的逻辑,公共部门也存在部门利益,但是不能否定公共性是公共部门的根本特性,失去公共性,公共部门也就失去了存在的理由。公共部门尤其是政府组织,作为人民权力的授予者和委托权力的执行者,应按照社会的共同利益和人民的意志,从保证公民利益的基本点出发,制定与执行公共政策。公共性对公共部门工作人员的职业伦理也提出了特别的要求,公职人员需以"公共性"与"公益性"为理念,竭诚为民服务,公职人员的行为必须在道德上、伦理上满足公共性的基本要求。

7.1.3.2 政治性

以政府为核心主体的公共部门掌握政府公共权力,在社会价值的权威性分配中起关键作用,因此较之于私营部门的人力资源管理,公共部门人力资源管理不可避免地具有显著的政治性色彩①。由于我国公务员制度并不遵守西方国家所谓的"政治中立"原则,政治性色彩更加浓厚,这是由我国"党管干部"的制度所决定的。在这种背景下,公共部门人力资源管理要重视对人力资源的政治教育。

7.1.3.3 公开性

现代公共行政要求政府部门的管理活动公开透明,这是加强公共部门监督的重要途径。2007 年 4 月 5 日我国颁布的《政府信息公开条例》对政府管理提出了更高的要求。人力资源管理作为公共管理的重要内容,也需体现公开性特点。首先是对外公开。公共部门机构职能设置、工作流程的设计,公共部门工作人员的个人信息、职责与工作内容,工作人员的薪酬与福利,公众参与公共部门绩效考核的途径与方法、公众对工作人员的投诉渠道等都应做到公开;其次是对内公开,包括公共部门工作人员的晋升、培训机会、绩效考核等。因此,公共部门的人力资源管理制度,要受到社会公众和组织内员工的监督。相比而言,企业人力资源管理更具有保密性,如某些企业员工的工资结构对内都处于保密状态。正如有学者所言:"企业的人力资源管理制度往往是企业商业秘密的一个组成部分。"②

7.1.3.4 稳定性

公共部门人力资源管理稳定性表现为两个方面。一是公共部门组织结构的稳定性。公共部门组织结构较少发生变化,政府机构的设置、合并、精简等都须依法进行,而法律规范的稳定性决定了组织结构的稳定性。二是公共部门工作人员的稳定性。据有关数据显示,我国每年辞退的公务员占总数的比例为 0.05% 左右,加上主动辞

---

① 黄健荣:《公共管理新论》,365 页,北京,社会科学文献出版社,2005。

② 董克用:《公共组织人力资源及其特点》,载《中国人力资源开发》,2004(9)。

去公务员职位的人数,公务员的流动率在1.25%左右,而企业人才流动率达10%。世界各国的公务员队伍都比较稳定,这样可以保证公务员安心工作,实现政府职责,建立公务员的职业荣誉感。

7.1.3.5 复杂性

公共部门人力资源管理的公共性与公益性、政治性、公开性及稳定性都决定了公共部门人力资源管理的复杂性。相比一般的人力资源管理,政府人力资源管理过程不仅要解决技术难题,还要受制于政治与行政体制,要严格依法进行,遵守"法律保留"的原则,即法律未明文规定则不可作为。而非营利组织人力资源管理既受到政府组织的影响,也受到工商企业部门的影响,非营利组织的这一特殊性也增加了对其管理的复杂性,提高了对非营利组织人力资源管理的难度①。

7.1.4 公共部门人力资源管理与传统人事管理的区别

18、19世纪西方资产阶级工业革命以后,随着资本主义机器大工业的出现,资本主义工商业规模不断扩大,客观上需要科学、系统的管理理论与管理模式来指导现实的生产实践活动。19世纪末20世纪初,人事管理作为一种重要的管理行为正式进入企业的管理活动领域,许多学者将这一时期作为现代人事管理的开端。美国学者韦恩·F.卡肖(W. F. Cascio)等人将人力资源管理的发展历史分为如下几个阶段。

(1)20世纪60年代以前的档案管理阶段。这一阶段的管理特点是,人事管理以招聘、培训和人事档案管理为主,实行人事部门及专门人员负责管理,但缺乏对工作性质、目标责任制的明确认识,也无清晰的条理和制度。

(2)20世纪60年代至70年代前后的政府职责阶段。政府介入企业管理,法律在各个方面影响着企业,但企业的高层管理者仍然将人力资源视为不能为企业创造价值的非生产性成本。

(3)20世纪70年代末到80年代初的组织职责阶段。高层管理者不再把人事管理视为"政府责任",而把它真正视为企业自己的职责,人力资源的管理和开发成为人事部门的职责,企业从强调对物的管理转向对人的管理。

(4)20世纪80年代开始的战略伙伴阶段。把人力资源战略作为公司重要的竞争战略,或者从战略高度考虑人力资源管理问题,把人力资源与公司的总体经营战略联系在一起②。

因此,从总体特征看,可以将20世纪70年代以前人力资源管理的发展过程称为传统人事管理阶段,其后为现代人力资源管理阶段。传统人事管理与现代人力资源管理的区别体现在以下几方面。

(1)管理思想。传统人事管理以事为中心,重视组织权威,管理过程强调事而忽视人,把人视为劳动的工具,是组织的成本,因此人事部门以努力降低企业的人事管

① 董克用:《公共组织人力资源及其特点》,载《中国人力资源开发》,2004(9)。

② 蒋蓉华:《人力资源管理基础》,20页,北京,清华大学出版社,2007。

理成本、减少人事管理费用作为自己的核心任务之一；现代人力资源管理实现人与事的统一，视人不仅仅为成本，更是资本。

(2)管理目标。传统人事管理的目标在于吸引、保留和激励员工；现代人力资源管理的管理策略是发现人、培养人、开发人，以实现组织的竞争力，提高组织的生存能力。

(3)管理范围。传统人事管理把人的调进调出和职位安排当做管理活动的中心内容；现代人力资源管理除了管理人的业务以外，更重要的是制定人力资源战略和策略，进行人力资源规划管理，从事人力资源开发，调适内部员工关系，参与塑造组织文化等。

(4)管理功能。传统人事部门更多的是作为"执行者"的角色存在，按照上级决策进行人力资源组织、分配和处理，是被动管理模式，一般局限于微观的劳动人事行政业务；现代人力资源管理部门要从事许多决策型管理工作，参与组织的战略管理，对组织的发展所起的作用也越来越大。

需要指出的是，尽管我国从20世纪80年代以来对传统人事干部制度进行持续不断的改革，建立并不断完善公务员制度，深化事业单位人事制度改革，但是由于公共部门的复杂性以及政治体制某些不完善环节的约束，从总体上来判断，至今公共部门人力资源管理在很大程度上还处于传统人事管理阶段，无论是管理思想还是管理目标、管理范围、管理功能方面，与现代人力资源管理都还存在一定的差距。但是，随着我国政治体制的改革与发展以及我国人事制度改革目标与方向的明确，辅之以企业人力资源管理技术的引用，现代公共部门人力资源管理的特征将越来越明显。

7.2 公共部门人力资源管理实践

7.2.1 公务员制度

公务员制度是指通过制定法律和规章，对公务员依法进行管理的制度和规范的总称，是国家政治体制的重要组成部分，是一种国家人事管理的规范体系。具体说，是指规范国家公务员管理工作行为的准则和有关管理制度，包括职位分类、考试录用、考核奖惩、职务升降、培训教育、工资福利、退休退职、权利义务、工作纪律等。

公务员制度主要有以下四个功能。

(1)有利于国家政治和行政秩序的长期稳定。实行选举制的西方国家，业务类公务员不与政务类的官员共进退，公务员个人无过失即可以在政府机关长期任职，政府机构能够保持正常运行，不会因为选举和政府组成人员更换而影响国家政治和社会秩序。中国部分高级公务员实行选任制和任期制，同样可能影响政府工作的连续性和稳定性。实行公务员制度，建立一个稳定的公务员队伍，就能较好地解决这个问题。

(2)有利于体现社会公平和政府选用优秀人才。实行公务员制度，坚持公开招考录用公务员，为符合条件且有意愿进入公务员队伍的人员提供平等的机会，体现了政府公平。同时相对稳定的工作环境以及健全的工资与福利制度、晋升制度，有利于吸收优秀人才进入公务员队伍，而科学的人才配置机制与培训计划、考核方式等，则有利于公务员才能的发挥与素质的提高。

(3)有利于政府提高行政管理水平和工作效率。提高政府行政管理水平和工作效率，是社会经济发展对政府工作提出的客观要求，而政府行政管理水平和工作效率能否提高，公务员就是其中重要的影响因素。公务员制度的作用，就是为政府不断提高行政管理水平和工作效率提供人才保障。

(4)有利于政府为社会提供良好的公共服务。公务员的基本职责是履行为社会公众提供公共服务的公职。市场经济的完善与发展、社会公众民主意识和参与意识的提高等对公共服务提出了更高要求。健全的公务员制度有利于增强公务员的公共服务意识，提高公务员公共服务的能力，从而改善公共服务水平。

7.2.2 西方国家公务员制度的特点与当代变革

西方国家公务员制度是随着资本主义制度的建立与完善而发展起来的，它有着深刻的经济、政治与文化背景。具有现代意义的公务员制度，首先产生于19世纪30年代的英国。英国公务员制度的建立，对世界其他国家，特别是西方国家产生了很大影响。美国、法国、德国、日本等国家的公务员制度，在借鉴英国公务员制度的经验基础上，又有了新的发展，而且各个国家根据社会发展的需要，结合本国国情，纷纷对公务员制度进行改革，使公务员制度更加科学，并各具特色。但从总体上看，西方资本主义国家的公务员制度又有着某些基本共同点。

7.2.2.1 西方国家公务员制度的特点

1. 公开考试、择优录用

19世纪后，资本主义国家政党制度逐步形成，随着执政党的更替，经常引起政府行政人员大规模的换班执政，即所谓的“政党分肥”，这以英美两国为典型代表。政党分肥的后果包括结构性贪污腐败的不可遏止、周期性政治震荡、缺乏效率等。公开考试、择优录用标志着西方国家公务员制度的形成。最先尝试建立国家公务员制度的英国，在确立新的人事制度原则时，将“公开竞争、择优录用”列为首要的原则。实践证明，“公开竞争、择优录用”有助于政府选贤任能，有助于提高公务员素质，有助于树立公务员的竞争意识，也有助于适应政府工作专业化的需要。

2. 实行“两官分途”

西方国家公务员制度所实行的“两官分途”，是指在国家人事制度的层面，把执掌国家权力、管理国家公务的公职人员分成“政务官”(即政务类公务员)和“事务官”(即业务类公务员)两大类，并基于其在政府中的地位、职责、性质、职能的差异，采用不同的制度进行分类管理。政务官大多经选举或政治任命产生，有一定的任期，并随选举胜负而进退，负责政党政策在政府工作中的贯彻执行；事务官一般从事政府中的行政管理和法律、法令的实施工作，通过公开的竞争考试，从具有行政管理才能的人员中择优录用。两者不得相互转任。政务类公务员的产生和管理办法与业务类公务员不同,两者或者各自独立依据不同的法律,或者在同一部法律中分别独立规定。

3. 保持政治中立

西方国家既要坚持“政党轮流执政”,又要避免“政党分肥”的腐败现象,为了保证政府工作的连续性与稳定性,特别强调业务类公务员得保持政治中立:不得参与党派斗争活动,不得参与党派竞选,不得以党派偏见影响决策。凡不愿遵守这一规定的人均不得成为公务员。美国在1883年施行的《文官制度法》(亦称《彭德尔顿法》)中规定:“文官在政治上必须采取中立态度,禁止参加竞选等政治活动,禁止进行金钱授受”,“文官须忠实于政府,对现行政体和政治组织,不得产生怀疑”。日本《国家公务员法》规定:“公务员不得为政党和政治目的谋求捐款及其他利益,或者不得以任何方式参与这些行为”,“公务员不得做政党或政治团体的负责人、政治顾问或有同等作用的成员”。当然,所谓“政治中立原则”也只有相对意义。例如,法国公务员在工作之余可以参加政党及其活动,可以参加各种竞选,竞选失败后还可回原部门工作。

4. 实行功绩制

著名社会学家帕森斯在谈到西方由传统农业社会过渡到工业社会的现代化过程时,曾指出一系列变迁的特征,其中之一就是身份的趋向为能力、成就的趋向所代替①。这一社会价值取向深深地影响到西方公务员制度,使功绩制成为公务员制度的根本原则。英国是最早采用功绩制的国家,美国首先效仿,并用法律的形式固定下来,由此奠定以功绩制为基础的公务员晋升制度。功绩制就是“严格考核、论功行赏”,强调的是工作成绩,而不是年资高低、亲疏关系、党派关系等其他因素。公务员依据自身的能力和功绩制本身的要求得到录用和提拔,体现了“任人唯能”和“奖优罚劣”的思想。德国公务员《资历条例》规定:“公务员的录用、任用、授职、提职、晋升,只能依据公务员的资格、胜任工作的能力和工作成绩决定”,“工作成绩就是按照工作要求对公务员的劳动成果所作的评定”。美国《文官制度改革法》规定:“工作成绩良好者继续任职,工作成绩不好者必须改进,工作达不到标准者予以解职”。日本《国家公务员法》规定:“公务员的任用,依照本法和人事院规则的规定,根据考试成绩、工作成绩或者其他能力的考核结果进行”,“政府机关首长必须对所属公务员的工作进行定期评定,并根据评定结果采取适当措施”。

5. 保障公务员权利

西方国家公务员制度都很重视保障公务员的合法权利。公务员除享有一般公民的权利以外,还享有保障公务员身份的特殊权利,主要包括就职平等权、合理报酬权、职业培训权、带薪休假权、辞职权、申诉权等。为保障公务员的合法权利,各国一般都

---

① 陈昌文:《公共部门人力资源开发与管理》,139页,成都,四川人民出版社,2000。

在公务员制度的有关规定中对公务员的权利和义务进行明确规定,并设立专门的机构受理侵犯公务员权利的事宜,如英国设有"公务员上诉委员会"、日本设有"公平审查委员会"、美国设有"功绩制保护委员会"、法国设有"对等委员会"等。此外,许多西方国家还建立了公务员工会,充当公务员的利益代言人,就公务员的权益问题与政府谈判,如美国的联邦公务员,就有三家工会组织。西方国家通过这种权利保障制度,有效地防止了行政长官滥用职权处分公务员的行为,维护了公务员的合法权利。

7.2.2.2 西方公务员制度当代变革

从19世纪中后叶,英美等国公务员制度的建立至今的100多年间,国家公务员制度仍在进行着积极的改革,以求适应历史发展的要求。

近20年来,特别是20世纪90年代以来,人类社会已进入信息时代,经济全球化日益扩展,要求各国行政体制与国际规则接轨,提高经济竞争力与政府竞争力。因为社会民众对传统文官制度以及官僚体制普遍感到不满,西方政府对文官制度进行了新一轮的改革。正如英格拉姆所言:"当政治家和公民要求规模更小、行动更迅速、更灵活和更负责任的公共组织时,文官(制度)和公共管理体制已经在各种层次上成为改革的目标。"①这一时期西方国家公务员制度改革采取了如下主要措施。

1. 放松管制,增强灵活性

传统的公务员制度依据官僚制理论,过分强调规章制度对公务员行为的控制,从而导致了公务员管理的僵化和墨守成规。美国学者罗纳德·桑德斯形容道:"美国联邦政府已陷入官僚规则的泥潭而不能自拔。"②放松规制的"基本观念是:政府无效率的主要原因是对管理层进行预先控制的内部机制和规则的数量太多,它们包括人事规则、僵化的付酬制度、预算规则、具有约束性的采购法规以及许多别的规则;本假设是:如果公共组织能够清除这些清规戒律,它就能更加富有灵活性和效率。"③西方各国在人事录用、报酬、职位分类、培训等方面放松管制,增强灵活性,举措包括消除繁杂的规则、减少繁文缛节以及办事拖拉的行为等。以美国为例,1993年,以副总统戈尔为首的国家绩效评审委员会(NPR)发表了名为《从繁文缛节到结果为本:创造一个工作更好而花费更少的政府》的报告,废除了1万页的《联邦人事手册》;简化分类体制和辞退体制;授权给雇员;废除其他规则④。

2. 变革公务员职务常任制

文官终身受雇制度受到改革的猛烈冲击,"强制性裁员和日益增多的短期合同

---

① 陈振明:《转变中的国家公务员制度:中西方公务员制度改革与发展的趋势及其比较》,载《厦门大学学报》,2001(2)。

② 罗纳德·桑德斯:《美国的公务员队伍:是改革还是转型》,参见国家行政学院国际合作交流部:《西方国家行政改革述评》,251页,北京,国家行政学院出版社,1998。

③ 盖·彼得斯:《欧洲的公共行政现代化:一种北美视角的分析》,参见国家行政学院国际合作交流部:《西方国家行政改革述评》,70~71页,北京,国家行政学院出版社,1998。

④ 杨波:《制度变革与价值冲突:近年来西方国家公务员制度改革评述》,载《南京社会科学》,2002(5)。

侵犯了职位和永久性原则”①。打破常任制主要通过两种方式进行②。一是推行合同制特别是短期合同制。英国梅杰政府继撒切尔改革之后,于1996年4月再次进行大幅度改革,所有公务员都要与政府签订目标管理合同书,国家公务员不再是终身制。澳大利亚于1997年5月颁布了合同协议的指导性政策,除15%的老公务员是固定制的,其他公务员均已实行了合同制,一般一年一签。新西兰1991年颁布雇用合同法,公务员也实行合同制,一般公务员一年一签,高级公务员五年一签。二是大量聘用临时人员。在过去的10年中,7个工业化国家有6个国家公职部门临时性岗位的增加快于固定岗位增长,一般为10%~20%,有的国家为30%~40%③。美国实行考绩制的常任雇员所占比例由20世纪30年代的87.9%锐减为现今的55.5%④。根据欧洲统计中心劳动力调查,德国非正规录用的人员,在1985年至1995年的10年间增长了12.6%,地方政府非常任人力是常任公务员的6倍。

3. 更加重视绩效评估

西方公务员制度改革的另一个基本取向是注重结果而非过程控制,重视绩效评估。美国的改革力求建立一个“以结果为本”的新的公务员体制模式,该模式要既能保留现行体制的核心价值,又不陷入官僚规则之中而降低公共服务效率⑤。它建立在分权、灵活性、绩效基线之上,而不是程序(过程)和顺从之上。这种新模式有三个共同要素:为具体政策或项目制定普遍适用的框架(目标、指导原则等);一套明确而具体的产出和结果要求(绩效基线、项目目标等,而不是更多的规则);给各种各样的政府实体(如州政府和地方政府)以很大的权威,只要达到基本条件,就可以在政策和项目的总框架之下设计公共产品供给体制⑥。英国创造了一个“评估性国家”,即以经济、效率、效益为标准,监督政府政策与管理;创设了新的审计实体(著名的有1984年创立的国家审计办公室),普遍推行绩效指标,并且越来越多地利用私人管理顾问来评估公共管理。量化的、外部的、事后的评估体制取代了传统的由自我规制实体进行的以信任为基础的评估体制⑦。

4. 精简机构和人员

“大政府”尤其是政府扩张(政府雇员以及公共开支规模的增长)一直是人们批

---

① 温森特·怀特语,引自陈振明:《转变中的国家公务员制度:中西方公务员制度改革与发展的趋势及其比较》,载《厦门大学学报》,2001(2)。

② 杨波:《制度变革与价值冲突:近年来西方国家公务员制度改革评述》,载《南京社会科学》,2002(5)。

③ 《机关单位临时人员泛滥 在编人员“贵族化”破坏公信力》,人民网2008年4月22日,http://politics.people.com.cn/GB/14562/7149239.html.

④ 《中国人事报》2005年8月31日,http://www.rensb.com/showarticle.php?articleID=2735.

⑤ 陈振明:《转变中的国家公务员制度:中西方公务员制度改革与发展的趋势及其比较》,载《厦门大学学报》,2001(2)。

⑥ 罗纳德·桑德斯:《美国的公务员队伍:是改革还是转型》,参见国家行政学院国际合作交流部:《西方国家行政改革述评》,264~265页,北京,国家行政学院出版社,1998。

⑦ 李和中:《比较公务员制度》,102页,北京,中共中央党校出版社,2003。

评的一个焦点,因而重归"小政府",即减少公务员数量与政府开支构成20世纪末期西方政府改革的另一个重心。例如,在英国,1979年公务员数目是75.2万人,到1994年减少到53.335万人;公共企业和公共部门的规模被大大缩小,几乎整个公共企业被转移到公众手中;甚至特殊的公共服务(如监狱、税收、计算机服务和保险)被私有化或合同承包给半自治非政府组织(到1994年已有55 000个这种组织,管理者70 000人,开支52亿英镑)、私营组织和非营利公共组织①。在美国,从1993年到1997年4年中,克林顿政府减少了30多万联邦公务员,精简幅度达14%,其中人事管理总署精简人员达47%,起到了带头示范作用②。自20世纪70年代以来,其他西方国家的精简雇员的努力一直在持续进行,并取得成效。

除了上述措施外,当代西方公务员制度改革还包括其他措施,如加强对公务员的政治控制、调整公务员制度结构、转变公务员文化、改革绩效工资,等等。这些改革涉及面之广、力度之大都是前所未有的,并取得了显著的成绩,如:提高了政府与公务员的工作效率与创新意识;增加公务员接近公众的机会,使政府更具回应性;节约了政府公共开支等。但是,改革也带来了许多价值冲突,如合同制与连续性之间的冲突、政治控制与中立原则之间的冲突、对经济效益的追求与政治价值之间的冲突、放松规制与对公众责任价值之间的冲突等。由于西方公务员制度改革正在持续深入进行,其问题也有待于进一步解决,我们应对这场改革秉持客观的态度,吸收其有益之处,来完善我国的公务员制度。

7.2.3 我国公务员制度的建立及特点

新中国成立以来,我国逐步建立了一套与计划经济体制和党政不分、政企不分体制相适应的干部人事制度。这种制度在历史上曾发挥重要的作用,但其弊端也随着经济体制与政治体制改革日益暴露,主要包括五个方面:①人力资源缺乏科学分类,"国家干部"概念过于笼统;②人力资源配置实行计划化,由国家实行"统包统配"式调配,阻碍了人才的合理使用与成长;③管理模式单一,国家机关的工作人员与企事业单位以致群众组织的工作人员,几乎都是按照一种模式进行管理;④人事制度及其管理行为封闭化;⑤福利分配国家化和单位化,形成一种"国家—单位—个人"一体化的结构和"政府管单位"、"单位管个人"、"单位办社会"的体制③。

党的十一届三中全会以来,我国加强了人事制度改革,并建立了中国的公务员制度。20世纪80年代初,针对传统干部人事制度的弊端,提出了"四化"标准,废除领导干部职务终身制等;1989—1993年是公务员制度试验试点阶段;1993年,《国家公务员暂行条例》正式颁布,标志着我国公务员制度正式形成,政府机关人事管理开始

---

① 温森特·怀特:《欧洲的公共行政现代化:英国的个案分析》,参见国家行政学院国际合作交流部:《西方国家行政改革述评》,241页,北京,国家行政学院出版社,1998。

② 李和中:《比较公务员制度》,137页,北京,中共中央党校出版社,2003。

③ 吴志华,刘晓苏:《公共部门人力资源管理》,16页,上海,复旦大学出版社,2007。

进入了科学化、法制化的新阶段;2006 年 1 月 1 日实施的《公务员法》,使我国公务员制度得到了进一步的完善与发展。

根据《公务员法》的规定,我国公务员是指依法履行公职、纳入国家行政编制、由国家财政负担工资福利的工作人员,主要包括中国共产党机关的工作人员、人民代表大会机关的工作人员、行政机关的工作人员、政协机关的工作人员、审判机关的工作人员、检察机关的工作人员、民主党派机关的工作人员。作为一种现代公共部门人力资源管理制度,我国公务员制度与西方国家公务员制度有着某些共同之处,如两者都坚持公开、公正、公平与法治原则,但是我国公务员制度同时又具备鲜明的中国特色,具体表现为以下几方面。

7.2.3.1 坚持"党管干部"的原则

国家公务员制度作为我国干部人事制度的重要组成部分,是党的组织路线的体现,因此必须服从和服务于党的政治路线。对于政府工作人员按照公务员制度进行管理,不是为了摆脱、削弱或淡化党的领导,而是为了改善和加强党对政府人事工作的领导。它要求处于执政地位的中国共产党及其各级组织,坚持贯彻执行党的干部路线、方针、政策,严格按照党的干部工作原则选拔任用干部,并对各级各类干部进行有效管理和监督。

7.2.3.2 政治要求不同

西方公务员制度要求事务官保持"政治中立",要求他们在公务活动中不得带有党派的政治倾向。我国《公务员法》则明确规定:"公务员制度坚持马克思列宁主义、毛泽东思想、邓小平理论和'三个代表'重要思想为指导,贯彻社会主义初级阶段的基本路线。"因此,公务员必须坚持党的基本路线,必须执行党的路线、方针和政策,同时,公务员中的党员必须参加党的组织生活,执行党的决议,遵守党的纪律,发挥党员的模范带头作用。

7.2.3.3 分类管理方式独特

我国公务员分类管理不同于西方国家的"两官分途",而是从两个方面对公务员进行分类。一是公务员职位类别按照公务员职位的性质、特点和管理需要,划分为综合管理类、专业技术类和行政执法类等类别;二是公务员职务分为领导职务和非领导职务。此外,我国政府机关的组成人员和非政府机关的组成人员虽然产生方式不同,但他们在政治上都要接受党的领导,他们之间可以根据需要进行转任。《公务员法》规定:"国有企业事业单位、人民团体和群众团体中从事公务的人员可以调入机关担任领导职务或者副调研员以上及其他相当职务层次的非领导职务。"

7.2.3.4 坚持德才兼备的原则

司马光在《资治通鉴》里指出:"才者,德之资也;德者,才之帅也。"可见古人对人才的要求也强调德才兼备。我国《公务员法》规定,公务员的任用,坚持任人唯贤、德才兼备的原则。而西方有些国家视公务员为一种群体,在思想道德要求方面,没有作出与其他职业群体明显不同的特殊规定①。我国公务员制度坚持德才兼备,就是既要考查公务员的工作能力与工作成绩,也要考查其政治态度与思想品质,以此作为录用、考核、评价公务员的标准。

7.2.3.5 服务宗旨和利益关系不同

西方公务员是独立的利益集团,可以通过各种合法的途径谋取自身利益。例如,公务员作为政府的雇员,可以通过谈判的方式要求增加工资。我国公务员作为人民的公仆,其根本宗旨是全心全意为人民服务,并随时接受人民的监督。其群体利益的实现由制度规范供给。

7.2.4 公共部门人力资源管理的基本职能

公共部门人力资源管理与企业人力资源管理在基本职能上存在许多共性。美国学者罗纳德·克林格勒和约翰·纳尔班迪所著的《公共部门人力资源管理:系统与战略》一书,就把公共部门人力资源管理的基本职能主要确定为人力资源规划、人力资源获取、人力资源开发、纪律与惩戒几部分。

7.2.4.1 公共部门人力资源规划

公共部门人力资源规划处于整个人力资源管理活动的统筹阶段,它为下一步整个人力资源管理确定了目标、原则和方法。管理学家苏珊·杰克逊和兰道尔·舒勒指出,人力资源规划是把其他所有的人力资源活动联结在一起,并把这些活动与组织的其余部分整合起来的线②。

1. 公共部门人力资源规划的作用

公共部门人力资源规划是指公共部门根据战略发展目标和任务的要求,科学地预测、分析自己在变化环境中的人力资源的供给和需求情况,制定必要的政策与措施,以确保组织在需要的时间和需要的岗位上获得各种需要的人力的过程。公共部门人力资源规划主要有以下几方面作用。

(1)人力资源规划能加强公共部门对环境变化的适应能力,为公共部门战略管理和组织的发展提供人力保证。环境的变化决定了公共部门人力资源的供求也是不断变化的,“预则立,不预则废”,如果公共部门不能有效预测组织发展所需的人力资源并提前作好准备,部门则必然出现人员过剩或不足的问题。科学的人力资源规划可以尽可能地将环境的变化纳入组织的发展之中,公共部门才能有针对性地规避环境的风险。

(2)人力资源规划有助于实现公共部门内部人力资源的合理配置,优化组织内部人员结构,最大限度地实现人尽其才、事尽其功。人力资源规划着眼于发掘人力资源的潜力,谋求人员结构与素质的改进,改变人力资源配置上的浪费和低效率。例如,我国有些公共部门只想从外部招聘人才,宁可超编,而不重视对已有人才的培训

---

① 溪流:《中国公务员制度》,12页,北京,清华大学出版社,2002。

② 劳伦斯·S.克雷曼:《人力资源管理》,51页,北京,机械工业出版社,1999。

与使用,这不仅增加了政府开支,而且造成了人浮于事、官僚作风的现象。

(3)人力资源规划有助于满足公共部门工作人员的需要和调动员工的积极性与创造性。现代人力资源管理的目的不仅仅是实现组织发展目标,同时也要促进员工自身的发展,须考虑到工作人员物质利益和精神需求的满足,以激发员工的工作动机。例如:公开、公正的晋升制度有利于工作人员明确自己的发展前景和努力的方向;合理的调任制度有利于合理配置人才,满足工作人员的工作兴趣,充分发挥其专业特长。

(4)人力资源规划有利于协调各项人力资源管理活动,提高人力资源管理的整体效率。公共部门人力资源管理是一项系统的工程,各项职能互相关联、互相影响。通过人力资源规划,公共部门能认清不同人力资源管理职能间的内在关系,有针对性地制订方案、采取行动,让每项管理职能都能发挥出最大效力,确保公共管理目标的实现。

2. 公共部门人力资源规划的程序

公共部门人力资源规划主要包括下列程序。

(1)公共部门发展战略的确定。要制定公共部门人力资源规划,首先要分析公共部门战略管理对人力资源的具体要求是什么。公共部门的发展战略是公共部门人力资源规划的依据。

(2)公共部门人力资源需求与供给预测。人力资源需求预测以与人员需求有关的组织因素为基础,来估计未来某个时期组织对人员的需求。在预测之前,先要确定某工作将来是否确实有必要,现有的人员数量与质量是否符合工作要求,未来工作任务是否发生变化等。人力资源供给预测包括对内部人员拥有量的预测与对外部供给量的预测,预测出某个时期内公共部门所能获得的人力资源。

(3)公共部门人力资源规划的制定。根据公共部门人力资源的需求与供给以及在对现有的人力资源状况评估的基础上,制定平衡人力资源供求状况的总规划和各项活动计划,如补充计划、使用计划、培训开发计划、绩效计划、薪酬福利计划、预算等,提出调整供求关系的具体政策措施,并保持各项计划的相互一致。

(4)公共部门人力资源规划的实施与评估。公共部门人力资源规划是组织实施其他人力资源管理活动的依据。同时,人力资源规划的效果如何应该通过评估检验,分析"规划缺口"(即规划确定的目的与结果之间的差距)出现的原因,为下一轮的人力资源规划作准备。

7.2.4.2 公共部门人力资源工作分析与人事分类

1. 工作分析

工作(职位)分析的思想来源于以泰勒为代表的"科学管理"理论,它在动作研究的基础上提出了"职位分析"和"职位评价",首先在企业管理中被逐步推广,大大提高了劳动生产率,后来被逐渐引入政府等公共部门的管理之中①。公共部门工作分析是指根据公共部门某一工作内容,分析工作的性质、繁简、难易和责任重轻,执行工作应具备的学识技能与经验,进而制定担任工作所需的资格条件。

工作分析对于人力资源管理具有非常重要的作用,具体表现为四个方面。①有利于合理招聘、使用员工。通过工作分析,可以明确某一工作的具体内容以及该工作与其他工作的关系,从而制定出从事这项工作的人员所需要的任职资格,以决定招聘和任用哪种人才。②有利于开展有针对性的培训工作。工作分析明确了从事这项工作所应具备的技能、知识和各种心理条件,而这些要求和条件不是每个员工都能达到的,这就为培训指明了方向,确定了培训的主要内容。③为制定合理的薪酬政策提供了依据。通过工作分析可以明确各个工作在组织中所处的地位,员工所承担的责任、工作的数量与质量要求等,从而为制定合理的薪酬制度提供了依据。近年来,我国有些地方政府实行"政府雇员制",这些基于短期绩效合同而设立的工作职位,更加需要对其进行分析,以避免组织提供的报酬与任职者技能、责任不相吻合的情况发生。④有利于公共部门的绩效管理。工作分析员工该做什么,不该做什么,应该达到什么要求,都可以较清晰地界定,这为绩效考核提供了客观的标准,减少了绩效考核中的主观因素。另外,工作分析对于理顺管理关系、预测公共部门的人力资源的需求等都有十分重要的意义。

工作分析的实施过程主要包括成立分析工作组、收集与工作相关的信息、收集工作分析的信息、整理与分析所得到的工作信息以及编写职位说明书。其中,编写职位说明书是工作分析的最终成果。职位说明书由两个部分组成,即职位描述与职位资格要求。职位描述是对"事"的要求,包括职位名称、职位内容、职位工作条件、职位社会环境、聘用条件等方面的描述。职位资格要求规定了对"人"的要求,说明的是从事某项工作的人力资源必须具备的能力与资格,包括对从事该工作人员的一般要求,如年龄、性别、学历、工作经验等;对从事该工作人员的生理要求,如健康状况、力量与体力、运动的灵活性、感官的灵敏度等;对从事该工作人员的心理要求,如事业心、合作性、观察力、领导能力、组织能力、沟通能力等。

2. 人事分类

在工作分析的基础上,还需要进行人事分类,尤其是公务员管理,更加强调人事分类的重要性。与企业管理的工作设计不同,公共部门的职位设计更强调科学合理的人员分类,即将公共部门中的工作人员或职位按工作性质、责任轻重、资历条件及工作环境等因素分门别类,设定等级,为人力资源管理与开发的其他环节提供相应的管理依据和程序方法。从某种角度看,公共部门的工作分析是人事分类的前提,而人事分类又是公共部门人力资源开发与管理的基础②。

---

① 赵曼:《公共部门人力资源管理》,27 页,北京,清华大学出版社,2005。

② 杨文健:《人力资源管理》,47 页,北京,科学出版社,2007。

公共部门人事分类主要有两种,即品位分类与职位分类。

(1)品位分类就是以人为对象而进行的分类,其依据是工作人员所具备的条件(如学历、资历)和身份(如官职地位的高低)。其优点是:简单易行,适用性强;注重能力,提倡通才;便于协调,便于流动;便于领导,提高效率。其缺点是:名实不相符,同工不同酬;权责不明,考核、晋升缺乏客观标准;学用不符,业务不专;等级森严,封闭保守。

(2)职位分类就是以职位为对象,以职位的工作性质、难易程度、责任大小及所需资格条件作为评价因素,把职位划分成不同的类别和等级,作为人事管理的基础。其优点是:明确规定每个职位的职责任务和工作标准以及应具备的资格条件,这为公务员的录用考核、奖惩、职务升降等提供了客观依据;同工同酬,做到职、责、权相统一;有一套严谨、客观、准确、完整的法规文件,如职位说明书、职级规范、职等标准等,有助于克服公务员管理中的主观随意性。其缺点是:不太适用于责任较大、需要高度发挥个人主动性和创造性的职位,以及职责范围不易确定的职位;强调任职人员所需具备的资格条件,使职位和工资级别不随人走,既不利于通用型人才的培养和使用,也使人员的交流和调动发生困难;管理程序过于烦琐。

英国、日本是典型的品位分类的国家,而职位分类的代表是美国。不过绝对地采用单一人事分类的国家并不存在,世界上许多国家出现品位分类与职位分类融合与互补的趋势。例如,20 世纪 70 年代,英国对原来的公务员分类制度进行部分改革,引入职位分类,以职务为标准,将公务员的类别等级重新划分为 10 个职类 26 个职组和 84 个职系,这样增加职类、简化职级、注重个人能力的做法促进了公务员的专业分工和职务分类;而美国却引入了品位分类的管理方法,将一般职务类(GS)中的 GS15 至 GS18 职等改为品位分类,取消职等,只设立工资级别,实行级随人走,这样便于高层官员的职位流动,同时也改变了原来人员流动只能在系统内进行的状况,允许公务员跨职流动,竞争上岗①。

7.2.4.3 公共部门人力资源获取

公共部门人力资源获取是指公共部门为了实现组织目标,通过招募、甄选和录用等环节,吸收适当人选补充组织职位空缺的运作过程。人力资源获取直接关系到组织人力资源的整体素质,是进行人力资源管理的前提,也是人力资源管理的关键性环节。随着社会的不断进步、公民民主意识的增强以及政府竞争的加剧,对公共部门工作人员的素质要求也不断提高。有效的人力资源获取有助于公共部门得到合格的、高质量的人力资源,从而降低组织的管理成本,提高组织的效率,为公众提供高质量的公共产品与公共服务。这就要求公共部门人力资源的获取工作必须坚持公开、平等、竞争、择优的原则,保证组织获得德才兼备的人才。

公共部门人力资源获取根据招募对象的来源可以分为内部招募与外部招募。

---

① 杨文健:《人力资源管理》,48 页,北京,科学出版社,2007。

1. 内部招募

内部招募的形式有两种。一是晋升,就是将公共部门内部符合条件的人员从低级职位提升到高级职位,意味着工作人员所处地位的上升、职权的加重和责任范围的扩大,同时也伴随着工资、福利等方面待遇的提高。合理的晋升制度有利于激发工作人员的工作积极性,也有利于部门工作的稳定开展。二是转任,指职务级别不发生变化,把组织内部人员从一个岗位调换到另一岗位,可以跨地区、跨部门,也可以在同一部门内的不同职位之间进行。转任有利于充实或加强某一地区、某一部门或某一方面的工作,也有利于防止腐败现象的产生以及培养公共部门工作人员的综合能力。

2. 外部招募

外部招募就是根据一定的标准和程序从组织外部获取候选人的过程。公共部门外部招募的方式主要有以下几种。一是考试,根据《公务员法》的规定,录用担任主任科员以下及其他相当职务层次的非领导职务公务员,采取公开考试、严格考察、平等竞争、择优录取的办法。二是调任,指机关以外的工作人员(国有企业事业单位、人民团体和群众团体中从事公务的人员)调入机关担任领导职务或者副调研员以上及其他相当职务层次的非领导职务。三是政府雇员制。这是我国一些地方政府近年来施行的一种新的人才招募制度,其录用程序还不成熟。例如,《杭州市政府雇员管理实施细则》规定:"报名人数达到招聘计划数 5 倍及以上的,一般采取笔试加面试(考核)的办法遴选;报名人数不足招聘计划数 5 倍的,一般采取面试(考核)的办法遴选。"《深圳市机关事业单位雇员管理试行办法》规定:"雇用雇员应当采取公开招聘的方式,具体办法由市人事主管部门另行制定。"因此,有关政府部门如公务员局应对政府雇员制度进行必要的规范。外部招募有利于公共部门从整个社会中选取优秀人才,从而带来新思想、新观念,补充新鲜血液,防止公共部门思想保守与僵化,也体现了公共部门尤其是政府公务员制度公正的理念。

7.2.4.4 公共部门人力资源培训

公共部门人力资源培训是指公共部门为了实现组织和员工的目标,根据组织实际工作情况和员工的需要,有目的、有计划、有组织地对员工进行培养、教育和训练活动,使之提高与工作相关的知识、技能等素质,以适应并胜任现有工作或进入更高职位。培训在公共部门人力资源管理过程中具有十分重要的作用,表现在以下几方面。

(1)培训是使员工适应职位的重要手段。新员工对工作有适应期,或者由于环境的影响,工作对员工提出了新的要求,要实现人与事的协调,培训是重要的手段。

(2)培训是培养公共管理人才的重要途径。随着时代的变迁,公共管理的分工越来越细,其技能要求也越来越高,公众对公共部门服务质量的期望也在不断提升。培训是满足公共部门人才需求的重要途径。

(3)培训是调动员工积极性的有效方法。在组织中得到锻炼和成长,已成为人们重要的择业标准,而培训又是员工提高自身能力的重要机会。尤其是《公务员法》规定:"公务员培训情况、学习成绩作为公务员考核的内容和任职、晋升的依据之一。”培训成为公务员职业发展的重要条件。因此,培训有利于公务员积极性的提高。

(4)培训是建立优秀行政文化的有利杠杆。优秀的行政文化有利于增强公共部门的凝聚力,塑造良好的组织形象以及提高公共部门的行政效率,进行行政文化教育是公共部门培训的重要内容。

培训的方式可以分为三种,即在职培训、脱产培训与半脱产培训。不过,我国公务员制度强调分类培训,主要包括初任培训、任职培训、专门业务培训、更新知识培训、在职培训。初任培训是对新录用的人员的培训,是指国家行政机关对新录用担任主任科员以下非领导职务的公务员正式上岗前所进行的培训。这类培训也叫入门训练、职前培训,目的在于使新进入公务员队伍的人员了解党和国家的方针政策,熟悉其即将从事的工作内容和工作程序,掌握一般的工作方法,为正式上岗任职作好准备。初任培训的方式包括工作实习和集中培训。任职培训是指国家机关对准备晋升一定领导职务的公务员,按照拟任职位的相应要求所实施的培训,也叫资历培训、晋升培训,目的在于对拟任新领导职务的公务员进行所需政策水平、组织领导能力和专业知识能力的培训,为其胜任即将担任的职务作好充分的准备。任职培训一般在到职前进行,培训时间不少于30天。专门业务培训是指国家机关为公务员从事专项业务工作而提供所需知识和技能的培训。专项业务工作是指因国家和政府某些工作的需要,从政府机关临时抽调公务员进行的工作,如人口普查、执法检查、经济普查等。专门业务培训的内容完全取决于专项工作的需要,目的是使受培训的公务员具备拟从事的专门业务工作所需的知识、能力和工作方法,保证公务员能够适应专项工作的需要。更新知识培训是指国家机关有计划地对在职公务员所进行的以更新知识为主要目的的全员培训,也称轮训、深造培训等。在职培训是最常规、工作量最大的一种,其对象包括全体公务员,培训形式以脱产培训为主,培训内容根据各公务员不同的职位要求来确定,强调与工作实际相结合,达到更新知识结构、掌握新的知识和技能、适应形势发展的新要求,提高工作效率和质量。

7.2.4.5 公共部门人力资源激励

按照公共选择理论的逻辑,政府工作人员同样是“经济人”,会追求自身利益的最大化。从公共产品的角度来看,公共部门员工提供的公共产品与服务的优劣与自身是一种间接的利益关系,不像私营部门,产品质量直接关系到企业利润,同员工的切身利益直接相关。但是,公共部门的价值取向是维护公共利益,我国公务员的宗旨是全心全意为人民服务。相比之下,私营部门的激励要比公共部门容易得多,但公共部门人力资源激励却又不可或缺。

当然,激励的一般理论同样适用于公共部门。结合公共部门的特点,完全可以借鉴私营部门的激励办法来改善公共部门的人力资源状况。在这里,重点介绍公务员制度的三种激励方法。

(1)职务升降制度。我国公务员制度对公务员晋升的条件、程序作出较为完善的规定,这有利于激发公务员的工作积极性,同时降职制度有利于公务员加强自身的素质建设,提高工作能力。

(2)奖惩制度。《公务员法》规定了获得奖励的情形,奖励分为嘉奖、记三等功、记二等功、记一等功、授予荣誉称号。同时,公务员制度也确立了行政处分,分别为警告、记过、记大过、降级、撤职和开除。

(3)薪酬福利制度。我国虽未实行"高薪养廉"政策,但是,较为丰厚的公务员工资、保险及福利,以及正常增资的原则,为公务员提供了较好的物质条件,较大程度上解除了公务员生活的后顾之忧,从而激发其工作积极性。

7.2.4.6 公共部门人力资源绩效考核

绩效管理是20世纪80年代后期,在汲取功绩评议、目标管理、绩效评估等管理理论精髓的基础上发展起来的一种先进管理机制和思想。公共部门绩效考核是指基于公共部门的战略目标和绩效计划,对公职人员的绩效状况进行考察和比较,通过持续的绩效反馈和改进,使其工作行为和绩效状况与公共部门战略保持一致的管理过程①。公共部门绩效考核对员工的工作绩效做出考核结论,为公共部门人力资源管理的其他活动,如薪酬管理、职务调整、奖惩、培训等提供了客观依据。当然,绩效考核的最终目的是通过考核让工作人员发现自己在工作中的不足之所在,从而改善自身行为,使个人目的和发展与组织的目的和发展达成一致。

但是,实践证明,绩效考核不受员工的欢迎,甚至可能遭到员工的抵制,一个重要的原因在于绩效考核未能形成一个科学的管理体系。一般而言,绩效管理的内容应包括以下六部分。

(1)确立绩效目标。"如果处于公共组织或体制之中的每个人都明确自身的根本目标,那么,改进绩效则更为容易。"绩效目标为衡量工作人员绩效状况提供了标准。目标管理是当今公私部门都常用的确立目标的方法。它强调组织管理者与下属通过充分的沟通、协商,制定组织的总体目标,在组织总体目标的指引下,确定工作人员的具体目标,实现个人目标与组织目标的一致性。

(2)确定考核内容。公共部门绩效考核的项目选择可以分为三种不同的基本导向,即人员导向型绩效项目、任务导向型绩效项目和混合型绩效项目②。人员导向型绩效考核主要集中在人员特质方面,如忠诚度、决策力、创新力、判断力等方面;任务导向型绩效考核主要以现行确定了的目标与标准为基础评价工作人员的绩效状况;混合型绩效考核则集合了人员导向型与任务导向型的共同特点。根据《公务员法》的规定,我国公务员考核的内容包括德、能、勤、绩、廉五方面,其中对公务员工作实绩的考核,构成公务员考核的主要内容。因此,从整体上判断,我国公务员实行的是混

---

① 吴志华,刘晓苏:《公共部门人力资源管理》,309页,上海,复旦大学出版社,2007。

② 罗纳德·克林格勒,约翰·纳尔班迪:《公共部门人力资源管理:系统与战略》,404页,北京,中国人民大学出版社,2001。

合型绩效项目的考核导向。

(3)设计考核指标。考核指标的细化程度决定了绩效考核的可操作程度与考核结果的精确度。绩效指标的设计应达到一系列的要求,即"SMART"要求:S代表具体化(Specific)即指标需切中目标、适度细化、随情境变化;M代表可测性(Measurable)即指标需数量化、行为化,数据或信息具有可得性;A代表可实现性(Attainable),即指标在适度的时限内可实现;R代表现实的(Realistic),即指标是可证明的、可观察的;T代表有时限的(Time-bound),即应该注重完成指标的特定期限。

(4)确定考核主体与方法。公共部门绩效考核的主体应该包括被考核者自己、上级、下级、同事、服务对象、专业考核委员会。公共部门可以根据需要选择适当的考核主体。绩效考核的方法多种多样,我国公务员主要采用领导与群众相结合、平时与定期相结合、定性与定量相结合的方法。

(5)实施绩效考核。在做好前期准备工作后,绩效管理进入实施阶段,收集考核人员的信息,作出整理与分析,并评估与发布考核结果。我国公务员考核等级分为优秀、称职、基本称职、不称职四等,《事业单位工作人员考核暂行规定》明确了事业单位各级各类职员、专业技术人员和工人的绩效等次标准。

(6)绩效反馈。从广义上讲,绩效管理的每个阶段都应该进行积极的沟通。这里的绩效反馈主要是强调考核结束后管理部门应与考核对象进行沟通,并听取考核对象对考核过程所提出的意见与建议,帮助考核对象改进工作以完善考核工作,实现考核的目的。

7.3 公共部门人力资源管理的发展趋势

人力资源管理被引入中国已有20余年的时间,其全新的理念给中国人力资源的管理与开发带来了深远的影响。伴随着公共部门改革的深入以及有关人事制度的变革,结合人力资源管理的创新,我们必须思考与回答这样一个问题:在新的世纪,我国公共部门人力资源与管理应该走向何方,即公共部门人力资源管理的发展趋势是什么。

7.3.1 人性化管理理念的确立

胡锦涛总书记在党的十六届三中全会上提出了以人为本的科学发展观。作为一种指导理论思想,以人为本的理念同样反映在公共部门人力资源管理之中。人本管理的基本内涵是:把人的因素当做管理的首要因素和本质因素,其出发点和着眼点是人,强调"人"作为管理活动的核心和组织最重要的资源,重视人的作用,尊重员工的需要,注重员工的个人发展,把组织目标与员工的个人目标结合起来,通过充分发挥员工的主动性、积极性和创造性,推进组织目标的实现①。首先,人本管理要求转变传统人事管理把人视为成本的观念,不能把人仅看做是完成组织目标、消耗组织资源、按部就班地履行规章制度所规定的职责和义务的附属工具。根据组织和员工的需要,有计划地进行开发,充分发挥公共部门员工的创造力与潜能。其次,要尊重公共部门员工的需要,提供良好的工作环境,为员工发挥才能创造条件。再次,积极授权。公共部门员工不仅仅作为决策执行者的角色存在,公共部门应允许员工更多地参与决策。公共部门不仅要为员工参与决策提供便利的渠道,同时要加强对员工的培养,提高普通员工的认知能力和判断能力,形成积极参与管理的行政文化,而且在新公共管理服务理论中,效率不再被看做考核政府工作的唯一标准。新公共服务理论家认为,人比生产效率更值得重视。确切地说,树立以人为本的"授权与参与"管理理念成为当前公共人力资源管理变革的重点。

人本管理需防止两个误区:其一,以人为中心不是以官为中心;其二,以人为中心也不是以精英为中心②。人本管理的真正内涵是以公共部门全体工作人员为中心,要实现组织员工整体的发展而不是几个人的发展。

7.3.2 公共部门人力资源管理外包

人力资源管理外包是当今企业人力资源管理的一大革新,指的是企业在自身资源有限的情况下,根据需要将原来由企业自己进行的一项或几项人力资源管理工作或职能外包给第三方服务商或服务出售商,企业支付给外包公司酬金的一种交易方式。人力资源外包有利于企业专注于核心业务,降低管理成本,获取专业化的人力资源服务和专业技术,但同时也面临着一定的风险,如管理失控、信息安全度降低。人力资源外包作为一种较新的管理实践活动,已经形成了较大的市场,运作主体主要局限于企业。由于公共部门涉及的利益比较复杂,而且受到体制与法律的约束,公共部门人力资源管理者对外包并未表现出太多的兴趣,学术界对此也没有太多的关注。不过,这并不意味着公共部门人力资源管理不存在外包行为,在公共部门人力资源管理的某些环节,公共部门也逐渐借助部门外部的力量来加强管理。例如,公共部门经常将考试、绩效考核、流程再造中许多事务委托给专家受理;政府机关与高校进行合作,将公职人员的培训委托给高校承担(最典型的为 MPA 教育)。可以肯定的是,随着政府规制的放松以及企业管理技术的持续引进,公共部门人力资源管理外包的范围将会不断扩大。

7.3.3 公共部门人力资源管理上升至战略性高度

人事管理改革是新公共管理运动的主要内容,也是我国行政体制改革的焦点之一。随着我国公务员制度的建立与完善,我国公共部门对人力资源的管理,正逐步实

---

① 黄健荣:《公共管理学新论》,388 页,北京,社会科学文献出版社,2005。
② 张德:《人力资源开发与管理》,3 版,41 页,北京,清华大学出版社,2007。

现由传统人事管理向现代人力资源管理的转变。公共部门人力资源管理的地位与作用也逐渐凸显,成为公共部门战略管理的重要内容。因此,现代公共部门人力资源管理侧重于更具全局性、前瞻性、战略性的管理内容。人力资源管理在实现公共部门战略目标的过程中扮演着越来越重要的角色,它不仅为公共部门管理与决策提供了重要的人力资源,成为公共部门成长的坚强后盾,而且作为一个有效增值的环节,还为公共部门创造价值(包括经济价值与社会效益),支持和促进了各部门的发展。公共部门人力资源管理战略化最直接的体现就是人力资源管理的相关部门角色的转换——从事务性部门走向战略性部门。

7.3.4 公共部门人力资源管理的专业技能要求越来越高

如前所述,现代人力资源管理应该以人为本,重视人、尊重人,而不再简单地把人视为手段与工具。但是,作为人力资源管理的对象,人又是最复杂的,其需求是多层次及动态变化的。对于不同的员工,管理者应采取不同的管理手段和激励措施,来促进员工的成长。尤其是在新的时代背景下,人力资源管理的环境也越来越复杂,人力资源管理的难度在不断增大,对人力资源管理者的专业化程度必然会提出更高的要求。公共部门人力资源管理者不仅承担传统的人事档案管理、工资发放等职责,他们还应成为人力资源战略规划专家、人力资源开发专家、劳动关系专家、组织文化专家。从某种意义上讲,他们的专业化程度决定了公共部门人力资源管理的实现程度。专业化的人力资源职能专家不仅能促进科学管理,更重要的是可以为员工提供高质量的咨询和服务,而这项功能比以往的简单管理控制更重要,也更复杂。

7.3.5 公共部门人力资源管理将更加重视职业伦理建设

公共部门行使的是国家公共权力。从终极根源上看,公共权力产生于人民的直接或间接授权,这是我国所确定的一项根本的宪政原则。这就决定了公共部门服务的对象是人民,公共部门追求的是公共利益。但是,由于体制的不完善以及传统"官本位"思想的影响,我国公共部门在行使权力过程中经常发生错位现象,公共部门工作人员过于追求自身利益与政府利益,形成了所谓的"政府本位"。这种"政府本位要求公民去适应和服从政府和公务员的管理,而不是要求政府去适应和方便广大公众。它还导致了一种行政实践评价标准的倒错,凡是适应政府行政组织系统的就是善的,反之就是恶的"①。而政府本位的直接后果是政府形象与公信力的下降,危机政府合法性基础。加强公共部门工作人员职业伦理建设是重塑公共部门形象的重要途径。

职业伦理建设除了公共部门的意识形态教育与工作人员自我修养外,建立完善的伦理准则和设立专门的伦理监督管理结构是必不可少的手段。例如,美国政府于1958 年就通过了《美国政府部门伦理准则》;在此基础上,1965 年,约翰逊政府颁布

---

① 周奋进:《转型期的行政伦理》,60 页,北京,中国审计出版社,2000。

了《政府官员和雇员伦理行为准则》;1978 年卡特总统签署了美国国会参议院和众议院通过的《政府行为伦理法案》;1984 年,在美国 98 届国会官员行为标准委员会指导下,制定了《众议院官员行为准则》和《参议院职务行为规则》;1989 年,美国国会通过了《美国政府伦理改革法案》;1990 年布什总统以"总统行政命令"的方式,颁布了《政府官员及其雇员的行政伦理行为准则》;1992 年,美国政府又颁布了由政府伦理办公室制定的内容更详细、操作性更强的《美国行政官员伦理指导标准》。这些行政伦理准则和道德法案为判断公务员的行为是非提供了具体标准,反映了美国行政伦理发展的历史进程。同时,美国的行政伦理监督机构分为立法、行政、司法三大系列。众议院专门设有"众议院官员行为规范委员会",负责对官员行为的道德进行监督,对有违纪行为的议员进行惩罚;联邦政府于 1979 年 7 月成立了"政府伦理办公室",并于 1989 年将其升格为一个具有独立性的政府机构;大法官会议设有"司法道德委员会",负责监督司法伦理行为规范的执行。相比而言,我国公共部门职业伦理建设无论是规则方面还是监管机构方面都很欠缺,这是以后公共部门人力资源管理需重视的地方。

本章小结

人力资源是指能够推动整个经济和社会发展的劳动者的能力,即处在劳动年龄的已直接投入建设和尚未投入建设的人口的能力。

人力资源具有以下主要特点:①能动性;②时效性;③再生性;④高增值性;⑤社会性。

公务员制度是指通过制定法律和规章,对公务员依法进行管理的制度和规范的总称,是国家政治体制的重要组成部分,是一种国家人事管理的规范体系。具体说,是指规范国家公务员管理工作行为的准则和有关管理制度,包括职位分类、考试录用、考核奖惩、职务升降、培训教育、工资福利、退休退职、权利义务、工作纪律等。

西方资本主义国家的公务员制度的基本共同点:①公开考试、择优录用;②实行"两官分途";③保持政治中立;④实行功绩制;⑤保障公务员权利。

我国公务员制度的特色:①坚持"党管干部"的原则;②政治要求不同;③分类管理方式独特;④坚持德才兼备的原则;⑤服务宗旨和利益关系不同。

公务员制度的激励方法:①职务升降制度;②奖惩制度;③薪酬福利制度。

公共部门人力资源管理的发展趋势:①人性化管理理念的确立;②公共部门人力资源管理外包;③公共部门人力资源管理上升至战略性高度;④公共部门人力资源管理的专业技能要求越来越高;⑤公共部门人力资源管理将更加重视职业伦理建设。

关键术语

人力资源　公务员制度　两官分途　职业伦理　公务员的激励

复习思考题

1. 公共部门人力资源管理的特殊性表现在哪些方面?
2. 当代西方国家公务员制度改革主要采取了哪些措施?
3. 与西方国家公务员制度相比,我国公务员制度有哪些特色?
4. 公共部门人力资源管理的基本职能有哪些?
5. 简述公共部门人力资源管理的发展趋势。
6. 根据案例,分析公共部门人力资源培训的作用。

案例

五千"县官"大轮训

"县为国之基,民乃邦之本",从秦设立郡县制以来,县一直是一种独特而重要的区划。千百年流传着一条治国理政的金科玉律——"郡县治,天下安"。

2006 年春节,胡锦涛总书记在视察延安干部学院时,针对当时已决定开办的省部级主要领导干部"新农村建设"培训班说,"只到省部这一级还不够,说到底要落实到县一级,因为他们是新农村建设的一线指挥员"。

2006 年初,中组部在摸底调查之后,与中农办、农业部和中央党校等干部院校建立专题培训工作联席会议,制订了详细的培训方案,胡锦涛、温家宝等领导人亲自审批。

从 2006 年 4 月开始,全国 5 300 多名"县官"——县委书记和县长以及新疆生产建设兵团中的团政委、团长等同级官员——分批在中共 5 所党校接受为期十天的"建设社会主义新农村"专题培训。并且,对"县官"的培训将成为常态,每 5 年轮训一遍。

"说实话,以前以为新农村建设只是喊喊口号,"一位县委书记说,"来培训后才知道中央原来有完整部署。"

事实上,这样的反差正折射出一个现实,官员们不能有效理解并执行决策层的意图,一直是一个急需解决的问题。

培训的一个内容即是让"县官"们知道"形势严峻"。一场关于耕地保护线的争论,让 100 多名"县官"都坐直了身子"支起耳朵"。

中国耕地以年均 500 万亩的速度流失,而需新增的用地难以胜数。在各个部门之间,围绕划定耕地保护红线的争论一度紧张。

为“县官”们讲课的农业部巡视员，讲述了当时部分机构对“划定耕地保护线”的反对理由：按人均来算，倘若要达到美国的水平，光机场就得新建250个，更不用说铁路、高速公路这些不可避免的用地了。

“每个地方都说要土地上项目，可是你们知道土地这么紧张吗？”巡视员问“县官”们。培训者意图很明显，即告诉“县官”们：耕地危机真实地存在。

这是专题讲座中的一幕。十天培训中，重在介绍宏观情况和国内外经验教训的讲座被分为5个主题：深化农村体制改革、县域经济、农村基础设施建设、农村精神文明建设与国外案例。

除了专题讲座，培训还分视频讲话、案例教学、现场教学、小组讨论4个部分。

胡锦涛、温家宝等领导人的内部讲话从中央的角度，讲述了为什么要建设新农村、怎样建、建成怎样的新农村等宏观问题。

系统培训让“县官”们得以了解全局，而数百同人的集聚，则让他们多了一个知道别人在干什么的机会。

一个意外的收获是，不同地区的相互比较，让他们更为清晰地认识了自己。

当甘肃的县委书记发牢骚说西部大开发并不实惠时，一位县域与西部交界的中部县委书记一脸羡慕地反驳：“你们修一公里路国家补助20万，我们只有一半！”

而当前者听说后者2006年县财政拿出2 000万建设新农村时，惊讶得两眼瞪得溜圆：“兰州一个市去年拿出1 000万，我们还觉得破天荒呢！”

看来除了思想得到统一，培训更是“鼓了天下之气”。

许多“县官”们都坦言，这次培训让他们重新知道自己还“被中央记得”，也才真正明白“发展才是硬道理”。

（节选自2007年1月4日《南方周末》，有删改）

案例思考题

1. 论述“县”在我国行政体制中的重要性。
2. 请你谈谈是否有必要“划定耕地保护红线”。

8

其他公共事务

“公共事务”是一个难以明确界定的问题。“公共”是与“私人”相对而言的，凡是与众人相关的事务和组织(或团体)的活动都可以称为“公共事务”，这是对此概念广义上的理解。而狭义上的“公共事务”专指国家的活动、以国家为中心的活动或政府的管理活动，这是最基本或最典型的公共事务。这里探讨的正是狭义上的“公共事务”。公共管理作为一种区别于私人行政或企业管理的管理活动，必然有其特殊性，而这种特殊性主要就体现在公共管理活动所关注的独特的对象，也就是所谓的公共事务上。除了前面论及的公共经济管理等，公共事务还包括国防、外交、民生、环境、卫生、教育、社会治安、社会保障等几个方面。这些公共事务可以分为两类：国防和外交事务是对外的，属于“国家事务”；其他事务是对内的，可归为“社会事务”。

8.1 国家事务

8.1.1 国防

8.1.1.1 国防事务概述

1. 国防的含义及要素

国防，是一门求生学问，也是国家的防务，是指为捍卫国家主权、领土完整，防备外来侵略和颠覆所进行的军事及与军事有关的政治、外交、经济、文化等方面的建设和斗争。保卫国家安全、巩固国防是公共管理对外职能方面的主要事务。由于以政府为主要代表的公共管理组织是国家政权的重要组成部分，它的重要职责之一是维护国家的独立、主权和领土完整，采取各种具体措施和具体行动，加强国防科技研究和国防建设事业的发展及全国武装力量的领导和建设，保护国家机密和安全，反对外来的侵略和颠覆活动，巩固国防，守卫边疆，保证国家利益不受侵犯。国防伴随国家的产生而产生,服务于国家利益。丘吉尔有一句名言:"没有永恒的朋友,也没有永恒的敌人,只有永恒的利益。"此言一语中的。国防直接关系到国家的安全、民族的尊严、社会的发展。

现代国防又叫社会国防、大国防、全民国防,包括武装建设、国防体制、军事科技和工业、国防工程、军事交通通信、人力动员、国防教育、国防法规诸多方面,是一个庞大而复杂的系统。从最高元首到每个公民,从军事到政治、经济、文化、教育、科技和意识形态都与之密切相关。现代国防以军事力量为核心,还包括有关的非军事力量;它重视国家的战争潜力,特别是战时的动员效率;它还是以经济和科技为主的综合国力的竞争。现代军队是知识和科技密集的武装集团,强调质量建军胜过"人海战术"。和平时期国防的作用是威慑,要求不战而胜;战时国防的责任是实战,目标是胜利。

简单来讲,国防包括主体、目的、手段和对象四要素:①国防的主体,即国家;②国防的目的,包括捍卫国家主权,维护国家的安全,保卫国家的领土完整;③国防的手段,包括军事、政治、经济、外交等;④国防的对象,包括侵略和武装颠覆。

2. 新时期国防的重要性

21世纪初国际战略形势急剧变化,其根本动因源自美国的全球战略企图。世界的安全形势随着极具霸权冲动的新保守主义政府登上历史舞台而恶化,"9·11"事件、出兵阿富汗、入侵伊拉克等一系列重大事变使世界为之改观。保守主义势力全面发展,新帝国主义成为影响国际政治走势的主流意识形态。集殖民主义、干涉主义思潮于一体的新帝国主义的崛起动摇了1648年《威斯特伐利亚条约》所确立的"国家主权神圣不可侵犯"的原则,其本质是重新建立国际上层建筑。这使得国际政治道德规范遭到践踏,国际契约关系及其国际关系框架出现解构趋势。随着布什政府拒签《禁止生化武器公约》《东京议定书》和废除《反导条约》,国际契约关系开始解构。美国撕毁《反导条约》的举动实际上摧毁了当代国际关系的信任基础,国际军备控制议题已名存实亡,"9·11"袭击和美国侵阿、侵伊战争则加速了国际政治道德规范的崩溃。民族发展利益矛盾上升为主要矛盾,争夺"文明地位"的斗争愈演愈烈。布什政府所奉行的战略目标的实践已经同世界各民族生存、发展的基本权利发生了根本性冲突,从而决定了民族间的生存利益矛盾的发展。这种生存利益矛盾的一方是宣扬"命定扩张说"的美国政府,另一方则是在这种扩张前维护自我存在价值的其他民族。

8.1.1.2 我国当前的国防与国家安全

1. 我国当前安全环境

作为国家战略主体,中国当前战略环境的基本态势如下。

态势一,中国是亚洲诸国中邻国最多、地缘矛盾最多、地缘战略关系最复杂的战略主体。中国周边共有邻国20个,其中,陆上接壤14国,隔海相望6国,涵盖了各种地理条件。中国是当今世界上唯一没有实现统一的大国,多年来,又是与别国领土争端最多的国家。尽管近年解决了部分争端,但是,仍存在着更为复杂的领土和领海纠纷,且海洋权益不断遭受蚕食。中国与俄、日、印三大战略主体共处,掣肘因素颇多。

态势二,新型核力量崛起于我国周边,既对我国构成威胁,又成为引发连锁反应或外来干涉的现实条件。印、巴两国相继拥有核武器后,2002 年底,朝鲜宣布解除核冻结,退出《核不扩散条约》,重新启动宁边核设施,向核俱乐部迈出新的一步。从长远看,上述三国同为我国近邻,尽管三国与我国关系存在差异,但是,其共同之处是:它们拥有核武器都是对我国安全的直接威胁。

态势三,美国强行切入中亚,使我国首次在陆地直接面对美军事力量,对华东西海陆威胁已成现实。登陆亚洲大陆一直是战后 50 年美国全球战略的重要目标之一。朝战、越战曾延缓了美国强行"登陆"的企图,但是,"9·11"事件使美国借阿富汗战争,率领北约插入了欧亚大陆的心脏,占领了亚洲诸大国唯一的联络区,扼制住了亚洲最后的"能源希望之地",掌握了控制周边国家经济发展节奏的主动权,从而实现了牵制中、俄、印、巴、伊等亚洲大国的目的。美军占领阿富汗后,在我国西部埋下贴身隐患,使我国在东、西、南三面受敌,我国陆上防御首次直接面对美军事力量,美国对华已构成直接威胁。

态势四,固有的安全疾患隐性发展,亚太国家与美国联盟复苏,我国安全"东急西重"现象突出。我国固有的周边安全问题一直是"多项并举"。一是台独势力的恶性发展。美台军事关系的跃升助长了台独势力的发展,增加了祖国统一的变数。二是南沙及其海洋国土被蚕食。美国军政官员有关南沙群岛的表态与有关国家频繁的海上军事演习直接威胁着我国对南沙的主权诉求。三是"藏独"、"东突"分裂势力隐性发展。

2. 我国当前安全力量

随着全球化的发展,安全的概念也超越单一的、纯军事的内涵,综合安全观成为全球共识,不仅包括政治、经济、军事、外交、科技与文化,还包含资源、环境、信息等领域。其中,信息安全和经济安全已经成为国家安全战略力量的基础,以军事、外交力量为核心的传统安全力量仍然是国家安全的主体。在着重于经济发展的同时,我国的安全力量构成呈现出"基础势弱,主体失衡,潜力增强"的特点。

基础势弱主要表现为:经济对外依存度提高,涉外经济安全矛盾日益表面化;科技发展势头渐强,但核心知识产权总量有限;信息技术基础薄弱,安全主权受制于人。

主体失衡表现为:军事实力中战略威慑强于常规力量,常规力量只适于陆上国土防御,信息化作战能力尚待提高。我国现有的军事力量与打信息化战争的要求存在着一定的差距。尽管武器进口达到了前所未有的水平,但是,新武器受制于人的局面同时并存。

在全球化和信息化飞速发展的今天,中国的安全态势已不仅取决于上述因素,更重要的是取决于在各战略主体的博弈中自身的安全战略运筹。国家安全战略性质确定之后,能否解决上述问题,关系到对未来战略态势的把握。

3. 军事与国防安全事务应对

(1)确定清晰的战略目标和战略利益。在全球化时代,国家利益的表现形式可能会模糊,但是,其本质并未改变。今天,确定清晰的战略目标和战略利益比任何时候都更有价值,安全战略的运筹比任何时候都更有意义。在经济上,“互补不是替代,让渡必须对等”,坚持国家独立自主是永恒的原则。在军事上,战略运筹的精妙之处在于见微知著,防微杜渐,正因为有了1993年的“银河号”事件,才发生了1999年我国驻南使馆的被炸。这种看似无关的事件有着内在的必然联系,它反映的正是战略时空内涵变化之后战略筹划的本质。

(2)划定合理的战略边界。中国的国家安全战略是防御性的,其战略前沿与中国的自然边界重合。随着信息化和全球化的发展,时空内涵对国家安全的意义已经发生变化,设置合理的战略缓冲区是适应变化的基本原则,防御性的安全战略对于战略反应的要求则更高。美国因其战略的进攻性一直遵循着“战略前沿随战略利益而动”的原则。美国的扩张史表明,它始终将战略前沿抵近别国疆界。美国的战略抵近政策实际上已经成为安全侵入。在这一点上,中国的战略防御缺少必要的合理条件。国家安全战略边界与国家自然边界的重合使战略主体失去了必要的运筹空间。未来,中国的安全战略运筹面临着艰难的选择。

(3)发展必要的国防力量。无论是防止历史悲剧的重演,还是保障国家战略的实施,认清威胁的来源及其战略企图,进而作必要的准备是必需的。中国经济发展的需要与国防实力的现实已经出现了巨大反差。在缺乏资源选择权、市场定价权和高科技主导权的情况下,我国的经济发展更需要国防力量的保护。对此,李际均先生已经为我们敲响了警钟:“只有具备强大的国防力量、稳定的社会政治基础和相应的经济实力,才能平等参与严酷的国际竞争。否则,具有再古老文化的国家也难避免古希腊、古波斯、古巴比伦的命运。”

8.1.2 外交

8.1.2.1 外交事务概述

公共管理对外职能的另一项主要事务是具体处理国际关系、国际交往及履行国际义务等方面的各种工作。例如制定外交政策,缔结国际或国家间的条约和协定,设置使领馆并开展外事接待、出访、谈判,参加国际事务等各种外交活动。国家以和平手段对外行使主权的活动,通常指由国家元首、政府首脑、外交部长和外交机关代表国家进行的对外交往活动。

中国古代称外交为外事,清末称外务,近代才开始使用“外交”一词。外交活动历史悠久。1648年《威斯特伐利亚和约》的签订,确立了主权国家作为国际关系和国际法主体的地位,也明确了外交在国际关系中的职能作用。20世纪随着交通和通信的发展,国际交往的便利,形成了现代外交的开放、联系和世界性的特点。外交已成为世界各国和国际活动不可缺少的重要组成部分。

主权国家外交的宗旨是,以和平方式通过对外活动实现其对外政策的目标,维护国家的利益，扩大国际影响和发展同各国的关系。外交的活动形式多样，主要有访问、谈判、交涉、缔结条约、发出外交文件、参加国际会议和国际组织等。各国外交都受本国政治、经济制度以及国内政策和需要的制约。综合国力是一国外交的基础和后盾。外交也需要原则性与灵活性的紧密结合。经济、文化、科技、体育等领域的官方对外联系以及各类民间对外交往，则是对外交的重要和必不可少的补充。

8.1.2.2 我国当前的外交政策

中国坚持的是韬光养晦的外交策略，以和平崛起的方式谋求发展。中国作为后起的大国要和平崛起必须妥善处理大国关系，以减少阻力，创造有利的国际环境。中国和平崛起有四大国际战略取向①。

(1)建立不结盟、不对抗、不针对第三国的新型大国关系。冷战结束后，世界上大国之间的关系已发生深刻的变化。中国要致力于建立以不结盟、不对抗、不针对第三方为主要特征的、具有建设性的新型大国关系。这是推动世界多极化趋势的重要战略举措，也是促进大国关系良性互动的有效手段。

(2)实行稳定周边的战略：睦邻、亲邻、富邻。为了实现和平的崛起，中国努力实行综合立体的稳定周边的战略，即以中国的和平崛起为前提，以经济安全为主题，兼顾政治、军事、文化、环境、信息等多种安全因素，综合运用各种手段，维护中国周边的安全和稳定，营造安全可靠、经济繁荣、长期稳定的周边和平环境，坚持以邻为善、以邻为伴，奉行睦邻、亲邻、富邻的政策，同时要有针对性地消除一些周边国家对中国崛起的担忧，妥善处理有较大争议的边界争端问题，如中印边界问题，特别是南沙问题，创造有利的周边环境。在中国和平崛起的过程中，要积极发展中国参与和主导的区域经济合作，要采取积极有效的具体措施，加速实现东亚自由贸易区的战略设想。这是实行稳邻、睦邻、亲邻，谋求共同发展的有效途径。

(3)要使广大发展中国家在中国和平崛起中受益。发展中国家历来是中国在国际事务中可以依靠的力量，在中国和平崛起的进程中，加强同发展中国家的团结和合作仍然是中国外交的基本立足点，我们要充分发挥中国同发展中国家在国际重大问题上互相支持的政治优势。今后，中国将进一步加强同亚、非、拉发展中国家的团结与全面合作，这包括在国际事务中注重与发展中国家磋商协调，维护它们的正当权益。在解决地区性的冲突与矛盾中，采取积极、稳妥、推动和平解决的方针。在经济贸易方面，应继续向一些发展中国家提供力所能及的援助，并按照互利互惠、共同发展、形式多样、讲求实效的原则探索新的合作途径。中国在重大场合既要为发展中国家说话，又要坚持决不当头的战略方针。总之，要使发展中国家从中国崛起中，从与中国的合作和相互支持中得到好处，为中国的和平崛起争取一个长期有利的国际环境，奠定坚实可靠的基础。

(4)以多边外交为重要舞台，发挥负责任大国的作用。随着经济全球化的迅猛

---

① http://news.tom.com/1988/20051210-2732212.html.

发展,国际政治生活的多元化,多边外交日趋活跃已成为国际社会的一个重要现象,这是人类进步的表现。主权国家通过国际会议和国际组织在广泛的领域展开国际合作,有利于促进世界和平与共同发展,有利于促进国际关系民主化。因此,中国在和平崛起的进程中应十分重视开展多边外交活动,积极发展多边外交关系。

今后,中国应以联合国为主要舞台,以亚太,特别是东亚地区为重点,积极参与多边外交活动,在联合国大会、亚欧会议、亚太经合组织、中国—东盟首脑非正式会晤、东亚领导人会晤等多边外交场合和国际及区域性组织中发挥重要作用,维护中国的主权和正当权益,并为解决人类共同面临的重大问题作出应有的贡献。

8.2 社会事务

8.2.1 环境

8.2.1.1 环境保护事务概述

工业化和城市化推进使人们的物质生活越来越丰裕,但人们在享受日益舒适的物质生活时,却不得不面对日趋严重的环境问题。有人将工业化以来人类社会的发展看成是两个加速度:一个是工业生产加速发展,另一个是生态环境的加速退化。1963 年,卡逊的《寂静的春天》一书出版,引起了世界的轰动。环境问题引起人们的深切关注。

环境可以包括与人类有关的一切事物,有自然环境与社会环境之分。这里所探讨的环境是自然环境。从自然环境与资源经济学的角度出发,可以把环境定义为一个系统,它包括地球上有生命的物质与地表无生命的空气、水及土壤等。在这一系统中,已形成许多生物圈或生态循环,圈内任何个体都与其他个体直接或间接地联系在一起,并相互影响。

环境问题由来已久,它与人类的生存与发展息息相关,人类自产生以来就与环境资源发生互动。尤其自轰轰烈烈的工业革命以来,工业发展带来了空前丰富的物质产品和享受及前所未有的繁荣,但环境恶化的巨大阴影却日益显现,不仅笼罩着发达国家,也弥漫到发展中国家。到 20 世纪下半叶,人类的发展已在全球范围内威胁到人类自身的生存环境,甚至保护地球的大气层也难逃厄运。许多环境问题看起来无关紧要、微不足道,但是,空气污染、水体污染、固体废弃物、有毒危险物、酸雨等,作为发展的副产品,反过来正在损害着人类自身的健康与福利。环境保护是否行之有效,不仅关系到本代人的生存与发展,更与子孙后代的命运息息相关。环境保护失败,则从根本上违背人类可持续发展的美好愿望和终极目标。

针对环境问题的发生与发展,各国政府和公众都在采取一定的措施保护环境。环境保护作为全人类的共同课题,在一定程度上更是人人参与的活动。环保作为一项公益性事业,自它登上政策日程,就一直被理所当然地认为主要是政府的任务,无论资本主义国家,还是社会主义国家,都是如此。

8.2.1.2 政府的环境保护责任——以欧盟为例

在崭新的21世纪到来之时,环境问题早已成为世界各国的政策议题,成为全球性的研究课题。许多环境问题不仅影响环境本身,而且对社会整体及后世子孙有深远的影响。各个国家都出于强烈的经济和社会原因致力于保护自己国家的自然环境资源。欧盟作为一个超国家的区域性政治经济组织,在跨国界、区域性的环境保护行动中取得了巨大的成功。其环境政策、区域性的环境保护行动为全人类的环境保护树立了典范,值得我们认真研究和借鉴。

1970年,欧共体公布了一项汽车废气排放标准。1972年,欧共体在巴黎召开了国家和政府首脑会议,指出经济增长应考虑环境保护问题,应对环境保护给予特殊的关注,认为在经济发展的同时应提高生活质量。此外,各国首脑们还建议欧共体宪法在1973年制订环境行动计划、社会和地区政策。在此次会议上,欧共体环境政策终于形成雏形。1976年,欧共体发出了第一项环保指令,统一了各国有关危险物品的包装标签规则。

1972年欧盟环境政策初步形成以后,欧盟陆续推行了5个环境行动计划,并且制定了有关环境保护的400多项法案指令。欧盟的环境政策在这些行动计划与法案中得到充分的体现。

随着经济社会的发展,在新的环境政策中,欧盟采取并鼓励以立法手段以外的许多其他措施来预防污染、改善环境、促进可持续发展。其中,最主要的是市场措施,即运用经济和财政手段实现环境成本的内在化。组成欧盟环境政策的政治行为来自两方面:一是部长理事会所提出的5个环境行动计划,它从以污染治理为重点发展到以预防污染为中心,再到今天的以可持续发展为中心,为欧盟环境政策的制定和执行提供了基本的政治框架;另一个重要因素是欧盟国家和政府首脑理事会对环境问题的关注和为此作出的不懈努力。它们通过《欧洲经济共同体条约》《欧洲联盟条约》等条约中的相关条款对环境问题加以规制,并通过《汽油硫含量指令》《废纸回收利用及再生纸利用法》等一系列专门条约、法规对空气污染、水污染、废弃物污染等的防治加以特别关注。

8.2.1.3 我国当前的环境保护状况及改进举措

1. 成绩显著,问题突出

自改革开放以来,随着我国社会经济的快速发展和城市化进程的不断加快,人民群众的物质生活水平得到了极大的提高。但是与此同时,环境污染和生态破坏问题也日益严重,虽然党和国家在环境污染防治方面采取了许多积极的防治措施,但环境污染的严峻态势尚未得到根本遏止,环境污染引发的健康损害问题在局部地区已经相当突出,直接危害人民群众的生产、生活,使人民群众的根本利益受到了严重的损害。近年来,由环境污染导致的健康损害问题在一些地区甚至引发了群体事件,造成了社会的不稳定。而且,从我国社会经济和环境保护未来的发展形势来看,我国严峻的环境污染形势尚难以在短时期内得到扭转,由于长期暴露于污染环境对健康造成的损害还有进一步加剧的趋势,持久性有机污染物等新型污染对人体健康的危害也不容忽视。目前,我国的环境污染形势仍然十分严重,全国监测的400个城市中有46%的城市大气中PM10超过国家二级标准;地表和地下水体的污染也非常严重,近90%的城市河段受到不同程度的污染,近一半城市的地下水受到污染,湖泊的富营养化问题严重;土壤污染严重,全国受污染的耕地约有1.5亿亩,不少受到污染的土地仍然在进行农业生产。近年来,我国恶性肿瘤发病率、死亡率,育龄人群的不孕不育率,出生缺陷率均呈增长趋势,环境污染对健康的负面影响已经显现,一些地区的污染造成的健康损害问题还相当严重,而且从未来我国社会经济发展的趋势分析,如果不采取必要的措施,环境污染对健康的损害将有加剧的趋势。可见,环境与健康的民生问题已十分迫切,危害到了广大人民群众的根本利益。在此背景下,伴随着一系列严重污染事件的发生,我国政府对于环境保护问题越来越关注。2007年11月6日,卫生部、国家环保总局等18个部委局办联合发布了《国家环境与健康行动计划(2007—2015)》,国家环保总局、发展改革委制定了《国家环境保护"十一五"规划》。

2. 应对原则

做好"十一五"规划环境保护工作,关键要加快实现历史性转变:一是从重经济增长轻环境保护转变为保护环境与经济增长并重,把加强环境保护作为调整经济结构、转变经济增长方式的重要手段,在保护环境中求发展;二是从环境保护滞后于经济发展转变为环境保护和经济发展同步,做到不欠新账,多还旧账,改变先污染后治理、边治理边破坏的状况;三是从主要用行政办法保护环境转变为综合运用法律、经济、技术和必要的行政办法解决环境问题,自觉遵循经济规律和自然规律,提高环境保护工作水平。

为了更好履行环境保护职能,需要坚持几个基本原则①。

(1)协调发展,互惠共赢。正确处理环境保护与经济发展和社会进步的关系,在发展中落实保护,在保护中促进发展,坚持节约发展、安全发展、清洁发展,实现可持续的科学发展。

(2)强化法治,综合治理。坚持依法行政,不断完善环境法律、法规,严格环境执法;坚持环境保护与发展综合决策,科学规划,突出预防为主的方针,从源头防治污染和生态破坏,综合运用法律、经济、技术和必要的行政办法解决环境问题。

(3)不欠新账,多还旧账。严格控制污染物排放总量;所有新建、扩建和改建项目必须符合环保要求,做到增产不增污,努力实现增产减污;积极解决历史遗留的环境问题。

(4)依靠科技,创新机制。大力发展环境科学技术,以技术创新促进环境问题的解决;建立政府、企业、社会多元化投入机制和部分污染治理设施市场化运营机制,完善环保制度,健全统一、协调、高效的环境监管体制。

---

① http://www.gov.cn/zwgk/2007-11/26/content_815498.htm.

(5)分类指导,突出重点。因地制宜,分区规划,统筹城乡发展,分阶段解决制约经济发展和群众反映强烈的环境问题,改善重点流域、区域、海域、城市的环境质量。

3. 具体举措

为了有效管理环境保护事务,除了坚持上述原则直接应对环境污染之外,还需要从其他多方面入手加以保障。其中包括以下比较重要的方面。

(1)促进区域经济与环境协调发展。实施区域发展总体战略,将国土空间划分为优化开发、重点开发、限制开发和禁止开发四类主体功能区,既是优化经济布局、促进区域协调发展的战略举措,更是保护生态环境的一项基础性、长远性的根本措施,也为强化国家在环境保护领域的宏观调控和分类指导提供了依据。加强地区分类指导,逐步实行环境分类管理,重点支持西部地区环境保护。

(2)加快经济结构调整。大力推动产业结构优化升级,促进清洁生产,发展循环经济,从源头减少污染,推进建设环境友好型社会。强化环境准入,加快推进循环经济,大力开展资源节约和综合利用。

(3)完善体制,落实责任。适应环境保护新形势,分清中央和地方事权,分清政府和企业职责,健全统一、协调、高效的环境监管体制。加强国家监察;加强地方监管,坚持地方政府对行政区域环境质量负责,落实政府环境责任;建立环境保护目标责任制,加强评估和考核;落实单位负责,综合运用约束机制和激励机制,促进企业和其他组织严格执行环境法规与标准;加强部门合作,逐步理顺部门职责分工,增强环境监管的协调性、整体性。

(4)创新机制,增加投入。努力推进政策创新,把政府调控与市场机制有机结合、法规约束与政策激励有机结合,以政府投入带动社会投入,以经济政策调动市场资源,以宣传教育引导公众参与,进一步完善政府主导、市场推进、公众参与的环境保护新机制。

(5)强化法治,严格监管。强化法治既是防治污染、保护生态的关键,也是参与环境与发展综合决策、推动经济增长方式根本性转变的有效手段。采取有力措施,着力解决法规不健全、执法难度大、违法成本低、违法不究、执法不严的问题;抓紧修订和完善现行法规标准,填补法律空白。

(6)依靠科技,发展产业。以科技创新为动力,以产业发展为支撑,努力提高环境保护技术水平。

(7)动员社会力量保护环境。开展各类环境宣传教育活动,实行环境信息公开,动员社会各界力量参与环境保护;增强全社会生态文明意识,扩大公众环境知情权,完善公众参与环境保护机制。

(8)积极开展环境保护国际合作。把环境保护作为我国对外开放的重要领域,继续扩大对外开放,在国际环境事务中发挥更加积极的作用。

8.2.2 教育[1]

8.2.2.1 教育事务概述

教育是一种人类特有的培养人的社会活动。随着人类社会的发展,教育也由社会成员的个别行为转变成为一种由国家主导的全社会参与的行为。作为一种独特的公共事务,教育有其独具的重要性。在绝大多数国家,教育都被当做优先发展的公共事业,成为公共财政支出的最重要的项目之一。我国当前的教育事业主要包括以下几方面。

(1)学前教育。我国历来对学前教育十分重视。改革开放以后,幼儿教育得到较快发展,初步形成国家、集体和私人多元主体共同办园的新格局。

(2)特殊教育。特殊教育是教育事业的一个组成部分,它是指对各种残疾人的教育,又称为“缺陷教育”。我国《残疾人保障法》第18条明确指出:“各级人民政府应当将残疾人教育作为国家教育事业的组成部分,统一规划,加强领导。”经过改革开放30余年的努力工作,我国的特殊教育已经形成有自己特色的特殊教育机构体系。

(3)基础教育。基础教育包括各类小学、初中和高中阶段教育,其中小学、初中教育属于义务教育,高中阶段教育则包括普通高中、职业高中、普通中等专业学校、技工学校、成人中等专业学校、成人高中等。

(4)高等教育。新中国成立后我国普通高等教育事业获得了长足发展,建立了多层次、多形式、学科门类基本齐全的体系。根据教育部公布的数据,截至2006年,我国普通高等学校及研究生培养机构共2 634所,成人高等教育机构共1 438所[2],两者总数比2000年增长了125%。

8.2.2.2 教育事务管理的基本内容

(1)制定教育政策和教育法规。教育政策是国家政策体系的一个分支,是国家完成一定历史时期的任务所确定的关于教育工作的方针、策略和行动准则[3]。政府通过有关部门制定各种教育法律、法规、条例和教育政策进行管理,目的是使教育工作在方针、制度、人员、设施以及行政管理等方面有法可依,获得国家法律的有力保障,以促进教育事业的正常发展。

(2)确立教育发展规划。所谓教育发展规划,是指根据社会发展和教育进步需要,确定一定时期内教育的发展规模和所要达到的水平,这是教育产品生产中首先要解决的问题。为了确保教育资源的合理配置,保证整个教育的发展符合社会经济当前的和中长期的需求,政府通过科学的教育预测,依据教育发展的规律,利用科学的预测原理和方法,对未来教育发展的前景作出准确推测,并以此作为制定教育发展规

---

① 赵立波:《公共事业管理》,205~220页,济南,山东人民出版社,2005。

② 中华人民共和国教育部. http://www.moe.gov.cn/edoas/website18/info33454.htm.

③ 赵焕英等:《教育管理原理》,北京:煤炭工业出版社,2001。

划的依据。

(3)管理教育活动运行过程。教育事业生产是对受教育者的培养过程,在这一过程中,既要授予其适应和推动社会发展的知识和技能,又要使其形成与社会主导思想和意识形态相一致的思想和品德。为了保证各级各类教育按照国家的要求实施生产,也就必须对教育活动、教育产品生产过程进行管理。

(4)确定教育产品生产模式。教育事业产品作为准公共产品,通常有两种生产方式,即公共生产和非公共生产。所谓公共生产,是指由政府办教育,以公共财政支出作为主要经费来源。所谓非公共生产,包括两种形态:一是社会化生产方式,是指由社会力量利用非公共财政支出办民办教育或民办学校;二是市场化生产方式,在教育事业领域引入市场竞争模式,政府与教育机构通过以契约为基础的合作,共同提供教育产品。

(5)保障教育经费。教育尤其是义务教育,是重要的公共事务,要举办公共教育必须有经费保障。在发达国家,取得义务教育的经费有两种方法:一是独立征收教育税,教育财政和一般财政分开;二是从一般财政中分配一部分作为教育经费,没有独立征收教育税的权力,教育经费从属于一般财政。义务教育不能指望急功近利的市场机制去培养自己,政府必须保证义务教育的实施。

(6)实施教育督导评价制度。督导是现代教育行政管理的一个重要环节。我国当前开展督导工作,重在督政,使政府行为到位。此外,还要加强教育评价。教育管理活动要顺利进行,必须随时总结和分析经验教训,对已经做过的工作进行质量评价,以便在以后的管理工作中发扬优点,改进不足。

(7)提供咨询服务。学校需要根据社会经济发展的要求调整教育结构,改进教学内容和方法,只有在掌握大量及时准确而丰富的资料的基础上才能作出决策。而这大量资料的搜集、整理单靠个别学校是很难做到的,这就需要行政管理部门及时为学校提供资料和信息咨询服务。

8.2.2.3 我国教育事务管理的改革和完善

新中国成立后我国教育实行的是国家集中计划、政府直接管理的体制,其弊端随着社会的发展而日益明显,国家干预过多,基层教育行政部门和学校缺乏面向社会自主办学的活力和主动性。因此在新的环境和条件下,我国的教育管理模式亟须改变。

1. 我国教育管理体制改革的目标模式

根据我国教育事业发展的具体情况,同时借鉴发达国家发展教育事业的先进经验,我国教育事业的改革应该根据不同类型的教育活动的性质和目标,确定国家财政对教育的支出重点。在重新界定、调整和收缩国家教育事业职能范围的基础上,必须确保国民义务教育、特殊教育和国家重点教育事业的优先发展,并积极鼓励私人投资民办教育,促进各类教育事业的全面发展。

首先,在基础教育方面,在经费投入上要逐步建立政府办学为主体、社会各界共同办学的体制;学校管理体制上,基础教育应该实行地方负责、分级管理、建立多级管理的模式。其次,在高等教育方面,在经费投入上除了国家投资之外,还应该通过企业投资、社会捐赠、学生交费、教育贷款等多种形式来筹集教育经费;在管理体制上,向政府统筹规划和宏观管理、学校面向社会依法自主办学的新体制转变。最后,在职业技术教育和成人教育方面,在市场经济条件下,绝大部分职业技术教育和成人教育以市场办学为主。

2. 我国教育事业改革与完善的对策措施

为了实现上述我国教育事业管理体制改革的各项目标模式,彻底改变国家包办一切教育事业的做法,在进一步深化我国教育事业管理体制改革过程中,应该针对其中的关键问题和主要障碍,分别采取下述改革对策和措施。

(1)要合理界定和划分中央和地方各级政府的教育事权和财权。根据国家优先发展教育事业的战略目标,结合国家政治体制改革、财政税收体制改革以及其他各项相关的配套改革,合理划分中央及地方各级政府在发展各类教育事业中的责任、权力和义务,科学界定、划分和规范各级政府的教育事权与财权。

(2)要逐步实现政校分离和企校分离,改变学校单一化行政隶属关系和单位所有制状况。现有部委所属各类高等院校绝大多数已下放到地方。专业通用性较强和毕业生主要面向地方的学校,可以与地方联合办学,共同管理。有些专业单一、行业性较强的学校,可与企业联合办学。至于各类普通中小学,从长远看,应该建立学区划分标准和学校设计标准,根据社区发展状况制定学校发展规划。在此基础上,取消重点与非重点学校之间的界限标准及相应的师资、经费、设施等方面的差别。

(3)大力推行教育事业社会化。改变政府包办教育的做法,引导、鼓励社会力量办教育,形成教育事业社会办的局面。

(4)实行非义务教育交费上学制度,建立合理和必要的教育补偿机制。非义务教育不是普及性的,而是选择性的,受益者主要是受教育者本人,因此非义务教育费用由受教育者承担,也是理所当然的。同时应该逐步提高非义务教育机构助学费标准,资助贫困学生,以体现教育机会均等的原则。

(5)大力加强教育立法。教育管理根本上要依靠法治、依靠制度保障。

经过近20年国民经济和教育的高速发展,随着各级政府教育投入的增加,我国已基本普及九年义务教育,农村逐渐实施免费的义务教育,教育外部条件也得到明显改善。我国教育正在经历一个历史性的转变。伴随着科学发展观的贯彻落实,从中央政府到地方政府,优先发展教育正在成为现实。

在这一背景下,长期的教育投入不足所导致的各种教育问题开始显露。教育问题正在从外部问题转向以内部问题为主。最主要的问题,一是教师,二是教育的体制、机制。无论普及巩固九年义务教育、促进教育均衡、提高教育质量,教师都是关键的因素。但是改善教育的供求关系,提高教育公共服务的品质和效率、公平性、人民满意度,等等,都有赖于启动和推进实质性的教育改革。

8.2.3 医疗卫生

8.2.3.1 医疗卫生概述

健康是人类福利的内在组成部分,健康权也是公民的基本权利之一。医疗卫生事业就是通过对疾病的诊治和预防,通过对公共环境卫生条件的改善,保证和提高公众基本健康水平的活动。根据医疗卫生事业的直接目标,可以将其分为以满足社会共同需要为目标的卫生活动和以满足个人及家庭需要为目标的卫生活动。根据具体医疗服务的提供内容,把主要与卫生事业发展相关的行为区分为公共卫生、医疗服务、医疗保障和食品药品监督四个领域。不同的领域,提供的社会公共服务不尽相同,政府职责也有所差异。

1. 公共卫生

公共卫生是指为了预防疾病、提高健康水平以及延长所有人的寿命所采取的有组织的一些措施。公共卫生机构所提供的相关产品主要包括传染病的预防、儿童免疫、地方病控制、公共健康教育等,产出的正外部性比较强,多为纯公共产品或者准公共产品。

2. 医疗服务

医疗服务主要是指医院所提供的基本医疗服务和个体的医疗服务,其私人性比较强,但医院社会公益事业的定位使得政府部分介入到医疗服务领域。我国医疗服务机构以政府举办为主,辅以国有企业和有关部门举办的医疗机构①。

8.2.3.2 医疗卫生事务管理的基本内容

医疗保障就其实质来看是面向社会成员的一种政府行为。世界银行提出了政府对医疗卫生事业进行干预的三条理由:第一,减少贫困是在医疗卫生方面进行干预的最直接的理论基础;第二,许多与医疗卫生有关的服务是公共产品,其作用具有外部性;第三,疾病风险的不确定性和保险市场的缺陷。政府对医疗卫生事务管理的基本内容如下。

1. 区域卫生规划的实施

所谓区域卫生规划,是指按照区域人口卫生服务需求以及卫生资源可供量合理配置医疗卫生机构,以避免盲目发展或发展不足。从诸多国家卫生事业的发展看,由于社会和经济发展的因素以及行政区划的影响,一般卫生事业区域规划的初始阶段大都是按照行政区域来进行的;由于缺乏全行业的统筹,大中城市获得比较多的卫生资源,甚至供大于求,而广大农村地区以及偏远地区获得的卫生资源则相对不足。

2. 卫生事业产品的生产方式

由于医疗是接近私人产品的准公共产品,既有满足公众基本医疗消费的一面,又有满足个性化医疗服务的一面,因而在建立起一定的医疗保障制度的前提下,应该构

---

① 肖鹏:《医疗卫生领域政府职责与履行现状分析》,载《中央财经大学学报》,2006(11),10~15页。

成医疗服务市场主体的多元化，即在医疗保障制度存在的情况下，医疗产品既可以公共生产，也可以非公共生产。

3. 卫生服务价格管理

由于卫生领域市场失灵的可能，政府对卫生服务价格的宏观管理仍然是卫生资源合理配置的重要手段。

4. 适合国情的医疗保障制度

建立医疗保障制度的基本目标，是保证公民能得到基本的医疗服务。由于社会发展水平和我国传统文化的影响，我国现行的医疗保障体系是家庭、企业和社会负担相结合，即以家庭储蓄为主，个人账户和社会统筹相结合。

5. 卫生市场的管理

卫生产品是丰富多样的，相互之间在公共性上的差别也是明显的，因此，政府必须介入医疗产品市场。为保证公众得到良好的卫生产品，管理好卫生产品市场就成为医疗卫生事务管理的重要内容。

8.2.3.3 我国当前医疗卫生管理的问题及对策

1. 存在的主要问题及根源

我国医疗卫生事业取得了很大成就，但是也存在以下几个问题。

(1)公共卫生体系不健全，重大疾病预防控制任务艰巨。目前，我国在中央、省、市、县四级都设立了疾病预防控制机构，人员约20万。但不少机构，特别是基层机构人员素质不高，缺乏高水平的人才；设备不齐全，缺乏必要的检测检验设施；乡村两级缺乏稳定的疾病预防控制专业人员；经费保障机制不完善，约有一半的经费靠机构自己创收。

(2)应对突发公共卫生事件的机制不完善。突发公共卫生事件极易引起社会恐慌，对经济发展、社会稳定和人民生活产生严重影响。

(3)医疗服务体系不适应群众的健康需求，看病难、看病贵问题突出。我国的医疗服务体系虽然有了很大发展，但与人民群众的健康需求相比，还有很大差距。

(4)医疗卫生管理体制与人民健康需求不适应。一个健全的医疗卫生体系，应该包括医疗卫生服务体系、基本医疗保障体系、药品和医用器材供销体系、医药费用价格管理体系、财政经费保障体系以及卫生监督管理体系等。从我国国情出发，这些工作需要动员政府各有关部门齐抓共管，但必须加强部门协调，形成合力。

存在问题的根源在于忽视了医疗卫生的公益性。在卫生改革的设计和实施中忽视了医疗卫生的公益性，没有体现政府对公民健康的责任。具体表现在：没有随着生产力发展同比例地增加医疗卫生的投入，只是采取了一系列的市场化措施来改革医疗卫生系统；将原来中央政府负责的对医疗卫生的投入分散到各级地方政府，由于各地经济发展水平和财政支付能力的差距，在卫生资源配备方面的贫富差距不断拉大，公平性越来越差；一味强调用市场化的措施吸引社会资金对卫生的投入，但作为一种商业行为，社会资本对卫生的投入是一定要索取回报的；用建立个人账户，扩大个人对医疗保健支付的办法来减轻政府的负担,弥补由于政府投入的减少而形成的卫生资源的短缺,这又加剧了百姓看病难的状况。究其实质,医疗卫生具有公益性,能够保护劳动者的健康,政府提供医疗卫生等社会公共资源不仅体现了社会的公平和公正,而且促进了国家的强盛,是真正的"以人为本"。对此基本点的忽视或背离是我国医疗改革走入误区的根源。从这个意义上讲,它也反映了政府职能没有切实转变,对"以人为本"的科学发展观没有从根本上领会和贯彻。

2. 应对措施

明确了问题及其产生根源之后,在进一步的改革中需要加强政府的责任,以政府主导为前提进行改革,具体可以从以下几个方面入手。

(1)以政府为主导对医疗保障制度进行改革。概括讲政府须在立法、规划、投入、监管四个方面起到积极作用。在政府发挥主导作用的前提下,提高医疗保险的公益性、公平性,同时不断提高医疗保险的服务质量和效率,更好地推动中国医疗保障事业的发展。宏观调控可以实施有计划的资源配置,制订全国医疗服务计划,限定医疗服务和药品的价格,加大投入,保证医疗卫生的公益性。

(2)加快医疗保障立法的步伐,合理规划和配置医疗资源。建立覆盖城乡居民的医疗保障制度,实现人人有医疗保障的目标。统筹城乡发展,打破城乡二元结构。统筹区域发展,加大对中西部地区卫生投入力度。

(3)加大政府的投入,正确处理政府投入与个人支出之间的关系。要保障医疗卫生事业的健康发展,保证每个公民的基本医疗,仅靠市场和个人是不够的。加大政府对医疗卫生的投入力度是解决这一问题的关键。政府的资金投入主要表现在两个方面:一是对医疗服务供方的投入,二是对其他医疗保障制度(如灵活群体的医疗保险、弱势群体的医疗救助和农民的新型合作医疗)支出的投入。强调政府的投入并非所有的资金均应由政府包揽下来,个人也应当分担一部分医疗费用。

(4)加强对医疗卫生领域的监管。对基本医疗保障的服务项目和药品价格实行统一定价,对定点医院的支付方式进行改革与完善。政府要加大药品流通环节的监管力度。药价虚高最大的问题在于药品流通环节缺乏有效的制约机制,过程控制和流通透明度太差。物价部门并不真正了解药品的生产成本和销售成本,或即使知道也因为保护主义意识或其他原因而认可、放任药品价格的虚高。因此,必须建立一套科学合理的药品定价机制来约束、净化医疗市场的整体环境。

(5)明确政府在医疗保障体系中的角色,并正确处理医疗保障方面政府和市场的关系。在医疗保障制度改革中,政府要发挥其积极主导作用,有效地界定政府的职能边界,切实地履行自己的职责。政府要尽最大努力做到不缺位、不越位和不错位。由于医疗需求的多样性和复杂性,在医疗保障方面还有许多政府力所不及的公益范围之外的事情。对于医疗保障方面政府力所不及的公益范围之外的事情,可以用市场化的方式去补充,建立多种形式的医疗服务体系,更好地发挥各自的作用。

8.2.4 社会保障

8.2.4.1 社会保障事务概述①

1. 社会保障的发展及其界定

从历史上看,社会化大生产极大地推动了生产力的发展,同时也放大了人们的生存风险。当大量人口面临生存威胁的时候,社会秩序会变得不安定,经济不能正常发展。所以,从现代社会的发展过程与文明进步的视角出发建立社会保障制度,保障和改善国民生活、增进国民福祉是历史发展的必然。现代意义上的社会保障制度发端于19世纪上半叶英国颁布实施的新《济贫法》。19世纪末,德国适应工业社会的需要,率先建立现代社会保险制度,标志着现代意义上的社会保障制度正式建立。而"社会保障"的概念最早见于美国1935年颁布的《社会保障法案》。此后该词逐渐为国际组织及多数国家所接受,成为以政府和社会为责任主体的福利保障制度的统称。

对社会保障的界定方面存在比较大的差异。这种差异会直接影响公共管理机关的管理行为。国际劳工组织在1942年出版的文献中将"社会保障"界定为:通过一定的组织对这个组织的成员所面临的某种风险提供保障,为贫民提供保生存、医疗等保障,失业时资助并帮助他们重新找到工作。1952年,国际劳工大会通过的《社会保障(最低标准)公约》中有九项内容,即失业津贴、工伤津贴、老龄津贴、残疾津贴、遗属津贴、医疗津贴、疾病津贴、家庭津贴、生育津贴(其中前五项为主要津贴),规定一个国家只要实行三种津贴(其中至少包括一种主要津贴),就可被认为建立了社会保障制度。德国作为社会保障制度的发源地,基于社会市场经济的理论,将社会保障制度理解为社会公平和社会安全,理解为对竞争中不幸失败的那些失去竞争能力的人提供基本的生活保障。英国的福利国家理论主要依据《社会保险和相关服务》的报告,其中确定了国家提供福利的宗旨是服务于国家利益而不是某些群体的局部利益,社会保障必须由国家和个人的合作实现。其目标被概括为对国民在失业、患病、受伤、老年以及家庭收入锐减、生活贫困时予以生活保障。美国则把社会保障理解为"社会安全网",他们对社会保障的解释是:"根据社会保障制定的社会保险计划,对于因年老、长期残疾、死亡或失业而失去工资收入者提供保障,同时对老年和残疾期间的医疗费用提供保障。老年、遗属、残疾和健康保险计划对受保险的退休者或残疾者和他们的亲属,以及受保险者的遗属,按月提供现金保险待遇"。

2. 考察社会保障的不同视角

考察社会保障有三个视角。第一种是经济学的视角,认为社会保障是一种经济分配形式,是对国民收入的分配和再分配,它是确保社会成员"基本生活需要的一种社会责任和社会经济分配形式","是指国家和社会通过立法对国民收入进行分配和再分配"。这种观点把社会保障看做一个经济范畴,其长处是强调社会保障要遵循

---

① 童星:《社会转型与社会保障》,1~29页,北京,中国劳动社会保障出版社,2007。

经济规律,因为分配和再分配形式不能超越社会经济生产体系所能提供的物质基础。第二种是社会学的视角,认为社会保障是解决社会问题的一项制度安排,使国家向一部分遭遇社会问题、生活处于困境的社会成员“提供基本物质生活保障的一套社会福利制度”。这种观点把社会保障看做与社会政策、社会福利同一系列的概念,其长处是强调社会保障要“以人为本”。第三种视角是政治学视角,认为社会保障是国家或政府对公民“履行确保其最低经济生活水平的一种社会责任”,也是国家或政府确认其政治合法性、有效行使社会管理职能的必要手段。这种观点的长处是高瞻远瞩,提高了社会保障制度的地位。

3. 社会保障体系的构成及作用

整个社会保障体系主要由三部分组成。第一部分是社会保险。社会保险是以国家为主体,对有工资收入的劳动者在暂时或永久失去劳动能力,或虽有劳动能力而无工作亦即丧失生活来源的情况下,通过立法手段,运用社会力量,给这些劳动者以一定程度的收入损失补偿,使其能继续享有基本生活水平,从而保证劳动力再生产和扩大再生产的正常运行,保证社会安定的一种保险制度。社会保险是一种特殊的强制性保险。由于社会保险带有部分社会福利性质,所以有的国家称之为社会福利保险。它是社会保障的核心部分,因为它保障的是人口中最多、最重要的部分——劳动者,所承担的风险最大,所占用的资金在社会保障基金中也最多。第二部分是社会救助,也称为社会救济,是国家通过国民收入的再分配,对因自然灾害或其他经济、社会原因而无法维持最低生活水平的社会成员给予救助,以保障其基本生活的制度。它不能被看做是国家对不幸者的施舍、恩赐,而是国家对生活困难的人和家庭应尽的义务、责任。它是社会保障的最低层次。第三部分是社会福利,是指国家和社会群体兴办的各种公共福利设施、发放的津贴补助、举办的社会服务和各种集体福利事业,以增进群众福利、改善国民物质文化生活的一种社会制度。

从一般意义上说社会保障既是社会安全网又是社会稳定器,也是社会能量库。社会保障之所以是社会安全网,是因为它可以安定社会成员生活和平衡社会需求。社会保障可以为社会成员提供基本生活保障和福利保障,为社会成员构筑一个不同层次、不同对象、不同待遇和不同作用的生活保护网,也可以调节经济波动。社会保障之所以是社会稳定器,是因为它可以通过预先防范和即时化解风险,维护现存政治制度和经济体制;又可以调节国民收入的分配与再分配,缩小贫富差距,促进社会公平。社会保障之所以是社会能量库,是因为它可以保证劳动力再生产,促进消费行为,调节投资和融资,拉动经济增长;还可以培养集体主义精神,促进社会互助精神和发扬人道主义精神。

8.2.4.1 我国的社会保障现状及改进举措

1. 成效显著

就我国当前而言,社会保障制度具有特别重要的意义。我国正处在建立社会主义市场经济体制的过程中,社会化大生产程度在不断提高,公平竞争是市场经济的精髓。企业之间公平竞争的重要前提是社会负担公平化。只有建立覆盖全社会的社会保障制度才能真正为不同所有制企业之间的公平竞争提供保证。改革和完善社会保障制度是人才自由流动的客观要求,市场经济条件下资源的配置主要通过货币市场、商品市场和劳动力市场进行。而人才自由流动的一个重要前提是无论在哪个部门工作的劳动者均能享有基本的社会保障待遇。改革和完善社会保障制度也是发展农业、实施计划生育基本国策的客观要求,目前我国绝大多数农业人口仍依赖家庭保障。在农村富余大量劳动力的情况下,提高劳动生产率与农村劳动力流动之间存在严重的矛盾,解决这一矛盾有赖于社会保险与社会福利事业的普及与发展。

20 世纪 80 年代中期以来,我国对计划经济时期的社会保障制度进行了一系列改革,逐步建立起由中央政府和地方政府分级负责的社会保障体系基本框架,包括社会保险、社会福利、优抚安置、社会救助和住房保障等。社会保险是社会保障体系的核心部分,包括养老、失业、医疗、工伤和生育保险。此外,正在发展中的还有一个补充保障系统,如企业年金、补充医疗保险、互助保障、慈善事业等。随着社会经济的发展,我国社会保障制度也在不断发展和完善,表现在三个方面。2009 年底,全国参加城镇基本医疗保险人数超过 4 亿人,再加上新农合 8.3 亿人,我国基本医疗保险制度覆盖面超过 12 亿人。2009 年,通过全面实施城镇居民基本医疗保险制度,我国提前一年从制度上实现了对城镇居民的全面覆盖。2009 年底,全国参加城镇基本医疗保险人数 40 061 万人,比上年底增加 8 239 万人,完成国务院确定的 3.9 亿人的目标。2009 年底,全国参加失业保险人数 12 715 万人,比上年底增加 316 万人;参加工伤保险人数 14 861 万人,比上年底增加 1 074 万人;参加生育保险人数 10 860 万人,比上年底增加 1 606 万人;全国城镇参加基本养老保险人数 23 498 万人,比上年底增加 1607 万人。2009 年,上述五项社会保险基金总收入 1 5975.2 亿元,同比增长 16.6%;五项社会保险基金总支出 12 393.6 亿元,同比增长 24.9%。

2. 存在的主要问题

我国的社会保障制度虽然取得了很大进步,但仍然存在许多问题和不足,概括而言表现在以下几方面。

(1)社会保障覆盖面较窄,制约保障功能的发挥。我国传统的养老保险、基本医疗保险、失业保险和生育保险主要局限于国家行政事业单位、国有企业、部分集体企业职工,而私营企业、自谋职业者基本被排斥在外。尤其是农民,截至 2006 年,参加养老保险的人数为 5 374 万人,相对于庞大的农村人口来说,参保人数微乎其微。前文已提到参加基本养老保险人数,人力资源和社会保障部新闻发言人尹成基表示,2010 年将继续扩大社会保障覆盖范围,重点促进农民工、灵活就业人员、城镇居民等群体参加城镇职工或居民社会保险,落实关闭破产企业退休人员参加医疗保险政策,完成以农民工参保为重点的工伤保险“平安计划”二期任务。

(2)管理体制分散,责任划分不清。我国现行社会保障制度是一种分散化的管理体制。在这种体制下,有政府的直接管理和企事业单位的自我管理,也有政府各职能部门的分头管理，社会化程度较低。政府责任的边界不清，既影响了政府对社会保障制度建设的决心，又妨碍了民间或社会乃至市场发挥相应的作用。即使在政府内部，中央政府与地方政府也缺乏必要的职责分工，社会保障事权与财权的分离，不仅加重了中央政府的财政负担，而且造成了地方政府的消极被动局面。

(3)筹资渠道单一，资金统筹层次低。按照国际上的通行做法，社会保障是国家、社会和个人共同承担的责任，筹资渠道理应多样化。但我国目前筹资主要由国家和企业负担，筹集渠道单一，而且我国社会保险费的统筹层次较低，虽然国家也要求各地区尽快实现省级统筹，但大部分只落实到了地市级统筹，还有不少是县级统筹。这种状况直接影响了社会保障体系的良好运行。

(4)社会保障内容及水平在全国范围内有较大差异。我国目前实行的是以社会统筹、企业负担与个人储蓄相结合为原则的保障制度，限于我国目前的经济发展水平和人民的收入水平，政府为全体社会成员所提供的相应保障还非常有限，社会化程度低，保障功能弱。这就造成我国社会保障的内容及水平在全国范围内有很大差异，因企而异、因人而异、因地而异。

3.公共管理机关的应对措施

从上述分析中不难看出，我国社会保障体系还是一个残缺的、有漏洞的安全网。因此，必须不断完善我国的社会保障制度。具体可以从以下几个方面入手。

(1)以社会公平为基本原则，扩大社会保障的范围。只有实行全覆盖、多层次的社会保障制度，使全体社会成员都能受益，才能促进社会公平，真正发挥社会保障制度在社会发展中的作用。

(2)加强立法，完善社会保障责任共担机制。以立法推动社会保障事业发展，有利于规范全社会不同群体参加社会保障的行为。

(3)以政府为主导，多渠道筹集社会保障基金。社会保障制度的运作必须有资金的支持，而政府在其中必须发挥主导作用，采取多种方式充实社会保障基金。

(4)协调发展，加快农村社会保障制度的建立。长期以来，同二元经济结构相适应，我国的社会保障体系也具有明显的二元化特征，在城市建立了面向企事业劳动者的社会保险制度，在农村则实行家庭保障与集体救助相结合并以前者为主的保障制度。我国的社会保障从无到有、从城市到农村，经历了一个不断发展和完善的过程。我国正在全力编织农村社会保障“安全网”。国务院高度重视新农保工作，2009 年选择 10% 的县(市)进行试点，以后逐步扩大，到 2020 年之前基本实现对农村适龄居民的全覆盖。截至 2009 年底已经审批和即将审批的试点县共 320 个，占县(市)总数的 11.6%，届时享受养老保险待遇的农村人口有 1 500 多万。建立农村低保制度是改善民生的具体体现。截至 2009 年 9 月底，全国农村低保对象 4 521 万人，比 2009 年 3 月底增加了 211 万人，占全国农村人口的 5.1%。2009 年参加新农合农民达到 8.33 亿人，参合率为 94%，比年初提高了 2.5 个百分点，人均筹资水平 100 元以上，农民次均住院补偿金额达到 1200 元，最高支付额达到当地农民人均纯收入 6 倍以上，实际住院补偿比从25%提高到41%，一半地区新农合住院补偿比在2008年基础上提高了5个百分点。

8.2.5 社会治安

8.2.5.1 社会治安事务概述

社会治安管理也称为监察和公安事务管理，是公共管理的重要组成部分，可以界定为“公安机关为了实现治安效益目标，依据依法获授的公共权力，运用多种方法和手段，与社会各种力量相互作用，对法律规定和社会治安有关的公共事务进行调节控制的活动过程”①。其内涵包括如下几个方面。

(1)社会治安是政府公共管理的重要组成部分。公安机关专门负责公共安全事务中有关社会治安和秩序的事务。

(2)社会治安的主体是公安机关。公安机关在政府领导下，在法律范围内，可以采用委托、授权、代理以及组织、发动等方式，发展与社会各种力量的伙伴关系及互动关系，形成共同承担维护社会治安秩序义务的模式。在这种多元化主体模式中，公安机关是主要力量。

(3)社会治安的客体是法律规定的与社会治安有关的公共事务。这就表明社会治安的客体不仅仅是治安行政管理，只要是法律规定的、涉及社会全体民众整体生活质量和共同利益的、与社会治安有关的公共事务，都属于其客体。

(4)社会治安的基础是国家、人民授予的部分公共权力，必须严格依法进行，“法律授权即管理，法无授权即机制”。这种权力包括强制性权力和非强制性权力。非强制性权力主要是通过说服、教化、引导而使之服从的权力，其形式如提出公共规范、树立学习榜样、倡导某种价值取向和伦理道德、实施仲裁和调解等。非强制性权力更容易被社会成员接受，有更大的施展空间，有助于实现公安管理的目的。

(5)社会治安的职能是多元的，方法和手段是多样的。社会治安要服从于国家利益，致力于保持政权稳定、维护国家安全。要运用政治的、法律的、行政的、管理的、经济的等多种方法和手段，充分发挥社会治安职能，确保社会治安状态呈现出有序、有效、可控的特征，满足人民群众对良好社会秩序的共同需要。

公共行政的特点是依法行政，公共行政组织不仅要将自己的行政行为限制在国家法律和政策的范围内，而且负有要求社会上的所有机关团体和个人遵纪守法、维护社会秩序和社会治安、保护公民合法权利的重要职责。监察和公安事务管理包括用法律、政策、社会治安条例等约束机关团体和个人行为的一切有关行政活动。它和国家司法机关及检察机关的活动既有区别又有联系。国家司法机关和检察机关是加强和保证法制建设的主体，但其活动限制在起诉、审理案件、判决等诉讼活动范围内，在此范围之外的监察和公安等活动则主要是公共行政的职能。监察和治安事务管理主

① 王舒娜:《从公共管理的视角看公安管理的基本内涵》,载《中国人民公安大学学报》,2004(1)。

要包括司法行政、公安、监察等方面的工作，它们的作用和影响涉及公共事务管理的所有领域。

8.2.5.2 社会治安的职能及意义①

公共行政的治安职能表现在三个方面：一是维护社会秩序和社会治安，约束机关团体和公民个人遵纪守法；二是监督公民个人履行宪法和法律规定的义务，如按照我国宪法规定，我国公民有劳动、受教育、计划生育、抚养教育未成年子女、赡养父母、维护国家统一和民族团结、服兵役、参加民兵组织、依法纳税、遵纪守法等各种义务；三是保护公民享有宪法和法律规定的各种权利，如选举权，被选举权，劳动权，受教育权，宗教信仰、言论、出版、集会、结社、旅行、示威自由，等等，公共行政组织通过行政诉讼、行政纪律等各种行政措施保护公民权利不受非法侵害。强有力的社会治安事务管理能力是非常重要的，其意义表现为以下几个方面。

(1)有效的社会治安控制是维护政治稳定的手段。所谓政治稳定，就是对公共权威以及公共权力的维护，是一种对强制和服从相关联的特殊社会关系的维护。维护政治稳定，可以概括为建立统治集团内部以影响力为基础的公共权威和建立统治集团外部以服从力为基础的公共权力。

(2)有效的社会治安控制是保持经济繁荣的前提。经济的繁荣发展与社会治安的稳定有直接关系。我国经过改革开放30多年的发展，正处于市场经济不断发展与完善的过程中，如果社会治安局面混乱，不仅影响进一步的改革和发展，甚至可能破坏已经取得的成果。

(3)有效的社会治安控制是促进和谐社会建设的保证。社会协调发展的关键是“三个文明”建设的协调发展。改革开放以来，我国的经济建设取得了举世瞩目的成就，但政治文明建设与精神文明建设却相对滞后，社会发展公平与效率的问题没有得到很好的解决，利益分配不尽合理，导致各种社会矛盾丛生。在推动政治制度变革和精神文明提升的过程中，必然会引起社会各阶层利益的重新分配。无论何种变革，都需要有一个稳定的社会环境。

8.2.5.3 我国公共管理中的社会治安事务管理

1.我国当前社会治安事务管理需要具备的多种能力

要有效履行社会治安管理职能，公共管理机关需要具备多种能力，具体而言包括以下四个方面。

(1)维护国家安全的能力。维护国家安全，就是保卫我国社会主义制度不受侵犯，保卫国家领土和主权完整，这种职能是与国家的军事事务管理职能相配套的。在当今政治多极化、经济全球化大形势下，国家安全经常会受到来自各个方面的威胁，政府利用其职能机关加强社会治安控制，提高保卫国家安全的能力，任重道远。

(2)驾驭社会治安局势的能力。我国在由计划经济向市场经济转轨的过程中出

---

① 王利斌：《关于我国政府社会治安控制能力的思考》，载《中国行政管理》，2005(9)

现大量越轨失范现象,各种治安事件、刑事犯罪频繁发生,政府要以国家机器和暴力为后盾,通过各种资源配置,强制规范和引导社会活动,同时还要通过舆论、教育、奖惩等软性手段控制意识形态,驾驭社会治安局势。

(3)处理突发事件的能力。这种能力是指政府处理来自自然或社会的突发事件的应对能力。这类事件一般包括三种:一是由自然灾害和人为因素引起的危机;二是由社会矛盾激化和社会利益冲突所引发的社会危机;三是运行不灵或失衡所引发的政治、经济危机。政府处理突发事件,在危机发生的不同阶段应有不同措施,更重要的是要有完善的应急方案。

(4)为经济社会发展服务的能力。社会治安控制能力意义上的服务,就是通过对涉及社会治安的人、资源、信息和活动的管理,使社会生产、生活的各项活动达到有序化状态,从而达到为经济社会发展服务的目的。

2. 我国政府社会治安事务的现状与发展

1)存在的问题

改革开放以来,我国政府社会治安控制能力有了显著提高,但是面对全球化带来的诸多挑战,政府社会治安控制工作也出现许多弊端。

(1)治安管理资源总量不足,配置不当,造成社会治安控制工作力不从心,捉襟见肘。社会治安管理的主要机构——公安刑侦机关警力资源总量分布不合理,人才呈结构性短缺,政府财力资源供给不足,一些单位难以维持正常运转。经费的制约导致装备落后,又使科技强警的战略难以有效实施。

(2)政府各系统力量整合不够,协调不力,整体功能发挥不好。实际工作中,由于执法思想不统一、部门利益作祟以及上级综合协调不力等原因,经常出现政府社会治安控制由公安机关唱"独角戏"的状况。公安机关内部各部门缺乏沟通,各自为政,也影响整体功能的发挥。

(3)社会组织动员能力有待提高,自我更新和变革速度慢,造成社会治安有效控制过程中后发性力量弱,持续性较差。

(4)政府社会治安控制的诸多能力发展不平衡,速度和步调不一致,均衡性差。比如,政府应付和处置突发性事件的能力与其他为经济建设服务的能力相比就要弱一些,这与人们长期以来更关注政治、关注权力、关注自我的生存发展而对公共领域的事情关心不多有关。

2)应对措施

为了有效履行社会治安管理职能,公共管理机关需要从多方面入手加以改进。在具体思路选择上包括以下几个方面。

(1)在价值观念层面上,加强社会治安控制能力的建设,必须坚持党的先进理论的指导,从三个方面确立思路。①把握好定位逻辑。社会经济发展和综合国力提高是主流,和谐社会建设是平衡发展,而不是均衡发展。治安控制能力建设要服从和服务于经济发展大局,从职能定位到控制方式一定要处理好全局与局部的关系、整体与部门的关系。②把握好改革逻辑，用改革的精神积极探索科学的管理机制、决策机制、执行机制和创新机制，谋求社会治安管理效益的科学化和高效化。③把握社会价值逻辑。密切关注广大民众的政治文化心态，运用现代执法理念，加强与社会各个阶层的沟通，获取积极的社会资源，以此来夯实社会治安管理广泛的社会基础。

(2)在制度设计层面上，加强社会治安控制能力建设，需要从宏观上把握政府与市场、政府与社会的关系，探索适应社会主义市场经济体制的有效的管理制度和方式。首先，要加强治安行政管理组织自身内部的正规化建设和长效机制建设，明确管理职责，整肃管理队伍，改革管理方式，追究管理责任。其次，要探索有效的市场运作与社会中介组织的参与制度，充分发挥群众性自治组织和行业协会的作用，按照市场规律规范和调节相互关系。

(3)在技术操作层面上，加强社会治安控制能力建设，要集中发展科技战略，改变治理方式和手段。在这方面我们完全可以借鉴和学习发达国家的先进经验，充分利用现代科技和信息技术给人类生活带来的便捷条件，改善政府公共服务的质量。

本章小结

国防，是一门求生学问，也是国家的防务，是指为捍卫国家主权、领土完整，防备外来侵略和颠覆，所进行的军事及与军事有关的政治、外交、经济、文化等方面的建设和斗争。

我国军事与国防安全事务的应对措施：①确定清晰的战略目标和战略利益；②划定合理的战略边界；③发展必要的国防力量。

中国和平崛起有四大国际战略取向：①建立不结盟、不对抗、不针对第三国的新型大国关系；②实行稳定周边的战略——睦邻、亲邻、富邻；③要使广大发展中国家在中国和平崛起中受益；④以多边外交为重要舞台，发挥负责任大国的作用。

环境可以包括与人类有关的一切事物，有自然环境与社会环境之分。

教育事务管理的基本内容：①制定教育政策和教育法规；②确立教育发展规划；③管理教育活动运行过程；④确定教育产品生产模式；⑤保障教育经费；⑥实施教育督导评价制度；⑦提供咨询服务。

医疗卫生事业就是通过对疾病的诊治和预防，通过对公共环境卫生条件的改善，保证和提高公众基本健康水平的活动。

“社会保障”的概念最早见于美国1935年颁布的《社会保障法案》。此后该词逐渐为国际组织及多数国家所接受，成为以政府和社会为责任主体的福利保障制度的统称。

社会治安管理也称为监察和公安事务管理，是公共管理的重要组成部分，可以界定为“公安机关为了实现治安效益目标，依据依法获授的公共权力，运用多种方法和手段，与社会各种力量相互作用，对法律规定和社会治安有关的公共事务进行调节控制的活动过程”。

关键术语

国防　环境保护　教育事务管理　医疗卫生事业　社会保障　社会治安管理

复习思考题

1. 国防的要素有哪些？
2. 简述我国当前的外交政策取向。
3. 政府应该如何促进环境保护事业的发展？
4. 我国当前社会保障事务中存在的主要问题有哪些？该如何解决？
5. 要有效管理社会治安事务，公共管理机关需要具备哪些能力？

案例

定点清除加分政策 难解教育不公之困

近日，媒体报道了深圳中考加分照顾政策，其中规定，“对于深圳金融界高层的子女，加10分投档录取。”这一原本存在多年的中考政策，经过此次报道意外得到广泛传播，以至于教育部官员明确表示，深圳市对金融界高管子女中考加分的做法，有违教育公平和国家现行教育政策，责成深圳市予以调查和纠正。昨天上午(2008年4月25日)，深圳市教育局首次公开承认，这一规定带有明显的历史局限性和阶段性偏颇，郑重宣布从今年开始停止执行这一规定。

市民投诉、媒体报道、部委明示、地方纠偏，一项不当政策历此程序终于被取消，其中舆论反馈堪称完美，地方政府亦获闻过则改的积极形象。这一切全赖公民意识、媒体责任、政府回应的齐心协力，才有如此高效的纠偏效果。进而言之，此路若得制度保证而可长效复制，则诸多社会问题的解决必不致迟滞懈怠。于媒体而言，这样完美的舆论回环，也算可遇难求。但媒体之憾尚不足道。深圳金融高管子女中考加分政策的及时中止，至少表明了两大问题，何为教育不公与如何遏制教育不公。近年社会各界对此多有思考，各路论述连篇累牍，放在当下现实来看，答案远称不上理想。

何为教育不公，若以列举法出示，深圳取消的中考加分举措即为其一。它实际上标明了教育公平的底线之一，亦即公民不应以职业、财富、阶层原因而享有特权，政府更不能以公共政策支持和鼓励这种特权。即使当下制度缺失，现实中的特权从未退场，但至少在制定公共政策时，公然的社会不公已为人所弃。公共教育资源的分配，毫无疑问当以公正为首要原则，而政府通过政策倾斜与产业捆绑，令教育发展的公平原则让位于经济发展的效率原则，这无疑丧失了政治正确性。这是逐渐取得共识的过程，教育主管部门此次迅速反应，及时调整，已经见出其中改善。

深圳向以特区之名，引风气之先，就中考加分政策来看，同样表现出地方政府对于教育不公的无意识推动。目前,全国各地出台了各式各样的加分政策,但无一不是将教育与发展捆绑。教育已在政府褒奖、鼓励、安抚等利益诉求之下,如老牛负重步履维艰。金融高管子女加分一类的地方政策,事实上表明政府本身也是制造和放大教育不公的推手。如果政府在教育资源的配置上失去公心,进而搁置问题不予改善,甚至以教育资源的倾斜配置谋取政绩私利,要实现教育公平实不可期。

因此,当下与其谈论该如何实现教育公平,不如探讨如何遏止教育不公。以中考加分为例,两年前,福建漳州制定了纳税大户子女中考加分政策,引发各界强烈质疑,但迄今也无下文,不知教育部是否已明示改正。但即使是以这种类似于定点清除的纠正方式,要想遏止各地在加分问题上的教育不公现象,几乎难有可能。经济发展与社会公平的关系,如今论述虽渐次清晰,即使不能为了经济发展牺牲社会公平,但理念阐述如何付诸实践,如何督促政府革故鼎新,无疑还是难题。

中考加分与教育公平,只是点与面的关系。以定点清除方式寻求改善,只是实现教育公平的漫漫长路之始。教育部官员表示,当前各地中考及招生工作即将展开,各地要全面清理和规范中考招生中随意加分的违规做法,以确保广大青少年平等接受教育的权利。面对这些积弊日久的制度细节,如果能更多一些自觉,更早一些反应,哪怕更快一步展开定点清除,实现教育公平的路也许还可以走得更快些。

(资料来源:http://view. news. qq. com/a/20080427/000005. htm)

案例思考题

1. 深圳的该项规定为何引起舆论的广泛批评?
2. 如何认识“公平”在公共管理机关教育事务管理中的意义?
3. 如何认识政府在管理教育事务中的责任?

9

公共管理伦理与责任

公共管理作为一种新型的社会治理模式,已经突破了以往“价值中立”和“非人格化”的管理制度,它通过对公共事务的价值关切,提出了自己的伦理和责任命题:“谁来监督监督者”?随着现代社会生活中公共领域的日趋扩张,如何使公共管理者自觉遵守公共伦理规范和行为准则,切实承担起自己的责任和义务,成为社会普遍关注的一个大问题。从这个意义上说,公共管理伦理和责任不仅是现代公共管理理论和实践发展的产物,也是现代公共管理学本身的内在构成部分。

9.1 公共管理伦理

伦理是调整人与人之间以及个人与社会之间关系的行为准则和规范的总和,是借助于社会舆论、人们内心的信念和习惯力量来维系的一种特殊的社会意识形态。作为人类社会生活的一种组织化或制度化过程,公共管理同样也存在着伦理问题。特别是随着西方公共管理理论与实践的深刻变化,声势浩大的公共部门改革或政府改革浪潮,打破了公共管理和公共管理伦理之间的“隔阂”,使两者走上了“共生”的道路①。

9.1.1 公共管理伦理的内涵

公共管理伦理是一门新兴的学科,主要研究公共管理过程中管理行为、权力运行、政策制定及制度安排等涉及的道德问题。公共管理伦理不仅包括作为社会行为基本规范的伦理的一般规定性,而且还包括一些自己的特殊要求和内在规定性。目

---

① 严新明:《公共管理学》,208 页,北京,科学出版社,2007。

前，对于什么是公共管理伦理，学者们提出了不同的看法。

万俊人认为，“所谓公共管理伦理，是指公共管理领域的基本伦理维度、公共管理行为的基本道德规范，以及通过公共管理行为与公共事务所集中体现出来的社会公共伦理精神”①。因此，公共管理伦理所涉及的范围基本上是公共管理领域，而不是社会公共生活领域的全部；规范的对象是作为公共管理者的公共行政人员或公共组织管理者，以及一些承担着公共责任的非政府组织成员及其公共管理行为；而最重要的一点是，公共管理伦理通过公共管理行为和公共事务特殊的示范效应，表达出了一种公共伦理的基本精神。陈振明把公共管理伦理更多地限定为一种“特殊领域中的角色伦理”，认为公共管理伦理是“针对公共管理行为和政治活动的社会化角色的伦理原则和规范”②。在他看来，公共管理主体是社会化角色，既有合乎公共管理行为规范所要求的权力能力，也有为自己的行为承担后果的责任能力。而张康之更强调公共管理伦理是一种“职业伦理”。他认为“从学科角度来看，公共管理伦理学则是职业伦理学，是关于公共管理职业的伦理科学，属于应用伦理学的范畴”③。公共管理伦理需要对公共管理者的职业活动进行伦理思考，并考察它与以往的职业活动的联系与区别，探讨公共管理者在职业活动中的伦理规定和道德能力。OECD（经济合作与发展组织）提出了所谓的“公共伦理基本框架”，认为它由八个部分组成：①政治保证，即来自政府领导人的明确的反腐败立场和行为；②有效的法律框架，即采用强制性的法律和立法对行为准则予以界定；③有效的责任机制，即监督和评估程序；④可行的行为准则，即义务、角色和价值观陈述；⑤职业社会化机制，即教育和培训；⑥公共服务的环境支持，即平等、公平和恰当的薪金报酬；⑦伦理实体之间的合作，即设立具体的机构或委员会，以协调和监督相关方面的活动；⑧公众参与和监督，即一个能够有效地获得信息的市民社会④。

由此可以看出，公共管理伦理与个体伦理、企业伦理和传统行政伦理具有完全不同的内涵，区别主要表现为三个方面。首先，公共管理伦理不同于个体伦理。公共管理伦理具有政治、行政特点，主要研究公共组织行为的准则体系，而个体伦理主要研究社会个体的生活准则和行为规范。虽然公共管理者也是普通社会公众的一员，但是他们肩负着更大的公民信托和社会责任，较一般公民更需要高尚的品德和廉洁的作风。其次，公共管理伦理也不同于企业伦理。相比企业伦理而言，公共管理伦理要求公共管理者不仅具有职业技能和专业知识，而且要有崇高的道德品质。最后，公共管理伦理与传统行政伦理也不同。公共管理伦理强调以战略的、动态的、发展的眼光来看待组织的发展，而传统的行政伦理只对组织内部进行静态的思考，只重视对行政

---

① 万俊人：《现代公共管理伦理导论》，14 页，北京，人民出版社，2005。

② 陈振明：《公共管理学》，468 页，北京，中国人民大学出版社，2005。

③ 张康之：《公共管理伦理学》，114 页，北京，中国人民大学出版社，2003。

④ OECD. Principles for Managing Ethics in the Public Service. Paris: OECD, 1998.

组织内部行政人员的道德约束。而公共管理伦理不仅重视组织内部人员的素质提高,也重视整个公共系统的伦理建设,强调通过公民参与的方式促进整个公共管理伦理建设及整个公共管理系统的伦理建设。传统公共行政伦理更强调"价值中立",而公共管理更重视公共管理者的职业操守。

总而言之,公共管理伦理是公共管理过程中道德属性的一种体现,它与公共管理有着非常密切的关系,都属于社会公共行为规范体系的范畴,并相互支撑、相互补充、相互完善。公共管理伦理从公共管理那里获得了严格而科学的决策管理技术和制度资源,公共管理则从公共管理伦理那里获得了公共治理的道义支持和伦理合法性。两者的不同之处在于:公共管理侧重于"显性"的制度安排和建构,有着明确的规范范围和指向;而公共管理伦理更多地侧重于"隐性"的规范或约束,强调对社会既定风俗习惯和礼仪范式以及特定信仰体系和内在心灵等多种社会文化资源的依赖。

9.1.2 公共管理伦理的类型

公共管理伦理是一个有机的体系,具体包括制度伦理、政策伦理和职业伦理三种类型。

9.1.2.1 制度伦理

公共管理伦理,首先是指公共管理伦理中的制度伦理。相对于个体伦理而言,制度伦理是深刻、广泛而稳定的,它可以通过明确的规则和规范划定公共管理者在公共管理活动中的权力、责任或义务,具有普遍的约束力。

现代社会是一个高度制度化的社会,制度因其解决现实问题的高效而备受人们的青睐。但是制度并不一定天然就具有合理性,好的制度有利于我们的生活,而不好的制度则可能破坏我们的公共生活秩序。因此,制度有效引导和整合公共生活秩序的前提是制度本身必须具有道德合理性。麦考密克曾指出:"制度道德有两个范畴:一方面,它必须尽可能地适应所设想的文明社会的实际法律制度和政治制度;另一方面,就符合这一关于'适宜'的要求而言,它应当尽可能紧密地接近我们的'背景'政治道德的理想。"①而从本质上来说,制度"是已有的社会惯例、结构的储存,通过这种储存我们使集体记忆、表述、价值、标准、规则等外部化"②。任何一种制度,都是建立在一定的价值取向和文化心理基础上的,都需要伦理精神的引导和接受伦理理念的支配、约束。从这个意义上说,制度伦理是公共管理伦理研究首当其冲的任务。

那么,制度伦理具体包括哪些内容呢?罗尔斯曾经指出:"一种制度可以从两个方面考虑:首先是作为一种抽象目标,即由一个规范体系表示的一种可能的行为形

---

① [英]尼尔·麦考密克,[奥]奥塔·魏因贝格尔:《制度法论》,210页,周叶谦译,北京,中国政法大学出版社,1994。

② [英]马克斯·H.布瓦索:《信息空间:认识组织、制度和文化的一种框架》,390页,王寅通译,上海,上海译文出版社,2000。

式;其次是这些规范指定的行动在某个时间和地点,在某些人的思想和行为中的实现。”①由此可见,制度伦理包括抽象的制度伦理和具体的制度伦理两项内容。抽象的制度伦理涉及的主要是制度的伦理基础和制度的道德论证等问题;而具体的制度伦理则主要关注制度如何在社会的不断发展变化过程中保持自身的自我同一性,及其实际运行与功能的实现等问题。正义是一种抽象的制度伦理。虽然它只是人们的一种理想诉求,本身并不代表任何具体的东西,但是一项制度安排却必须最大限度地实现某种正义,其制度设计必须符合人类活动的根本目的,满足绝大多数人的利益需求。实际上,制度伦理可以外在地规范和整合社会大众的道德操守,但如果社会大众尤其是制度设计者,并不是真正从内心认同其中的精神价值,这种整合就会失去应有的效力。所以,企图依靠制度的强制性规范迫使人们提高道德水平是不现实的。制度伦理的终极目标应该是将某种“正义”的时代精神内化为公共管理者的道德意识。这样,抽象的制度伦理和具体的制度伦理才能通过相互联系和相互作用,共同支撑和维系着公共生活秩序。

9.1.2.2 政策伦理

公共政策是公共管理主体为处理公共事务、提供公共服务和实现公共管理而制定和实施的公共行为规范、准则和活动策略的总和,是公共意志在现实社会中的一种具体表达。然而,政策能否达到预期目的并发挥出应有的效力,除了政策本身的科学性、合理性和可行性以外,政策的价值取向或伦理关怀也是重要的影响因素。

长期以来,以工具理性为本位还是以价值理性为本位评估公共政策,一直是争论的一个焦点问题。无论是西蒙的“理性决策”模式,还是林德布洛姆的“渐进主义”模式,注重的都是工具理性,强调以最有效的手段达到预期目的,而忽视了政策分析中的价值伦理考量。然而,政策分析固然需要理性,但也绝不仅仅只有理性。海尔·G.瑞尼指出:“对于公共组织来说,目标和工作表现标准通常更为模糊、多样化,也存在更多的冲突。(由于)公共领域必须处理特别困难的社会任务,而且常常处在来自立法机构的相对模糊的命令之下,(因此)公共组织必须同时追寻所有复杂目标——责任性、回应性、代表性、开放性、效率等。”②在这里,瑞尼所谓的“复杂目标”其实是一种基于公共利益之上的伦理诉求,是一种“理想化的、充满了价值观的”伦理原则。艾伦·维达夫斯基也明确地指出,政策分析是有关理性和责任的领域,理性体现的是需求和能力的关系,而责任体现的则是对这种关系的一种道德监督。因此,政策实施的结果是否符合政治意愿,政治意愿的表述是否符合民主宪政,都要经过价值伦理的“过滤”才有可能得出确切的结论。

公共政策是“对公共价值的权威性分配”,其目的是为了创造并分配公共利益,

---

① [美]罗尔斯:《正义论》,51页,何怀宏等译,北京,中国社会科学出版社,1988。

② [美]海尔·G.瑞尼:《理解和管理公共组织》,183~184页,王孙禺,达飞译,北京,清华大学出版社,2002。

维护公共生活健康有序地运行。因为,一项公共政策只有真正表达了公众的利益需求,才会为公众所认可,并对公众形成感召力;只有从公共利益出发,才算真正回应了公众的政策要求;也只有具有了公共性,才具备了整合公众力量、建构公共生活秩序的能力。所以,公共政策必须坚持以实现公共利益作为最基本的价值导向,从公共利益的需要出发,正确地处理不同的利益要求和协调社会利益关系。从这个意义上说,公共政策伦理涉及了正义价值的选择问题,即包含了自由、平等、民主等内容。自由是人类社会的基本价值准则,同样也是公共政策的应有之义。公共政策的形成和运行都应该体现自由的价值取向。平等是人们长期追求的价值理念和伦理目标,意味着人们在社会经济、政治、法律和道德人格方面享有基本同等的地位和权利。所有的社会成员都普遍地、无条件地享有法律所规定的所有权利,不因性别、身份、出身、地位、财产、民族等条件因素的差异而有所区别和不同。因此,公共政策的制定不能仅仅限于特权阶层或者少数人,而必须符合绝大多数人的利益。公共政策应该彰显民主的伦理精神,在实际的政策活动中允许公民参与并表达他们的意见与建议。因为,一个缺乏民主参与的公共政策,即使政策制定者有再高尚的伦理道德,有再足够的技术知识,也难以获得民众的认同。

9.1.2.3 职业伦理

公共管理者作为普通公民,要遵循进取、奉献、勇于牺牲等普通伦理所倡导的道德规范;作为职业人员,公共管理者肩负着更大的公民信托,应该具备更高的职业伦理。所谓公共管理的职业伦理,是指公共管理中规定的与公职人员的职业关系、职业角色和职业行为相适应的伦理规范。公共管理者在从事某种职业时,其行为是否符合该职业的要求以及是否作出道德性行为选择,是由其自身具备的道德品质决定的。对于公共管理者来说,虽然职业伦理并不要求他们成为道德圣人,但是他们必须具有社会对其职业角色预期的道德品质。只有具备了该职业要求的道德品质,公共管理者才能在职业过程中实施合乎职业要求的道德行为。具体来说,公共管理者的职业品质应该包括服务、诚信、负责、民主、树立典范、追求卓越、依法行政七个方面。

1. 服务

就"公共"一词而言,公共管理是与私人领域相对的一个范畴,意味着对非公共的利益集团、特定的私人组织和群体的超越。因此,公共管理不同于私人领域的职业活动,其职业目标追求的是平等、公正地分配公共服务,主动、及时地回应公共需求。无论在结构上还是制度安排上,公共管理都贯穿着这种服务精神。作为对新公共管理运动的超越,近年来西方国家出现的"新公共服务"理论提出了"服务于公民,而不是顾客"、"服务,而不是掌舵"的理念,要求公共管理者在管理公共组织和执行公共政策时应该集中承担为公民服务,建立一些明显具有完善整合力和回应力的公共机构,而不是只关注效率问题。因此,公共管理者有必要从根本上改变传统公共管理者的权威心态,在行为上注重如何满足公众的合理要求和提升民众的生活质量,把公共管理的服务精神转化为自我的一种道德信念,而不是去试图控制或者驾驭社会。

2. 诚信

诚信是中华民族的传统美德之一,也是现代社会职业伦理的一个重要范畴。对于公共管理者来说,诚信是一个基本的职业道德要求。英国政治学家洛克曾指出,诚信是政府和社会秩序良性运行的主要原则,直接关系到公共权力的权威性,是构成政治合法性的基础。"无信不立"(《论语·颜渊》),"政令信者强,政令不信者弱"(《荀子·议兵》)。如果公共管理者诚信度很低,经常欺上瞒下、假公济私,就可能出现"有令不行"、"有禁不止"的现象,导致公共权力权威性的丧失,危及公共管理主体自身的生存和发展。因此,只有做到诚信,公共管理者才能获得社会和广大人民群众的信任,才能与社会和广大人民群众建立良好的互动关系。这要求公共管理者必须对公众怀有善良的动机和忠诚的行动,言必行、行必果,树立全面负责的诚信理念。

3. 负责

在现代社会,对人民负责是公共管理主体的一个基本理念和道德要求。公共管理者应为自己的行为及所属机构的行为负责,在政策执行中不能以所有行动应是政治责任为由而否认自己的职责。只有负起所应承担的责任,公共管理主体才能获得民众的认同,保持其合法性。英国曾对政府责任机制进行过一系列改革,《富尔顿报告》认为,责任管理就是"要使个人和单位对已得到尽可能客观评价的绩效负责"。作为一种职业活动,公共管理有着各种各样的目标设计,而这些目标设计在公共管理者那里并不仅仅是一项任务,而更是一种必须承担的责任。如果说公共管理任务在公共管理者对岗位和职务工作的完成中能够得到基本实现的话,那么在很大程度上正是取决于公共管理者能够明确地意识到他所负有的这种责任。

4. 民主

在现代社会,民主不仅是一种政治制度,也是一种公共管理的方式 更是一种公共管理的基本价值理念。正如登哈特所言,"在一个民主社会中,对民主价值观的关注在我们思考治理系统方面应该居于首要位置。尽管诸如效率和生产积极性这样的价值观不应该被丢弃,但是它们却应该被置于由民主、社区和公共利益构成的更大环境中。"①在公共管理领域,民主的公共管理要求公共管理者必须改变传统的主仆关系,将自己视做为公众提供服务的一员,定期地、主动地向公众征询意见、解释政策和回答问题,鼓励公民作为公共组织机构的监察员参与政策的制定和执行,并对公民的需求作出及时的、负责的回应。

5. 树立典范

公共管理者属于掌握着公共权力的公众人物,其道德行为和道德风貌不仅为一般的社会公众所关注,而且会直接对社会大众起示范作用和导向功能。自古以来,人们就认为官风决定着民风,如孔子所言"君子之德风,小人之德草。草上之风,必偃"

① [美]珍妮特·V. 登哈特,罗伯特·B. 登哈特:《新公共服务:服务,而不是掌舵》,168 页,北京,中国人民大学出版社,2004。

(《论语·颜渊》)。也就是说,公共管理者的道德作风好比是风,而社会公众好比是草,风往哪边吹,草就会往哪边倒。这也印证了"其身正,不令而行;其身不正,虽令不行"(《论语·子路》)的道理。作为政府或者公共组织的代表,公共管理者的道德水平、工作作风如何,将直接关系到政府或公共组织在人民群众中的形象和威信。同时,公共管理者道德水平的提高,还可以促进各行各业职业道德的进步,推动整个社会形成良好的道德风尚。

6. 追求卓越

追求卓越是一种优良的职业伦理素质。作为职业人员,公共管理者应该在职业伦理的指引下,成为追求卓越、勇于奉献的职业工作者。在全社会都在建设学习型政府或学习型组织的环境下,公共管理者更应该始终不渝地努力学习,积极创新,开拓进取,不断提升自己的职业知识、技能、管理水平和制定公共政策的能力,从而为社会公众提供更好的服务。在这一过程中,公共管理者不但满足了公众的利益需求,而且在追求卓越中实现了自身价值。

7. 依法行政

公共管理伦理失范的本质在于权力的滥用,而权力的滥用在很大程度上是由于缺乏权力运行的程序规范所致。依法行政作为一种预定的行为约束机制,既有利于防止权力行使者主观武断地行使权力,又赋予了其他机关、组织和公民个人监督和控制权力滥用的权利和机会,从而减少和避免公共管理者不道德行为的发生。依法行政是解决政府信用问题、树立政府形象的前提;是公共管理行为更具公开性、开放性和责任性的写照;是公共管理主体依照法定权限、法定方式和法定程序实施公共管理行为的保证。因此,公共管理者应当尊重宪法、法律以及各种行政规定,成为法律尊严的捍卫者、法律价值的体现者和法律条文的忠实执行者。

综上所述,制度伦理、政策伦理和职业伦理共同构成了一个完整的公共管理伦理体系,虽然内涵和特征各不相同,但却是一个相互联系、相互制约和相互作用的有机系统。

9.1.3 公共管理伦理的原则

公共管理伦理蕴涵了公共管理的基本价值理念,即公共效率、正义秩序、公共责任和和谐社会,也决定了公共管理伦理的四个基本原则,即效率原则、正义原则、责任原则和和谐原则①。

9.1.3.1 效率原则

公共管理伦理意义上的效率并不完全是经济学上的投入产出之间的机械性比率,而是政府或公共组织提供公共产品和公共服务的效率。这种效率观吸收了社会公平理念,强调伦理与功利的统一,认为政府或公共组织应当以尽可能低的公共管理

① 万俊人:《现代公共管理伦理导论》,17~28页,北京,人民出版社,2005。

成本实现尽可能高的社会公共效益，对社会资源的配置和利用，在改善越来越多的人境况的同时，没有或者说尽可能地减少对其他人利益的损害。从这个意义上说，公共管理伦理的效率原则要求：一方面以政府组织为主导的公共管理部门或机构应当而且必须为公共社会提供足够丰富的公共产品，以满足全体公民对社会物质生活条件不断增长的需要；另一方面还要建构一个公正、稳定、良好的社会公共秩序。没有公共社会的长治久安和良好秩序，没有良好的社会风气和公共文明水平以及强大的社会组织能力和社会动员能力，公共管理伦理的效率就不可能真正实现。

9.1.3.2 正义原则

正义是公共管理的最基本的价值目标，也是公共管理伦理的最基本原则。作为人类追求理想政治体制的核心价值和行为准则，正义是人类社会永恒的行为规范和价值范畴。它要求公共管理主体在谋求公共利益过程中必须以正当的、合乎理性的方式行使公共权力，必须在制度设计、安排、执行及公共决策与公共政策实施等方面体现出普遍公正的理念。尽管威尔逊等人基于效率的目的主张政治与行政的分离，但他也意识到在许多政府机构的管理中，正义比效率更重要。不可否认，公共管理伦理的效率价值是当代公共治理不可或缺的手段与维度，但它只有依附于公共管理的公平与正义价值，才可能具有充分的价值正当性。正义是对公民作为人的尊严的维护，是对社会成员基本权利的切实保证。它不承认任何以整体的名义侵害公民的自由权利的行为，也不承认较大的利益可以绰绰有余补偿强加于少数人的牺牲。在社会财富形成的过程中，公共管理部门有责任通过合理的制度安排，在使每一个社会成员依据具体的贡献得到有差别分配的同时，也必须通过宏观调控的手段保证社会的公平。正如罗尔斯所言："分配正义问题永远是这样的：基本结构的制度作为一种统一的制度体系应该如何加以调整，以使一种公平的、有效的和富有生产力的社会合作体系能够得以持续维持、世代相继。"①

9.1.3.3 责任原则

公共管理不是单纯的管理，也不是履行责任的一种方式。公共管理伦理的责任不是一般意义上的社会义务或个体道德责任，而是公共管理者在公共事务和公共行为中承担的基本责任要求，是对权力者制定政策和执行政策的一种限制。公共管理者享有多大权力，就相应地负有多大责任，这是管理上职、责、权相统一原则的要求。透视民主政治的发展历程，责任行政已是现代民主政治的一个基本价值理念，在一个民主的社会，公共权力的行使必须直接或间接地对人民负责，实行责任行政；公共管理主体必须回应社会和民众的基本要求，并积极采取措施予以满足，承担起道义上、政治上、行政上和法律上的责任。责任表明政府、社会对于违法或不合理地行使行政权力者的否定性评价，是遏制权力拥有者滥用权力冲动的有效形式。没有责任约束的公共权力必然会失去行使的界限，从而导致公共权力的滥用。另外，责任原则还要

---

① ［美］约翰·罗尔斯：《作为公平的正义——正义新论》，80页，上海，上海三联书店，2002。

求包括公共管理者和全体社会公民在内的所有社会成员共同承担起维护社会公共秩序、促进社会发展的伦理责任。责任原则不应仅仅限于政府的职责或政治责任，也必须成为一种社会公共精神。

9.1.3.4 和谐原则

建立并维护良好的社会公共秩序，是现代公共管理伦理的首要价值目标。在现代社会，公共管理行为的发生与伦理目标的实现主要是通过供给社会秩序完成的。社会秩序的供给一方面体现为一系列行为规范和规则体系的形成，另一方面则体现为一种价值理念的塑造。因此，公共管理伦理不仅关注外在的社会秩序结构，而且还注重所供给的社会制度、社会规则是否符合社会普遍的道德伦理以及社会大众对所处的制度规则体系是否有认同感和归宿感；公共管理伦理不仅具有对公共行为和公共事务实施技术化控制的一面，而且具有通过有效协调社会公共行为和公共关系并合法公正地处理公共事务，建立公正、良好的社会秩序，实现整个社会的和谐发展的一面。一种健康、和谐的社会状态是衡量公共管理伦理是否有效、是否合理以及是否公正的最有力证明，也是一个终极的价值判断标准。

总之，效率、正义、责任和和谐是四个具有不同价值层次和不同规范维度的原则，它们密切联系、相互补充，共同构成了现代公共管理伦理的基本原则体系。

9.1.4 公共管理伦理的功能

伦理通过个人的良心、社会舆论和政治信念对社会行为进行道德判断和评价，从而实现对各种利益关系的调整。公共管理伦理在具备伦理的基本功能之外，其结构性特征又决定了它具有与其他伦理规范不同的功能，主要包括规范、选择、引导和维系四大功能。

9.1.4.1 规范功能

规范功能是指公共管理伦理通过提供“应该如何行为”的道德规范，使公共管理主体控制和约束自身的功能。伦理，作为一种社会秩序的保障和前提，通过一系列的价值准则规范人们的行为模式，影响他们的价值观念，引导他们的道德选择。同样，对于公共管理者来说，公共管理伦理一方面通过外在的道德规范界定和约束其行为，另一方面通过内在的道德意识和人格追求使其进行自我监督和自我评价。而对于公共管理部门来说，公共管理伦理也通过外在的舆论评价和一定的制度约束，规定公共管理活动的范围和行为方式，引导和约束公共管理系统的运行，促使管理过程程序化和规范化。在公共管理活动过程中，公共管理伦理对于符合公共管理伦理要求的公共管理行为予以激励和强化；而对于不符合公共管理伦理要求的公共管理行为则予以纠正或弱化，以避免违背公共管理伦理的后果发生。

9.1.4.2 选择功能

公共管理者在公共管理伦理框架下实施公共管理行为，是一个自主选择的过程。所以说，公共管理伦理的选择功能就是指公共管理者按照一定的伦理标准，在公共管理活动过程中对不同的价值或善恶冲突作出的一种自觉自愿的抉择。公共管理者如何选择、选择什么,对公共管理伦理目标的实现是非常重要的。与以往的管理模式相比,虽然公共管理是一种新的社会治理模式,但是,对于公共管理而言,制度不会完善到至臻至善的程度,还会存在各种各样的冲突。在这种情况下,公共管理者在确定实施行政行为之前,总要依照某种伦理原则和价值追求对其行为进行选择和检视,而这种选择和检视并不是情感的萌发,而是一种理性的涌现。公共管理者在对公共责任进行选择时,越是能超越他的情感因素而依赖理性,就越能够作出正确和适当的选择。

9.1.4.3 引导功能

引导功能是指公共管理伦理作为一种行为规范,可以从意识上引导和控制公共管理主体的动机,从而引导公共管理主体的行为,使公共管理主体在进行具体行动的过程中都有潜在的道德约束和伦理规范,从而避免行动的盲目性。从根本上讲,利益和利益关系是影响公共管理者进行公共管理活动的决定性因素。但是,完全依赖利益和利益关系的公共管理活动极有可能偏离正确的道德轨道,导致公共管理行为的失范。由于公共管理伦理使公共管理系统中的群体有了明确的价值目标,并为理论与实践、理想与现实提供了一种有效的具体形式,公共管理伦理便对公共管理者的行为具有了某种程度的引导功能。同时,公共管理伦理对社会也起到了广泛的示范效应。"当公共管理拥有了道德化制度,在公共管理主体的道德化活动中,在治理者们的道德化行为中,全社会的道德习惯、道德行为就比较容易养成,就会逐渐形成一个道德实践的环境,并进一步形成系统的、稳定的、良好的道德观念及价值判断标准"①。

9.1.4.4 维系功能

维系功能是指公共管理伦理将公共管理主体的多元化价值观凝聚成为一个整体,从而强化公共管理主体内在本质力量的功能。良好的社会秩序离不开法律的支持,但是正如哈佛大学林恩·夏普教授所说的那样,法律有其自身的局限性,它并不能激发人们追求卓越,也不会成为榜样行为的准则,甚至不会成为良好行为的准则。道德却不一样,除了对违法者予以谴责之外,它对虽不违法但属于不道德的行为可以进行批评和惩戒,而对道德的行为,尤其是高尚的行为,则可以予以鼓励和褒奖。因此,相对于法律而言,伦理对社会秩序的维系作用可能更具有普遍性和持久性。公共管理伦理作为一种应用伦理,能够在公共管理系统中的个人与个人之间创造一种广泛的信任关系,架起公共管理主体与对象之间的沟通桥梁。正像孔子所说:"为政以德,譬如北辰,居其所而众星拱之"(《论语·为政》)。因此,公共管理伦理是赢得民心和民意的重要力量,是稳定社会秩序、保持国家长治久安的决定性因素。

---

① 张康之:《公共管理伦理学》,110页,北京,中国人民大学出版社,2003。

9.2 公共管理责任

公共管理责任，又称公共责任，是现代公共管理的基本原则和根本取向之一。美国著名公共行政学家莫舍曾明确指出，在公共行政的所有词汇中，"责任"一词最为重要。在公共管理活动中，公共管理者由具有伦理自主性的个体组成，是一切公共责任与义务的最终承担者和践履者。研究、探讨公共权力运行中的责任是现代公共管理学的题中应有之义。

9.2.1 公共责任的内涵

在汉语中，"责任"有三层基本含义：一是使人担当起某种职务和职责；二是分内应做之事；三是做不好分内应做的事，因而应承担的过失。美国学者特里·L.库珀把"责任"定义为"在多元化、技术性的现代社会中重建义务(Obligation)的方法"①。与一般的社会义务有所不同，库珀在社会责任中加入了一种道德的原则，以便"促使人们从事使社会变得更美好的事情，而不做那些有损于社会的事情"。弗雷德里克森则认为，责任"意味着它能使公民制定一致同意的社群标准和目标，为了公共的利益，大家一起工作，实现设定的目标"②。因此，从公共管理意义上说，"责任"是指与某个特定的职位或机构相关联的职责，是公共管理者应当对其他人员或机构承担的责任或义务。

美国公共行政学对"责任"这个词的讨论绝大部分集中在实现责任的"最佳"策略上，认为"责任"是向上级(Higher Author)负责，并向某种权威说明个人行动的、有关监督和报告的机制。这种公共责任的概念采用的是"命令与控制"(Command-and-control)的定义方式，含有外部监督、辩护、顺服、奖惩与控制之义，主要通过法规、命令和正式的程序、监督与强制、避免违法、避免不当行为以及采取完善的管理等方式实现。然而，随着现代民主政治的发展，这种以单向的"命令—控制"形式为核心而建立起来的责任理念在当代已经越来越不能适应制度环境变化的需要了。正如欧文·休斯所指出的那样，随着传统的公共行政转变为现代的新公共管理，"提供更好的服务，更具反应性，提供更广泛的选择并授权给公民，都将使责任机制得到改进。成为一个公共管理者现在意味着他将对其行为结果负有个人责任。因此，管理主义向新的、更直接的责任机制发生变化也就不足为奇了"③。

张康之认为，"责任"和"义务"同属一个概念，在本质上是统一的，都是人与人及人与社会的一种特殊关系。在他看来，公共责任是一个由行政责任、法律责任和道德责任构成的有机整体，它们通过公共管理活动的岗位而在公共管理者那里整合成一

① [美]特里·L.库珀：《行政伦理学：实现行政责任的途径》，11页，北京，中国人民大学出版社，2001。
② [美]乔治·弗雷德里克森：《公共行政的精神》，47页，北京，中国人民大学出版社，2003。
③ [澳大利亚]欧文·E.休斯：《公共管理导论》，265页，北京，中国人民大学出版社，2001。

个统一的职能总体。只不过这三种类型的责任并不是孤立地构成了公共责任,而是在由法律责任和行政责任向道德责任的转化过程中形成的。陈振明指出,公共责任有广义和狭义之分。广义的公共责任是指公共管理者在工作中必须对国家权力主体负责,切实履行自己的职责,为国民谋利益。狭义的公共责任是公共管理者违反公共组织及其管理工作的规定时,以及违反法律、法规所规定的义务和职责时必须承担的责任。这一责任具有复杂的表现形式和多样化的层次结构,既可能是经济责任、法律责任或政治责任,又可能是伦理责任。因此,公共责任是发生在公共管理领域、实现公共"国民利益"的责任,广义上指实现公共利益责任的履行,而狭义上指履行失败后所承担的责任。张贤明在《论政治责任》一书中从三个方面界定了公共责任:第一,责任主体的分内之事;第二,责任主体没有做好分内之事时应受的谴责和制裁;第三,对责任主体行为的评价。他认为,不同的角色有不同的"分内之事",完不成"分内之事"所受的谴责和制裁也应以所承担的角色的不同而不同。那么,谁来决定"分内之事"的履行与否,并确定其应当承担的责任呢?在现代民主国家,人民是国家的主人,公共管理者要对人民负责,能不能履行应当承担的责任及其履行水平的高低的评价标准与指标都应该由人民决定。只有这样,才能保证公共责任的真正实现。

总而言之,公共责任就是为了保证公共利益和公共管理活动能够公正有效地实现和实施,要求公共管理主体在执行公共职能过程中对其行为所负有的一种责任。它体现了外在的客观责任和内在的主观责任、制度性责任和伦理性责任的统一。

9.2.2 公共责任的特征

公共责任体现了社会对公共管理主体的期待和要求,体现了公共管理主体对这种期待与要求的自觉意识与庄重承诺以及对公共管理主体行政行为的监督、控制和制裁。这也决定了公共责任的基本特征。

9.2.2.1 公共责任意味着一种社会期待

"社会期待在这里指的是人们在不同的方面对于那些工作在政府中人员所寄予的希望"①。公共管理主体的职责角色总是与相应的权力联系在一起的,这种对于公共资源的特殊支配权力可以保证公共管理主体有效地履行公共管理职能。但是,公共管理主体并不能随心所欲、没有限制地行使公共权力,必须符合社会对它的期待和要求。从历史上看,公共管理部门是职业分化的结果,在社会分工体系中具有特殊的政治、经济和社会功能。社会公众通过一定的方式选举产生公共管理主体,就是期待通过公共管理主体切实履行这些功能,能够为社会提供必要的公共产品,推进与维护社会民主秩序,不断增进社会文明程度,保障公民过上自由、平等、人道、民主、公正、幸福的生活。这种期待,不仅是公共管理主体权力的合法性来源,也是公共管理主体必须承担的社会责任。

---

① [美]特里·L.库珀:《行政伦理学:实现行政责任的途径》,175页,北京,中国人民大学出版社,2002。

9.2.2.2 公共责任意味着一种承诺与义务

在现代民主制度下，当公共管理主体从公众那里获得支配公共资源的合法性权力时，就隐含着一个逻辑前提：承诺对委托授权人——社会公众负责，并切实履行社会公众所提出的相关责任与义务要求。这既是社会系统功能的效率需要，也是社会公众授权的正义要求。

现代公共管理最基本的职业操守是履行职业承诺或组织承诺，积极回应社会公众的合理期待，承担起为其服务对象尽责效力、谋取利益的义务。在这里，职业承诺意指对社会公众合理期待的承诺，组织承诺则是于公共管理组织合理期待的承诺。无论是职业承诺还是组织承诺，都是一种规定与外在的强制性要求，更是公共管理主体的一种自觉。它要求公共管理主体在"事前"、"事中"和"事后"必须承担起自己的义务：在行为实施之前，公共管理主体应该具有高度的职责感和义务感，在行使权力之前就要明确行使权力所追求的公共目标；在行为实施中，公共管理主体有义务"对曾经做过、正在做和计划做的事"向公众和民意机构"作出解释和辩护"；在行为实施后，公共管理主体有义务接受社会公众的评判并对不正当行为承担责任，如撤销或纠正错误的行为和决策，惩罚造成失误的决策者和错误行为的执行者，并对所造成的损失进行补偿，等等。

9.2.2.3 公共责任意味着一种监督、控制和制裁行为

从某种意义上说，公共责任是一种以外在的约束为支撑的监督、控制和制裁行为。公共管理主体自身的认知能力、道德意识和职业水平并不能保证其产生必然的、合乎规范的行为，公共责任必须通过外在的约束力加以保证，从而对公共管理活动过程中的责任冲突起到一种防患于未然的作用。欧文·休斯认为，公共管理主体的任何行动归根结底都被视为公民自身通过他们的代表所进行的活动，这就需要精心设计一种责任结构，确保以公民名义行事的人为公民的利益付出最大努力。因此，在推行公共政策时，公共管理主体有必要认真倾听民众对于政策制定和执行的意见，并主动向其代理机构（如人民代表大会）汇报、解释、说明原因、反映情况和提供相关信息。对于那些不能体现公共利益最大化的公共政策必须予以修正，对于不当使用公共权力产生的后果或使用公共权力产生的不当后果应该承担责任、接受惩罚并对损失进行赔偿。同时，公共管理主体还应积极寻求社会民众的监督和评判，那些不能积极地承担其为社会公众应尽的义务，不能很好地完成社会公众所交付任务的公共部门，必须受到责任追究。

9.2.3 公共责任的类型

公共责任是一个复杂的、多层次的概念，它包含不同的责任类型。美国堪萨斯大学公共行政学教授罗姆泽克（Barbara S. Romzeck）和杜布尼克（Melvin J. Dubnick）根据公共责任的多维度、复杂性特点，把公共责任划分为官僚责任、法律责任、专业责任

和政治责任四种责任类型①。在他们看来，官僚责任意味着在严密的监督或者代理人操作程序的严格标准基础上，上级与下级之间必须遵循“命令—控制”的原则。法律责任是指公共管理者必须执行或实施外在于他们的控制部门与组织成员所制定的法律和其他政策命令。当政府需要对付日益增长的技术性难题和负责问题的时候，专业责任就大量、频繁地出现了。在这种环境之下，公共管理者必须依赖有技术、有专业知识的专家提供解决问题的恰当办法。而第四种责任——政治责任则来源于公共管理者与其负责的对象之间的关系，也就是“公共管理者代表谁”的问题。对于公共管理者们来说，政治责任居于核心地位。

对于公共责任的分类，最具代表性的观点莫过于美国行政学家特里·L.库珀教授对公共责任的划分。他认为，公共责任有两种：一种是客观责任，另一种是主观责任。客观责任来源于法律、组织机构和社会对从事公共管理活动者的合理期待，这是一种具有某种强制性的责任；主观责任则是源于从事公共管理活动者的信仰、信念，植根于个人的良知，它是个人职业道德与个人良知的具体体现②。

客观责任是公共管理主体居于特定公共管理角色地位时所负担的责任，是一种制度行为，主要表现为忠实地遵守法律、上级的命令和效率标准。客观责任之所以具有“客观”属性，因为这种责任是由法律、体制和职业关系所决定或者强加的，它所标识的不是公共管理主体同个人的关系，而是公共管理主体同社会、组织的公共关系。根据特里·L.库珀的分析，公共管理者的客观责任主要包括三个方面。①公共管理者要对“他们组织的上级负责，贯彻上级的指示或相互之间业已达成一致的目标任务，也要为他们的下属的行为负责”，这主要源于韦伯科层制的组织结构对职责的划分。②公共管理者要对“民选官员负责，把他们的意志当做公共政策的具体表现来贯彻”。这种法律责任关系，虽然不像对上级的关系那么直接，但它是公共管理人员更为重要的责任。③公共管理者也“要对公民负责，洞察、理解和权衡他们的喜好、要求和其他利益”。公民是权力所有者，公共管理者是他们的受托人，对公民负责是公共管理者最根本的义务。

但是，现实生活中的公民是由具有不同利益要求的群体组成的，各个群体利益的差异性使公共利益成为一个非常空洞的概念，公共管理者对其负责失去了实际的意义。同时，上下级或民选官员在现实社会中毕竟也是普通公众的一员，他们有时亦会作出违背选民意志、追求自己私利的决定。这些因素的存在常常使公共管理者的客观责任失去正确的前提。因此，在强调客观责任的同时，库珀又提出了主观责任的概念。按照库珀的理解，主观责任是“除了明确界定制度性责任之外，公共行政人员还

① Barbara S. Romzeck, Melvin J. Dubnick. Accountability in the Public Sector: Lessons from the Challenger Tragedy. Public Administration Review, May/June 1987:227－238.

② ［美］特里·L.库珀：《行政伦理学：实现行政责任的途径》，63～79页，张秀琴译，北京，中国人民大学出版社，2001。

必须履行的大量的‘非制度性责任’”。主观责任是公共管理者出于良知、信念而对自己的职业、职责、角色所形成的一种责任意识，它的产生依据既不是一般的上级或下级，也不是含混的公民或公共利益，亦不是简单的民选官员，而是人的价值理性。主观责任与客观责任不同的地方就在于，前者是一种伦理行为，道德责任感、道德良知和道德信念构成了其赖以存在的内在根据。这种价值观一旦形成，就会在公共管理活动过程中引导并塑造公共管理者的认识能力，激发他们对于特定认识对象的情感反应，从而坚定公共管理者执著不已的追求精神。从这个意义上说，主观责任决定了公共管理者的行为态度和行为选择，是其公共管理活动中不可或缺的内容。

公共管理者在公共管理活动中是承担主观责任还是客观责任是一个复杂的过程，既涉及伦理意义上的道德评价、法律意义上的制度约束，亦涉及政治意义上的民主责任，因而它具有多种价值判断的标准。但既然公共责任是与公共权力相伴随而生的，公共权力服务于公共利益的基本特质也就决定了公共责任的实现必须以是否符合公众的利益为最终评价标准。

9.3 公共管理伦理与责任的控制机制

历史证明，公共管理伦理与责任的有效实现，不仅依赖于公共管理者的道德理性，也需要把这种理性以制度或法律的形式加以规范或固定。因此，为了达到公共管理的价值目标，公共管理必须发展出以他律为主的外部控制机制和以自律为主的内部控制机制。

9.3.1 公共管理伦理的责任冲突

美国著名行政家特里·L. 库珀在《行政伦理学：实现行政责任的途径》一书中指出：角色的多元化与差异性、工作与私人生活的分离、相对主义以及社会的多元化使公共管理者越来越陷入了伦理困境，出现了一系列的责任冲突。最常见的责任冲突形式有三种：利益冲突、角色冲突和权力冲突。

9.3.1.1 利益冲突

利益冲突是指公共管理者的个体利益与作为代理人的责任或义务之间产生的冲突，即公共利益与私人利益之间的冲突。在现实生活中，利益不仅包括作为社会核心利益的诸多公共利益，也包括各种组织利益和个人利益。由于社会变迁越来越频繁，价值越来越多元化，将纯粹、完全的个人利益从公共利益中区分开来变得越来越困难。当一个人受雇于某一公共组织、扮演公共管理者角色时，往往会面临个人利益与公共责任之间不可避免的紧张关系。

“天下熙熙皆为利来，天下攘攘皆为利往”（《史记·货殖列传》）。对利益的追求不仅是保持个人生存和发展的基础，也是经济发展和社会进步的最持久动力。即使在现代民主社会，每个人也都有权维护自己正当的权益，公共管理者也不例外。但是，公共管理者毕竟行使的是公共权力，具有维护公共利益的一系列责任和义务，无论是在道德两难或是职责选择中,公利性都具有优先的价值选择。然而,公共管理者又是以公民的身份生活于私人领域,作为普通人,总会从个人利益出发,去处理与他人之间的关系和选择对待社会与组织的态度。当然,如果公共管理者在追求个人利益时没有产生对他人的损害,那么社会公共利益就不会受损;如果能够使自己和他人的利益都得到实现,那么社会的公共利益就达到了最大化。但是,现实中这种同时兼顾公共利益和私人利益的理想双重取向并不总是存在,由于利己主义动机的使然,两者之间存在不可避免的冲突。公共选择理论认为,由于享有其他普通公民所没有的特权,公共管理者经常不按照集体逻辑行事,而是与市场中追求个人利益最大化的个体一样将个人或者所属组织的利益凌驾于公共利益之上。因此,建立在公共管理者都遵循公共利益最大化取向基础之上的现有制度,将无可避免地面临公共管理者的道德妥协或道德风险。一旦失去道德目标的规范和约束,公共管理者手中的权力往往会演变成谋取私利的工具,从而对公共组织的社会声望和公共集体利益造成损害。

9.3.1.2 角色冲突

人在社会生活中扮演着多重角色,角色不同担负的责任也就不同。对公共管理者来说,如果他把自己定位为一般公民,那么实现个人利益的最大化则是他的首要责任;而如果他把自己定位为一个公共管理者,那么实现公共利益的最大化则是他的首要责任。但实际上,公民角色和公共管理者角色的截然分离几乎是不可能的,当公共管理者需要同时扮演两种及两种以上的角色时,选择性的冲突也就不可避免了。角色冲突是公共管理伦理责任冲突最常见的表现形式,它有两种情况:公共管理者的角色冲突和公共管理部门的角色冲突。

公共管理者的角色冲突是指公共管理者在公共管理活动过程中所发生的主观责任冲突,直接原因来源于公共管理者的双重或多重身份而带来的伦理冲突。在公共管理活动中,每个公共管理者都不是只具有单一角色的公职人员,而是同时具有多重角色:既是维护公共利益的公共权力的具体执行者,又是一名普通公民;既是自己下属的上司,又是自己上司的下属。"那些塑造并指导每个角色行为的价值观将你推向两个不同的方向,并使你面对两种互相排斥的选择方法。你得面对那种由我们扮演的角色所引起的道德困境。"①历史经验表明,凡是存在权力关系的地方,就会不同程度地存在着等级,只要公共管理还需要权力,它就不可能消除这种等级。这样一来,作为个体的公共管理者在公共管理这一合作体系中就会有处理上下关系的问题。在公共管理的角色冲突中,最常见也最难解决的就是以个人利益为追求目标的个体角色与以公共利益为追求目标的公共角色之间的冲突。面对利益的诱惑,公共管理者的个人理性常常会驱使他们假借公共组织行为的名义超越伦理底线,保护和增进个人利益,而摒弃公共精神。

---

① [美]特里·L.库珀:《行政伦理学:实现行政责任的途径》,96页,张秀琴译,北京,中国人民大学出版社,2001。

公共管理部门在公共管理活动过程中也会面临着角色冲突。首先,不同公共管理部门之间由于在国家组织系统内具有多重角色,会产生相应的主观责任冲突。政府部门需要执行上级命令和维护政府利益,而政府之外的公共管理组织则需要处理与政府的关系和维护社会利益。无论是政府中的公共管理主体,还是社会中的公共管理组织,对于公共利益的理解都可能会出现偏差,造成权力执行的矛盾。其次,公共管理组织系统内部也会发生角色冲突。一个公共管理组织可能身兼两重或多重身份,既有自己的上级组织又有自己的下级组织,同时也是本级公共管理组织的工作部门。因此,为了公共利益,公共管理部门需要做出一种公共管理行为,而为了得到上级公共管理部门的奖励,或者为了避免受到严重惩罚,它又需要做出另一种完全不同的公共管理行为,从而引起了角色冲突。

9.3.1.3 权力冲突

公共权力是公共机构处理公共事务的权力,包括国家(政府)权力和社会自治性公共权力。任何公共权力都必须维护公共利益,为公共利益服务,这是公共权力的一种法律责任。但是,由于社会分化造成了权力分化(在这一过程中产生了不同性质、不同形式的权力)以及权力主体的多样化,权力的唯一性和整体性被打破,这在一定程度上导致权力冲突的产生。

权力冲突是指当公共管理者遇到两种或两种以上的客观责任且分属于两种或两种以上的权力来源,或者两种权力对他们行为的要求不相容时而产生的冲突。一般来说,官僚科层制要求接到命令的公共管理部门或公共管理人员必须执行上级的命令,但是,当遭遇某项公共事务分属不同上级部门时,公共管理部门或公共管理人员就很难作出选择,因为服从其中的一个,就可能违背另一个,从而陷入权力选择的困境。正如米歇尔·哈蒙所揭示的那样,在政治行政二分法的逻辑假设下,如果公共管理人员仅仅负责有效执行由政治家制定的目的,那么他们就不应对其行为承担任何个人的道德主体责任。反之,如果公共管理人员积极参与公共目的的决定,那么他们就要对自己的行为负责。从某种意义上来说,这是一个"道德困境",是对上级负责还是对公民负责的责任冲突。

权力冲突是由权力的二重性造成的。一般来说,政府权力既有公共性,又具有自利性。公共性是指公共权力为公共利益而行使的属性;自利性是公共权力部门及公共管理人员存在的追求自身利益的属性。对于这个问题,法国哲学家卢梭进行了深入分析。他认为,"在行政官个人身上,我们可以区分三种本质上不同的意志:首先是个人固有的意志,它只倾向于个人的特殊利益;其次是全体行政官的意志,这一团体的意志就其对政府的关系而言则是公共的,就其对国家(政府构成国家的一部分)的关系而言则是个别的;最后是人民的意志或主权者的意志,这一意志无论对被看做是全体的国家而言,还是对被看做是全体的一部分的政府而言,都是公意"。"按照自然的次序,则这些不同的意志越是能集中,就变得越活跃。于是公意总是最弱的,团体的意志占第二位,而个别意志则占第一位。因此政府中的每个成员都首先是他自己本人,然后才是行政官,再然后才是公民;而这种级差是与社会秩序所要求的级差直接相反的"①。按照这个逻辑,当公共管理者一旦面临公共利益与自身利益相冲突的情况,效忠"公益"的权力要求与维护自身利益的权力要求,就会构成对公共管理者道德选择的严峻考验。

利益冲突、角色冲突和权力冲突通常复杂地存在于公共领域的各个阶段和各个层面,并且相互影响、相互作用。利益冲突是角色冲突和权力冲突的深层原因,角色冲突和权力冲突的背后常常隐藏着实质上的利益冲突。面对这样的责任冲突,公共管理者必须考虑两个根本因素:一个是公共管理伦理与责任的外部控制;另一个是公共管理伦理与责任的内部控制。

9.3.2 公共管理伦理与责任的"外控"机制

"一切有权力的人都容易滥用权力,这是万古不易的一条经验"②。中外许多政治学家都认识到,这个世界毕竟不是天使管理的世界,人们必须破除公共管理主体都会尽心尽责为公众利益服务的观念,建立有效的"外控"责任机制来强化对公共权力主体的控制和监督。公共管理伦理与责任的"外控"(外部控制)机制主要有行政控制、法律监督、道德法规控制和社会监督。

9.3.2.1 行政控制

制度是权力的制约力量,它规范、制约着公共管理者的行政行为。邓小平在《党和国家领导制度的改革》一文中曾经说过:"我们过去发生的各种错误,固然与某些领导人的思想、作风有关,但是组织制度、工作制度方面的问题更重要。这些方面的制度好可以使坏人无法任意横行,制度不好可以使好人无法充分做好事,甚至会走向反面"③。因此,运用行政控制的方式加强对公共管理主体的责任监督和追究是非常重要的。

行政公开是行政控制的一种重要方式,也是现代民主国家的一项基本制度。行政公开是指行政主体在行使行政职权时,除涉及国家机密、个人隐私和商业秘密外,必须向行政相对人及社会公开与行政职权有关的事项。行政公开是公共管理主体应当承担的责任和义务,是基于对公民知情权的一种保护。具体来说,主要包含四个方面的内容:①每个政府机关都应使公众知晓其办公地点及其各机构的职权范围、活动程序和方式;②政府机关的法规、规章、命令、官方记录、基本政策说明及普遍适用的解释,除法律规定的特殊情形外,均须向社会公开;③政府机关在行使职权时,如进行决策、立法或裁决时,应事先通知利害关系人并为其举行听证,进行广泛调查,保障公民的参与,以免事后对人民不利;④政府机关应任何公民之申请,必须迅速向其提供与其权益有关的档案材料,除非这种材料法律规定应予保密或涉及他人的隐私。

---

① [法]卢梭:《社会契约论》,83页,北京,商务印书馆,1997。
② [法]孟德斯鸠:《论法的精神》,上册,154页,张雁深译, 北京,商务印书馆,1982。
③ 邓小平:《邓小平选集》, 第二卷,333页,北京,人民出版社,1999。

行政公开肇始于瑞典,早在1766年该国就制定出具有宪法效力的《新闻自由法》,但真正将行政公开制度予以体系化的则是美国。美国国会分别于1966年、1972年和1976年颁布的《情报自由法》《联邦咨询委员会法》和《阳光下的政府法》使行政程序对行政公开的规定趋于完善,并为其他民主国家竞相效仿,由此在全球范围内掀起了行政公开法制化的浪潮。1978年法国通过了《行政文书公开法》。1983年澳大利亚制定了《情报自由法》。1991年日本发布《行政信息公开标准》,并于1999年通过《关于行政机关保有的情报公开的法律》等。在我国,虽然《政府信息公开条例》《行政处罚法》和《行政许可法》也对政府信息、行政处罚和行政许可的公开程序作了较为完整的规定,但至今尚无一部统一的行政公开法律。

行政问责是对掌握公共权力的政府官员的违法、失职并造成严重后果的行为进行责任追究的另一有效行政控制方式。行政问责是民主政治的基本要求,是有限政府和责任政府的一个重要实现途径。从本质上说,行政问责是权、责、能的统一,它从制约与监督的角度要求公共管理人员必须坚守其位,履行其责,并为自己的行为承担责任。我国还没有关于行政问责的统一法律、法规,在我国最早立法并实施的地方是香港特别行政区。2001年4月特区政府推出高官问责制度,要求对那些影响行政效率、对民众不作为或出现严重后果的管理机构的负责人追究责任。自2003年8月以来,长沙、成都、南京、济南等市级人民政府也先后出台并全面实施行政问责制,有针对性的行政问责制逐渐成形。2004年2月,《中国共产党党内监督条例(试行)》,则明确写入了"询问和质询"、"罢免或撤换要求及处理"等内容。同年4月制定的《党政领导干部辞职暂行规定》对官员因涉及"工作严重失误、失职造成重大损失或恶劣影响、对重大事故负有重要领导责任"等应引咎辞职的相关情况进行了明确的规定,将引咎辞职引入问责制度。2005年5月实施的《公务员法》又进一步将行政问责法制化和规范化,从法律层面确认了行政问责制的合法性。在我国,行政问责主要包括全国人民代表大会的问责,政府系统内部的问责和法律、法规的问责。

9.3.2.2 法律监督

法律监督主要包括立法和司法监督。尽管法律、法规对于解决伦理问题存在着诸多缺陷,但是,在立法的基本原则和具体的条文中以及向司法监督体系中渗透进伦理责任的基本理念,在许多发展中国家仍然被作为预防公共管理人员非伦理行为的最重要的手段之一。

立法监督是国家权力机关即各级人民代表大会及其常务委员会对行政机关的监督。中华人民共和国宪法第3条规定:"国家行政机关、审判机关、检察机关都由人民代表大会产生。对它负责,受它监督。"国家的一切权力属于人民,人民行使国家权力的机关是全国人民代表大会和地方各级人民代表大会。因此,作为各级人大执行机关的各级人民政府,其各级行政机关及行政执法人员必须接受人大及其常委会的监督。具体方式和内容包括九个方面。①监督宪法、法律实施情况。②审查行政机关制定的法规和作出的决定、发布的政令有无与宪法、法律抵触的情况。③听取和审议政府工作报告。④审查和批准国民经济和社会发展规划以及财政预算决算。⑤质询和询问。质询是在政府工作出现重大失误或严重违法乱纪行为时权力机关作出的带有干预性质的举措;询问是权力机关在不太明了政府某种行为时作出的带有咨询性质的举措。⑥视察和检查。⑦提出意见、建议和批评。⑧受理申诉、控告和检举。⑨罢免和撤销由本级人大选举产生的行政领导。

司法监督通常包括两种含义:一是指监督主体依照宪法和法律的规定,对司法机关及其工作人员司法活动的合法性进行监督;二是指司法机关依法对国家行政机关及其工作人员遵守和执行法律的情况进行监督。这里指的是后一种含义的司法监督,即人民法院和人民检察院对行政机关及其工作人员的监督。在我国,人民法院的监督形式有三种。一是审理行政诉讼和国家赔偿诉讼。《中华人民共和国行政诉讼法》第2条规定:公民、法人或者其他组织认为行政机关和行政机关工作人员的具体行政行为侵犯其合法权益,有权依照本法向人民法院提起诉讼。第5条规定:人民法院审理行政案件,对具体行政行为是否合法进行审查。二是审理职务犯罪行为。三是提出司法建议,敦促有关行政机构改进工作。检察机关的监督形式有三种。一是法纪监督,对触犯刑律、已构成犯罪的人员和事件进行侦查、批捕和提起公诉,这也是宪法赋予检察机关的职责。二是执法监督,人民检察院依法对行政执法机关及其行政执法人员的职务犯罪或利用职权犯罪的案件进行监督,督促其按照法定的权限和程序进行执法。《行政诉讼法》第10条和第16条规定:"人民检察院对行政诉讼实行法律监督","人民检察院对人民法院已经发生法律效力的判决、裁定,发现违反法律、法规的,有权按照审判监督程序提出抗诉"。三是侦查监督,对公安机关和司法行政机关的活动予以监督,目的在于保证公安机关和司法行政机关在行使职权时严格依法办事,保障公民的权利和合法利益不受侵犯。

9.3.2.3 道德法规控制

道德法规控制是通过法律的赏罚机制把道德行为上升为法律行为,使道德规范具有与政治、法律同等的监督、执法效力和作用的一种方式。个体道德品质的不完善性和认识客观事物的局限性,使公共管理者不能保证永远正确地行使权力而不发生失误和偏差。因此,库珀认为,外部控制应着眼于组织结构的合理安排或是立法,需要以制度的形式建立一系列明确的公共管理伦理规范,让公共管理者知道什么是应当做的和什么是不应当做的,确立正确的道德价值定位和价值取向。

那么,如何使道德规范制度化呢?新制度主义提出了一个参考性框架①。①简化。简化那些对个体来说非常复杂的道德要求,提供一套赋予明确角色义务的规则。②象征。对于公共管理主体来说,道德决定的作出可根据已认可的规则、习惯、习俗,经过一个固定的过程达到。③秩序。通过简化复杂问题提供一个"恰当的程序"符

① Marshall Schminke. Managerial Ethics: Moral Management of People and Processes. Mahwah: Lawrence Erlbaum Assoc., 1998.

号以建构一种过程连续的秩序。这样,道德框架的设计提供了制度秩序,使公共管理者能够依据所提供的一套规则、规范、习惯和符号公正地作出道德决定。因此,外部控制的有效模式应是一个从原则走向规则、从职业伦理规范到伦理立法的过程。

事实上,西方一些国家很早就这样做了。美国国会1958年通过了《政府工作人员伦理准则》,为所有政府雇员、官员制定了内容广泛的道德规范;1978年美国第95届国会通过了第521号法案《公务道德法》;1980年美国第96届国会通过了第303号法案《公务员道德法》;1992年美国政府又颁布了由政府伦理办公室制定的内容更为详细、操作性更强的《美国行政官员伦理指导标准》。除美国外,其他国家和国际组织也积极开展了公共管理伦理立法活动。韩国制定了《韩国公职人员伦理法》,日本颁布了《日本国家公务员伦理法》,加拿大制定了《公职人员利益冲突和离职后再雇佣法》。"经合组织"通过《改进行政伦理行为建议书》,提出公共管理伦理的12项原则,其中重要的一条就是要将行政伦理纳入法制构架之中。目前,我国已经出台的《公务员法》涉及了对公务员的伦理要求,但是一部完全的道德法尚未建立。

9.3.2.4 社会监督

随着人民群众主体意识和参与意识的增强以及行政执法公开性、透明度的提高,社会监督的作用越来越强。在公共管理伦理与责任"外控"机制的构成要素中,社会监督是至关重要的组成部分,如舆论监督、群众监督等。

舆论监督指报纸、广播、电视等新闻媒体对包括国家行政机关在内的公共组织进行的监督以及由此形成的社会舆论氛围。舆论监督是宪法赋予公民批评政府机构和政府官员的言论自由的权利,是公民知情权的必然延伸和体现。我国宪法第35条规定:"中华人民共和国公民有言论、出版、集会、结社、游行、示威的自由。"随着大众传播媒介的普及和影响力的增加,作为一种"看不见、摸不着的人类精神力量",社会舆论通过对公共管理行为的褒贬向有关部门或人员传达社会反映,指明行为准则,引导行为方向,从而对公共管理组织形成巨大的压力。

群众监督是普通民众以个体身份对政府机关及其公务员执行公务行为的监督。同舆论监督一样,群众监督也是宪法赋予公民的一项基本权利。《中华人民共和国宪法》第41条规定:"中华人民共和国公民对于任何国家机关和国家工作人员,有提出批评和建议的权利。"群众监督的主要形式包括以下方面。

(1)批评与建议。公民对政府机关及其公务员的缺点、错误或违法、失职行为,有权以口头或书面形式提出批评或改进建议。

(2)申诉、控制或检举。申诉是公民就与自己有关的合法权益,向有关机关提出申请,要求撤销不合法或不适当的行政处理决定;控告是公民向有关党政部门控诉、告发有关机构或人员的违法乱纪行为,要求依法对其给予处理或制裁;检举是公民向有关部门举报、揭发有关政府机关及其公务员违反党纪、政纪和法律、法规的行为。

(3)信访。通过人民来信或来访形式向有关部门提出对行政机关及其工作人员的批评、建议和要求;检举、揭发行政机关工作人员的违法失职行为;控告侵害自己合法权益的行为。

(4)公民参与。公民参与是我国宪法赋予公民的一项基本权利。宪法第2条规定:“中华人民共和国的一切权利属于人民。人民依照法律规定,通过各种途径和形式,管理国家事务,管理经济和文化事业,管理社会事务。”公民参与是实现民主和维护公民利益的重要工具,也是控制政府责任的有效方式。罗森布罗姆等人就从正反两方面说明了公民参与的作用[①]:①在现代政府治理中,缺乏公民参与会降低政治体系的代表能力和回应能力;②缺乏公民参与将会侵蚀民主国家的公民精神,因为它削弱了公民参与政府治理的道德意识和政治义务;③缺乏公民参与会导致公民对政府运作方式的无知,公民参与有助于公民对政府的理解;④缺少公民参与的有效途径,会导致民众的疏离;⑤公民参与助长了政治社群意识和政治整合意识;⑥公民参与有助于加强政府的合法性,促进公民对其决策的认同。

9.3.3 公共管理伦理与责任的“内控”机制

历史经验表明,外部控制机制固然重要,但是,良好的公共管理秩序显然不能只依靠“外控”机制,它还需要一个有赖于道德意识、良知和人格力量的自我约束,即“内控”(内部控制)机制。所谓公共管理伦理与责任的“内控”机制,是指公共管理者由“自己内心的价值观和伦理准则组成的”自我控制[②],主要包括道德意识、道德良知和道德人格等内容。

9.3.3.1 道德意识

佩里·伦敦认为,抵制行为控制的力量最终只能在人类意识中寻找,只有通过自我意识才能建立自我控制,才能获得人类特殊的控制力。因此,公共管理伦理与责任的“内控”机制首先应该包含在公共管理者的道德意识里。这里的道德意识是指公共管理者在进行公共管理活动过程中逐渐形成的一种伦理意识,它能够为公共管理者提供一种优先原则,即在执行政策时要优先考虑公共利益而不是个人利益,使公共管理人员的行为符合社会公众的期待。道德意识是公共管理主体主观责任的核心,它贯穿着整个公共管理活动过程。在进行公共管理活动之前,道德意识要依据公共管理主体应履行义务的道德要求,对动机进行自我审查,对道德要求的动机予以肯定或否定;在公共管理活动进行中,道德意识发挥着监督作用,引导道德要求的价值取向;公共管理活动结束之后,道德意识还可以通过其评价功能,对公共管理活动给予表扬或批评。

道德自觉是道德意识的基本品格之一,公共管理伦理与责任的“内控”机制建设的关键在于唤醒公共管理主体的理性自觉。这种自觉包含两层意思:一是认识上的

---

① [美]戴维·H.罗森布罗姆,罗伯特·S.克拉夫丘克:《公共行政学:管理、政治和法律的途径》,502页,北京,中国人民大学出版社,2002。

② [美]特里·L.库珀:《行政伦理学:实现行政责任的途径》,123页,张秀琴译,北京,中国人民大学出版社,2001。

自觉,二是情感上的自愿。公共管理主体对公共管理伦理规范的遵循,并不是对外在要求的盲目信奉和被迫执行,而是建立在对道德必然性深刻认识基础上的理性自觉。众所周知,道德的本质是自律,只要公共管理伦理以外在的形式使公共管理主体时时感到强烈的约束性,那就说明公共管理伦理要求还没有成为公共管理者的自由自觉,公共管理者对自身所应担负的责任和义务还缺乏一个明确的认识。公共权力的有效运行在相当大程度上依赖于自由裁量权的合理选择,而这种合理化的标准主要取决于公共管理主体在履行公务过程中针对伦理冲突所作出的公共管理行为选择、公共管理文化中所蕴涵的人文关怀和公共管理者的道德意识,而不是理性化、形式化的法律制度。日本公共行政学者川岛武宜在论及法的功能时就指出,法不只是靠国家政权来维持,没有法律主体的守法精神,法将难以维持。

道德意识的形成是公共管理者在深刻理解制度规范的道德内涵和伦理原则的基础上,以高度负责的态度,对自身公共管理行为的善恶价值进行自我明知和自我评价的过程。因此,公共管理伦理与责任的"内控"机制最好途径就是把制度、法律、法规等"外控"机制转化成公共管理者对制度、法律、法规的信仰,促使法律规范转化为公共管理者的内心价值及行为规范,形成内在的道德力量。

9.3.3.2 道德良知

道德良知是公共管理者在履行公共义务的过程中逐步形成的强烈的责任感和正确的自我评价能力。道德意识源于内心的价值与信仰,是植根于公共管理者自身的对忠诚、良知、情感和认同的信念,也是其履行公共责任的重要内驱力。

在公共领域中,公共利益是公共管理活动的最根本价值目标。因此,判断一个政府的统治是否具有合法性,最根本的依据是看其是否以公共利益为统治的立场和出发点,是否以促成公共利益的实现和发展为目标。众所周知,任何责任都不是一种纯粹的外部性设置,都只有通过具体的人的信念才能得到履行。无论制度设计得多么完善,如果没有维护公共利益的信念,政府就不会承担起维护公共利益的责任,反而在产生了个人利益要求的时候可能会破坏公共利益。人们发现,自官僚制度产生以来,官僚制对代议机构负责的制度设计过于强调法律和制度上的责任,却忽视了道德上的责任,结果在实际运行中出现了种种问题。比如,公共管理人员过于依附规章制度,放弃了对社会公众的主动责任感,最终导致公共管理主体整体上公共性的缺失。作为一种新型公共管理范式,新公共服务的核心原则之一就是重新肯定公共利益在政府服务中的中心地位,它强调包括政府行政人员在内的公共管理者对公共利益的态度和信仰,认为公共管理者只有摒除私人领域中的个人利益至上信念,并以公共利益至上信念取而代之,构筑起植根于心灵和精神世界中的责任防线,才能形成内在的约束机制,并成为指导公共管理行为的内在动力。

以行政自由裁量权为例。自由裁量权是公共管理主体根据法律授权,对是否采用某种法定措施进行自由裁量的权力,或者是根据公共管理事件的具体情况而在各种不同的法定措施中选择其一的权力。虽然理性主义、制度主义或规范主义在现代社会公共生活中越来越被崇奉,但即便是法律至上主义者也都无法否认"制度约束之外"的"自由裁量权"的特殊意义。在瞬息万变、难以预测未来的社会背景下,自由裁量权可以使公共管理主体根据具体情况和自己的理性认识在一定范围内选择自认为正确的公共管理行为,具有一定的灵活性和自由度。但是,自由裁量权的行使,不仅需要法律规定权限边界,使公共管理者不能滥用自由裁量权,同样也需要道德良知来监督公共管理者在规定边界内充分且恰当地行使自由裁量权,去做制度并未硬性规定的事情。因此,道德良知的功能就在于,它是自由裁量权生成的动力和根基,是公共管理主体进行"自由裁量"时的价值准则和评判标准。

总之,公共管理者应该具有自我良知和敏锐的是非感,要服从人类的基本正义规则,能够对组织规则运行过程中的目的正当性拥有良好的自我判断。否则,科层制的工具理性结构将会完全控制公共管理者对正义秩序的感知方式和活跃的道德想象力。

9.3.3.3 道德人格

道德人格是伦理价值观在人们身上长期的、稳定的具体表现,是人格的最高层次。在公共管理领域,道德人格是指公共管理者的尊严、品质、道德境界以及所理解和接受的道德价值的总和,也是公共管理伦理与责任的最终目标。公共管理人员经常对自己的行为进行检查、反思、提高的过程,既是公共管理人员提高自身道德修养、达到道德自觉的过程,也是道德人格的生成、演变和发挥作用的过程。

独立自主是公共管理者重要的道德人格体现。传统的公共行政理论强调客观性的机械效率,虽然程序严明,却也失去了自我反思的意识和健康发展的人格。强烈的专业技术崇拜和固定的专业化分工使公共管理功能日益衰退,而非人格化的运作和摒弃价值因素也扼杀了公共管理者的创造性。在这种情况下,美国学者杜威提出了民主共同体的观念,他认为,每个个体权利保障下的伦理尊严、伦理品质都需要在公共生活中按照个人参与方式来实现自我。所以,公共管理者在公共管理活动中必须保持思想和行为自由的意识,当公共权力、社会角色和利益目标发生冲突时,公共管理者不仅需要了解公共管理伦理与责任的内涵,而且应当具备在道德困境中自主作出伦理判断的能力,以完善的道德人格来履行表达公共意志、维护公共利益、实施公共行为等义务。

良好的道德人格不是一朝一夕形成的,而是坚持不懈地进行道德修养的结果。公共管理者必须从小事做起,"重微重积","莫见乎隐,莫显乎微",不流俗,不狂妄,把自己的一言一行纳入高尚的道德实践中去,不断地磨炼自己的道德意志,不断地提升自己的道德品质,不断地培养自己的道德情感,不断地陶冶自己的道德情操。

本章小结

伦理是调整人与人之间以及个人与社会之间关系的行为准则和规范总和,是借助于社会舆论、人们内心的信念和习惯力量来维系的一种特殊的社会意识形态。

所谓公共管理伦理,是指公共管理领域的基本伦理维度、公共管理行为的基本道德规范,以及通过公共管理行为与公共事务所集中体现出来的社会公共伦理精神。

公共管理伦理的类型:①制度伦理;②政策伦理;③职业伦理。

公共管理伦理的原则:①效率原则;②正义原则;③责任原则;④和谐原则。

公共管理伦理的功能:①规范功能;②选择功能;③引导功能;④维系功能。

从公共管理意义上说,“责任”是指与某个特定的职位或机构相关联的职责,是公共管理者应当向其他人员或机构承担的责任或义务。

公共责任的划分:一种是客观责任,另一种是主观责任。

公共管理伦理的责任冲突:①利益冲突;②角色冲突;③权力冲突。

公共管理伦理与责任的“外控”机制:①行政控制;②法律监督;③道德法规控制;④社会监督。

公共管理伦理与责任的“内控”机制:①道德意识;②道德良知;③道德人格。

关键术语

公共管理伦理　制度伦理　客观责任　主观责任　责任冲突　控制机制

复习思考题

1. 什么是公共管理伦理？它包括几种类型？
2. 什么是公共管理责任？它具有什么样的特征？
3. 论述公共管理伦理的原则。
4. 简述公共管理伦理的功能。
5. 公共责任可以划分为几种？
6. 结合实际案例,分析公共管理伦理与责任的“内控”机制和“外控”机制的作用。

案例

北京市民警向市民述职述廉案例

2004 年 12 月 1 日至 10 日,北京市公安局各户籍派出所所长、民警首次面向社区群众述职述廉,接受居民打分。这项活动是北京市在全国率先推出的,以后每半年进行一次。活动规定,述职述廉报告会需邀请所在社区的居民代表参加,人数不得少于 50 人;公安部门还向每个社区分发了 300 ~ 500 份调查问卷,请居民为民警打分。与以往的警民交流相比,“述廉”这一内容的加入无疑是一个亮点。这样与民警面对面交流、直接表达意见的方式受到了社区居民的欢迎。从 12 月 1 日到 10 日,北京市所有370个户籍派出所全部进行了派出所所长和社区民警的“述职述廉”活动，共发放调查问卷221万份，直接参加述职述廉会的居民达到两万人。

增进理解、自觉接受群众监督，是社区民警开展述职述廉报告的目的。这种述职述廉的做法不仅使得民警接受群众监督以一种制度的形式确定下来，成为一种定期的、规范的做法，也为群众参与社区建设、进行自我管理创造了机会和条件。中央电视台《焦点访谈》栏目对此进行了详细的报道。

（选自卢国强、李舒：《北京市：民警向辖区居民述职述廉》，载《人民代表报》，2009-12-10）

案例思考题

“民警向市民述职述廉”活动体现了公共管理伦理与责任控制机制中的哪种机制？

10

公共管理手段创新

现代政府组织面临着更为复杂和更具挑战性的环境，公共部门如果要达到目标，求得组织的生存、发展与繁荣，便要不断地创新。

我国以经济建设为中心，实行改革开放，在经济、政治、文化、科学教育等各个领域取得了很多成就。然而，毋庸讳言，政府管理的落后，包括管理机制和手段的滞后，尤其是公共管理水平低下，仍然制约着我国各方面的发展。要根本改变管理的落后状况，唯有实现管理创新。

政府创新涉及多个层面，如制度的创新、结构的创新、观念的创新、政策的创新，等等，其中公共管理的技术与方法也要不断创新，才能有效地实现管理目标。

现代管理理论和实践的发展，特别是企业管理中成熟的管理技术和方法，为政府管理方法和工具的创新提供了许多新思路。如何把企业中先进的管理方法有效地运用于政府之中，这将是政府管理创新的重要举措。

本章将简要介绍一些在现代公共管理中普遍采用的创新策略。这些策略主要有绩效管理、目标与标杆管理、全面质量管理和电子政务。

10.1 政府绩效管理

10.1.1 绩效与绩效管理

10.1.1.1 绩效

“绩效”一词，一般理解为成绩、成效，包含有成绩和效益的意思。它一开始用于社会经济管理方面，后来在企业管理和人力资源管理方面得到广泛应用。该词用在企业管理活动方面，表示企业管理活动的结果及成效，是指“从过程、产品和服务中得到的输出结果，并能用来进行评估和与目标、标准、过去结果以及其他组织的情况进行比较"[①]。在企业绩效中一般有三种类型:①以顾客为中心的绩效,包括产品和服务绩效;②财务与市场绩效,指的是关于成本、收入和市场地位的测量,资产利用、资产增产和市场份额;③运作绩效,指组织、人力资源和供应商在有效性和效率方面的测量和指示物。企业绩效是衡量企业是否有效运作的重要手段。

把绩效用于对政府行为效果的衡量,反映的是政府绩效,其含义更广泛一些,包含政府在社会经济管理活动中的业绩、效果和效率;是政府能力的基本体现。政府绩效是指政府在社会经济管理活动中的结果、效益、效能,是政府在行使其功能、实现其意志过程中体现出的管理能力。因此,政府绩效是效率和效能的总和。其中效率是对产出与投入的比率进行测量,效能则是将实际成果与原定的预期成果进行比较,前者适用于一切能将投入和产出量化或货币化的场合,后者则可用于那些收益无法用货币来计量的场合。

公共管理绩效是将公共管理的产出或效益与公共管理成本相比而得到的结果。一般而言,公共管理的效率与效能越高,公共管理的绩效就越好。公共管理成本指的是行政活动中消耗的人力、物力、财力、信息、空间、时间、权威、信誉等各种有形与无形资源的总称。与其他很多资源一样,公共管理的资源也是稀缺的。因此,公共管理绩效一定会受到成本的限定和约束,公共管理成本必须与可能产生的绩效联系起来考虑。公共部门的产出是指公共管理活动所形成的结果,它可能是有形的,如政府主持修建防洪大坝,实施航天工程;也可以是无形的,如政府倡导健康文明的社会风尚和依法治国的精神。与企业等私营组织的产出相比,公共部门的产出经常是无形的,这是公共管理活动难以测量的重要原因。公共管理的效益指的是公共部门产出对社会所产生的影响,如政府制定的某项政策是公共部门产出,该项政策所引起公民、社会、法人、组织等的观念和行为上的变化就是公共管理效益。

根据内容和范围,公共管理的绩效可以分为四个方面。①经济绩效。经济绩效表现在经济可持续发展上,国民经济不仅仅是在量上扩张,而且在结构合理的前提下有质的提升。良好的经济绩效还包括经济可持续发展程度较高、政府能供应推进经济与社会协调发展的宏观经济政策。②政治绩效。在市场经济条件下,政治绩效最经常地表现为制度安排和制度创新。市场经济的游戏规则或社会制度的供给是一种政府制度安排,这是政府核心能力之一。政府制度安排的能力越强,政治绩效就越容易体现。③社会绩效。社会绩效是经济发展基础上的社会全面进步,是社会的稳定与发展。其中安全与犯罪、公平与正义、福利与贫困、稳定与动乱等指标是重要的参数。④文化绩效。文化绩效主要指精英文化与大众文化的互补与渗透,以及文化的繁荣与整合。

10.1.1.2 绩效管理

在企业管理中,绩效管理是指为了达到企业目标,通过持续开放的沟通过程,达

---

① 于军:《英国地方行政改革述评》,123 页,北京,国家行政学院出版社,1999。

到企业目标所预期的利益和产出，并推动企业和员工作出有利于目标达成的行为。美国学者罗伯特·巴克沃认为，企业绩效管理是“一个持续交流的过程，该过程由员工和其直接主管之间达成的协议保证完成，并在协议中对未来工作达成明确的目标和理解，并将可能受益的组织、管理者及员工都融入绩效管理系统中来”①。

同样，绩效管理也是公共部门改革的重要策略。对于公共部门绩效管理的含义，西方学者认为，绩效管理是组织系统整合组织资源达成其目标的行为。绩效管理区别于其他纯粹管理之处在于它强调系统的整合，它包括了全方位控制、监测、评估组织所有方面的绩效。西方各国开展的政府再造，都是把追求绩效作为首要的目标。美国国家绩效评估小组的定义是：绩效管理是利用绩效信息协助设定统一的绩效目标，进行资源配置与优先顺序的安排，以告知管理者维持或者改变既定目标计划，并且报告成功符合目标的管理过程。

因此，公共部门的绩效管理是在设定的公共服务绩效目标的基础上，对公共部门提供公共服务的全过程进行追踪监测，并作出系统的绩效评估的过程。公共绩效管理过程一般包括以下三个最基本的功能活动。

(1)绩效指标化(绩效衡量)。为了进行绩效评估，管理者必须设计一套足以衡量组织目标实现的指标系统，也就是衡量组织绩效的标尺，这样才能在不同机关与不同时期之间进行比较。

(2)绩效评估。绩效评估是反映一个组织试图达成某种目标、如何达成以及是否达成目标的系统化过程。它根据绩效指标，对公共部门管理过程中投入、产出、中期成果和最终成果所反映的绩效进行评定和划分等级。绩效评估包括组织绩效评估、计划绩效评估和个人绩效评估。对公共管理而言，组织绩效评估具有更重要的地位；而在人力资源管理中，则重视个人绩效评估，以作为工资、奖惩、晋升的依据。

(3)绩效监控(绩效追踪)。绩效监控是指对组织的绩效进行持续的监测、记录与考核，以作为绩效评估和改进组织绩效的基本依据。

10.1.1.3 绩效管理的重要性

在现代公共管理中，绩效管理的重要性主要体现在以下几个方面。

(1)将责任落到实处。从公共管理的角度看，公共部门对公民至少在以下三个方面负有不可推卸的主要责任：一是其支出必须获得公民的同意并按合法程序进行；二是资源必须被有效地利用；三是资源必须被用于实现预期的目标。只有通过绩效管理和评估机制，对公共部门的活动进行测评，才能使公共部门的责任真正落到实处。

(2)能较好地满足服务对象的不同预期。公共服务所面对的是具有各种各样要求的顾客，他们对公共部门提供的同一类服务的评价往往差异甚大。公共管理者经常面临的困境之一，就是在满足了一部分民众要求时，往往令另一部分民众感到不

---

① [美]罗伯特·巴克沃：《绩效管理：如何考评员工表现》，4页，北京，中国标准出版社，2000。

满。由于绩效管理具有合理、精细的指标设计,因此能较好地满足不同民众的多方面要求。

(3)体现了公共管理的结果导向的精神。公共行政学强调的是过程、投入,而不大重视结果,这样往往导致浪费、形式主义和官僚主义。公共管理的一个重要特点是"结果导向"而非程序、规则导向。公共管理理论认为程序和规则固然重要,但最后是否产生好的结果、是否满足公民需求则显得更为重要。由于绩效管理是将是否产生好的结果、是否满足公民需求放在第一位,它便顺理成章地成为公共管理的重要工具,并有效地促进了公共服务品质的提升。

(4)满足了组织绩效和个人绩效的双重要求。过去公共部门通常进行的是公务员的个人绩效评估,但在个人与组织互动日益密切的情况下,仅仅进行个人绩效评估是不够的。个人绩效的提高并不必然导致组织绩效的同步提高,只有将两者有机结合起来,才能促进组织整体绩效的提高。

从实践的角度看,绩效管理对当代公共管理具有如下意义。

(1)建立了一种诱因机制。任何管理,包括公共组织的管理,都需要某种诱因机制,以激发人的工作热情和动力。组织的诱因机制最重要的是将绩效与奖惩相联系。通过绩效评估,组织的激励约束机制有了依据,建立在绩效评估基础上的奖惩强化了组织的激励机制。

(2)提供了一种管理工具。绩效管理作为一种管理工具,其最重要的意义在于在政府运作和管理中加入了成本—效益的考虑,减少了公共部门的浪费。从某种角度上说,它是公共部门进行有效资源配置的一个重要手段。

10.1.2 公共部门绩效评估的指标选择

从不同的角度,依据不同的标准,我们也可将多样化的绩效评估分为不同的种类。从评估机构的地位看,可分为内部评估和外部评估;从评估的对象上看,可分为个人绩效评估和组织绩效评估;从评估的目标来看,可分为管理与改进型评估、责任与控制型评估和节约开支型评估。绩效评估是绩效管理中最核心的环节,而绩效评估中最困难的莫过于评估指标的选择和衡量指标体系的确立。

10.1.2.1 公共部门绩效评估的一般性指标

从理论上讲,绩效指标的选择,可使用一个包括以下四个方面的模式:输入(提高服务所需的资源、人员、物力、财力)、过程(传送服务的路径)、输出(组织活动或提供的服务)、结果(每一个产出或服务产生的影响)。这种模式虽然可以反映一个组织的绩效,但更为常用的指标模式是用具体的概念来构建的。它们包括经济(Economy)、效率(Efficiency)、效能(Effectiveness)以及公平(Equity),我们称之为3E或4E指标。

1. 经济(Economy)

经济指标首先要回答的是"某组织在既定的时间内,究竟花费了多少钱,是不是按照法定的程序花费金钱"。经济指标关心的是"投入"以及如何使"投入"被最经济地使用。它要求以尽可能低的投入或成本，提供与维持既定数量和质量的公共产品或服务。经济指标以成本作为衡量标准。这种衡量只是说明花去了多少钱，或是否按程序花钱。当然，成本衡量能很好地体现出预算和实际成本之间的差距。然而，成本本身并不能衡量服务的效率和效果，也不关注服务的质量问题，因而单一使用成本衡量不能满足绩效评估的要求。

2. 效率（Efficiency）

效率要回答的问题是“机关或组织在既定时间内的预算投入，究竟产生了什么样的结果”。效率指标通常包括服务的提供、活动的执行、服务与产品的数目、服务的单位成本等。例如，医院可以计算出病人求诊人数，图书馆可以计算出借书册数，大学可以计算出学生接触老师的时数。

因此，效率是投入与产出之间的比率，它与经济理性同义，关心的是手段问题，而且这种手段是以货币方式加以表达与比较的。效率的计量方法有单位产品成本和服务成本（如每次医疗检查的成本），或者单位成本能提供的产品和服务的数量（如花费 100 美元可作 50 次医疗检查）。以最低成本实现最大效益就是有效率的①。

效率可以分为两种类型：一类是生产效率，它是指生产或提供服务的平均成本。另一类效率是配置效率，指组织所提供的产品或服务是否能够满足不同的偏好。也就是说，在政府部门所提供的种种项目中，如国防、社会福利、教育、健康等，其预算配置比例是否符合民众的偏好顺序。经济学家所讲的帕累托最优就是指资源的配置能否实现最大多数人的最大利益。

3. 效能（Effectiveness）

效能常常以质量作为参照，以产出与结果之间的关系加以衡量。效能是看情况是否得到改善，即用来衡量提供服务的影响和质量，看服务是否达到预期目的，它关心的是目标和结果。由于效率指标仅适用于可以量化或货币化的公共产品或服务，而许多公共服务在性质上则很难界定，更难量化，不能使用效率指标而只能用效能来衡量。效能通常是指公共服务实现标的的程度，又可称为公共服务对标的团体的状态或行为的影响，如福利状况的改变程度、使用者满意程度、政策目标的成就程度等。

效能可以分为两类：一类为现状的改变程度，例如国民健康状态、水质的净化程度、道路的耐用程度；另一类为行为的改变幅度，例如以犯罪行为的改善幅度衡量刑事政策的效果，用接受辅导的病情改善状况来衡量社会工作的效果等。

4. 公平（Equity）

传统行政管理学重视效率、效果，而不太关心公平问题。自新公共行政学产生以后，公平问题日益受到重视，并成为衡量以政府为代表的公共管理绩效的重要指标。公平标准与法律和社会理性密切联系，以公平作为衡量指标时，关心的是“接受服务的团体或个人是否都受到公平的待遇，需要特别照顾的弱势群体是否能够享受到更

---

① ［美］威廉·N. 邓恩：《公共政策分析导论》，306 页，北京，中国人民大学出版社，2002。

多的服务”。公平无法在市场机制中加以界定，因而公平很难衡量。

此外，威廉·N.邓恩还认为回应性也是非常重要的评价标准。回应性指的是效益、效率和平等标准是否真实反映了特定群体的需要、偏好和价值观。例如，一项娱乐方案可能实现了设施的公平分配，但对特定群体（如老人）的需要却没有回应性。

10.1.2.2 绩效指标设立中需注意的问题

以上说的只是一般性的衡量标准和指标。在实际的具体衡量中，不同的组织和机关，不同的政策和项目，衡量的具体标准和指标会有不同。

此外，在确定指标体系时还必须注意不要使用一些错误的衡量指标。这些错误的衡量指标虽然对政府官员有用，但并不能反映出效益、效率等绩效情况，如产品的总量、人均成本、人均读书册数、人员与顾客的比率。人均成本是指用服务的总人口除以服务的总成本的结果，它最多只是反映耗费的资源量，而根本不反映效益。例如，获得警察保护的人均成本根本就不能说明人们能从这些支出中得到什么。同样，人均读书册数和人员与顾客的比率如果不同顾客的满意度联系起来，也反映不出服务的质量、效果和效率。

因而，好的绩效指标的标准包括：界定清楚而有一致性；必须和组织的需求及目标有关；被评估的人或组织不可影响绩效指标的运作；广博性和一定的范围；使用的信息正确和广泛；必须为组织的各级人员所接受，符合组织文化，等等①。

10.1.3 公共部门绩效管理存在的问题及改进方法

10.1.3.1 公共部门绩效管理存在的问题

政府绩效管理在实际中常常存在多种限制，如政府绩效的因果关系难以确认、公共部门组织很少能控制环境因素等。如何进行公共部门的绩效管理，特别是进行绩效衡量，是十分困难的。具体而言，绩效管理制度共同的问题在于以下几个方面。

1. 产出难以量化

绩效管理的一个重要前提就是必须将所有绩效都以量化的方式呈现，再据此进行绩效衡量。此项做法对私营部门基本上不构成问题，因为私营部门的服务可以出售，并且可以用金钱价值衡量。但公共部门则面临着如何将公共服务量化的问题。首先，行政组织是一种特殊的公共权力组织，其所生产出来的产品或服务是一些“非商品性”的产出，它们进入市场的交易体系不可能形成一个反映其生产机会成本的货币价格，这就带来对其数量进行正确测量的技术上的难度。其次，公共部门缺乏提供同样服务的竞争单位，因此就无法取得可比较的成本与收益数据。即使绩效可以量化，但以量化形式表现绩效是否适宜也值得考虑。例如，美国警察部门曾以警车行程里数作为一个指标去评估警察业绩，结果便导致被评估者驾车高速巡行于高速公路，而根本不去理会车窗外是否正有犯罪行为发生。

---

① 张成福，党秀云：《公共管理学》，267页，北京，中国人民大学出版社，2001。

2. 绩效衡量难以统一

功能相同的公共组织有地区性的差异，其规模大小亦不一，以同样的绩效指标来衡量它们的绩效，并作比较，并不公平。另外，分散于各个分支机构的绩效，能否总结起来当做中央机构的绩效，不仅在技术上有困难，在实践上也令人怀疑。由于公共服务产生的效果与影响既有长期的，又有短期的，有些是有形的，有些是无形的，甚至有些可能是相互矛盾和冲突的，很难找到一种社会全体成员都认同的、准确的计算方法。

3. 目标缺乏准确性

绝大多数公共组织中存在着多重的甚至相互冲突的目标，对于这些多重目标的选择和权重排序往往受到权力因素的干扰而难以取得共识。随着领导人的更迭，绩效的侧重点随之转移，原定的目标可能就要重新排序，其稳定性较差，易于影响绩效评估的效果。有些公共服务的目标过大过高，不仅难以达到意欲实现的绩效目标，也使评估人员的实际操作更加困难。

4. 绩效标准指标的难确定性

如何制定与品质绩效有关的指标仍是绩效衡量的主要限制。如前所述，政府的服务绩效有三个基本面向，即经济、效率、效果，而服务产出的品质也是一个关键因素。服务不仅要关注效率、效果，也要关注服务的品质。问题是大多数公共服务的品质好坏很难用客观具体的数据来衡量。

5. 绩效管理专家的缺乏

绩效管理或衡量制度的成效，取决于绩效指标的制定是否周密、是否合理、是否客观，是否能涵盖该组织的重要绩效。而负责制定绩效指标的人是否具有这样的能力，就变得非常重要。因此，组织是否拥有从事绩效管理的专家，就成为绩效衡量的先决条件。许多组织推行绩效管理之所以失败，便是缺乏熟悉这方面的专家所致。此外，专家和管理者的沟通与合作也是很重要的。

6. 评估信息系统的不健全

绩效管理做得好不好、是否正确，有赖于可靠的信息。如果所收集的信息错误，不够全面，就无法真正反映机关的实际绩效。基于这样的原因，在制定绩效指标时，上下级机关难免会在指标的数量、范围、权重等方面发生争议。因此充分的沟通是十分重要的。

10.1.3.2 改进公共部门绩效管理的方法

绩效管理虽然会遇到许多困难，但并不意味着绩效管理是不可能的。许多政府机关绩效管理的成就（如美国会计总署 1983 年的政府绩效管理）便是明显的例证。综合各方面理论，应努力做到以下几个方面。

1. 引入公民参与机制

政府绩效应以顾客为中心，以顾客的需要为导向，树立公民取向的绩效观。因此，改进公共部门绩效评估必须取得民众的关注和参与，民众的关注和参与必定能有效地改进公共部门绩效评估。

2. 高层的支持与承诺

公共部门的高层决策者和管理者控制着相当一部分评估资源,如评估数据、评估经费及评估人员(甚至包括他们自身的价值取向、个人偏好)等,没有他们的合作和重视,评估工作难以展开。同时,高层管理者要定期审查组织以及组织管理的绩效,促使组织成员要为绩效的改进负责。明确的高层支持可以使绩效改进具有合法性和有效性。

3. 建立绩效信息系统,保证评估准确和有效

绩效评估所需要的信息量大,涉及的部门多,信息来源渠道广泛,所以应组织专门力量,收集各个方面的信息,进行必要的统计、归纳、整理和加工,并及时予以调整、充实。同时,应建立评估信息的传递网络,把公共部门绩效评估的结果尽快反馈和传达给有关各方,使评估信息得到广泛使用。

4. 制定绩效目标和绩效规划

一个组织必须在绩效改进方面有明确的目的和目标。目标可以是宏观的,亦可以是具体的。要将总体的目标与实现目标的方法结合起来。尽管适应每个组织的规划可能是千差万别的,但规划本身是必要的,因为它向所有的组织成员阐明了目标以及如何实现这些目标。

5. 落实绩效责任体制

管理者可以通过阐明预期的绩效,比较现有绩效与预期绩效的差距,利用绩效规划和衡量体系落实责任。同时,每一个组织必须建立适合自己的绩效责任体系。运用这些信息评价管理者和组织的绩效,促使责任的实现。

6. 意识到绩效的重要性

要促使组织成员认识到绩效的重要性,要连续不断地发现问题以促使绩效的改进。管理者要通过绩效评估,发现绩效管理存在的问题,并寻找机会加以改进,同时组织的成员也要参与到组织绩效改进的过程之中。

10.2 公共部门的目标与标杆管理

10.2.1 公共部门的目标管理

10.2.1.1 目标管理的含义

目标管理概念可追溯到19世纪20年代的企业管理技术。此后,杜拉克(Drucker)在《管理实践》(*The Practice of Management*)一书中明确提出目标管理的方法,该方法被企业和政府部门广泛采用。杜拉克倡导自我控制观念与目标管理方法,并纠正集权化及个人主义与本位主义的缺陷,认为层级间、科组间、个人间的沟通与联系是重要的,组织成员需经由确立目标,合作努力,在自我控制之下,成功地达成共同的目的。

至于何谓目标管理，各家见解不尽相同。欧狄昂（George S. Odiorne）认为："目标管理乃是一种秩序，借上下级间对目标的共同了解，订立个人、部门的工作目标及所负职责，使之能齐心协力地完成组织目标，并以预定的目标为业务推行的指导原则和评审成果的客观标准。"

麦康基说："目标管理就是一种业务管理计划和考核方法，使每一个管理人或主管皆按其应达成的目标与成果，订立其一年内或一定期限内具体明确的工作内容与进度，等到期满，以原订目标衡量实际成果。"①因此，目标管理一个非常重要的方面就是如何设定一个"好"目标。至于什么是好目标，不同的部门、不同的层级会有不同的设定标准。

综合起来，可以将目标管理定义为：由参与管理的各个方面制定目标，并经过自我管理和自我控制等管理方式，建立各级人员的责任心和荣誉感，最终实现组织绩效的一套系统管理方式。

10.2.1.2 目标管理的程序和步骤

1. 设定组织目标

制定目标是实施目标管理的基础，所以，制定一个适宜的目标是公共部门实施目标管理时最重要的一个环节。目标的确定受到许多因素直接和间接的影响。制定目标时要把各种因素详细地加以分析，使确定的目标切实可行。直接的影响因素应被重点考虑，主要包括法律政策的要求、服务对象的要求以及前期目标完成情况等。一些间接的影响因素，如制定目标所处时期的政治、经济、人口、文化等环境影响因素也对目标制定产生各种影响，制定目标时也要把这些因素考虑进去。

2. 目标的具体化

目标的具体化是指将已设定的组织目标按照组织架构进行纵向与横向的分解。首先，将组织目标按组织体系层次和部门逐步展开，直至每一个组织成员。这个展开的过程是所谓的自上而下的过程，但这一过程只是上级给下级的一个初步的推荐目标，不是最后决定了的目标。其次，组织体系中的每个层次、每个部门、每个成员均可以根据自己的部门、层次、岗位分工和职责要求，结合初步下达的目标进行思考和分析，最终提出自己的目标。显然，这一目标是对上级下达的初步目标的一种修订。最后，组织将自下而上的目标与下达的目标进行比较，分析差异，征询下级意见，再进行修订，然后再下达，下级各方仍可以修正，再次上报。经过这么一个上下多次反复的过程，最终将组织目标分解成一个目标体系，下达给组织相应的层次、部门和组织成员。

3. 评价目标成果

目标成果的评价是目标管理的最后阶段。成果评价是对组织人员的成绩进行考核并为对其的奖惩提供依据。它不仅是一种激励手段，而且通过整个目标管理制度

---

① 张金鉴：《管理学新论》，18页，台北，五南图书出版公司，1985。

成效的衡量,为后续工作提供经验和借鉴。目标成果评价本身并不能对管理人员产生足够大的激励作用,成果评价实际上是为结算支付报酬提供依据的。按照成果支付报酬是目标管理的最后环节。其关键在于将管理人员的表现和奖励尽可能直接地联系起来,从而充分发挥管理人员的积极性、主动性和创造性,最大限度地挖掘其潜在能力。

此外,目标管理在实际推行时,通常遵循以下步骤:

(1)由政府行政首长会同有关部门领导、目标管理督察,设定政府的长远性大目标,并据以拟订政府的各项策略计划,以期达成组织各项层次较低的目标;

(2)由政府各个部门的负责人,分别设定其支援性的短程目标;

(3)各个部门的负责人根据短程目标拟订各项行动计划或方案,以达成期望目标;

(4)建立衡量成果及监督控制的制度,使有关资料得以向上一层次回馈;

(5)进行检验,如果实际成果来达到预期,则必须采取必要的纠正措施。

10.2.1.3 目标管理的实施

目标管理一般分为四个阶段:计划、执行、检查、改进。为了发挥目标管理的潜在优势,防止出现理论与实践的脱节,管理学家韦里奇于 1985 年归纳出 15 项指导纲领,作为实施目标管理的指引。

(1)对目标管理与生产力改善方案必须仔细规划,尤其是运用于大型、复杂的组织时,更应特别予以注意。事实上,任何目标管理方案在实施之前,都应在局部范围内先行试用。

(2)方案的参与者必须事先准备。为保证目标管理能够发挥功效,参与者必须事先对目标管理的哲学基础(强调自我控制)及其主要内涵有所了解。

(3)目标设定者需要指导纲领的协助。目标设定是目标管理的核心,亦是目标管理的困难所在。目标设定得太高,容易造成参与者的挫折感,而目标设定得过低则缺乏挑战性,因此需要有一个指导纲领,以协助设计有意义、合理,同时具有挑战性的目标。

(4)目标体系必须能够被了解。个别目标应配合整体目标体系,只有把握全局,组织的整体目标才能实现。

(5)目标的达成可能无法正确反映绩效。目标的达成并不一定表示绩效卓著,因此在衡量绩效时,管理者无法控制的外在因素往往不列入考核之中。

(6)目标的时间周期是重要的。目标设定通常以一年为期(或更短),为避免目光短浅与副作用的产生,目标管理应配合长期计划来实施。

(7)目标管理的主管人员在设定目标与执行方案等任务中起着重要作用。目标管理的主管人员若能由职位高、有名望的人出任,将有助于目标管理方案的施行。

(8)将目标管理直接运用于报酬系统会引起负面的边际效果。由于管理者可能会试图操纵以增加其报酬,所以容易忽略与其目标直接相关的重要活动。

(9)目标管理亦有缺乏弹性的可能性。目标管理的适度运用应可促进工作弹性,然而目标规划是一个持续的过程,在变动的环境中需要一再的评估。目标既不能轻易改变,亦不能一成不变,需要根据计划的变动而加以调整。

(10)对管理系统应加以监测并且至少在开始时要保持管理系统的单一。目标管理方案的成功需要持续地监控与评估其效能,为避免管理事务复杂化,管理系统应该尽量保持单一,至少在一开始时应做到这一点。

(11)高层主管人员积极设定所有的目标并传达到组织中的较低层级。

(12)管理的生产力需要加以衡量。目标管理不仅是一项管理工具,也是一个管理过程,可用于衡量管理的生产力。

(13)组织氛围必须支持生产力的追求。目标管理的达成有赖于良好的组织氛围的支持与配合。

(14)高层管理人员必须对目标管理与生产力改善作出承诺。管理界的一个普遍共识就是:成功的目标管理方案需要高层主管人员的承诺。

(15)目标管理必须被视为一个管理系统。目标管理不是管理者工作的额外负担,而是一种管理方式,其目的在于使管理者更有效能并提升其专业潜力。

10.2.1.4 目标管理在公共部门应用的局限

目标管理在公共部门应用十分广泛,而且在提高政府生产力方面起到了重要的作用。但公共部门不同于私营部门,对目标管理的应用有着一定的限制。具体表现在以下几个方面。

(1)目标管理在封闭体系的组织中较易实施,但在变动而且难以预测的环境中则不易使用,因为此时目标往往难以设定。由于公共部门所处的环境比私营部门所处环境要更为复杂多变,因而目标管理运用范围和程度会受到一定的影响。

(2)目标管理存在信任问题。在官僚制行政组织中,目标往往是由高层领导制定的,一般人员很少有参与机会,在执行目标过程中,也会进行严密的监控,普通成员也只能按目标的要求行事。但目标管理运行的有效性在很大程度上是建立在信任的基础上,即高层主管要信任下属的能力,以及下属愿为实现组织目标尽心尽力。但研究表明,在官僚体制中建立信任是一件很不容易的事。

(3)公共部门的目标往往比较模糊,不易量化,其结果也不容易衡量。同时,公共目标的制定过程并非是一个理性选择的过程,而是一个政治过程,往往充满了多元目标的冲突。

(4)目标管理的实施通常以一年或少于一年为周期,这种强调短期目标的管理容易忽视组织长期目标发展的规划。

10.2.2 公共部门的标杆管理

标杆管理(Benchmarking),在工商企业界被普遍运用。最著名的案例是亨利·福特把芝加哥屠宰厂猪肉处理系统应用于汽车生产装配线。从20世纪70年代起,标杆管理在企业界很是盛行。1980年初期,施乐(Xerox)公司以标杆作为改善绩效的方法,获得了前所未有的绩效表现,并成为用标杆管理促进企业绩效的典范。从1990年起,标杆管理被引入政府管理领域,很快受到重视和推广,并成为推动政府绩效改进的一个重要的管理工具。

10.2.2.1 标杆管理的含义

标杆(Benchmark)一词,原指地质人员测量时,在地形、地物上做标记、符号,以作为测量的参考点。在管理上,有学者将标杆界定为"寻求达成卓越表现所需要的最佳经营方法、创新概念及高效率操作程序的一套系统过程"。在20世纪70年代,标杆管理仅局限于将自己公司或组织的绩效与主要竞争对手相比较,从80年代以后,越来越多的组织开始重视寻找绩效卓越的组织或公司作为典范,努力学习其卓越的做法和经验,并加以吸收转化,纳入自己组织的革新中,来提高组织的绩效。

因此,所谓的标杆管理,即追求卓越的管理模式,并将之学习转化,以提高组织绩效的管理方法。一般而言,标杆有两种类型:一为内部标杆,主要系以企业或政府各部门为实施对象;二是外部标杆,主要以竞争者为对象,希望创造组织的成长空间。

严格说来,标杆管理与绩效管理或绩效评估并不是一回事。绩效标杆的设计本身并不能改进组织的绩效,但标杆向组织提供了改进组织绩效的信息。所以,从绩效管理的角度来看,两者又是相互关联的。对于一个组织而言,绩效的高低和卓越与否,总是相对的。在绩效管理中,一方面,必须寻找所要比较的对象的绩效,通常这些组织的表现优于自己的组织,期望超越它们;另一方面,又必须试图了解为何它们的表现优于自己的组织,哪些方法、程序是本组织想学习并引进的。因此,标杆管理学习(Benchmarking Learning)是促进组织变革、提高绩效的良好途径。

10.2.2.2 标杆管理的模式

对于标杆管理的模式,不同文献有不同程度的介绍。下面介绍三种时下比较流行的标杆管理的模式。

1. Motorola公司所采用的模式

(1)决定标杆的标的物。

(2)确认比较的对象。

(3)搜集资料。

(4)分析资料,整合资料和行动方案。

(5)重定标准,重新再来一次。

2. AT&T的九步骤模式

(1)决定标杆的标的物。

(2)发展标杆管理的计划。

(3)选择搜集资料的方法。

(4)搜集资料。

(5)选择业界中表现最好的公司。

(6)对此最好的公司进行现场访问,搜集相关资料。

(7)比较双方的工作流程,找出表现的落差所在,提出改善建议。

(8)执行改善建议。

(9)重定标杆。

3. Xerox 公司的五段式十二步骤模式

第一阶段:计划。

(1)决定标杆的标的物。

(2)决定比较的对象。

(3)决定收集资料的方法并搜集资料。

第二阶段:分析。

(4)确定目前的绩效落差。

(5)提出未来绩效应有的水准。

第三阶段:整合。

(6)和员工沟通分析的结果并使其接受此结果。

(7)建立功能的目标。

第四阶段:行动。

(8)发展行动方案。

(9)执行特定行动并考核进展。

(10)重定标杆。

第五阶段:成熟。

(11)成为领导者。

(12)将此运作融入工作流程中。

不论是企业组织、政府机构或非营利组织,采用不同模式时,都会或多或少地作一些调整。但一般而言,标杆管理的程序在各种组织中的应用,并不因为是公共部门或私营部门而有太大的差异。标杆管理在公共部门虽然只有短短十几年的历史,但柯汉等人(1995)认为,下列模式可能更适合公共管理者:

(1)决定哪个单位或流程将会是比较的标的物;

(2)找出衡量成本、品质及效率的指标;

(3)针对每个标杆,找出表现最好的其他单位;

(4)衡量这些表现最好的单位的表现;

(5)衡量或界定自己的组织与最好的表现者的绩效落差;

(6)决定缩短落差的行动方案;

(7)执行方案并追踪考核。

10.3 政府部门的全面质量管理

对产品质量进行控制和管理一直是私营企业生产中的重要内容。1961 年,美国质量管理专家费根堡姆出版了《全面质量管理》一书，正式提出全面质量管理（Total Quality Management, TQM）的概念，并被世界各国广泛采用。

20世纪80年代末，全面质量管理在美国被正式引入公共部门，对于公共管理部门和公共管理而言，全面质量管理还是一个新鲜事物。那么，什么是TQM、TQM在公共部门如何采用、又有何限制，的确是公共管理者需要了解和探讨的。

10.3.1　全面质量管理的含义

作为现代企业管理中一种重要的经营理念，全面质量管理强调以质量为中心，以全员参与为基础，倡导前馈控制和全面管理，以顾客需求为根本出发点，并以顾客满意度为最终目标。当全面质量管理被运用于公共部门的时候，其含义究竟为何，一直没有一个一致的见解。有人认为全面质量管理即为广泛的授权及参与式管理模式；有人认为全面质量管理为生产线上的过程质量控制；有人认为全面质量管理为有计划的组织文化的改变；也有人认为全面质量管理是系统化的记录质量控制的过程。

美国国防部认为，全面质量管理是一种管理哲学，也是一套要求不断进行组织改善的指导原则。全面质量管理应用计量和人力资源管理发展的方法，针对组织的运作过程加以改良，不仅能有效实现组织目标，更能使顾客的需求得到满足，全面质量管理结合了多项基础性管理技术以改进现状，成为一种新的管理典范。

关于全面质量管理实施的作用和效果，史蒂文·科恩和罗纳德·布兰德认为可从两个方面看。就组织目标而言，"TQM能帮助政府组织实现它们的目标"。而就工作过程而言，"TQM的真正的成功之处不仅在于它能解决类似的问题，还在于它使用的消除交流障碍的方法，使得问题没有机会出现"。日本学者谷津进认为："质量管理就是把握问题、消除问题。"

总的来说，全面质量管理是一种全员参与的、以各种科学方法改进组织的管理与服务，通过高素质和不断改进的产品和服务，获取顾客满意的管理理念、制度和方法。综合学界对全面质量管理的研究，大致可以总结出TQM的一些基本要点：①关注质量；②全员参与；③顾客导向；④持之以恒；⑤全过程控制。

TQM提倡的这种关注顾客、自我改进、坚持不懈的精神在公共领域已经得到了广泛的认可。史蒂文·科恩、罗纳德·布兰德和辛辛布莱那等人在公共部门推行TQM的成功经验也让越来越多的人对其前景充满乐观。在美国，人口在25 000人以上的城市中，有25%已经开始在至少一个基础性领域实施TQM，主要应用于警务、公园、娱乐、人事管理和预算报告等领域。

10.3.2　公共服务的质量标准

全面质量管理以关注质量为核心，而在政府管理中，"所谓质量，是指民众于第一次及每一次接受政府服务时，该服务均能满足民众的期望与需求"①。根据"联邦

① 张成富，党秀云：《公共管理学》，311页，北京，人民大学出版社，2001。

质量协会”的规定,政府的服务品质,主要包括以下几个方面。

1. 绩效

绩效是民众在接受政府部门所提供的服务时,应首要考虑的最重要面向。例如,民众在申请养老保险时,相关机关能够提供正确且清晰的信息和协助。

2. 专业特色

这是补充基本的政府产品与服务品质的第二项标准。例如,失业人员在申请就业指导时,劳动部门能够提供相关的就业信息作为参考。

3. 可信度

对于许多民众而言,最重要的品质标准是服务或产品应具有的可信度。所谓的可信度系指一项产品或服务在某一特定期限之内能符合民众期望的可能性。

4. 持久性

所谓的持久性系指某一服务或产品为民众所带来利益的持续时间的长短。例如,一项就业培训是否能持续地帮助失业者找到一份满意的工作。

5. 一致性

一致性指政府所提供的产品或服务,其成效是否符合预先所设标准的程度。

6. 及时性

及时性指政府所提供的服务或产品,必须能够及时地满足民众的需求,或是政府能够及时地解决民众所遭遇的问题。

7. 变动性

变动性指政府所提供的产品或服务是否会根据时间、空间的改变而适时转变。民众的期望或需求是在不断变化和增加的,因此政府部门应随时掌握和了解民众的需求和愿望,只有这样,才能提供符合民众期望的产品或服务。

10.3.3 政府全面质量管理的实施

10.3.3.1 实施过程

从过程上讲,政府的全面质量管理可分为三个阶段,即前期准备、分析工作和持续改进工作。

1. 前期准备

TQM 是一个极其复杂的系统工程,尤其是在被传统观念认为不适合使用 TQM 的政府部门,因此开始推行全面质量管理之前,需要做大量的前期准备工作,包括以下三方面。

(1)明确顾客导向(Customer Oriented)。在 TQM 中,顾客导向是其前提假设和基本原则,也是“新公共管理运动”中“委托—代理”理论的逻辑延伸。政府部门全面质量管理致力于提高顾客满意度,因而其顾客导向更为明显。

(2)取得高层支持。对于经常面对诸如低效率、服务态度差等指责的公共部门来讲,推行全面质量管理不啻为一次大的变革,涉及的利益相关人众多,因而必须首先取得高层的支持。一方面要有上级机关的认可,另一方面也要在组织高层中达成共识。

(3)明确改进目标。从根本上讲,实行全面质量管理的目标自然是提高行政绩效和顾客满意度,但就 TQM 的现实目标而言,政府内部应该制定更为直观、可操作性更强的阶段性目标。

2. 分析工作

(1)要在政府内部营造宽松的氛围。在政府部门,由于官僚制和政治权威的存在,对工作以进行改进为走向的理性分析往往是困难的,这就需要管理者在政府内部普遍营造"知无不言,言无不尽,言者无罪"的氛围。

(2)要虚心向基层操作者寻求信息。基层操作者工作在行政第一线,因而政府部门 TQM 认为基层行政人员是分析、识别工作改进障碍的关键,他们能详细地描述各自的行政过程并指出其中的问题,所以,虚心向他们求教是非常重要的。

(3)分析工作并制定改进目标。可以建立质量改进小组,集中顾客要求、基层行政人员意见、高层见解、组织目标等大量信息,分析工作各环节中存在的问题,从而提高行政效率。

3. 持续改进工作

这是 TQM 最重要的过程, 应该坚持以下几个主要取向。

(1)持续性。持续地改进质量,这是 TQM 的核心价值观之一。在政府部门,全面质量管理不可能是一步到位的,对于工作过程的全方位分析和改进必然是一个渐进的过程,政府部门的 TQM 实践应该有长期战略性的计划,并持之以恒地推行。

(2)全员参与。政府部门提供公共服务的质量涉及组织内各个部门和各个成员,他们的工作都直接或间接地影响着公共服务的质量。因而为了提高顾客满意度,必须要求组织内所有部门所有成员都参与质量管理活动。

(3)预防式管理。TQM 的推行者相信,"防止问题的发生比发生了再反映要好"。TQM 试图通过对工作全过程可能造成的低效率或降低顾客满意度的环节进行合理化改进,而使问题被解决在萌芽状态,这与传统的质量检验管理有根本区别。

(4)建立培训和激励机制。对于政府行政人员而言,TQM 是一个新生的事物,其基本理念与官僚制的精神有些是有冲突的,其中的技术手段也不是一时就能掌握的,因此对行政人员进行培训就显得非常重要,要鼓励组织中每一位员工参与学习,提高自己。

10.3.3.2 具体实施步骤

美国联邦政府自 1988 年起沿用了企业界的 TQM 的理念,并加以改造,使之适合公共部门。他们总结了七大具体实施步骤。

(1)高层人员的领导与支持。全面质量管理最重要的构成要素来自高层人员的领导与支持。高层人员必须直接且积极地投入,并为建立一个鼓励变革、创新,以工作为荣以及为了公共利益而持续不断地改进的组织环境而努力。换言之,就是政府部门在推行全面质量管理的过程中,高层领导必须自始至终亲自参与,必须给组织的未来树立一个可达成的远景，必须建造一个开放的且具有信任感的组织气候，为全面质量管理的推行赋予动力。

（2）策略性规划。策略性规划的目的在于促使组织进行持续性的质量改善，并使之成为组织日常运作的重要组成部分，进而建立一个动态的和参与的规划过程。

（3）以顾客为导向。一个具有高绩效的政府部门能够较好地满足民众的期望，因此积极地影响公众对政府施政措施的满意程度，正确地发掘公众的需求，即成为全面质量管理的重点。

（4）考评与分析。考评制度的运作必须使组织能系统化地了解民众对其产品或服务的满意程度，并且必须以组织内部过程的改善作为考评的重点。此外，为了确保组织能持续不断地改善其服务的过程，对有关服务过程的资料收集与问题分析也是不可忽视的一个重要方面。因此，对品质的考评与分析的直接目的在于降低错误与浪费，改进服务的成本与效能，提升服务的品质，最终确保组织能够切实掌握民众的需求和意向。

（5）训练与奖惩。加强员工的训练与培训，建立适当的奖惩标准，对于组织服务质量的改进有着重要的推动作用。适当、适时的奖励可以振奋工作人员的士气，提升其满意度，进而促使组织服务品质的改善。

（6）赋予组织成员活力与团队合作。一旦高层人员认同并支持全面质量管理的实施，使组织达成品质承诺的最重要要素是赋予组织成员活力，确保组织所有成员的投入以及团队合作。工作过程的改善只有在所有的组织成员以及各个功能部门均积极投入的情形下，才能获得全面的成功。

（7）品质保证。在全面质量管理的过程中，品质保证即是自工作过程之始为开端，从资源的输入阶段即防止问题的产生，而不是传统管理中问题发生后才进行控制与检查。所以，工作人员应着重分析前一阶段的供应者所提供的相关信息，并且与民众建立起良好的“伙伴关系”，才能真正保证服务品质符合民众的期望与需求。

10.3.3.3 实施的现实意义

在政府部门推行全面质量管理有着重要的现实意义，表现在以下三个方面。

（1）TQM 引入“顾客至上”的观念，有助于公共部门重新树立以服务对象为中心的意识，以此来提供优质的公共产品和公共服务。TQM 中所说的“质量”并非通常所说的绝对意义上的“最好”的意思，而是以顾客的满意程度为评判标准，并随顾客需求的变化而变化。在公共部门中倡导“顾客至上”意识，有助于端正服务态度，把服务对象重新置于中心位置，让民众在市场服务中行使自由选择权，从而把更多不同的利益诉求纳入公共部门的决策系统当中，更大程度地满足和实现公共利益，提高公共产品的服务质量。与此同时，也有助于公共部门组织文化的革新，即增强公共部门的服务意识，让政府官员不再觉得自己高人一等，愿意“降低身价”主动迎合公众的要求，向公众负责，为公众服务。

（2）TQM 强调事前预防和控制，有助于公共部门在避免公共资源的不必要浪费的同时,保证公共产品和公共服务的高质高效。与传统的质量检验工作相比,TQM涉及的范围更广,它不仅仅关注反馈,更扩大到前馈预防。对于公共部门而言,同样面临着资源短缺的局面(即政府的公共财政收入的有限性以及政府信用危机的日益严重),也有必要提倡前馈控制。因此,公共部门要想充分利用公共资源并保有公众的信任感,就必须事先主动地了解和掌握公众的需求,事前控制公共产品和公共服务的质量,使有限的公共资源得以应用于更需要政府提供优质服务的地方。

(3)TQM 主张更多人的参与,有助于公共部门充分调动组织内外所有人的主动性、积极性和创造性,群策群力地提供更优质的公共产品和公共服务。在公共部门引入 TQM,主张更多人的参与,其中包括鼓励政府内部成员即公务员的参与和广大民众的参与两个方面。对于公务员尤其是基层的工作人员来说,扩大参与主要是通过赋予其独立处理问题的权力以及增强其对公共决策的影响力实现的;对于公众而言,扩大参与主要是通过优化各种参与途径使公众的需求和期望能够尽可能地被纳入政府的决策议程,并由此转化为一系列优质的公共产品和公共服务的提供。

10.4 电子政务

随着以微电子技术、网络技术为代表的信息时代的到来,政府的工作手段和工作方式必须进行改革。广泛吸纳先进的科学成果和技术手段来充实公共管理,已成为迫切的需要。公共管理要谋求发展,也必须主动迎接信息革命的挑战,抓住信息技术带来的机遇,实现公共管理的信息化,促进电子政务的发展。

10.4.1 电子政务的概念

所谓电子政务,有人认为就是办公室自动化,也有人认为就是政府信息资源的管理,还有人认为就是“政府上网”。其实电子政务是在 20 世纪 90 年代以后才出现的,随着国际互联网技术的发展和在政府管理中的应用,电子政务成了国际上通用的做法。从目前的发展来看,电子政务是指政府有效利用现代信息和通信技术,通过不同的信息服务设施(如电话、网络等),为政府机关、企业、社会组织和公民,在其更方便的时间、地点及方式下,提供自动化的信息及其他服务,从而建构一个有回应力、有效率、负责任、具有更高服务品质的政府。需要指出的是,电子政务不仅仅是政府部门硬件、软件设施的改进,更是政府观念、职能和管理手段的创新。

电子政务的实施,打破了原来不同行政机关的组织界限,通过互联网建立了由政府网站组成的虚拟政府(一个电子化的“虚拟政府”),帮助人们从不同的渠道取得政府的各种政策信息和服务,而政府机关以及政府与社会各界之间,也可经由各种电子化渠道进行相互沟通,并根据人们的需求、人们可以使用的方式以及人们要求的不同时间和地点,向人们提供各种不同的服务选择。总体来说,电子政务的目标主要体现在以下五个方面。

(1)政府机构各部门实行电脑化、网络化和信息化,有助于提高政府在行政、服务和管理方面的效率。

(2)政府从被动服务转向主动服务。企业、公民可以不受地点、时间的限制,在网上了解政府的方针政策,接受政府的管理。

(3)用政府建立的网络、信息,为公众社会提供优质的多元化服务。政府的信息网络覆盖政府的科技部门。电子政务利用统一的信息资源,通过语音、互联网等现代化手段,为公众提供简便的、多样化的服务。

(4)以政府的信息化发展推动和加速整个社会信息化发展。向公众展示高新技术,让社会享受信息网络的便利,切实推动全社会信息化的发展。

(5)实现数字经济发展,引导、规划和管理电子商务的活动,建立单位的支撑环境。

10.4.2 电子政务的业务内容

电子政务或政府信息化的基础在于政府业务的电子化,即改变传统的政府机关的办事方式和手段。传统的办事方法、公务处理及事务管理,皆可以用现代信息及通信技术加以改变。参照国外发达国家的经验,政府的电子化业务内容主要有以下几个方面。

(1)电子公文。对政府机关的公文处理,实施公文制作电脑化、机关管理自动化以及电子公文交换。

(2)电子邮寄。政府的会议通知、信息传达、政策宣传、法规颁布、意见调查等,以电子邮寄方式处理,以加快信息的流通。

(3)电子采购。在网络安全认证的基础上,政府机关在网络上进行采购、交易支付等电子作业。公民、企业与政府之间的有关财务处理及支付逐步经由网络处理。政府的公共建设招标和投标,亦可随着电子安全认证制度的建立,在网上进行。

(4)电子法规。在互联网络上设立“电子法律、法规资料库”,建立电子法规信息服务网络,提供法规检索。

(5)电子规划管理。通过在网络上设立电子计划资料库,保证各机关计划的制订、执行、评估的一致性。

(6)电子税务。通过网络提供各种税务信息服务,提供税务查询服务,提供纳税人经由网络转账的信息卡经营、消费项目的税款缴纳、核查业务,提供网络申报所得税、营业税等服务。

(7)电子人事。提供人事及法律检索和网络招聘等。

(8)电子工商。提供工商资料和信息、工商登记网上申报等。

(9)电子保健。在网络上提供医药、食品卫生、防疫等医疗保障的信息及服务。

(10)电子公共事业服务。在网络上提供电力、电信、自来水、煤气等各项公共事业的自动化服务,提供查询、申报、交费等服务。

需要说明的是,行政业务的电子化过程不只是单纯地增加硬件、软件设备,更需从政府组织的全面性了解信息技术的需求、组织目标与管理模式、未来发展方向等。

同时，要进行全面和合理的规划，力求突破现有的运作方式，以更经济、更有效的方法取得政府运作所需要的技术能力以及人力，促进政府信息的流通及整合，提高行政效率与效能。

10.4.3　电子政务的系统结构

电子政务系统的整体框架可以从横向和纵向两个方向看，如图10.1所示。从横向看，电子政务业务体系需要电子政务管理体系的支持和电子政务安全体系的保障，才能做到有序和安全地工作。从纵向看，电子政务的业务、管理和安全体系均由低到高分为物理层、网络层、系统层和应用层。下层为上层提供服务，上层使用下层服务完成本层功能，为更高层提供更高级服务，最终实现终端用户的应用需求。

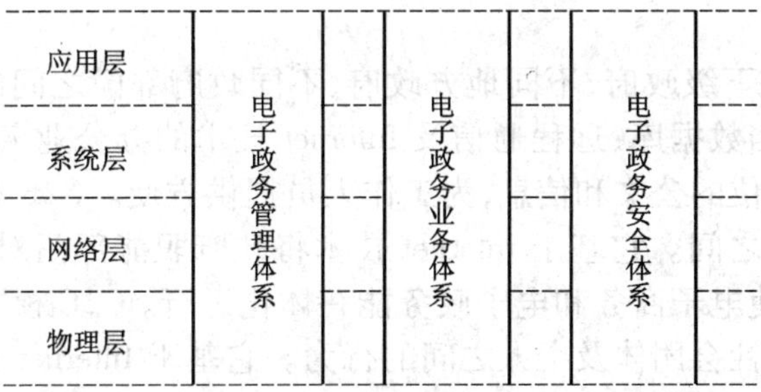

图10.1　电子政务系统结构①

物理层是整个体系的硬件平台和环境。业务体系、管理体系和安全体系依据实际情况可以共享某些硬件设备和环境，也可以独有硬件资源。例如，许多不同的业务系统及其管理系统可以安装在同一台或同一组计算机上，使用同一个网络系统，这样可以充分共享硬件资源，避免重复建设，节省大量硬件投入。但是，一些安全系统从安全和性能角度考虑通常拥有自己的硬件，如硬件防火墙；另外，国家涉密网和非涉密网应该是两套完全独立的网络，在相互进行数据交换时采用物理隔离方式。

网络层是整个体系的数据传输支撑平台。业务体系、管理体系和安全体系在这一层的传输方式和协议可以是开放通用的，也可以是封闭专用的，选择哪一种要综合考虑互联互通、业务性质、安全保密等因素。三个体系中的传输数据各不相同，但又密切相关。业务体系中传输的是大量的业务数据；管理体系中传输的是管理信息，其中含有业务数据的各种属性；安全体系中传输的是安全信息，包括身份、密码、密钥、签名等。另外，业务数据、管理信息和安全信息中的涉密或敏感数据都是经过安全系统的加密和数字签名后，才送到网上传输。

系统层是整个体系的运行支撑平台，主要是指操作系统和数据库系统。业务体系、管理体系和安全体系依据实际情况选择适用的操作系统和数据库系统。选择时要综合考虑功能、性能、安全性、稳定性、易用性、兼容性、互操作性、可扩展性等因素。

① 闵京华：《电子政务的理论模型》，载《电子政务》，2005(3)。

比如,高端服务器通常倾向考虑选择具有稳定性优势的 UNIX 系列操作系统,而通常的客户端一般选择具有易用性优势的 Windows 系列操作系统。

应用层是整个体系的最高功能和服务层,实现业务、管理和安全的最终需求。业务体系、管理体系和安全体系在这一层相辅相成,也就是说,它们实现各自功能来为对方提供服务,同时也使用对方提供的服务实现各自的功能。比如,网上联合审批就需要把相关的各业务系统、相应的管理系统和必要的安全系统,按照共同的目标进行集成,形成一个统一的、有序的和安全的综合应用系统。

此外,电子政务的服务对象主要有三类:政府、企业和公民。因此,电子政务的服务模式也分为三种,分别是政府与政府之间(Government to Government,G2G)、政府与企业之间(Government to Business,G2B)和政府与公民之间(Government to Citizen,G2C)。

G2G 模式是上下级政府、不同地方政府、不同政府部门之间的电子政务。它基于大型数据库、文档数据库、远程通信及 Internet 技术的办公业务化流程,能快速有效地传输上下级单位的公文和信息,为工作人员提供方便。G2B 模式主要发生在政府职能部门与企业之间。它基于 Internet 技术将政府职能部门对企业的管理、监督和支持进行优化,使电子商务和电子政务能一体化运行。G2C 模式主要指发生在政府职能部门与各种社会团体及个人之间的行为。它基于 Internet 技术将政府职能部门为公众的办公服务和信息服务公开化。

10.4.4 推进电子政务

随着全球信息化的进一步发展,政府信息化程度的高低将直接影响到政府竞争力的强弱,并成为衡量各国发展的一个标准。许多发达国家都在促进政府上网,抢占网上制高点。虽然采取的措施各不相同,但目标都是利用信息技术和互联网技术重新塑造一个更有效率、服务更加直接的电子政府。无论发达国家或是发展中国家,都将电子政务视为政府必须优先予以关注的重要议题之一。推进电子政务正成为一个全球性的趋势。

10.4.4.1 美国电子政务的发展

美国的电子政务起源于 20 世纪 90 年代初。1993 年,克林顿政府成立了"国家绩效评审委员会"(National Performance Review Committee,NPR),NPR 经过大量的调查研究后,递交了《创建经济高效的政府》和《运用信息技术改造政府》两份报告,提出应当用先进的信息网络技术克服美国政府在管理和提供服务方面所存在的弊端,这使得构建"电子政府"成为美国政府改革的一个重要方向,也揭开了美国电子政务建设的序幕。

1994 年 12 月,美国政府信息技术服务小组(Government Information Technology Services)提交了《政府信息技术服务的前景》报告,要求建立以顾客为导向的电子政府,为民众提供更多获得政府服务的机会与途径。1996 年,美国政府发动"重塑政府计划",提出要让联邦机构最迟在 2003 年全部实现上网,使美国民众能够充分获得联邦政府掌握的各种信息。

1998 年，美国通过《文书工作缩减法》，要求各部门呈交的表格必须使用电子方式，规定从 2003 年 10 月开始全部使用电子文件，同时考虑风险、成本与收益，酌情使用电子签名，让公民与政府的互动关系电子化。

2000 年 9 月，美国政府开通"第一政府"网站（www. firstgov. gov），这个超大型电子网站，旨在加速政府对公民需要的反馈，减少中间工作环节，让美国公众能更快捷、更方便地了解政府，并能在同一个政府网站站点内完成竞标合同和向政府申请贷款的业务。

为保障政府信息化发展，美国还制定了《政府信息公开法》《个人隐私权保护法》《美国联邦信息资源管理法》等一系列法律、法规，对政府信息化发展起着重要的保障和规范的作用。由于努力推行电子政务，仅从 1992 年到 1996 年，美国政府员工就减少了 24 万人，关闭了近 2 000 个办公室，减少开支 1 180 亿美元。在对居民和企业的服务方面，政府的 200 个局确立了 3 000 条服务标准，作废了 1.6 万多页过时的行政法规，简化了 3.1 万多页的规定。全国雇主税务管理系统、联邦政府全国采购系统和转账系统等网络的建立，不仅节省了大量的人、财、物，而且提高了政务透明度，堵住了徇私舞弊的渠道。

美国电子政务的发展形成了如下几个特点。

（1）网站多。美国联邦级的行政、立法、司法部门都拥有独立网站，州及地方政府也拥有规模不小的网站，就连地处偏远地带的一些不起眼的小地方也同样建立了网站。

（2）分类细。美国电子政务网中既有政治、经济、军事方面的网站，也有国民求职、贷款、消费等方面的网站。日常生活中凡是与政府有关的事情，总有相关网站提供信息或服务。

（3）网联网。美国联邦一级的部门已经实现了网套网、网联网。联邦部门的网站不只介绍本部门的情况，提供相关服务，而且将下属机构的网站连起来。各州的网站既有全州的内容，也有州内各县、市网络的链接。

10.4.4.2 英国电子政务的发展

英国从 1994 年开始电子政务建设。2000 年开通的英国在线网站将 1 000 多个政府机构的信息送上了互联网，用户可以从这个网站获取就业、理财、旅行、生活等政府信息与服务。

在电子政务建设方面，英国政府先后制定了《政府现代化白皮书》《信息时代公共服务战略框架》《21 世纪政府电子服务》和《电子政务协同框架》等一系列规划。为了加快电子政务的发展，让尽可能多的英国家庭能够通过互联网与政府打交道，2000 年英国政府制定了"在五年内使每个英国家庭都能上网"的宏伟计划，并提出到 2008 年全面实现政府电子服务。

英国建立电子政务的原则有七条。①提供选择机会。顾客除接受传统的政府服务外，还可选择电子化传送政府服务的新方式。②获取公众信任。政府在收集和发布信息时，应遵守有关法律，保证信息收集过程的正当性、信息内容的准确性，获取公众的信任。③可取得性。通过信息技术连接政府各部门,建立电子化的单一窗口,以全天候快速服务,尽可能给公众提供政府服务的通道。④效率。强调政府必须通过信息技术提高行政效率并快速回应公众的需求。⑤合理化。提供政府部门与机构间共享资源或组织功能重组的机会,以减少政府支出并简化系统。⑥公开信息。制度化信息公开,提高国家的竞争力与政府的开放性。⑦电子安全。采取相关的安全机制维护电子环境中的安全与可靠性。

10.4.4.3 日本电子政务的发展

早在1993年10月,日本临时行政改革推进审议会就将政府信息化作为行政改革的重要内容之一,要求制定政府信息化的推动计划。1994年8月,日本政府成立了高度情报通讯社会推进总部,内阁总理大臣亲任总部部长。同年12月,日本内阁会议通过了关于政府信息化推进基本计划的决议,该计划从1995年开始,为期5年。1997年,日本政府又将原来的《计算机白皮书》更名为《信息化白皮书》,把政府信息化与产业信息化、家庭信息化结合在一起,共同构成日本经济与社会信息化的主体。日本政府于2000年3月开始启动"电子政务工程"计划,目标是在2003年之前3 000多项政府业务均可通过网络实现。按照该项工程的计划,日本政府在2005年以前让政府各部门的主要业务全部通过互联网进行,这标志着日本将全面进入办公电子化、无纸化的时代。

日本政府信息化的主要目标是:建立一个高效、统一、能迅速应变、与国民关系和谐、能够满足公众需求的政府。目前,日本电子政务的应用主要表现在四个方面:①各级政府内部办公基本实现了数字化;②政府积极进行大型基础数据库建设;③各级政府积极向社会提供政务信息服务;④网络和信息安全保障有力。

在政府管理创新方面,日本政府非常注重实施电子政务与现有政府管理业务流程再造的结合。日本政府首先对现有的各种证件执照申请及核准规定加以修订,以适应电子政务的发展;其次,在行政业务流程的设计方面,考虑到公众的需要和便利,简化申报作业的服务手续,向公众提供跨机关、跨单位的服务。

10.4.4.4 中国电子政务的发展

中国政府信息化工作起步于20世纪80年代中后期。1984年,国务院批准国家计委成立了信息管理办公室,负责推动国务院有关部委的信息系统建设工作。1993年,国务院成立了国家经济信息化联席会议,开始实施金桥、金关、金卡、金税等信息化重大工程。1998年,随着网络技术的快速发展和信息基础设施的不断完善,中国政府提出了政府上网的构想,并将1999年定为"政府上网年",从而揭开了中国电子政务建设发展的序幕。同时中国还制定并颁布了与电子政务相关的重要文件,如《电子政务建设指导意见》《电子政务标准化指南》和《电子签名法》等。

虽然中国的电子化政务近年来发展很快,也取得了显著的成绩,但仍旧存在着一些问题,比如信息资源陈旧、发展不平衡、立法滞后、网络安全缺乏等,同时,还存在着资源浪费和急功近利的现象。所以,我们要克服自身的缺陷,努力做到以下几点。

(1)要改变以技术为中心的思想,确立以服务、公民为中心的观念。只有以公民为中心才能建设一个为民服务的透明政府。

(2)各级政府高度重视电子政务工作。电子政府不是仅仅靠几个技术人员就能建立起来的,需要各级政府领导的高度重视。

(3)充分动员全社会的力量。实施以"公民为中心"的电子政务离不开社会各界的参与和政府的积极推动。

(4)加强电子政务的安全体系建设。要建立完备的安全体系机构和相关的安全立法,来保证政府网上通信的安全。

(5)制定政策,健全法律,提供完备的法制保障。目前中国电子政务的相关法律、法规还不健全,需要进一步完善。

(6)借鉴电子商务经验,采取市场运作模式。广泛采取市场运作模式,有利于建立一个高效廉洁的政府,提升政府的竞争力。

本章小结

政府绩效管理是在设定的公共服务绩效目标的基础上,对公共部门提供公共服务的全过程进行追踪监测,并作出系统的绩效评估的过程。绩效评估和评估指标的选择是绩效管理中的核心。

标杆管理可以定义为:由参与管理的各个方面制定目标,并经过自我管理和自我控制等管理方式,建立各级人员的责任心和荣誉感,以实现组织绩效的一套系统管理方式。

目标管理是指追求卓越的管理模式,并将之学习转化,以提高组织绩效的管理方法。

全面质量管理是一种全员参与的、以各种科学方法改进组织的管理与服务,通过高素质和不断改进的产品和服务,获取顾客满意的管理理念、制度和方法。其特征是关注质量、全员参与、顾客导向、持之以恒和全过程控制。

电子政务是指政府有效利用现代信息和通信技术,通过不同的信息服务设施,为政府机关、企业、社会组织和公民提供自动化的信息及其他服务,从而建构一个有回应力、有效率、负责任、具有更高服务品质的政府。电子政务是政府创新技能和创新理念的重要体现。

关键术语

绩效　绩效管理　标杆管理　目标管理　全面质量管理　电子政务

复习思考题

1. 何谓绩效管理? 绩效管理有哪些主要活动?

2. 公共部门绩效管理面临的主要困难是什么?
3. 目标管理在公共部门的运用有何限制?
4. 何谓标杆管理? 公共部门如何实行标杆管理?
5. 何谓全面质量管理? 如何在政府部门推行全面质量管理?
6. 何谓电子政务? 你是如何理解电子政务的?

案例

国土电子政务建设的意义

通过信息化的手段,跨越时间、空间的限制,跨越部门分割的限制,实现规范、透明、全方位的管理和服务,这是电子政务的神奇魅力。实践证明,改革政府管理运行模式,提升政府服务和管理水平,建立有完善行为规范、运转协调、公正透明、廉洁高效的行政管理体制,必须加强电子政务建设。

推行电子政务,是实行最严格的资源管理制度、参与国家经济宏观调控的必要手段。信息是管理和决策的依据。只有准确掌握资源家底,及时了解、分析资源的动态变化和市场走势,我们才能科学规划管理,合理安排资源供应总量和结构,有效参与对国民经济的宏观调控。国土资源管理的信息渠道四通八达,"天上在照"、"地上在查"、"海上在监"、"网上在管",多管齐下,织就严而又严的资源管理体系。这其中,以网络为核心的电子政务,称得上是国土资源获取和分析信息最有效的信息化手段,应用前景极为广阔。

推行电子政务,是促进依法行政和政务公开的重要途径。国土资源工作关系到各行各业和广大人民群众的切身利益,在实际工作中坚持执政为民,切实维护好、实现好、发展好人民群众的切身利益,要求国土资源部门不断提高决策透明度和公众参与度。推进电子政务,不仅能显著提高国土资源行政审批效率和决策水平,实现管理过程的规范化和制度化,而且能够建立国土资源部门与人民群众之间最为直接和便捷的沟通渠道。

有人认为,电子政务距离我们还很遥远,与当前的工作关系不大。但应当看到,国土资源管理工作中之所以存在管理不力、执法不严、服务不到位、行政效能低下甚至违法乱纪等不良现象,在很大程度上与管理手段的落后有直接关系。推行电子政务,是当前提高国土资源服务和管理水平的迫切要求。

建设的目的全在于应用,电子政务建设不能束之高阁,要与实际应用紧密结合起来,以建设带动应用,以应用促进建设,边建边用,学以致用,"急用先上",才能使电子政务建设及时转化为现实生产力。只要应用做得好,就能获取不竭的建设动力。

(资料来源:《浅谈国土电子政务建设的意义》,http://www.anhua.gov.cn/ahkan/News_View.asp? News ID =2018)

案例思考题

电子政务带给观众最大的好处是什么?

11

公共管理发展一般趋势

随着新公共管理运动的发展及我国公共管理改革的深入,我国公共管理的传统治理模式的弊端也不断凸显,如效率低下、政府职责地位不清、政府回应度不够,等等。我国公共部门要实现管理目标,实现组织的生存与发展,需探索公共管理的规律,尤其是认清当今公共管理发展的一般趋势。

上一章我们探讨了公共管理手段创新问题,本章将探讨管理理念、体制、技术等方面的创新。

11.1 公共管理创新

创新,也叫创造,是个体根据一定目的和任务,运用一切已知的条件,产生出新颖、有价值的成果(精神的、社会的、物质的)的认知和行为活动。关于管理创新的定义,不同学者有不同的看法。例如,有学者认为,管理创新就是根据客观规律和现代科技发展的态势,在有效继承的前提下对传统的管理进行改进、改革、改善和发展。管理创新包括管理思想、管理观念、管理理论、管理制度、管理机制、管理体系、管理组织机构、管理模式方法及管理人才的培养组织等方面及其组合的创新①。芮明杰从企业管理的角度对管理创新作出定义:"管理创新是指创造一种新的更有效的资源整合范式,这种范式既可以是新的有效整合资源以达到企业目标和责任的全过程式管理,也可以是新的具体资源整合及目标制定等方面的细节管理。"他的这一概念包括五个方面:①提出一种新经营思路并加以有效实施;②创设一个新的组织机构并使之有效运转;③提出一个新的管理方式、方法;④设计一种新的管理模式;⑤进行一项

① 王祖成:《世界上最有生命力的管理:创新》,15 页,北京,中国统计出版社,2002。

制度的创新①。

基于以上认识,公共管理创新是公共管理部门为了适应外部环境的变化,从而选择和采取使公共组织运行更具适应性或有效性的新的管理理念、管理体制与管理技术的活动,其目的是为了更好地承担起公共管理职能,实现公共管理目标,维护公共利益。因此,公共管理的创新可以从三个层面作出界定:一是理念创新;二是体制创新;三是技术创新。

11.1.1 理念创新

理念是人们经过长期的理性思考及实践所形成的思想观念、精神向往、理想追求和哲学信仰的抽象概括,是指人们对于某一事物或现象的理性认识、理想追求及其所形成的观念体系。公共管理的理念则可以理解为公共管理部门及其工作人员对公共管理活动的理性认识、理想追求及其所形成的观念体系。公共管理理念的形成与特定的历史文化、政治特征紧密联系。21 世纪的公共管理部门及其工作人员应树立如下管理理念。

11.1.1.1 服务理念

在传统体制下,政府把自己塑造成"全能政府"的形象,提供服务时处于支配者的地位,服务内容、方式都是由政府决定的,公众没有选择的余地。政府成为公共服务的"恩赐者",一些公务员也没有承担起"人民公仆"的责任,而是以"父母官"自居,公众寻求政府服务时也就难免遇到"门难进、脸难看、话难听、事难办"的问题。新公共管理主义要求政府把公众看做"消费者",认为政府的社会职责是满足顾客的需要,向顾客提供服务,并且,政府应该通过各种渠道了解公众的需求和偏好,而公众则可以"以脚投票",有权利选择政府提供的公共产品或服务。我国作为社会主义国家,公共管理部门是公共权力的行使者,公共权力来自人民的授权,提供优质的公共服务是政府及其工作人员天然的职责,服务理念应像 DNA 一般植根于他们的思想与行为之中。

11.1.1.2 竞争理念

竞争是保持一个组织活力的重要因素。新中国成立后,我国长期实行计划经济体制,政府垄断了大部分的社会资源,建立社会主义市场经济体制后,企业成为市场经济的行为主体,资源也依托市场得以优化配置。但是,受传统"自然垄断"理论的影响,公共产品依旧长期由政府垄断提供与生产。以科斯为代表的新制度经济学派认为,通过合理的制度安排,私营部门同样可以生产或提供公共产品。新公共管理运动针对政府失灵现象,就公共产品实行市场化运作,引进竞争,提升公共部门的活力。民营化大师萨瓦斯也曾说,"对于那些属于政府天职的公共服务,政府应该是个安排者,决定什么应该通过集体去做、为谁而做、做到什么程度和水平、怎样付费等问题。

---

① 王伟等:《管理创新原理与实务》,44 页,北京,中国对外经济贸易出版社,2002。

至于服务的生产和提供,完全可以通过合同承包、补助、凭单、特许经营等形式由私营部门或社会机构来完成"①。政府部门及其工作人员要意识到,公共部门不应再是"独行者",民营化的实施给他们带来了"共舞者",要想获得更多的资源,公共部门必须树立竞争意识。

另外,随着我国改革开放的深入,地区之间及国家之间的竞争愈发激烈,而一个地区或国家能否在竞争中获胜,一个重要的因素在于政府的治理能力。例如,瑞士洛桑国际管理发展学院(IMD)每年发表《世界竞争力年鉴》,为各国(地区)的竞争力排序。IMD的排序考虑四大要素:经济表现要素、政府效能要素、企业效率要素、国家基础设施要素。与政府直接相关的为政府效能要素。也就是说,地区及国家之间的竞争,不仅是经济实力的竞争,还包括政府治理能力的竞争。这同样需要政府树立竞争意识,加强自身改革与建设,为提升地方及国家的竞争力而发挥作用。

11.1.1.3 法治理念

法治意识体现了公民或组织对法律的认识和觉醒,对民主政治的追求与评价,对法律权威的承认与崇拜,对法律信仰的树立和强化。正如著名的法学家伯尔曼所说:"法律必须被信仰,否则它将形同虚设。"我国法治程度不高的一个重要原因在于政府法治理念的欠缺,许多公务员依然迷信"权力的威严",虽口头上强调依法治国、依法行政,但骨子里依旧崇尚权力,认为权大于法,故而政府违法行为与违法现象也就屡见不鲜。法治理念对政府的要求表现为:第一,尊重宪法与法律,成为尊重法律、遵守法律的典范;第二,成为社会主义法治建设的积极倡导者,在全社会形成崇尚法律、遵守法律、服从法律的普遍氛围;第三,坚持公平与正义,制定良好的法律、法规;第四,在执法过程中政府须依法行政,遵守合法性原则与合理性原则;第五,承担法律责任,并建立起行政问责制度。

11.1.1.4 人本理念

公共管理贯彻科学发展观是建立社会主义和谐社会的重要内容。科学发展观是以人为本、造福人民的发展观,是解放与发展生产力的发展观,是经济、政治、文化和社会建设整体推进的发展观②。以科学发展观为指导,推进公共管理创新,要牢固树立以人文本的理念:一是加强公共部门人力资源管理,建立完善的管理机制,积极授权,加强教育培训,提高公共部门工作人员的素质,激发工作人员的积极性,充分发挥工作人员的潜能;二是始终坚持把提供优质高效的公共服务、不断提高人民群众的物质生活水平和精神生活水平、促进人的全面发展作为公共部门工作的出发点和落脚点。

11.1.2 体制创新

所谓公共管理体制是指公共管理部门的职能配置、职能实施组织体系及职能实

---

① [美]E. S. 萨瓦斯:《民营化与公私营部门的伙伴关系》,68页,北京,中国人民大学出版社,2002。
② 陈福今:《以科学发展观为指导 推进公共管理创新》,载《国家行政学院学报》,2006(4)。

施机制的总称。因此,公共管理体制创新应包括三个方面:政府职能转变、政府机构改革、管理与运作方式改革。

11.1.2.1 政府职能转变

政府职能是指政府的职责和功能,是关于政府应该做什么、不应该做什么以及承担什么责任的问题。在计划经济体制下,我国政府是"大而全"的无限政府,这种政府模式既压制了企业与公民的活力和创造力,也加重了政府自身的负担。改革开放之后,我国一直在探索政府职能定位与政府职能转变的问题。但是,由于受传统固有模式的影响,政府在履行公共管理职能方面依旧存在缺位、越位和错位的情况,有的还比较严重。一是"越位",政府管了不该由政府机关办的事情,干预了市场;二是"缺位",该由政府机关管的事情,如服务、监管等方面的事务,政府做得还不够;三是"错位",本来属于某一政府机关管理的事情却被另一政府机关管理,以致事权不清、相互扯皮。政府职能转变,就是解决政府职能缺位、错位和越位现象。

1. 强化政府提供公共产品的职能

提供公共产品是政府的核心职能,也是政府弥补市场缺陷、实现资源有效配置的重要手段。首先,建立、健全法律体系,完善立法、司法、行政工作,使社会经济生活、政治生活都有法可依,任何的经济活动和政府行政活动都受到严密、有效的监督。其次,改善资源环境,发展基础设施。政府要增加对基础设施的投入,加强公共基础设施建设,保护环境,为居民创造生活便利,也为经济发展提供良好的条件。再次,健全社会保障制度,建立覆盖全社会的社会保障体系。贫富差距过大是我国现阶段出现的较为严重的社会问题,政府应该通过制定科学合理的二次分配政策和建立社会保障系统,调节收入分配,促进社会公平,实现"病有所医、老有所养、住有所居",进而推动和谐社会的建设。最后,增加教育投入。教育不仅是公民的一项权利,而且应该是公民的一项福利。教育公平是实现社会公平的基础,是造就社会稳定与持续发展的必要条件。政府应加大教育投入,特别是边远地区和贫困地区的教育投入,缩小地区之间教育条件的差异。

2. 加强政府宏观调控的能力

宏观调控与市场机制都是社会主义市场经济体制不可或缺的重要组成部分,必须有机地统一起来。正是宏观调控对市场机制盲目性的抑制和纠正,才使得市场机制能够更有效地发挥配置资源的基础性作用。没有宏观调控的市场机制,便无法避免经济运行出现大起大落;同样,不遵循市场规律的宏观调控,也不会取得积极效果。政府须从以下方面完善宏观调控手段。第一,政企分开,给企业以独立的市场主体地位,使企业在竞争中谋求生存发展,提高微观经济效益。第二,增强国民经济的计划性,从总体上进行引导和把握,确定经济发展的方向,克服市场经济中的盲目性。第三,优化支出结构,协调产业发展。政府制定与实施产业政策,建立健全的产业结构,选择主导产业,扶植幼稚产业,合理调整衰退产业,并在促进规模经济和保持有效竞争、抑制垄断之间寻求平衡点。第四,保护竞争,统一市场。政府必须打破地区间经济封锁和不正当竞争，扫清资源流动的障碍，促进全国统一市场的形成。第五，加强财政政策与货币政策的协调配合，促进社会总供给和总需求的平衡，实现宏观经济的稳定。

11.1.2.2 政府机构改革

改革开放以来，我国政府机构已经历了 1982 年、1988 年、1993 年、1998 年、2003 年和 2008 年六次大规模的改革。我国不断进行机构改革的原因可以从两个方面解释。一是自身发展的需要，促进政府职能转变。公共部门的职能与结构直接存在着互动性，政府职能转变是政府机构设置合理化的前提，而政府机构改革又为政府职能转变提供了组织保证。二是适应国际竞争的需要，尤其是加入世贸组织后所带来的外部动力。外部动力要求政府要从有限政府向有效政府转变，要求政府不仅知道做什么，还要知道怎么做才是最好。政府机构改革作为政府体制改革的子系统，它与政府职能转变、与政府理念创新等都有十分密切的关系，譬如，政府职能转变是机构改革的逻辑起点。除此之外，政府机构改革还应考虑如下因素。

1. 政府机构改革与经济体制改革和经济发展协调发展

从马克思主义关于生产力与生产关系、经济基础与上层建筑相互关系的基本原理和中国历次精简和机构改革的经验和教训不难看出，每一次大规模的机构改革都是经济体制改革和经济发展到一个关键时期进行的，并以适应经济体制改革和经济建设为主要目的①。政府管理是最高层次和最为复杂的管理，政府管理的效率和质量是影响整个社会经济发展的重要因素。我国经济体制还在随着经济发展而不断改革与完善，因此，在今后一定时期内，我国政府的机构改革政策还可能随之不断调整，同时，通过政府机构改革，建立现代化、科学化、法制化的政府体制，为改革开放和现代化事业提供组织保障。

2. 适当推进部门分权与地方分权改革

我国政府部门机构之间存在的一个重要问题是机构划分过细、职能分工不清，政府部门容易产生部门利益，导致扯皮、推诿责任等现象的发生。推进部门分权，首先要求做到分工明确，哪些事务应由本部门管辖，哪些事务不属于本部门管辖，哪些事务应联合管辖，都应该清晰界定；其次是整合机构，把一些职能相似、相近的部门组合成综合管理部门，精简机构和人员，提高工作效率。胡锦涛总书记在党的十七大报告中指出："加大机构整合力度，探索实行职能有机统一的大部门体制，健全部门间协调配合机制。精简和规范各类议事协调机构及其办事机构，减少行政层次，降低行政成本，着力解决机构重叠、职责交叉、政出多门问题。"2008 年实施的大部制改革则是十七大报告相关精神的具体实践。

地方分权表现为中央政府与地方政府之间的分权，既要体现全局利益的统一性和国家宏观调控权的集中，又要保持统一指导兼顾局部利益的灵活性，在集中指导下

---

① 顾建光：《现代公共管理学》，154 页，上海，上海人民出版社，2007。

赋予地方必要的权力。一方面继续坚持向地方和基层下放该放的权力，使其在经济建设和社会发展中享有更多的自主权；另一方面加强和改善国家宏观调控，使中央集中一定的宏观调控权，保证国家宏观经济和社会事业的正常运转。

3. 加强机构设置的法制化建设

通过法律的硬性规定保证政府机构的相对稳定性和改革的成果，这是西方国家机构改革的一条重要经验。我国相关立法比较落后，就组织法而言，我国目前只有《中华人民共和国国务院组织法》和《中华人民共和国地方各级人民代表大会和地方各级人民政府组织法》两部基本组织法。它们对政府组织机关的性质、职能定位、职权和组织程序都没有明确的规定，既没有明确行政机关的职权必须由法律规定这一基本法治原则，又没有明确授予行政机关对公共行政组织的规制权限，这使得目前包括国务院在内的行政机关设定机构和职权的行为缺乏合法基础①。另外，我国的编制工作，主要依据是相关行政法规，而国家机构和编制涉及政权建设，仅仅由行政法规进行规范缺乏权威性。因此，全国人大有必要进一步完善组织法与制定编制法，对政府机构数量、领导职数、机构变更的程序、各机构的权限、经费预算等，以及编制管理的基本原则、内容、程序、权限和纪律等作出明确的规定，从而实现机构管理的法制化，保证机构设置和管理的相对稳定性。

11.1.2.3 管理与运作方式改革

以人为本的科学发展观对公共体制改革必然提出更高的要求，思想总是通过行为体现出来的，同理，政府执政理念与体制的创新必然要求通过具体管理与运作方式的创新体现出来。新公共管理运动虽然是在实行资本主义制度的西方发达国家酝酿、产生与发展起来的，有其消极的一面，但是一切人类文明都是可以为我所用的，所以我们可以学习和吸收新公共管理的积极成果。而且，我国不少地方政府，在不同的行业，已经开始借鉴新公共管理理论并付诸实施，为我国政府改革作出了有益的探索。

1. 公共服务民营化

民营化的理论基础是由米尔顿·弗里德曼奠定的。对于何为“民营化”，肯特(Kent)认为，民营化是“把原来由政府以低于或接近完全成本价格(Full-cost)所承担的功能转移到民间私营部门，并以市场或完全成本价格来生产及提供服务”②。欧文·E. 休斯把民营化理解为政府从整体上减少介入的程度，如减少产品、供给、补助和管制，或上述四种手段的任意组合③。公共服务民营化的起因在于政府垄断公共服务所导致的低效率、产品与质量低下、对公众的需求缺乏回应性、增加政府财政负担等。公共服务民营化的根本目的是通过引进市场竞争，提高公共服务的质量，降低

---

① 叶晓川：《从我国政府机构改革看行政组织法的完善》，载《新视野》，2007(4)。

② Calvin C. Kent. Entrepreneurship and Privatization of Government. New York: Quorum Books, 1987.

③ [澳]欧文·E. 休斯：《公共管理导论》，136页，北京，中国人民大学出版社，2001。

服务成本,增加公众选择服务的机会。目前,我国许多公用事业行业开展了民营化活动,并取得了一定成效。当然,民营化并不是解决公共服务所存在问题的灵丹妙药,它也存在许多限制,并可能导致一些不良后果,如公共责任缺失、贪污、公共服务不公正等,这需要我们在理论上深入研究,在实践中进一步探索。

2. 政府流程再造

所谓政府流程再造,即打破政府部门固有的工作模式,将传统的以行政职能为中心的流程变成以公众服务需求为中心的流程。政府流程再造是以政府为主体的政府部门在反思传统行政组织业务流程弊端的基础上,摈弃以任务分工与计划控制为中心的工作流程设计观念,打破政府部门内部传统的职责分工与层级界限,实现由计划性、串联性、部门分散性、文件式工作方式向动态化、并联化、部门集成化、电子化工作方式的转变,建立以问题诊断为前提、以解决问题为宗旨的服务流程模式。需要强调的是,虽然这里把政府流程再造作为管理与运作方式变革内容,但是,政府流程再造并非只是对工作流程的简化或重组,它还涉及政府理念、行为准则、治理模式、制约机制的变革。

3. 重视绩效评估

公共部门绩效评估是对某个部门的工作状况作比较全面的综合判断。绩效评估反映了政府改革中过程控制与结果导向并重的意愿。绩效评估可在事前进行,也可在事中、事后进行,通常公共部门的绩效评估是对特定部门一段时间以来的工作状况进行事后测定。公共部门评估,不仅对于建立节约型政府具有重要意义,而且对于考核地方政府和地方官员政绩也具有十分重要的意义。

11.1.3　技术创新

信息技术的发展,特别是网络技术的发展,改变了人类几千年来形成的信息传递方式、人际间的沟通方式和社会管理的组织方式,深刻影响了社会生活和政府运作的方式。政府机构应用现代信息和通信技术,将管理和服务通过网络技术进行集成,在互联网上实现政府组织机构和工作流程的优化重组,超越时间、空间与部门分隔的限制,全方位地向社会提供优质、规范、透明、符合国际水准的管理和服务,这种管理与服务即为电子政务①。电子政务体现了政府管理技术上的一场伟大革新,对政府管理模式产生了深远影响,具体表现为以下几个方面②。

11.1.3.1　电子政务对国家机关工作人员的影响

首先,随着政务信息公开化程度的提高,公众将有更多的机会参政议政,国家机关工作人员将处于公众的直接监督之下,公务员须在职业道德方面以更高标准要求自己,否则无法承担或无力承担应尽的社会责任。其次,电子政务建设水平在很大程度上取决于国家机关工作人员知识素质和技能水平,加强他们知识更新、电子计算机

---

① 刘伟忠:《电子政务与政府创新》,39 页,长春,吉林人民出版社,2006。

② 赵国俊:《电子政务教程》,138 ~ 142 页,北京,中国人民大学出版社,2004。

应用等方面的培训,提高其整体素质是电子政务建设必须解决的首要问题。再次,应提高国家机关工作人员对公众回应力的要求。电子政务建设使政府与公众之间的沟通变得方便、快捷,如果公务员对突发性事件和公众需求不能作出及时有效的回应处理,容易降低政府管理中的应变能力,损害政府的公信力。最后,电子政务给政府管理带来了一系列的变化,使行政领导者不得不更多地实行分权或授权,上下级之间严格的等级关系将得到改变,集权式的分层管理体系将过渡到交互式、网络化的平行管理体系,领导者必须尽快实现专业化。

11.1.3.2 电子政务对政府决策的影响

首先,电子政务的发展改变了人们工作和生活的环境,因此对政府决策提出了新的要求。政府应顺应客观规律,维护公众利益,以令公众满意为决策的根本目标,因此,决策过程的民主参与成为一种必然选择。其次,电子政务的实现使工作人员能及时获得所需要的信息,在工作现场就可以作出必要的决策,无须事事都先向上级汇报,削弱以至取消决策者与执行者之间的严格界限。再次,电子政务使得政府决策者可以广泛了解决策所需信息,减少了靠经验决策和决策信息不完备导致的盲目决策现象。

11.1.3.3 电子政务对行政方法的影响

电子政务不仅改善现有行政方法的信息基础和信息通信手段,而且创立了全新的行政方法和行政措施。例如,网上行政许可,改变了传统行政许可运作方式,申请人不必具体到每一个实体工作部门去填写表格、递交材料,而只需在政府相关网站上去下载表格、填写资料,并不受时间、空间的限制,大大缩短许可时间,减轻了申请人的负担。

11.1.3.4 电子政务对行政组织的影响

传统科层制强调层级控制,有层次多、幅度窄的通病。借助于先进的信息技术手段,电子政务环境下的政府管理层的缩减成为可能。譬如,近年来我国许多地区实行的"省管县"改革,因为电子政务的推行而提高了改革的可行性。另外,信息技术的发展极大地提高了工作效率,完成与过去相同的工作量,行政组织所需投入的人员数量大为减少,从而有利于使行政组织更加精干高效。

11.2 服务型政府

"服务型政府"由我国地方政府和学术界首先提出并在某些地方进行实践。2004年2月21日,温家宝总理在中央党校发表了《提高认识,统一思想,牢固树立和认真落实科学发展观》的讲话,第一次提出要"努力建设服务型政府"。同年3月8日,温家宝总理在参加全国人大会议期间,又强调:"管理就是服务,我们要把政府办成一个服务型的政府,为市场主体服务,为社会服务,最终是为人们服务。"2005年3月5日召开的全国人大十届三次会议上,服务型政府被写进了政府工作报告,并经人大批准成为国家意志。服务型政府成为我国政府改革的目标。

11.2.1 服务型政府的含义与特征

我国加入世贸组织之后,许多地方政府与学者都提出了“服务型政府”的概念,但是对服务型政府的概念进行严格界定的并不多。现在比较权威的定义为刘熙瑞教授作出的:服务型政府是指一种“在公民本位、社会本位理念指导下,在整个社会民主秩序的框架下,通过法定程序,按照公民意志组建起来的以为公民服务为宗旨并承担着服务责任的政府”①。建立服务型政府作为新时期政府改革的目标选择,它呈现了丰富的内涵。

第一,服务型政府是以公民为本位的政府。服务型政府强调公民本位,在民主制度下,政务以为民服务为宗旨;一切施政目的在于增进全民福祉,而非特定个人或团体的利益②。政府以公民为本位是由我国的政治制度决定的,人民通过选举与委托权力建立各级政府,政府则必须坚持以维护公共利益和全心全意为人民服务为宗旨。因此,公民能以各种途径参与、影响政府的决策与执行,公共政策应成为公民意志的反映,同时,公民是否满意是评估政府绩效的最终标准。

第二,服务型政府是以服务为宗旨的政府。服务是服务型政府最突出的外在表象,也是服务型政府区别于其他类型政府最直接的反映③。其他类型的政府往往过于强调国家的强制力,以自己的意志代替公民的意志,对国家事务和社会事务进行管理时,强制公民服从它们的统治或管理。现代政府最基本的职责是提供公共服务,以公民为本的性质决定政府提供的公共服务不是对公民的一种恩赐,而是一种职责,必须遵循服务行政理念,在服务程序、服务方式、服务内容等方面,以人民意志为转移,做到“急人民之所急,想人民之所想”。

第三,服务型政府是法治政府。孟德斯鸠曾言:“一切有权力的人都容易滥用权力,这是万古不易的一条经验,有权力的人们使用权力一直遇到有界限的地方为止。”现代政府必须是一个法治政府,政府权力的设置、行使等都必须受到法律的约束。法治的本质意义在于法律对权力尤其是对政府权力的限制,以防止权力的滥用。因此,服务型政府首先应该是一个法治政府,它必须加强党的领导,做到依法治国与人民当家做主的有机统一,严格做到依法行政,依据宪法和法律为人民服务,创造良好的法制环境。

第四,服务型政府是有限政府。随着社会分工的细化与公共事务的扩展,政府的规模不断扩大,功能不断扩展,这造成了政府权力不断侵蚀公民与社会权利的趋势,从而使政府向无限政府迈进。无限政府模糊了政府与公民社会直接的界限,抑制了公民的创造力和社会的生机与活力。我们提倡服务型政府并不是要求政府提供公民

---

① 刘熙瑞:《服务型政府:经济全球化背景下中国政府改革的目标选择》,载《中国行政管理》,2002(7)。

② 徐仁辉:《服务型政府的建构》,载《服务型政府与和谐社会》,11 页,北京,北京大学出版社,2006。

③ 井敏:《构建服务型政府理论与实践》,80 页,北京,北京大学出版社,2006。

所需的任何服务，而是提供不能由私人或企业提供的服务。有限政府要求政府的服务内容受到法律的限制，要求政府转变职能，建立国家政治与公民社会之间的和谐关系，培养公民的独立精神与创造精神。

第五，服务型政府是责任政府。“责任”应有两层含义，一是指分内应当做的事，二是指未能做好分内之事所引发的不利后果。因此，服务型政府首先要把提供优质服务作为自身分内应做之事，“能够积极地对社会民众的要求作出回应，并采取积极的措施，公正、有效率地实现公众需求和利益”①。其次，服务型政府应当建立责任追究制度，对于未能积极提供公共服务或者未能提供有效服务的工作人员或政府部门，必须依法追究其法律责任。所以，公民不仅有享有政府服务的权利，还有监督政府行政、要求其承担责任的权利，对于政府的违法服务、过失服务造成的后果，公民有权追究。

11.2.2 建立服务型政府的理论基础

服务型政府作为一种新的政府管理模式，其理论基础是什么，是由一个国家的政治制度所决定的，同时，理论基础又决定了服务型政府的性质、特征和运行机制。美国学者罗伯特·B.丹哈特认为，新公共服务模式起源于民主社会的公民权理论、社区和市民社会模型以及组织人本主义和组织对话理论②。我国服务型政府的建设，需要借鉴西方国家先进的治理理论，但也不可能脱离我国的政治制度与意识形态的影响。我们认为，服务型政府的理论基础主要包括马克思主义代表制思想、民主行政理论、治理理论。

11.2.2.1 马克思主义代表制思想

如何保证政府代表公民的利益，西方政治理论存在两种主要主张，一是以卢梭为代表的直接民主理论，另一种是以密尔为代表的间接民主，即代议制理论。由于受规模(包括面积和人口)影响，作为一个国家制度安排，直接民主的可行性较低。代议制政府最早并不是一种民主的做法，反而是非民主(主要是君主制)所采取的手段，目的是为了得到它迫切需要的收入和其他资源，以便应付战争③。通过资本主义民主改革家的设计之后，“他们摆脱了传统政治思想的束缚，发现如果把中世纪的代议制度嫁接到古代的民主大树上，就可以培育出民主的新品种”④，即代议制民主。但是马克思主义认为，代议制本质上是一种“精英轮换”制度，“只是为了每三年或六年决定一次由统治阶级中的什么人在议会里当人们的假代表”⑤，一旦选举完成，在代议人与被代议人间存在各种不同的情况下，他们就将受制于一个异己的意志。例如，

---

① 张成福：《责任政府论》，载《中国人民大学学报》，2002(2)。
② [美]罗伯特·丹哈特：《新公共服务：服务而非掌舵》，载《中国行政管理》，2002(10)。
③ [美]罗伯特·达尔：《论民主》，112页，北京，商务印书馆，1999。
④ [美]罗伯特·达尔：《论民主》，114页，北京，商务印书馆，1999。
⑤ 马克思，恩格斯：《马克思恩格斯选集》，第3卷，94页，北京，人民出版社，1995。

法国宪法(1958年)第27条规定:"选民对议员的任何强制委托均属无效,议员的投票权属于其本人。"德国基本法,意大利、比利时等国宪法也有类似规定。代表制则不同,它是1871年马克思在总结巴黎公社经验基础上提出的取代代议制的制度,它是无产阶级和劳动人民"通过人民自己实现的人民管理制"①。怎么实现这一点呢?马克思总结了几个方面:代表必须由各区通过普选产生;代表必须对选民负责;选民不满意代表工作时随时可以撤换;代表只领取相当于工人工资的薪金;取消国家高级官吏所享有的一切特权;代表工作中必须严格遵守选民的"确切训令"②。这样的一套制度,与代议制显然已有重大区别了。我国正是根据马克思的这个设想和列宁在俄国的实践,采用了代表制体制,以希望实现更完全的民主。我们提出的"三个代表"重要思想,实际上是在代表制基础上的理论延伸。既然要做人民群众的代表,体现人民群众的意志,当然就要树立公民本位、社会本位的思想,把政府建立在为人民服务的基础之上。

11.2.2.2 民主行政理论

行政学的鼻祖伍德·威尔逊提倡政治与行政相分离,认为行政学是独立于政治学的一个独立研究领域,"它(行政科学)将力求使政府不走弯路,使政府专心处理公务,减少闲杂事务,加强和纯洁政府的组织机构,为政府的尽职尽责带来美誉"③。威尔逊认为,行政管理的领域是一种事务性的领域,它作为政治生活的一个组成部门,而且在这一点上与企业办公室所采用的工作方法是社会生活的一部分以及机器是制造品的一部分是一样的。政治与行政二分的直接后果是,民主成为政治领域的核心价值观,效率则是行政所追求的目标,民主价值被排除在行政体系之外。

民主行政理论的出现起源于对传统官僚制与政治行政二分法的反思。随着时代的发展,公共行政的政治经济环境发生了巨大变化,传统行政模式强调的价值中立、效率至上、权力集中等特征已远远不能适应人们对政府行政提出的期望。反思的结果之一是传统公共行政忽视了民主因素对公共行政过程的影响,导致了公共行政民主价值的缺失。就政府提供的公共服务而言,新公共行政学在传统公共行政学追求效率与经济的基础上,提出了一个新的问题:公共服务是否增强了社会公平?因此,新公共行政理论认为,"行政管理者不是中性的,应责成他们承担责任,把出色的管理和社会公平作为准则"④,"非选举产生的公务员首先要对宪法负责,其次才对选举的和政治任命的现任官员负责"。而且,民主行政理论要求建立开放动态的组织结构,例如,文森特·奥斯特罗姆认为,传统公共行政过于关注效率,并为此采取了集权和控制作为其手段,从而导致"公共行政危机",解除危机的办法是进行体制的改变,

---

① 《马克思恩格斯选集》,第3卷,382页,北京,人民出版社,1995。
② 《马克思恩格斯选集》,第3卷,375~376页,北京,人民出版社,1995。
③ 彭和平,竹家立等:《国外公共行政理论精选》,5页,北京,中共中央党校出版社,1997。
④ 彭和平,竹家立等:《国外公共行政理论精选》,300~301页,北京,中共中央党校出版社,1997。

建立分权化和市场化取向的多重组织形式的政府。总之,民主行政理论认为,公共行政应将公民需求作为行政体系运转的轴心,公民的权利或利益应高于政府自身的利益扩张和利益满足,民主必须实实在在地体现在政府行政过程中。

11.2.2.3 治理理论

1989年,治理一词首先出现在世界银行提出的对非洲地区的研究报告《治理与发展》中。1995年,全球治理委员会发表的《我们的全球伙伴关系》的研究报告对治理的内涵进行了阐述:治理是各种公共的或私人的个人和机构管理的诸多方式的总和。它是使相互冲突的或不同的利益得以调和并且采取联合行动的持续的过程。这既包括有权迫使人们服从的正式制度和规则,也包括各种人们同意或以符合其利益的非正式的制度安排①。治理理论的代表人物之一罗伯特·罗茨认为,可以从六个相对独立的角度和层次来理解和使用"治理"概念:①作为最小国家的治理模式,要求尽量减小国家在社会经济生活中的作用,这倾向于新自由主义的观点;②作为公司治理模式的治理,强调服务提供中的公正性、开放性和全面解决问题的责任;③作为新公共管理的治理,倡导将私营部门的管理主义精神和市场的竞争机制引入公共部门和公共服务中,提高公共管理的绩效;④作为善治的治理,就是在一个民主授权的机制下,建立比政府组织更广泛的、更开放的公共事务管理和服务体系;⑤作为新的社会控制系统的治理,认为新的社会政治体系或模式的形成是行为者互动参与的结果;⑥作为自组织的治理,强调建立以信任、合作、互惠为基础的社会资本资源交换和共享的自主性网络。

可见,治理理论的价值倾向于瓦解传统民族国家主权的绝对性,排斥传统单一式国家权威体制,主张多中心治理。与统治相比,治理需要权威,但这种权威来源于公民的认同和共识,而不是政府的法规命令;治理过程中权力运行是上下互动的过程,而不是单向的自上而下;治理主张竞争,以合作主义理念分析和处理权力分化和整合,重塑政府与社会的关系,而不是干预公民自治。因此,治理理论作为服务型政府的理论基础,反映了服务型政府公民本位、社会本位的本质特征。

11.2.3 建设服务型政府的意义

11.2.3.1 建设服务型政府是参与全球经济竞争的客观需要

随着经济全球化进程的加快,我国经济将全方位参与国际竞争,并且竞争日趋激烈。这就要求政府规范管理,降低成本,提高效能,吸引国际上的人才、资金、技术投入中国市场,促进我国的经济发展。同时,要精简机构,转变政府职能,实现由微观管理向宏观调控、由直接管理向间接管理的转变。政府必须尽快地还权于市场,还权于社会,还权于企业,尽快实现从生产者的角色向安排者、监管者的角色转变,从运动员向裁判员转变,从审批者向服务者转变。

---

① 俞可平:《治理与善治》,4~5页,北京,社会科学文献出版社,2000。

11.2.3.2 建设服务型政府是贯彻和落实科学发展观的内在要求

党的十六届三中全会确立的“科学发展观”是新时期全面建设小康社会的重大战略思想。科学发展观的本质是以人为本,经济、社会、文化和自然的全面和谐发展的最终目标是提高人民的物质和文化生活水平。而服务型政府的本质和核心是以民为本、为民服务,两者的内在本质是一致的。因此,必须坚持“三个代表”重要思想和科学发展观的指导,建设服务型政府,全面提高政府的执政能力和为民服务的水平。

11.2.3.3 建设服务型政府是公众的迫切愿望

随着改革开放的深入、社会主义市场经济的发展和民主政治建设进程的加快,公民的民主意识、法制意识、竞争意识和参政意识不断增强,对政府的要求也越来越高。但由于长期官本位思想及传统体制所具弊端的影响,无论政府机关还是公务员,在履行职能过程中都还有许多不尽如人意的地方,如官僚主义、形式主义严重,推诿扯皮,效率低下以及乱收费、乱罚款、乱摊派等现象屡禁不止,等等。这些问题解决不好,将严重影响政府与公民之间的关系,甚至危及我们党和政府统治的合法性基础。

11.2.4 构建服务型政府的思路

11.2.4.1 培养公务员的服务行政理念

虽然我国对公务员一直有全心全意为人民服务的要求,但是由于体制的缺陷,致使为人民服务更多是停留在宣传阶段。许多公务员固守官本位思想,形成了一些错误的服务观,如强制服务、单一服务、随意服务、不平等服务①。树立公务员的服务行政理念,需要建立服务行政文化,加强公务员的思想政治教育工作,使公务员确切认识到服务就是政府的天职,是政府存在的合法性的前提条件,同时在提供服务的过程中要坚守“以民为本,以社会为本”,平等待民。

11.2.4.2 建立服务型政府责任体制

邓小平同志曾说过,坏的制度能使好人变成坏人,好的制度能使坏人变成好人。培养公务员的服务行政理念,建立服务型政府,根本途径在于建立具有约束作用的责任体制。我国公务员服务意识的欠缺,除某些公务员本身素质较低之外,还在于我们“没有明确为人民服务的责任主体,没有构建为人民服务的操作体系与服务机制,也没有制定为人民服务的质量评判标准,更没有规范为人民服务不到位的责任指标体系”②。

建立服务型政府责任体制,从宏观层次看,应该加强我国民主宪政建设,约束、限制政府权力的行使,使政府提供的公共服务体现宪法价值中的正当性、合法性;从微观层次看,应该加强公务员制度的建设,包括公务员的晋升制度、考核制度、奖惩制度、责任追求制度等,并以公民对公共服务的满意度为主要评判标准,督促公务员工

① 井敏:《构建服务型政府理论与实践》,185~186页,北京,北京大学出版社,2006。

② 沈荣华,钟伟军:《论服务型政府的责任体系》,24页,载《服务型政府与和谐社会》,北京,北京大学出版社,2006。

作的改善与提高。

11.2.4.3 鼓励公民积极参与

政府与公民对公共生活的合作管理,是政府与公民社会的一种新颖关系,是两者的最佳状态。一方面,只有让公民和第三部门真正地参与到政府的行政过程,才能把政府的政策意图和相关问题的处理意见转达给公民,提高公民对政策的接受程度;另一方面,及时把公民对政府的要求、愿望和建议批评集中起来,准确地转达给政府,能促使政府提供高效优质的公共服务。因此,建设服务型政府,要求改革政府与社会的关系,不仅要确保公共利益居于主导地位,还要确保解决方案本身和提出解决方案的过程都符合公正、公平、平等民主的价值取向。所以,政府应该致力于搭建平台,建立各种行之有效的、与公众沟通的对话机制,通过这种各方力量都能参与公共政策的计划和决策的机制,提高政府对于外在环境的敏感度和回应性;满足公众的尊重需求和表现需求,形成政府与公众互相理解、互相支持的氛围,便于政策得到最有效的贯彻执行。

11.2.4.4 进一步深化行政体制改革,改革行政审批制度

服务型政府要求分权、放权和行政审批制度改革,目的在于政府权力的社会回归。权力不下放,就不能真正实现从"权力中心主义"向"服务中心主义"转变。深化行政体制改革,建立以客户为导向,以"依法审批"、"公开审批"、"一站式"服务等特征的现代服务型政府审批制度,不仅需要精简审批事项,更需要从根本上改变政府职能,精简和重组作为审批主体的政府机构,按专注于公共服务这一核心政府业务的要求缩小政府规模,使政府职能切实转变到经济调节、社会管理、公共服务上来,从而真正地减少审批环节和不必要的程序,建立"无缝隙政府",打破部门之间的分割,提高服务效率与服务质量。

11.3 网络治理模式

网络这一概念常出现在我们的日常用语中,如计算机网络、河流网络、道路交通网络等。但是,网络作为一个术语也在社会科学的研究领域,如企业管理、公共管理、社会学中发挥作用。

11.3.1 网络与网络治理理论的含义

11.3.1.1 网络的含义及在公共管理中的作用

网络理论产生于社会学。一些社会学家认为,网络理论在解释处于社会网络中的个人之间的弱纽带关系具有令人惊讶的力量这一现象时是非常有用的概念。另一些人则认为,网络理论是理解组织之间如何分享信息的有用工具。晚近的公共管理学者则把网络作为解释政府机构如何与其他官僚机构以及私营部门互动的路径。格

姆雷和巴拉认为,“网络就是连接组织或个人的制度”①;罗茨认为,“网络是一种广泛存在的社会协调方式”;鲍威尔认为,网络是“一种协调经济活动的明确方式”②。我国学者陈振明认为,网络一般包含三个方面的内容:①网络是由各种各样的行动者构成的,每个行动者都有自己的目标,且在地位上是平等的;②网络之所以存在是因为行动者之间的相互依赖;③网络行动者采取合作的策略来实现自己的目标③。

奥图勒将网络在公共行政实践中的作用归结为:①公共行政中许多问题不能完全分割成小块分别交给不同的部门去处理,必须涉及跨机构之间的协作;②处理复杂事务的政策可能必须网络化的机构才能执行;③政治性压力使得网络可能是实现政策目标所必需的;④必须努力使各种联系制度化;⑤跨部门和不同层次管理的需要,如交通管理者面临着残疾人权利保护、濒危物种保护和能源保护问题,而不仅仅是交通效率、有效性和土地使用问题④。

11.3.1.2 网络治理理论

南开大学学者李维安等从企业管理的角度对网络治理理论进行研究,认为企业网络治理是指,“正式或非正式的组织和个体通过经济合约的联结与社会关系的嵌入所构成的以企业间的制度安排为核心的参与者(个体、团体或群体)间的关系安排”。具体包括三个方面的内涵。第一个内涵是有关组织间网络如何影响组织的决策问题。由于网络形式表现为组织间的关系,所以网络治理等同于网络组织间的治理。对于这种体现为组织间关系的网络治理而言,内涵就是关于企业间关系如何影响关系企业(例如,联盟企业、特许企业和长期供应商等网络组织成员企业)的绩效。第二个内涵是有关网络经济条件下的公司治理问题。这实际上是技术条件改变时,作为治理的公司制企业组织形式的决策方式和机制将可能发生怎样的变化的问题。第三个内涵是源于治理的内部网络形式。经济组织中的高科技网络企业(例如,搜索引擎门户网站等)、跨国公司和集团公司,都是比较典型的治理的内部网络形式。这类企业,势必出现不同于单个公司制形式的网络治理问题,从而形成内涵更加丰富的跨国治理和集团治理⑤。

公共管理学者则从国家与政府的角度研究网络治理理论。陈振明指出,治理理论体系有三种不同的研究途径:一是政府管理的途径;二是公民社会的途径;三是合作网络的途径。其中,第三种途径可以看做是在网络管理的框架内整合前两种研究途径。他认为,网络治理是指“为了实现与增进公共利益,政府部门和非政府部门(私营部门、第三部门或公民个人)等众多公共行动主体彼此合作,在相互依存的环

① [美]小威廉·T.格姆雷,斯蒂芬·J.巴拉:《官僚机构与民主:责任与绩效》,130~131页,上海,复旦大学出版社,2007。

② [英]R.A.W.罗茨:《新的治理》,载《马克思主义与现实》,1999(5)。

③ 陈振明:《公共管理学:一种不同于传统行政学的研究途径》,150页,北京,中国人民大学出版社,2003。

④ 张紧跟:《组织间网络理论:公共行政学的新视野》,载《武汉大学学报》(社会科学版),2003(4)。

⑤ 李维安,周建:《网络治理:内涵、结构、机制与价值创造》,载《天津社会科学》,2005(5),150页。

境中分享公共权力,共同管理公共事务的过程"①。严格来说,网络治理的层次是多维的,包括国际、地域、地区等多个层面。正如陈振明所分析的那样,网络治理的类型有三种:一是全球治理,詹姆斯·N.罗西瑙将全球治理看做是"没有政府的治理",认为这是"一种缺乏中央权威却仍能在全球范围内强制实施某些决定的秩序";二是民族国家的治理,特指在民族国家范围内对政府主导的公共产品供给过程的管理;三是社区治理,是对社区合作网络的管理。

11.3.2 网络治理的表现形式

11.3.2.1 多中心治理

多中心治理理论是在公共管理研究领域出现的一种较新的理论,其理论创立者是以奥斯特罗姆夫妇为代表的一批研究者。迈克尔·麦金尼斯认为,多中心组织已被界定为一种组织模式,在此许多独立的要素能够相互调适,在一个一般的规则体系之内归置其相互之间的关系②。文森特·奥斯特罗姆认为,大城市地区地方管辖单位的多样化可以理解为一种"多中心政治体制",意味着有许多在形式上相互独立的决策中心。它们在竞争性关系中相互重视对方的存在,相互签订各种各样的合约,并从事合作性的活动,或者利用核心机制来解决冲突,在这一意义上大城市地区各种各样的政治管辖单位可通过连续的、可预见的互动行为模式前后一致地运作③。简而言之,对于许多公共治理问题来说,需要权力或政府之间通过合作、协商、谈判而不是简单的行政规范和命令来解决,"多中心"是指多个权力中心和组织体制治理公共事务,提供公共服务。

与传统的治理相比,多中心治理有如下三个优点:多种选择、减少搭便车行为以及更合理地决策。首先,"多中心治理结构为公民提供机会组建许多个治理当局"④。由于多中心服务和治理体制存在,每个人能够同时在几个政府单位中保存着公民身份,获得有效服务。也正因为存在多个选择的机会,公民能够采用"用脚投票"的方式来选择服务,享受类似于"消费者权益"一样的权利。其次,多中心治理通过制度设计解决"公地悲剧"问题。为了防止"公地悲剧"的发生,理论界曾设计两种制度安排。一是政府强制统一安排,但是由于不能考虑地方客观条件之差异性及信息获取成本巨大,这种单中心的制度安排也就成为"利维坦";二是彻底的私有化,利用市场的力量来阻止悲剧的发生。但要对一种公共资源实行彻底的私有化并不是一件简单的事,而且一定数量公共资源的存在,也是人类社会生活必备的基本条件。以艾莉诺·奥斯特罗姆为代表的制度分析学派则在上述两种制度之外提出了一个新的解决

① 陈振明:《公共管理学:一种不同于传统行政学的研究途径》,87页,北京,中国人民大学出版社,2003。

② 迈克尔·麦金尼斯:《多中心体制与地方公共经济》,95页,上海,上海三联书店,2000。

③ [美]埃莉诺·奥斯特罗姆,等:《〈公共服务的制度建构〉中文版序言》,11~12页,上海,上海三联书店,2000。

④ [美]埃莉诺·奥斯特罗姆,等:《制度激励与可持续发展》,204页,上海,上海三联书店,2000。

"公地悲剧"的途径——多中心自主治理制度，即在对地方公共资源的治理中，有多个权力中心同时进行；认为集体行动应当尽可能在较低的治理层次上得到解决，更高的治理层次主要承担辅助性功能。因此，在这种制度安排中，对公共资源的治理是由一群相互依赖的委托人自己把自己组织起来进行自主治理的，这样才能在所有人都面对搭便车、规避责任或其他机会主义行为的诱因下，取得持久的共同收益。再次，有助于更合理的决策。多中心治理强调决策中心下移，面向地方和基层，决策以及控制在多层次展开，微观的个人决策以集体的和宪政层次的决策为基础，而集体的和宪政层次的决策需要尊重受其影响的大多数人的意见，吸收和鼓励基层组织和公民参与。

11.3.2.2 合作伙伴关系

南姆·卡朴库认为，合作伙伴关系是指多个部门（如公共部门、私营部门、非营利部门）中两个或更多组织间任何有意的合作关系，这种合作关系聚集了资源，以确认并进而寻求一种解决共同问题的联合途径①。因此，合作伙伴关系应该包括政府与私营部门之间、政府与非营利组织之间及政府之间的合作关系。

政府之间的合作关系包括水平政府合作关系（地方政府之间或政府部门之间）与垂直政府合作关系（上级政府与下级政府之间）。传统治理模式强调中央政府的集权或中央与地方政府的事权划分，但是没有地方政府的参与，中央政府制定的法律或政策在实践中总是容易出现偏差或出现执行阻滞。这就要求中央政府尊重地方政府，积极发挥地方政府的治理功能。例如20世纪70年代，美国联邦重要的环境法规通过之后，环保局就发现仅靠自身的力量越来越难以落实这些规章，进而许多州政府请求获得更多的灵活性。它们认为，由于州政府对本州独特的地理、地质、经济和环境极为熟悉，所以实施联邦法律方面比联邦政府更能成功。20世纪80年代初，即在里根总统第一个任期内，环保局把相当多的实施环境法规的权力移交给州②。按照网络治理理论，政府间网络由此变得不那么集中了。在另外一个层面，环境保护和经济持续发展等政策问题，亟须区域内各地方政府间协力处理；区域经济发展失衡，地方政府间必须通力合作解决失业和贫穷等社会问题；在全球化的冲击下，区域内各地方政府间必须通过资源和行动的整合，以发挥综合作用，提升地方竞争力。地方政府为解决经济、社会等问题而进行合作也体现了网络治理理论。

公共选择的理论论证了政府也可能出现失灵，市场的失灵并不当然地意味着政府的介入，也就是说市场与政府并不是当然意义上地具有某种互补关系。因此，在政府失灵与市场失灵之间，非营利组织可以发挥独特的作用。就政府与非营利组织之

---

① ［美］南姆·卡朴库：《无等级的合作：公共部门与非营利部门合作伙伴关系》，载《国家行政学院学报》，2004(1)。

② ［美］小威廉·T.格姆雷，斯蒂芬·J.巴拉：《官僚机构与民主：责任与绩效》，136～137页，上海，复旦大学出版社，2007。

间的关系而言，两者应该存在对抗、合作、竞争三重关系。对抗表现为非营利组织作为公民社会组织对政府权力的限制，并力图保持自身的独立性。同时，非营利组织作为生产或提供公共产品的一大重要力量，可以通过争取资金或项目与政府进行合作，而且，在合作之中还存在着为获得提供公共产品的机会而与政府部门进行竞争的情况，竞争的内容包括对享有的公共事务权力的竞争，也包括对财政资源及其他社会资源的竞争。因此，作为治理公共事务"中心"之一的非营利组织，便与政府之间形成了一种"竞争合作"的关系。

网络包括政府间或政府与非营利组织之间的关系，同时也包括了政府与私营组织之间的关系，即公私伙伴关系。公私伙伴关系一方面强调政府及公共部门在公共服务中的重要作用；另一方面，注意发挥私营部门的有益作用，从而把这两者有机融合起来。从一定意义上说，"公私伙伴关系"是"政府与市场内在结合"的新发展，较之政府垄断公共服务、市场只关注私人物品的"板块式"的结合，关系更融洽、更和谐。公私伙伴关系表现为合同承包、特许经营、政府采购等多种形式，政府通过与私营部门订立合同的方式，移交出某些服务。"委托一代理理论可以用来解释这一关系。但是，合同终究是两个独立组织之间的自愿联系。在组织间关系是商谈而不是命令的层面上，网络理论更适用于这一情况。"①

11.3.2.3 政策网络

随着现代社会功能的高度分化，利益多元化倾向愈发明显。在公共政策制定与执行过程中，各种利益相关者已成为重要的参与者或影响力量。因此，纯粹依赖传统官僚层级制的自上而下的政策过程已不能满足现代社会发展和治理的需要。政府在推行公共政策时，必须考虑利益相关者的意见，提供他们参与政策过程的渠道。在这种背景下，政策网络理论开始兴起和发展，为研究公共政策过程中多元利益团体之间的复杂关系提供了新的理论模式和分析方法。

一般来看，政策网络分析有两种研究途径。一是从政治学的角度出发，作为一种分析公共政策的概念框架，关注的是政策网络合法性的问题，注重从网络的利益中介的作用探讨它对政策过程的作用。这种研究途径以美英两国学者为代表。二是从管理学的角度出发，作为公共事务治理的路径，承认了政策网络的合法性，侧重于网络治理中的管理策略问题研究。这种研究途径以德国学者为代表。

美国学者大多从微观层面出发，研究政策过程中利益团体、官僚机构与政府之间的关系。20 世纪 50—60 年代，不少学者发展出次政府(Sub-government)的概念，用来描述美国的政治过程中，利益集团、议会委员会和政府机构在公共政策决策过程形成的一套建立联盟、相互支持、垄断决策的制度。这三方之间的密不可破的联盟关系被认为像钢铁一般牢不可破，故喻之为"铁三角"。这也反映了当时美国精英主义理

① [美]小威廉·T. 格姆雷，斯蒂芬·J. 巴拉：《官僚机构与民主：责任与绩效》，142～143 页，上海，复旦大学出版社，2007。

论的盛行。其后,美国多元主义理论兴起,对“铁三角”理论进行批判。休·赫克罗教授认为,“铁三角”不是一个错误的概念,但是它绝对是一个不完善的概念,其表现就是它已经不能用来准确提示当代公共政策的决策模式。这是因为进入20世纪70年代以来,由于美国的各种竞争性利益集团的活动不断增加,由国会委员会、官僚机构和少数利益集团稳定地制定公共政策的时代已经成为过去。当代公共政策的制定过程是一个由多个集团在不同层次上以不同的方式不断卷入的过程。公共政策的制定过程既不是传统的二分法所假定的那样是单纯由国会制定的过程,也不是像“铁三角”模式所假定的那样是一个由少数集团稳定制定的结果,而是一种多个集团和个人复杂互动的结果。对于这种新的政治与行政的关系,赫克罗使用了“议题网络”这一新概念来予以揭示①。议题网络与“铁三角”或次政府的主要区别在于铁三角和次政府成员稳定、结构封闭、运作严密,其本质上是利益同盟关系,而议题网络则范围广泛,结构松散,成员经常更新,决策过程呈现制度化程度低、非正式化、分散的特征。议题网络的形成和存在依赖于参与者之间相互依赖、相互承诺的共存关系。

欧洲学者对政策网络的研究集中在宏观层面,主要研究国家与社会团体之间的关系。以德国普兰克学派(Max-Planck-School)为代表,欧洲学者大多视政策网络为官僚组织和市场治理之外的另一种新的治理方式。他们认为,现代社会日益复杂、动态、多元,国家机构无力单独实施治理,必须依赖其层级控制以外的其他社会主体的资源和协作,国家和社会的许多组织形成相互影响、相互依赖的政策网络。政策网络被看做是与市场、官僚等级制三足鼎立的第三种社会结构形式和新的国家治理模式②。政策网络的参与主体基于经常性的互动和对资源的互相依赖,培养出共同的价值观与互信,形成一套解决问题的机制。因而,政策网络是介于政府和市场之间的治理模式,可以弥补市场失灵和政府失败。

网络治理理论虽然产生于西方国家,但是,其理论要点与基本内容在我国政府治理中同样可以找到实质性的论据。改革开放之后,我国正经历着深刻的社会变革,利益多元化导致不同利益群体的产生,公共问题愈加复杂,公民参与治理的能力与意愿也在不断提高。要解决各种复杂的社会问题,通过行使行政权威、在封闭的政府系统内部解决问题的传统方式已经不合时宜。网络治理理论为我国政府解决公共问题提供了新的治理范式:积极授权,把各种法权主体和社会非法权主体③纳入政府治理的

---

① 何俊志:《政策过程的网络分析:概念框架的产生、深化与扩展》,载《中共浙江省委党校学报》,2004(1)。

② 朱亚鹏:《公共政策研究的政策网络分析视角》,载《中山大学学报》,2006(3)。

③ 这里的法权主体与社会非法权主体概念引自张国庆教授的观点。法权主体包括国家公共法权主体与社会政治法权主体,国家公共法权主体是指国家法定的公共权力主体,如政府及公共权力行使者;社会政治法权主体是指经由法律认可和保护的社会政治权力主体,如利益集团、作为个人的公民;社会非法权主体是指在正式的法律规定中其行为属于非政策行为,但实际却可以影响甚至深深影响政策决定的主体,如不见诸公众的利益集团、新闻媒体等。参见张国庆:《现代公共政策导论》,34~39页,北京,北京大学出版社,1997。

主体之中来，通过网络背景下的治理而不是科层制下的统治解决公共问题；强调在治理过程中各种主体之间在平等协商的基础上相互影响、互相妥协，形成解决问题的共识，进而实现治理的目标。

本章小结

公共管理的理念可以理解为公共管理部门及其工作人员对公共管理活动的理性认识、理想追求及其所形成的观念体系。具体包括：①服务理念；②竞争理念；③法治理念；④人本理念。

公共管理体制是指公共管理部门的职能配置、职能实施组织体系及职能实施机制的总称。因此，公共管理体制创新应包括三个方面：政府职能转变、政府机构改革、管理与运作方式改革。

服务型政府是指一种"在公民本位、社会本位理念指导下，在整个社会民主秩序的框架下，通过法定程序，按照公民意志组建起来的以为公民服务为宗旨并承担着服务责任的政府"。

治理理论体系有三种不同的研究途径：①政府管理的途径；②公民社会的途径；③合作网络的途径。

网络治理的表现形式：①多中心治理；②合作伙伴关系；③政策网络。

关键术语

公共管理理念　公共管理体制　服务型政府　治理　网络治理

复习思考题

1. 什么是公共管理创新？它可以分为哪几个层面？
2. 服务型政府的理论基础是什么？
3. 简述我国建立服务型政府的途径。
4. 合作伙伴关系具体包括哪些内容？
5. 何谓网络治理理论？其对我国政府治理可以产生怎样的启示？

案例

大部制改革：职能整合是主调

2008年3月16日，随着超过2 900名全国人大代表的表决，《国务院机构改革方案》获得通过，工业与信息化部、交通运输部、人力资源和社会保障部、环境保护部、住房和城乡建设部成为5个新名词。5个新部委中，前三者同类项合并，环境保护部在一夜之间长成了"大人",住房和城乡建设部则只是改换了衣裳的颜色。

中国新闻周刊:之前的机构改革和这一次的大部制改革,沿袭了怎样的一个逻辑?

张卓元(中国机构编制研究会副理事长):每一次机构改革,都是因应当时社会发展状况而变,这一次也不例外。比方说10年前那次改革,国务院组成部门从40个一下子减少到29个。撤掉的部门中,有8个是直接进行微观经济管理的部门,比如纺织工业部。当时,市场经济体制已经确立了5年半,亟需上层建筑与经济基础相对应。5年前那一次,因为国有企业改制已经基本完成,亟需加强统一管理,国资委就应运而生。但这一次有所不同,大部制的重点并不在机构的成立与裁撤上,而是职能的整合。

中国新闻周刊:因为工业管理职能被划分给工业和信息化部,加之微观经济管理权限受制,很多人认为发改委的权力缩水了。

张卓元:这一次的改革强化了发改委的宏观调控职能,弱化了微观管理职能。本轮宏观调控以来,发改委过于收权,是近几年来中央与地方关系有所紧张的重要原因之一。从这个角度来讲,适度放权不是坏事。

董焰(国家发改委综合运输研究所党委书记、前所长):我不认为发改委的权力缩水。举例来说,工业部只是工业管理部门,但发改委是宏观调控部门,涉及国家投资项目的时候,还得来找发改委。要知道,宏观调控也是通过一系列微观动作实现的。

吴江(人力资源和社会保障部人事科学研究院院长):这实际上是一个政策落实问题。如果没有配套的机制,想要发改委权限缩水很难。

中国新闻周刊:能源部的流产出乎了很多人的意料,有消息说,中石油和中石化等能源类超级国企,是导致能源部暂时流产的主要原因。

张卓元:相对而言,中石油和中石化等企业在国资委下面比较舒服,国资委管得不多。但是,如果成立了能源部,一切都在能源部统一规划、审批之下,中石油和中石化等于多了一个管得很紧的婆婆,有些不同意见也正常。

董焰:中石油和中石化只是国企而已,主要负责人的人事任免权都在中央,即使不情愿成立能源部,他们也不会成为能源部流产的最大阻力。现在把能源局继续放在发改委下面,同时成立能源委,显然是决策层的考虑。

中国新闻周刊:工业和信息化部成立的理由何在?

张卓元:信产部原来都可以存在,负责信息化事务,那么,一个正在加速工业化的国家,缺少工业事务的主管部门,显然不合情理。工业化从某种角度来说就是信息化,所以,两者合二为一。

吴江:工业和信息化部主要负责宏观层面的管理,不干预企业正常生产经营活动,确保企业的市场主体地位,这一定位非常明确。

中国新闻周刊:将原来的人事部和劳动和社会保障部合二为一,成立人力资源和社会保障部，主要出于何种考虑？

吴江：简而言之，人事部管体制内的人，劳动和社会保障部管体制外的人。把两者合二为一不好吗？

中国新闻周刊：为何要将建设部的名字改为住房和城乡建设部？

张卓元：这突出了住房问题在当前形势下的重要性。既然叫了住房部，那么，廉租房等住房保障措施的重要性就有所增加；有了组织保障，很多事情做起来也更容易。

吴江：统筹城乡是2003年十六届三中全会就已经提出的理念，落实到住房问题上，我们会发现，乡村的建设资金严重不足，亟须有这样一个机构统筹解决。

中国新闻周刊：这一轮的机构改革，必将涉及一些司、局的设置和调整，这部分工作是否同步进行？

吴江：仅以人力资源和社会保障部为例，司、局调整要到三四个月之后才开始。大部制改革没有要求一蹴而就。

中国新闻周刊：职能交叉重叠，部门推诿扯皮已是多年的痼疾，这一次的改革，是否解决了这一问题？如果没有，改革为何没有设置一个时间表？

张卓元：诸多部委的合并，已经在相当程度上回答了这一问题，交通运输部、人力资源和社会保障部莫不如此。但是，改革不可能一步到位，好比铁道部这一次就没有划到交通运输部里面来。

吴江：没有时间表是为了给地方留空间，调动地方的积极性。但话说回来，换个角度理解，这场改革又是有时间表的，那就是本届政府的5年任期。而且，5年后还会有更重要的改革等着接续进行，大部制改革必须在5年内向深处推进。

（资料来源：《中国新闻周刊》，2008年3月24日出版·总第364期）

案例思考题

1. 大部制改革的理念有哪些？
2. 根据案例，分析大部制改革的思路与意义。

后　记

本教材受教育部全国高职公共管理专业教学指导委员会的委托而撰写。

撰写此书难点有三:①内容要简明、精练,且尽可能完整;②理论阐释要深入浅出,尽可能反映学术界的前沿成果及状态;③用语要通俗易懂又不失学科深意。这也是我们撰写此书时对自己的要求。经过集体努力,这些要求在相当程度上是达到了。各章内容若略有创新之处,就算是额外的收获了。

本书由庞绍堂、严新明共同主编。全书编撰分工如下:由庞绍堂、严新明负责拟定编写大纲;庞绍堂撰写第1章、第6章;严新明撰写第3章、第10章;欧阳君撰写第7章、第11章;第2章、第4章、第5章、第8章、第9章分别由董华、金志云、程自功、周辉、牟永福撰写。最后由严新明、庞绍堂统阅、修改、定稿。

感谢王处辉教授对本书始终不渝的支持,感谢赵宏志副总编的耐心、热情与鼓励,正是有他们的支持,才成就了此书。感谢责任编辑的勤奋与辛劳,才最终使得此书付梓。

公共管理,主题恢弘,内容深刻,前景诱人。受学力所限,不能酣畅表达如许丰富的内涵。书中疏陋之处,文责自负,并盼同人不吝赐教。

庞绍堂、严新明谨识

2009.6 于南京大学北园

参考文献

[1] 埃莉诺·奥斯特罗姆.公共事务的治理之道[M]. 余逊达,陈旭东,译. 上海:上海三联书店,2000.

[2] 埃莉诺·奥斯特罗姆,等.制度激励与可持续发展[M]. 陈幽泓,谢明,任睿,译.上海:上海三联书店,2000.

[3] 保罗·C.纳特,罗伯特·W.巴可夫.公共和第三部门组织的战略管理:领导手册[M].北京:中国人民大学出版社,2001.

[4] 薄贵利.国家战略学研究[J].政治学研究,1995(2).

[5] C.W.L.希尔,G. R.琼斯.战略管理[M].北京:中国市场出版社,2007.

[6] 查尔斯·沃尔夫.市场与政府:权衡两种不完善的选择[M] .北京:中国发展出版社,1994.

[7] 陈昌文.公共部门人力资源开发与管理[M]. 成都:四川人民出版社,2000.

[8] 陈福今.以科学发展观为指导　推进公共管理创新[J].国家行政学院学报,2006(4).

[9] 陈振明.公共管理学:一种不同于传统行政学的研究途径[M]. 北京:中国人民大学出版社,2003.

[10] 陈振明.公共管理学:转轨时期我国政府的管理与实践[M].北京:中国人民大学出版社,1999.

[11] 陈振明.公共部门战略管理[M].北京:中国人民大学出版社,2004.

[12] 陈振明.转变中的国家公务员制度:中西方公务员制度改革与发展的趋势及其比较[J].厦门大学学报,2001(2).

[13] 陈振明.公共管理学[M].北京:中国人民大学出版社,2005.

[14] 楚树龙.中国的国家利益、国家力量与国家战略[J].战略与管理,1999(4).

[15] 戴维·H.罗森布罗姆,罗伯特·S.克拉夫丘克.公共行政学:管理、政治和法律的途径[M].北京:中国人民大学出版社,2002.

[16] 丹尼尔·F.史普博.管制与市场[M].余晖,何帆,钱家骏,等,译. 上海:上海三联书店,上海人民出版社,1999.

[17] 丁煌.西方行政学理论概要[M]. 北京:中国人民大学出版社,2005.

[18] 董克用.公共组织人力资源及其特点[J],中国人力资源开发,2004(9).

[19] 邓小平.邓小平选集(第二卷)[M]. 北京:人民出版社,1999.

[20] E.S.萨瓦斯.民营化与公私营部门的伙伴关系[M].北京:中国人民大学出版社,2002.

[21] F.A.哈耶克.个人主义与经济秩序[M].贾湛,文跃然,等,译.北京:北京经济学院出版社,1989.

[22] 盖·彼得斯.欧洲的公共行政现代化:一种北美视角的分析[M]//国家行政学院国际合作交流部.西方国家行政改革述评.北京:国家行政学院出版社,1998.

[23] 古德诺. 政治与行政[M]. 王元,杨百朋,译. 北京:华夏出版社,1987.
[24] 顾建光. 现代公共管理学[M]. 上海:上海人民出版社,2007.
[25] 海尔·G. 瑞尼. 理解和管理公共组织[M]. 王孙禺,达飞,译. 北京:清华大学出版社,2002.
[26] 何俊志. 政策过程的网络分析:概念框架的产生、深化与扩展[J]. 中共浙江省委党校学报,2004(1).
[27] 何增科. 公民社会与第三部门[M]. 北京:社会科学文献出版社,2000.
[28] 黄健荣. 公共管理新论[M]. 北京:社会科学文献出版社,2005.
[29] 蒋精华. 论国家战略的系统结构[J]. 益阳师专学报,1995(2).
[30] 蒋蓉华. 人力资源管理基础[M]. 北京:清华大学出版社,2007.
[31] 井敏. 构建服务型政府理论与实践[M]. 北京:北京大学出版社,2006.
[32] 科林·M. 克拉克-希尔, 基思·W. 格莱斯特. 战略管理案例[M]. 余慕鸿,汤建人,匡小平,译. 北京:经济管理出版社,2000.
[33] R. 科斯,A. 阿尔钦,D. C. 诺斯. 财产权利与制度变迁[G]. 刘守英,等,译. 上海:上海三联书店,1994.
[34] 劳伦斯·S. 克雷曼. 人力资源管理:获取竞争优势的工具[M]. 孙非,等,译. 北京:机械工业出版社,1999.
[35] 李和中. 比较公务员制度[M]. 北京:中共中央党校出版社,2003.
[36] 黎民. 公共管理学[M]. 北京:高等教育出版社,2003.
[37] 李维安,周建. 网络治理:内涵、结构、机制与价值创造[J]. 天津社会科学,2005(5).
[38] 林震. 非营利组织的发展与我国的对策[J]. 行政学院学报,2002(1).
[39] 刘熙瑞. 服务型政府:经济全球化背景下中国政府改革的目标选择[J]. 中国行政管理,2002(7).
[40] 刘伟忠. 电子政务与政府创新[M]. 长春:吉林人民出版社,2006.
[41] 陆国泰. 人力资源管理[M]. 北京:高等教育出版社,2000.
[42] 卢洪友. 政府职能与财政体制研究[M]. 北京:中国财政经济出版社,1999.
[43] 卢梭. 社会契约论[M]. 何兆武,译. 北京:商务印书馆,1997.
[44] 罗伯特·巴克沃. 绩效管理:如何考评员工表现[M]. 陈舟平,译. 北京:中国标准出版社,2000.
[45] 罗伯特·达尔. 论民主[M]. 林猛,李柏光,译. 北京:商务印书馆,1999.
[46] 罗伯特·丹哈特. 新公共服务:服务而非掌舵[J]. 中国行政管理,2002(10).
[47] 约翰·罗尔斯. 正义论[M]. 何怀宏,何包钢,廖申白,译. 北京:中国社会科学出版社,1988.
[48] 罗辉. 试论公共企业的性质[J]. 经济研究参考,2006(48).
[49] 罗纳德·克林格勒,约翰·纳尔班迪. 公共部门人力资源管理:系统与战略[M]. 孙柏英, 潘娜,游祥斌,译. 北京:中国人民大学出版社,2001.
[50] 罗纳德·桑德斯. 美国的公务员队伍:是改革还是转型[M]//国家行政学院国际合作交流部. 西方国家行政改革述评. 北京:国家行政学院出版社,1998.
[51] 中共中央马克思恩格斯列宁斯大林著作编译局. 马克思恩格斯选集(第3卷)[M]. 北

京:人民出版社,1995.
[52] 马克斯·H.布瓦索.信息空间:认识组织、制度和文化的一种框架[M].王寅通,译.上海:上海译文出版社,2000.
[53] 迈克尔.A.希特等.战略管理:竞争与全球化[M].北京:机械工业出版社,2005.
[54] 迈克尔·麦金尼斯.多中心体制与地方公共经济[M].上海:上海三联书店,2000.
[55] 孟德斯鸠.论法的精神(上册)[M].张雁深,译.北京:商务印书馆,1982.
[56] 闵京华.电子政务的理论模型[J].电子政务,2005(3).
[57] 民政部.中国民政工作年鉴·1999[M].北京:中国社会出版社,2000.
[58] 南姆·卡朴库.无等级的合作:公共部门与非营利部门合作伙伴关系[J].国家行政学院学报,2004(1).
[59] 尼尔·麦考密克,魏因贝格尔.制度法论[M].周叶谦,译.北京:中国政法大学出版社,1994.
[60] 诺思.经济史中的结构与变迁[M].上海:上海三联书店,1994.
[61] 欧文·E.休斯.新公共管理的现状[J].中国人民大学学报,2002(6).
[62] 欧文·E.休斯.公共管理导论[M].北京:中国人民大学出版社,2007.
[63] 庞绍堂.公共产品论[C]//公共管理高层论坛(第5辑).南京:南京大学出版社,2007.
[64] 彭和平,竹家立等.国外公共行政理论精选[M].北京:中共中央党校出版社,1997.
[65] 乔治·弗雷德里克森.公共行政的精神[M].北京:中国人民大学出版社,2003.
[66] R.A.W.罗茨.新的治理[J].马克思主义与现实,1999(5).
[67] 萨缪尔森.经济学[M].北京:商务印书馆,1982.
[68] 沈荣华,钟伟军.论服务型政府的责任体系[M]//服务型政府与和谐社会.北京:北京大学出版社,2006.
[69] 史际春.国有企业法论[M].北京:中国法制出版社,1997.
[70] 世界银行.1997年世界发展报告:变革世界中的政府[R].北京:中国财政经济出版社,1997.
[71] 斯蒂格利茨.经济学[M].北京:中国人民大学出版社,1997.
[72] 斯蒂格利茨.社会主义向何处去[M].长春:吉林人民出版社,1998.
[73] 特里·L.库珀.行政伦理学:实现行政责任的途径[M].北京:中国人民大学出版社,2001.
[74] http://view.news.qq.com/a/20080427/000005.htm.
[75] 童星.社会转型与社会保障[M].北京:中国劳动社会保障出版社,2007.
[76] 万俊人.现代公共管理伦理导论[M].北京:人民出版社,2005.
[77] 王利斌.关于我国政府社会治安控制能力的思考[J].中国行政管理,2005(9).
[78] 王绍光.多元与统一:第三部门国际比较研究[M].杭州:浙江人民出版社,1999.
[79] 王舒娜.从公共管理的视角看公安管理的基本内涵[J].中国人民公安大学学报,2004(1).
[80] 王伟,等.管理创新原理与实务[M].北京:中国对外经济贸易出版社,2002.
[81] 王祖成.世界上最有生命力的管理:创新[M].北京:中国统计出版社,2002.
[82] 威尔逊.行政学研究[J].国外政治学,1987(6).

[83] 威廉・N. 邓恩. 公共政策分析导论[M]. 北京:中国人民大学出版社,2002.
[84] 埃莉诺・奥斯特罗姆,等.《公共服务的制度建构》中文版序言[M]. 上海:上海三联书店,2000.
[85] 温森特・怀特. 欧洲的公共行政现代化:英国的个案分析//国家行政学院国际合作交流部. 西方国家行政改革述评. 北京:国家行政学院出版社,1998.
[86] 吴春秋. 浅谈"大战略"和"国家战略"[J]. 世界知识,1984(12).
[87] 吴志华,刘晓苏. 公共部门人力资源管理[M]. 上海:复旦大学出版社,2007.
[88] 溪流. 中国公务员制度[M]. 北京:清华大学出版社,2002.
[89] 萧鸣政. 人力资源开发学[M]. 北京:高等教育出版社,2002.
[90] 肖鹏. 医疗卫生领域政府职责与履行现状分析[J]. 中央财经大学学报,2006(11).
[91] 小威廉・T. 格姆雷,斯蒂芬・J. 巴拉. 官僚机构与民主:责任与绩效[M]. 上海:复旦大学出版社,2007.
[92] 谢岳. 后现代国家"非营利组织"运动评析[J]. 复旦大学学报(社科版),2000(4).
[93] 徐仁辉. 服务型政府的建构[M]//谢庆奎,佟福玲. 服务型政府与和谐社会. 北京:北京大学出版社,2006.
[94] 亚当・斯密. 国民财富的性质及其来源(下卷)[M]. 郭大力,等,译. 北京:商务印书馆,1983.
[95] 严新明. 公共管理学[M]. 北京:科学出版社,2007.
[96] 杨波. 制度变革与价值冲突:近年来西方国家公务员制度改革评述[J]. 南京社会科学,2002(5).
[97] 杨文健. 人力资源管理[M]. 北京:科学出版社,2007.
[98] 姚雪萍. 对现阶段社会保障制度的几点思考[J]. 理论探索,2007(6).
[99] 叶晓川. 从我国政府机构改革看行政组织法的完善[J]. 新视野,2007(4).
[100] 于军. 英国地方行政改革述评[M]. 北京:国家行政学院出版社,1999.
[101] 俞可平. 治理与善治[M]. 北京:社会科学文献出版社,2000.
[102] 于秀芝. 人力资源管理[M]. 北京:中国社会科学出版社,2006.
[103] 约翰・罗尔斯. 作为公平的正义:正义新论[M]. 上海:上海三联书店,2002.
[104] 张成福,党秀云. 公共管理学[M]. 北京: 中国人民大学出版社,2001.
[105] 张成福. 责任政府论[J]. 中国人民大学学报,2002(2).
[106] 张德. 人力资源开发与管理[M]. 北京:清华大学出版社,2007.
[107] 张国庆. 行政管理学概论[M]. 北京:北京大学出版社,2000.
[108] 张国庆. 现代公共政策导论[M]. 北京:北京大学出版社,1997.
[109] 张紧跟. 组织间网络理论:公共行政学的新视野[J]. 武汉大学学报(社会科学版),2003(4).
[110] 张金鉴. 管理学新论[M]. 台北:五南图书出版公司,1985.
[111] 张康之. 公共管理伦理学[M]. 北京:中国人民大学出版社,2003.
[112] 赵国俊. 电子政务教程[M]. 北京:中国人民大学出版社,2004. 。
[113] 赵焕英等. 教育管理原理[M]. 北京:煤炭工业出版社,2001.
[114] 赵立波. 公共事业管理[M]. 济南:山东人民出版社,2005.

[115] 赵曼主编.公共部门人力资源管理[M].北京:清华大学出版社,2005.
[116] 珍妮特·V.登哈特,罗伯特·B.登哈特.新公共服务:服务,而不是掌舵[M].北京:中国人民大学出版社,2004.
[117] 中国人民共和国教育部. http.//www.moe.gov.cn/edoas/website18/info33454.htm.
[118] 周奋进.转型期的行政伦理[M].北京:中国审计出版社,2000.
[119] 朱亚鹏.公共政策研究的政策网络分析视角[J].中山大学学报,2006(3).
[120] 2008年民政事业发展统计公报. http://cws.mca.gov.cn/article/tjkb/200902/20090200026297.shtml.
[121] http://www.ce.cn/cysc/cysczh/200705/11/t20070511_11320577.shtml.
[122] http.//news.tom.com/1988/20051210-2732212.html.
[123] http://www.gov.cn/zwgk/2007-11/26/content_815498.htm.
[124] Barbara S. Romzeck, Melvin J. Dubnick. Accountability in the Public Sector: Lessons from the Challenger Tragedy[J]. Public Administration Review, May/June 1987.
[125] Barry Bozeman. Public Management: The State of the Art, Jossey-Bass Publishers, 1993.
[126] Bozeman, J. D. Straussman. Public Management Strategies[M]. San Francisco: Jossey-Bass Publishers, 1990.
[127] Calvin C. Kent. Enterpreneurship and Privatization of Government[M]. New York: Quorum Books, 1987.
[128] David M. Wlker Clarendon. The Oxford Companion to Law[M]. Oxford: Oxford University Press, 1980.
[129] Joyce Paul. Strategy in Public Sector[M]. Chichester: John Wiley, 2000.
[130] M. Porter. The Competitive Advantage of Nations[M]. New York: The Free Press, 1999.
[131] Mark H. Moore, Creating Public Value: Strategic Management in Government[M]. Cambridge: Harvard University Press, 1995.
[132] Marshall Schminke. Managerial Ethics: Moral Management of People and Processes[M]. Mahwah: Lawrence Erlbaum Assoc., 1998.
[133] OECD. Principles for Managing Ethics in the Public Service. Paris: OECD, 1998.
[134] Paull C. Nutt, Robert W. Backoff. Strategic Management of Public and Third Sector Organizations: A Handbook for Leaders[M]. San Francisco: Jossey-Bass Publishers, 1992.
[135] Webster's Encyclopedic Unabridged Dictionary of the English Language[M]. New York: Gramercy Books, 1994.